汽车底盘构造与维修

主　编　成起强

副主编　房　亮　于文涛

·长　沙·

全国高等职业教育汽车类“十三五”规划教材编委会

总序

Preface

汽车后市场风云变幻，汽车配件垄断市场、汽车维修技术信息公开、互联网+、大众创业万众创兴等对传统汽车后市场业态产生了巨大冲击，传统业态——4S店、一二类综合性维修企业的发展空间备受挤压，利润大幅缩水，甚至面临企业的生存问题；而新兴业态——上门保养，技术上门，快修快保连锁经营，综合维修企业联盟发展，汽车维保线上下单、线下作业等层出不穷，但却没有赚到理想中的利润，发展前途堪忧。而随着制造汽车的原材料、汽车零部件的加工工艺、汽车装配工艺、汽车运行材料等的技术进步，以及道路条件的大幅改善，汽车的故障概率大幅度下降，汽车的可靠性大幅度提高，“汽车不坏了”已经是一个不争的事实；在环保和能源的重重重压之下，新能源汽车，特别是纯电动汽车的市场份额将急剧扩大。因此，过去汽车“以修为主”的时代已经成为历史，“以养代修”的汽车后市场时代已经来临。基于以上现实，在不久的将来，传统业态中的4S店、大型综合性汽车维修企业将面临大批倒闭的困境，汽车后市场的转型升级势在必行；流程化、规范化、标准化、专业化、品牌化、连锁化的汽车专项维修将是汽车后市场的必然发展趋势；汽车后市场对汽车类人才的需求将从单一的“技术技能型人才”向“技能服务型人才”过渡，过去汽修职业教育“以就业为导向”的人才培养模式将面临挑战，毕业生将无业可就，倒逼汽修职业教育人才培养向“以创新、就业为导向”的人才培养模式转变，因此汽修职业教育也必须进行转型升级，从而使汽车职业教育也要从人才培养模式、人才培养方案、教学计划、教学大纲、课程建设、师资队伍建设、实训基地建设等方面进行全新规划。

职业教育不是为过去的行业培养人才，而是要为未来的行业发展需求储备人才，因此职业教育要紧跟行业发展，甚至要预判行业未来发展趋势，走在行业发展的前面，千万不能存职业教育和行业发展两张皮，我办我的教育，不管行业发展什么事。因此汽修职业教育一定要研究汽车后市场，一定要贴近汽车后市场，一定要比汽车后市场更懂汽车后市场，要知道汽修职业教育到底应该教什么！到底应该怎么教！到底要教到什么程度！谋定而后动，直击汽修职业教育的痛点。鉴于此，中南大学出版社邀请行业专家参与、组织国内知名汽修高等职业教育院校教育专家共同剖析汽车后市场发展现状，研究汽车后市场发展趋势，积极探索汽修职业教育人才培养方案和人才培养模式，以满足汽车后市场现实要求和适应汽车后市场未来发展需求为出发点，构建全新的汽修与汽服职业教育课程体系，打造全国高等职业教育汽车类“十三五”规划教材，相信这套丛书的出版将推动我国汽车职业教育的发展，为汽车后市场的发展奠定基础。

李东江
2016 年 6 月

前言

Foreword

近年来，我国汽车产销量连续保持世界第一的位置，汽车“后市场”对高技能维修人才的需求也日趋紧迫。职业院校汽车维修的教学工作不仅是要让学生全面掌握理论知识，更主要的是要让学生在“做中学”，从生产实际出发，学习汽车结构、原理、典型故障现象、故障原因和解决方案，让学生对汽车从结构原理到故障检修有一个较全面的理解并掌握实际操作的能力。

本书在编写过程中力求理论联系实践，将实际生产过程的典型故障融入到不同项目、不同任务之中，并在每个项目中设计了典型的技能训练项目，以强化对学生的实际动手能力的培养。

本书项目一至项目四由成起强负责编写，项目五至项目七由房亮负责编写，项目八至项目十由于文涛负责编写。

本书可作为高职院校汽车类学生专业教材，汽车维修企业相关技术人员学习、培训参考用书，也可作为其他相关人员学习汽车构造的参考书。

本书在编写过程中得到中南大学出版社的大力支持。

由于编者水平有限，书中不足之处请广大读者指教。

目录

CONTENTS

项目一　汽车挂挡不走车故障检修

【能力目标】

1. 能够进行离合器分解与组装。
2. 能够理解离合器各部件的功用。
3. 能够掌握离合器主要部件的检测方法。

【知识目标】

1. 掌握离合器基本功用、类型和要求。
2. 掌握离合器基本组成及工作原理。
3. 掌握不同类型的离合器的结构特点。

任务一　更换离合器分离轴承

【案例导入】

小王刚刚取得驾驶执照，就买了一辆二手的手动挡轿车作为代步工具。由于小王经常出入市区交通拥堵路段，小王嫌手动挡变速器频繁地摘挡、换挡麻烦，就使用离合器调整车速，操作简单很多。过了几个月之后，小王发现自己的车在操作离合器时有噪声，换挡时出现变速器齿轮打齿的声音。小王将车开到修理厂，修理厂师傅检查后告诉小王，这辆车的离合器有问题，需要拆车检查。小王心想，离合器是干啥的？为啥离合器出现问题后挂挡会有打齿的现象？离合器的哪个部件出现问题了？

【主要教学设备】

1. 手动挡轿车。
2. 举升机及变速器专用千斤顶。
3. 常用维修工具若干。

【教学过程】

1. 学生以小组为单位完成本次任务。
2. 每个小组需配有相关车型的维修手册，学生根据手册制定工作计划。
3. 小组讨论所拆卸部件的名称、作用及其工作原理。
4. 观察离合器零件的磨损情况，试着解释有关离合器故障的原因。
5. 按照维修手册的要求恢复教学车辆。
6. 教学过程中注意安全，防止重物掉落砸伤学生。

【理论学习】

1.1 传动系概述

1.1.1 传动系的组成与功用

1. 传动系的组成

汽车传动系是指从发动机到驱动轮之间所有动力传递装置的总称。根据汽车结构不同，传动系的组成与布置形式稍有区别。机械式传动系统主要由离合器、变速器、万向传动装置和驱动桥等部件组成(图 1－1)。其中万向传动装置由万向节和传动轴组成，驱动桥由主减速器和差速器组成。发动机发出的动力依次经过离合器、变速器、万向传动装置、主减速器、差速器、半轴最终到达驱动轮。像越野车等的驱动轮多于两个的车辆一般还设有分动器，使驱动力向更多的驱动轮传递。

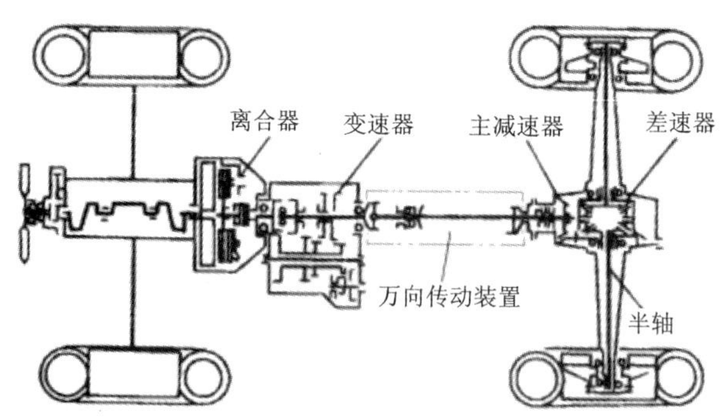

图 1－1 两轮驱动汽车传动系组成

2. 传动系功用

汽车传动系的最基本功用是将发动机发出的动力传递到驱动轮，使汽车行驶。根据汽车的结构特点，传动系各组成部件又有各自的功用：

1)汽车从静止到逐渐开始行驶，需要驾驶员操纵离合器逐渐地给发动机施加负载，才能使汽车平稳起步，过大的负载会导致发动机熄火。车辆在行驶过程中，当驾驶员需要换挡时，也需要临时切断动力，以便完成换挡动作。车辆在运行中，当发动机过载时，离合器可以通过打滑来防止传动系零件承受过大的负载。

2)发动机的最佳工作转速范围很小，但汽车行驶的速度和需要克服的阻力却在很大范围内变化，驾驶员通过操纵传动系统的变速器，可以在发动机工作范围变化不大的情况下，满足汽车行驶速度变化大和克服各种行驶阻力的需要。汽车除了向前行驶外，还需要倒车，在变速器中设置倒挡，汽车就可以实现倒车的功能。另外，汽车在起动、换挡、行驶途中短时间停车等情况下，都需要中断传动系统的动力传递，变速器的空挡可以实现中断动力传递的功能。

3)汽车在转向等情况下，需要两侧驱动轮能以不同转速转动，才能够使内外侧的驱动轮运动协调。通过驱动桥中的差速器可以实现差速功能。

4）发动机输出的动力具有转速高、转矩小的特点，无法满足汽车行驶的基本需要，通过传动系统的主减速器获得较大的传动比，以达到减速增矩的目的，即传给驱动轮的动力比发动机输出的动力转速低、转矩大。同时对于发动机前置后轮驱动的传动方案，可以通过主减速器改变动力传递方向。

5）一般汽车发动机、离合器和变速器安装到一起，支撑在车架上，而驱动桥是通过弹性悬架与车架相连接。由于车辆振动，变速器输出轴轴线与驱动桥输入轴轴线的相对位置经常发生变化。因此，变速器输出轴与驱动桥输入轴之间需要两个万向节连接，两个万向节用传动轴相连接，以适应动力连续稳定传递的需要。

1.1.2　传动系的布置形式

传动系的布置形式与驱动形式和发动机的安装位置有关。

通常描述汽车的驱动形式以“车轮总数×驱动轮总数”表示。如普通轿车有4个车轮，其中2个为驱动轮，表示为“4×2”，越野车表示为“4×4”，即表示这辆车总共4个车轮全部是驱动轮。也有使用“汽车车桥总数×驱动桥总数”来描述汽车驱动形式的情况。

1. 发动机前置、后轮驱动（FR）

如图1－1所示发动机前置、后轮驱动（FR）的布置形式，是目前货车广泛采用的一种传动系布置形式。另外，豪华型轿车也采用这种布置形式。这种布置形式附着力大，易获得足够的驱动力，整车的前后重量比较均匀，操控稳定性好，但传动部件多、制造成本高、传动系统质量大且传动轴占据了舱内的空间。

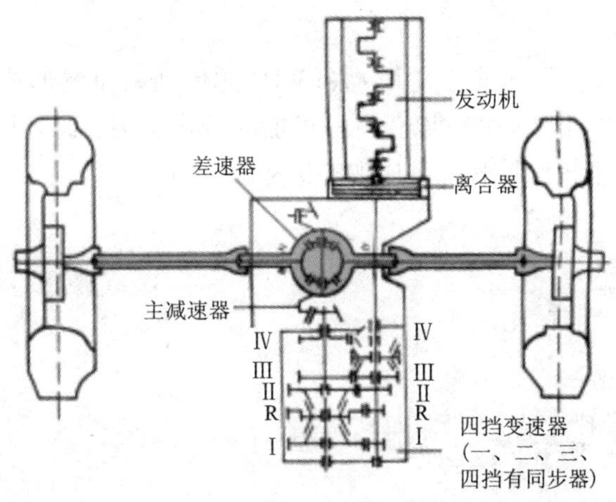

图1－2　发动机前置前轮驱动布置形式示意图

2. 发动机前置、前轮驱动（FF）

如图1－2所示发动机前置、前轮驱动（FF）的传动系布置形式图，是轿车上普遍采用的一种传动系布置形式。这种布置形式结构布置紧凑，可降低车身底盘高度，转向稳定，发动机散热性好，但存在上坡时重心向后转移使前面的驱动轮附着力减少、容易产生打滑及下坡制动时重心前移、前桥负载加重、高速行驶时易发生翻车事故的缺点。

3. 发动机后置、后轮驱动(RR)

如图 1 -3 所示发动机后置、后轮驱动(RR)的传动系布置形式，是某些大型客车常采用的一种传动系布置形式。这种布置形式，汽车的发动机、离合器和变速器制成一体并布置在驱动桥之后。这种布置车厢内噪声低，空间利用率高，但也存在发动机冷却条件差、操纵机构复杂、调整维修不方便的缺点。

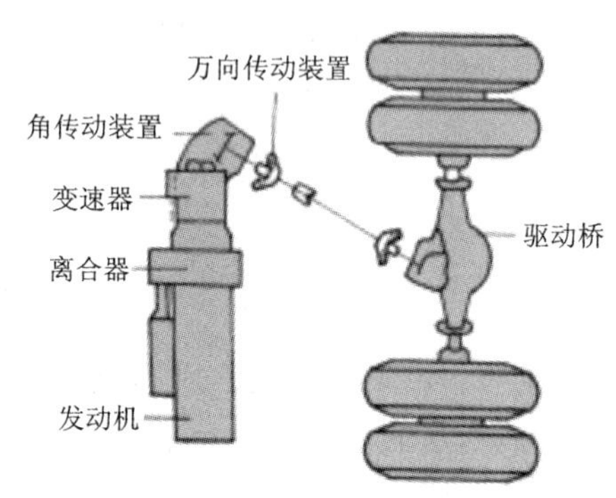

图 1 -3　发动机后置后轮驱布置形式示意图

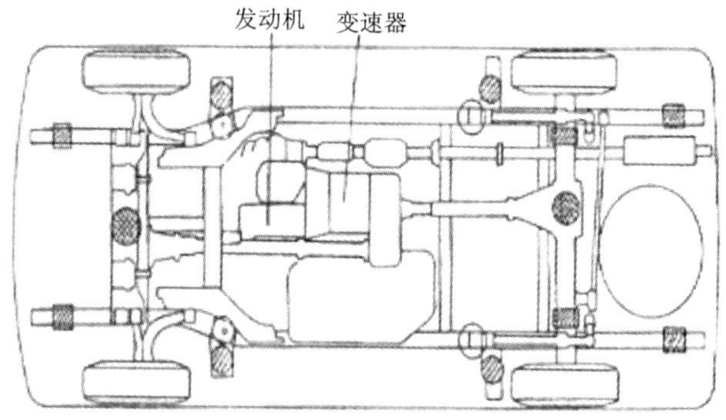

图 1 -4　发动机中置后轮驱动

4. 发动机中置、后轮驱动(MR)

图 1 -4 所示为发动机中置、后轮驱动(MR)的传动系布置形式，目前，赛车和超级跑车基本上都是使用 MR 的方式。这种布置轴上负荷分布均匀，操控性好，但发动机占去了驾驶室空间，降低了空间利用率。

5. 全轮驱动(nWD)

图 1 -5 所示为 4 ×4 越野汽车全轮驱动(nWD)的传动系布置形式示意图。为了充分利用所有车轮与地面之间的附着条件，以获得尽可能大的牵引力，而采用四轮驱动，它在路面通过性方面和普通两驱车相比具有不可比拟的优势。

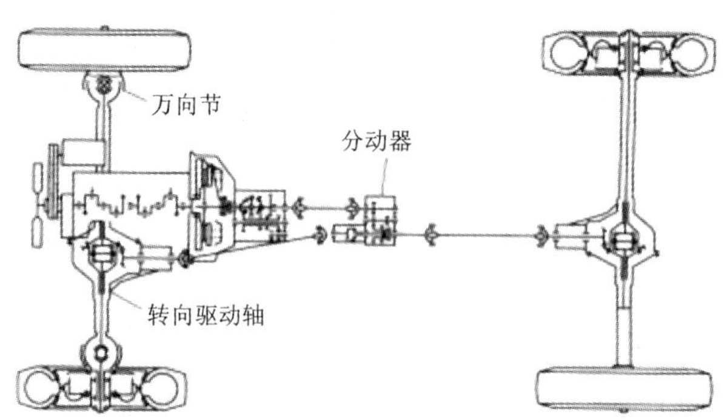

图 1 -5　全轮驱动(nWD)布置形式示意图

1.2　离合器概述

1.2.1　离合器的功用

离合器位于发动机与变速器之间，是传动系中唯一直接连接发动机的部件。离合器的分离与结合由驾驶员根据驾驶需要人为操作完成。为保证汽车平稳工作，离合器应满足以下功用。

1. 保证汽车平稳起步

发动机起动时，变速器应该处于空挡位置，以保证安全。当发动机起动后，驾驶员应该踩下离合器踏板，让离合器处于分离状态，然后挂上变速器一挡，缓慢抬起离合器踏板，逐渐地给发动机加负载，同时适度地轻踩油门踏板，让发动机转速逐步提高，这时汽车将缓慢且平稳地起步。汽车从静止状态平稳地过渡到运动状态，在这个过程中由于离合器的存在，使得汽车起步可以非常平稳。

2. 保证换挡时传动系工作平顺

汽车在行驶过程中，如果需要换挡操作，这时离合器必须切断发动机的动力，才能够实现换挡，因为变速器齿轮副在传递动力时是很难分开的。在空挡滑行的情况下，即便齿轮是分开的，由于要挂接新的齿轮副，传动比不同也很难挂上新的挡位，此时一定会出现严重的打齿现象，对齿轮产生严重的损伤。

3. 防止传动系过载

当行驶中的汽车遇到紧急情况需要紧急制动时，车辆从高速运行的状态瞬间变成静止状态，零件将产生很大的惯性力矩，会对传动系零件产生损伤。此时由于离合器的存在，便可依靠离合器主动部分与从动部分的相对滑动，有效地防止发生传动系过载，保护传动系零件。

1.2.2　对离合器的性能要求

为了保证离合器功能得以实现，离合器需要满足以下基本要求。

1）具有合适的转矩储备，既能保证发动机的最大转矩得以发挥，又能防止传动系过载。

2）结合完全且平顺、柔和，使汽车平稳起步时无抖动、无冲击，分离彻底迅速。

3）工作性能稳定，即作用在摩擦片上的总压力不应因摩擦表面的磨损而有明显的变化，应力求摩擦片的摩擦因数在离合器工作中稳定。

4）从动部分的转动惯量尽量小，以减小挂挡时的齿轮冲击。

5）具有吸收振动、冲击和降低噪声的能力。

6）通风散热良好，能够将离合器结合时产生的热量及时散发到大气中。

7）操纵轻便，减轻驾驶员劳动强度。

8）结构简单，维修及保养方便。

1.2.3　离合器的分类

汽车上应用的离合器主要有：

1）摩擦式离合器：指利用离合器的主、从动部分的摩擦来传递转矩的离合器。目前在汽车传动系统中大量使用。

2）液力耦合器。液力耦合器靠工作液（油液）传递转矩。目前汽车上已少有应用。

3）电磁式离合器。电磁式离合器靠线圈的通断来控制离合器的接合与分离。在汽车空调压缩机上应用的便是此种离合器。

1.2.4 摩擦式离合器的种类

摩擦式离合器在汽车上得到广泛的应用，其种类可按照摩擦片数量、压紧弹簧形式、操纵机构形式等进行分类。

1）按从动盘的数目可分为单片式、双片式和多片式。

2）按压紧弹簧的形式及布置形式可分为周布螺旋弹簧式、中央弹簧式、膜片弹簧式等。

3）按操纵机构可分为机械式（杆式和绳索式）、液压式和气动助力式等。

4. 按冷却介质是否有液体分为干式和湿式。

1.2.5 摩擦式离合器的基本组成

摩擦式离合器的基本组成如图 1－6 所示，主要由主动部分、从动部分、压紧机构、操纵机构四部分组成。主动部分、从动部分和压紧机构是离合器传递动力的部分，而操纵部分是使离合器分离的装置。

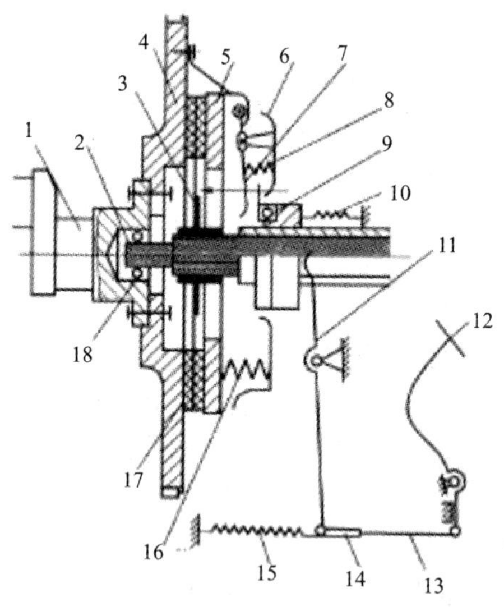

图 1－6 摩擦式离合器的组成和工作原理

1—曲轴；2—从动轴；3—从动盘花键毂；4—飞轮；5—压盘；6—离合器盖；7—分离杠杆；8—分离杠杆保持弹簧；9—分离轴承；10—分离轴承复位弹簧；11—分离拨叉；12—踏板；13—拉杆；14—调节叉；15—踏板复位弹簧；16—压紧弹簧；17—从动盘摩擦片；18—轴承

离合器的主动部分主要包括飞轮 4、压盘 5 和离合器盖 6 等零件。离合器盖将压盘总成通过螺栓连接到飞轮上，并随飞轮一起旋转。飞轮与压盘之间安装了离合器从动盘的摩擦片部分 17，从动盘中心部位有花键毂 3 与从动轴 2 相连接，此处的从动轴即变速器的输入轴，压盘与离合器盖之间装有压紧弹簧 16，压盘可以在离合器盖内做轴向移动，因此压紧弹簧将压盘、离合器从动盘和飞轮紧紧地压到一起，使发动机传来的转矩经从动盘传递到离合器从动轴。

离合器分离过程：驾驶员踩下踏板 12，踏板绕其支点做逆时针转动，分离拨叉 11 在拉杆 13 和调节叉 14 的拉动下绕其支点做逆时针转动，分离轴承 9 在分离拨叉的带动下向左侧移动，在消除了分离轴承和分离杠杆 7 之间的间隙后，继续向左移动，此时分离轴承开始带动分离杠杆向左侧移动，分离杠杆另一端会拉动压盘克服压紧弹簧的压紧力继续向右侧移动，离合器开始处于半分离状态，当压盘、从动盘、飞轮之间出现间隙时，离合器被彻底分离。

离合器结合过程：驾驶员逐渐松开离合器踏板，此时，压盘在压紧弹簧的作用下向左侧移动，压盘、从动盘和飞轮之间的间隙逐步缩小，离合器开始结合，到分离杠杆与分离轴承出现间隙为止，压紧弹簧完全恢复，离合器完全结合。此时，驾驶员继续松开离合器踏板，踏板继续绕其支点做顺时针转动，分离叉在拉杆和调节叉的拉动下绕其支点做顺时针运动，直到驾驶员脚离开脚踏板。分离轴承在其回位弹簧的拉动下，保持在左侧位置，保证分离轴承与离合器杠杆之间的自由间隙始终存在。

离合器的自由间隙是一个很重要的参数，它是判断离合器是否处于正常工作状态的标志之一，一般离合器自由间隙为 2 ~3 mm。与离合器自由间隙对应的离合器踏板行程称为自由行程，一般自由行程为 20 ~30 mm。离合器中压盘、飞轮和离合器从动盘的摩擦表面由于长期工作会出现磨损，当出现磨损后，在压紧弹簧的作用下，压盘会向飞轮侧移动，抵消磨损量，同时分离杠杆也会随着压盘向飞轮侧移动，在分离杠杆的另一端会向分离轴承侧移动。如果离合器自由间隙不存在，则分离杠杆会限制压盘向飞轮侧消除离合器磨损的移动，造成离合器压紧力的下降，导致离合器打滑。离合器自由行程也不可过大，过大后会造成离合器分离不彻底的故障。

摩擦式离合器能够传递的转矩取决于摩擦元件间的摩擦系数、压紧力、摩擦面数量及摩擦元件的尺寸。

1.3　膜片弹簧离合器

膜片弹簧离合器具有结构简单、压紧力均匀、操纵轻便、性能稳定、离合器轴向尺寸小等诸多优点，在汽车上得到广泛应用。

1.3.1　主动部分

膜片弹簧离合器结构如图 1 -7 所示，其主动部分由飞轮、压盘和离合器盖组成，这部分安装在发动机飞轮上，为了保证安装位置准确，一般会有定位销对离合器盖进行定位，压盘与离合器盖之间依靠传动钢片传递转矩，传动钢片沿着压盘周边均匀布置，切线方向安装，其两端分别被铆钉铆接在离合器盖和压盘上。离合器在分离和结合过程中，依靠传动钢片的弹性变形使压盘前后移动。

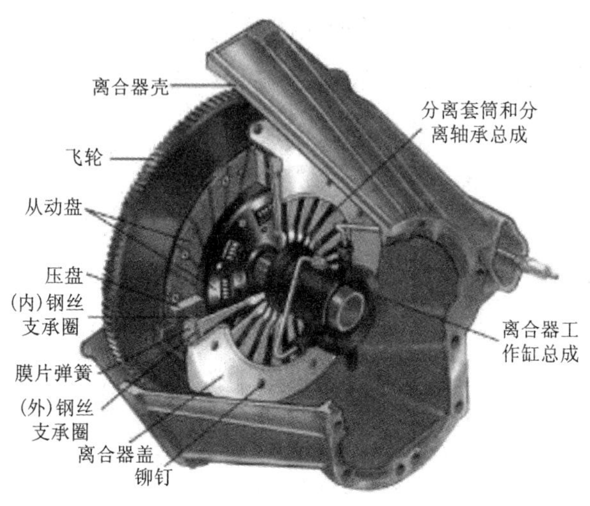

图1-7　膜片弹簧离合器

1.3.2　从动部分

离合器从动部分即为从动盘总成。目前，汽车上使用较广泛的是带有扭转减振器的从动盘。因为发动机的转矩是周期变化的，这就使得传动系中产生扭转振动，如果这一振动的频率与传动系的自振频率相重合，将产生共振，对传动系零件产生危害；同时，驾驶员在紧急情况下的制动或猛抬离合器踏板也会造成传动系的冲击载荷。为了避免发生共振，缓和传动系冲击载荷，在汽车离合器上广泛地将扭转减振器安装在离合器从动盘总成上。

带扭转减振器的离合器从动盘如图1-8所示，从动盘本体和从动盘毂通过弹簧传递转矩，从动盘毂夹在从动盘本体和减振器盘之间，从动盘毂两侧还有阻尼盘，以加强阻尼减振效果。从动盘本体、从动盘毂和减振器盘上均开有6个均匀分布的窗口，用于安装减振弹簧。从动盘本体和减振器盘用铆钉连接成一体，从动盘铆钉隔套与从动盘毂缺口之间有间隙，从动盘毂可以做相对转动。

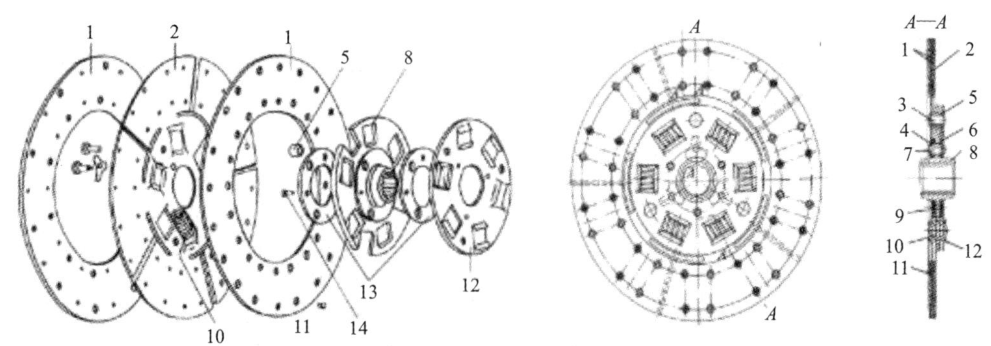

图1-8　带扭转减振器的离合器从动盘

1—摩擦片；2—从动盘本体；3—减振器铆钉；4—减振器阻尼弹簧；5—从动盘铆钉隔套；6—阻尼片；7—阻尼弹簧铆钉；8—从动盘毂；9—阻尼片铆钉；10—减振器弹簧；11—摩擦片铆钉；12—减振器盘；13—阻尼盘；14—阻尼器铆钉

如图1－9所示，当从动盘不传递转矩时，减振弹簧在从动盘毂、从动盘本体和减振器盘之间不起传递作用；当从动盘传递转矩时，由摩擦片传来的转矩首先传递到从动盘本体，再经过弹簧传递到从动盘毂，这时弹簧被进一步压缩，因而由发动机曲轴传来的转矩振动被减振弹簧和阻尼盘所缓和、吸收。

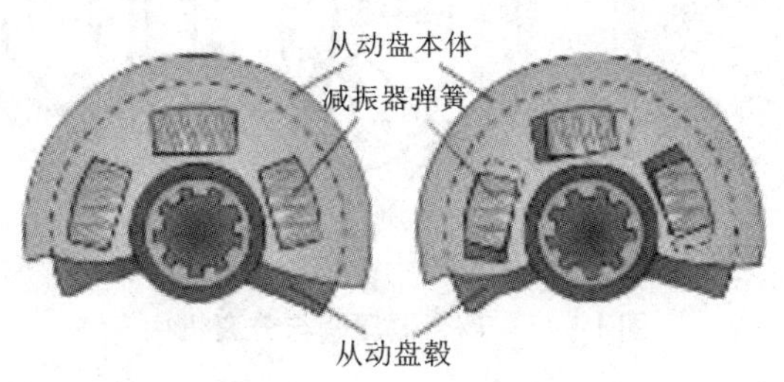

图1－9　带扭转减振器的从动盘工作原理

有些汽车上采用圈数不同或直径不等的减振弹簧，这样可以达到改变弹簧刚度的目的，使扭转减振器避免与传动系发生共振，降低传动噪声。

为了使离合器结合平顺，起步平稳，单片离合器从动盘应具有轴向弹性结构。如图1－10所示，从动盘本体与摩擦片铆接部分径向切槽并制成波浪形，波峰、波谷分别与两侧的摩擦片相铆接，使得离合器从动盘具有一定弹性，在离合器结合过程中从动盘具有轴向压缩量，压紧力逐步增加，使得发动机转矩逐渐增大。

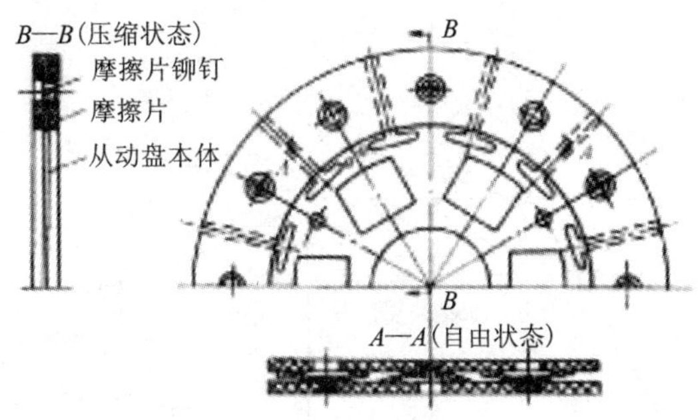

图1－10　整体式弹性从动盘

1.3.3　压紧机构

压紧机构主要零件包括压盘、离合器盖、膜片弹簧、支撑环、支撑铆钉、传动片等。如图1－11所示，传动片将压盘和离合器盖连接到一起，膜片弹簧和支撑环夹在中间，形成一个压盘总成结构，维修过程很少拆卸。

膜片弹簧是由弹簧钢冲压而成，形状似碟子状，也称蝶形弹簧。汽车上膜片弹簧靠近中心部位开有若干径向切口，形成弹性杠杆，与分离轴承配合可以实现膜片弹簧的压缩与释放。分布在膜片弹簧两侧的支撑环起到支点的作用。

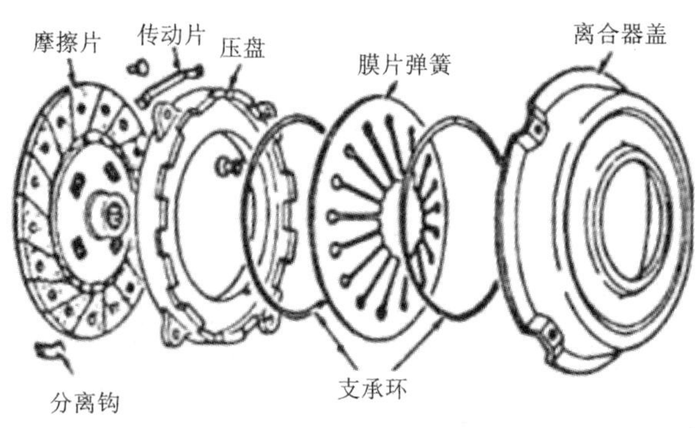

图 1－11 离合器压紧与分离机构

因为膜片弹簧特性优于螺旋弹簧，故汽车上广泛采用膜片弹簧。两种弹簧的特性曲线如图 1－12 所示，假设 P_b 是两种弹簧受压缩变形 λ_b 产生的相同的压紧力，当离合器达到磨损极限后，变形量减小为 λ_a，螺旋弹簧按照线性规律，压紧力迅速下降为 $P_a{}'$，而膜片弹簧下降为 P_a，从图中比较可知 $P_b > P_a > P_a{}'$，即离合器达到磨损极限后膜片弹簧压紧力下降的幅度不是很大，不至于出现因为压紧力不足而产生打滑的现象。当离合器分离时，弹簧需要进一步压缩，变形量为 λ_c，螺旋弹簧的压力升至 $P_c{}'$，膜片弹簧的压紧力反而下降到 P_c。可见分离时的操纵力 $P_c < P_b < P_c{}'$，膜片弹簧的分离时的操纵力远低于螺旋弹簧的。由于膜片弹簧兼起到分离杠杆的作用，减少了离合器的零件数量和离合器的轴向尺寸，再加上膜片弹簧与压盘以整个圆周接触，故压力分布均匀，零件平衡性好。

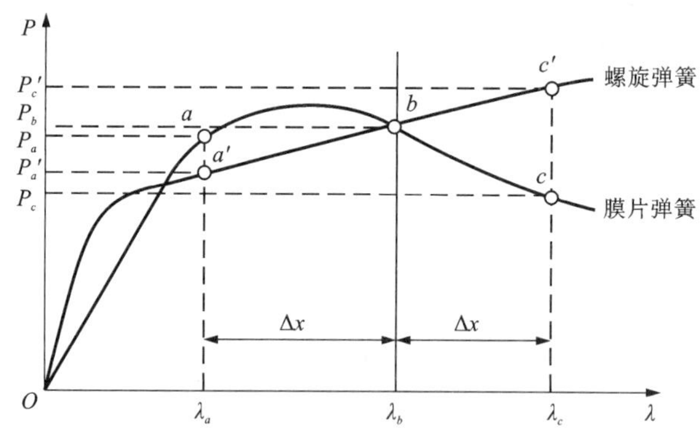

图 1－12 膜片弹簧与螺旋弹簧特性比较

综上所述，膜片弹簧的性能优于螺旋弹簧。

1.3.4 膜片弹簧离合器工作原理

如图 1－13 所示，膜片弹簧 5、压盘 4、离合器盖 3 和支撑环 6 等零件用铆接方式连接到一起成为压盘总成，在压盘总成未安装到飞轮之前，膜片弹簧 5 呈未压紧状态[图 1－13(a)]，离合器盖与飞轮 1 之间有间隙 l 存在。安装时，随着安装螺栓将压盘总成逐渐旋紧，离合器盖与飞轮距离逐渐减小。同时，支撑环6带着膜片弹簧也逐渐接近飞轮，膜片弹簧逐渐开始受压，从动盘逐渐被压紧，分离杠杆部分开始逐渐变平，直到压盘总成完全安装到位[图1-13(b)]，此时从动盘2被完全压紧。当分离离合器时，分离轴承向左移动，消除自由间隙后开始带动分离杠杆向左移动，膜片弹簧绕支撑环转动，膜片弹簧上部通过分离钩拉动压盘向右移动，实现分离动作[图1-13(c)]。

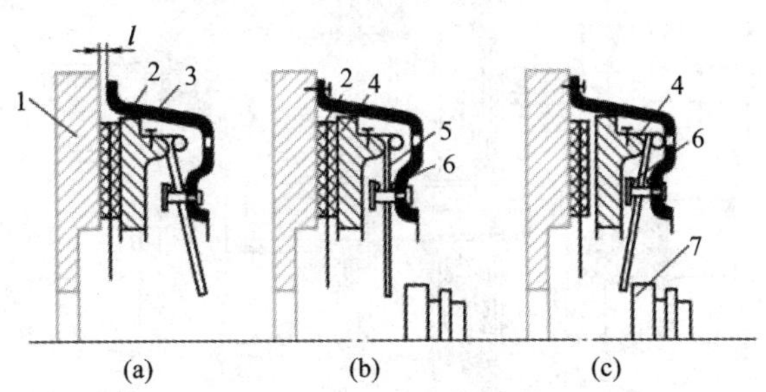

图1-13　膜片弹簧离合器工作原理

1—飞轮；2—从动盘；3—离合器盖；4—压盘；5—膜片弹簧；6—支撑环；7—分离轴承

1.4　周布弹簧离合器

离合器压紧弹簧由若干个螺旋弹簧组成，均匀地布置于压盘四周的离合器称作周布弹簧离合器，也称螺旋弹簧离合器。

周布弹簧离合器多用于一些载货汽车上，这种离合器由于螺旋弹簧结构简单，零件制造成本较低，整个离合器压盘总成可以拆卸，维修成本较低。整个离合器零件数量较多，装配、维修保养复杂。

1.4.1　主动部分

图1-14所示为东风EQ1090E周布弹簧离合器，这种离合器的主动部分、从动部分和压紧机构都装在离合器壳内。发动机飞轮2、压盘16和离合器盖19是主动部分，离合器盖和压盘之间是通过四组传动钢片33来传递转矩的。传动钢片是用弹簧片制成，一端铆接在离合器盖上，另一端用螺钉连接在压盘上。离合器盖用螺钉固定在飞轮上，随飞轮一起旋转。离合器在分离时，传动钢片产生弯曲变形，带动压盘做轴向移动。

1.4.2　从动部分

离合器的从动部分由带扭转减振器的从动盘和从动轴组成。从动盘部件的结构原理与膜片弹簧离合器的从动盘完全相同，在此不做赘述。

1.4.3　压紧与分离机构

周布弹簧离合器的压紧机构由压盘16、离合器盖19和均匀分布于压盘上的一组螺旋弹簧31组成。为增大压紧力，有的结构将压紧弹簧31设计成旋向相反的一组内、外弹簧。压

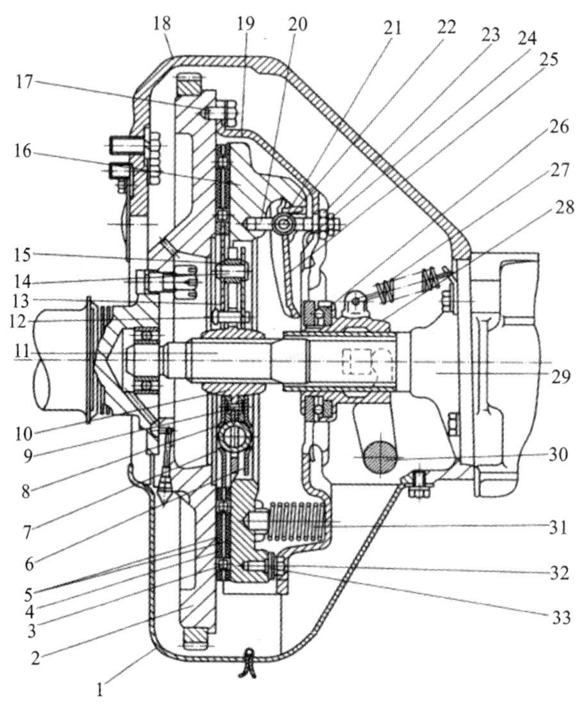

图 1－14　东风 EQ1090E 型汽车单盘离合器

1—飞轮壳底板；2—飞轮；3—摩擦片铆钉；4—从动盘本体；5—摩擦片；6—减振器盘；7—减振器弹簧；8—减振器阻尼片；9—阻尼片铆钉；10—从动盘毂；11—变速器第一轴；12—阻尼弹簧铆钉；13—减振器阻尼弹簧；14—从动盘铆钉；15—从动盘铆钉隔套；16—压盘；17—定位销；18—飞轮盖；19—离合器盖；20—分离杠杆支承柱；21—摆动支片；22—浮动销；23—分离杠杆调整螺母；24—分离杠杆弹簧；25—分离杠杆；26—分离轴承；27—分离套筒复位弹簧；28—分离套筒；29—变速器第一轴承盖；30—分离叉；31—压紧弹簧；32—传动片铆钉；33—传动片

盘在压紧弹簧的压力作用下将从动盘紧紧结合到飞轮上，将转矩传给从动盘。

为阻止压盘将离合器产生的热量传递给压紧弹簧，造成弹簧的弹性下降，在压盘与压紧弹簧接触处铸造了肋板，以便增大散热。同时，在弹簧与压盘接触面上还装有隔热垫。

与膜片弹簧离合器不同，周布弹簧离合器需要专门设计分离装置来完成离合器分离动作。东风 EQ1090E 型汽车离合器的分离机构由 4 个均匀分布的分离杠杆 25 和支撑柱 20 组成。当离合器分离时，分离轴承26 给分离杠杆内端作用一水平推力，分离杠杆绕支点顺时针摆动，其外端拉动压盘克服压紧弹簧的作用力而向右侧移动，结果压在从动盘上的压紧力逐步下降，离合器传递的转矩也逐步减小，直到压盘、飞轮、从动盘三者之间出现间隙，离合器完全分离。

为保证离合器分离彻底，离合器分离杠杆位置需要调整一致，否则就会造成离合器分离不开，出现换挡打齿的现象。

1.4.4　操纵机构

操纵机构中的分离轴承 26、分离套筒 28、分离叉 30 安装在离合器壳体内部，而操纵机构其他的拉杆、踏板及连接零件安装在离合器外部。

前端装有分离轴承的分离套筒安装在变速器一轴轴承盖29外伸出的管状外圆表面，在复位弹簧27的作用下，以其两侧的凸台平面靠在分离叉的圆弧表面。分离叉以其两端的轴颈支撑在离合器壳中，外部与其他操纵拉杆相连接，在外部拉杆的带动下逆时针转动时，其内侧的拨叉拨动分离套筒向图1－14示的左侧滑动，当分离轴承接触到分离杠杆时，离合器开始分离，当外部的驾驶员脚踏板踩到底时，离合器应该彻底分离，当驾驶员松开脚踏板时，在压紧弹簧的作用下，离合器恢复压紧状态，分离轴承和脚踏板分别在其各自的回位弹簧作用下回到原位。

为使离合器传动平顺并减少摩擦生热，驾驶员操纵离合器应该遵循快速分离、缓慢结合的原则。

1.5　离合器的操纵机构

离合器的操纵机构是驾驶员用以操纵离合器分离、结合的机构，离合器的操纵机构一般是指从离合器踏板到分离轴承之间的全部零件。

按照离合器分离时所需的能源不同，离合器操纵机构分为人力式和助力式。人力式操纵机构依靠驾驶员作用在脚踏板上的力作为动力源；助力式操纵机构除了驾驶员的操纵力之外，还有其他动力（如气压、液压）帮助驾驶员进行离合器的操作，以减轻驾驶员的劳动强度。

1.5.1　机械式操纵机构

机械式操纵机构主要有杆系传动和绳索传动两种形式。杆系传动机构如图1－15所示，具有结构简单、工作可靠的特点，广泛地应用于各种汽车上。但这种结构传动杆件较多，摩擦损失大，车身或车架变形以及发动机移位时会影响到离合器的正常工作。在一些远程操控的结构上合理布置杆系比较困难。

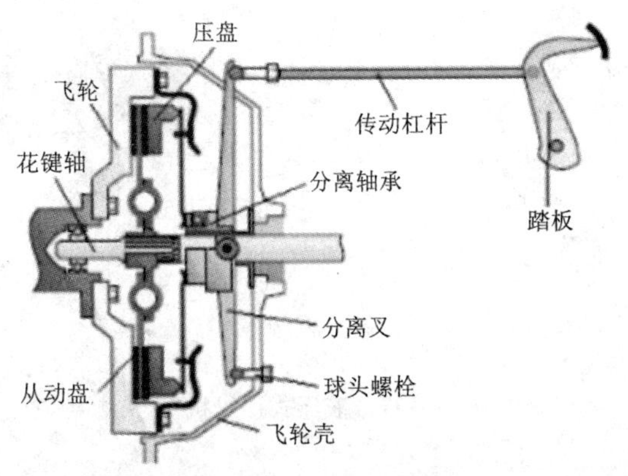

图1－15　杆系传动操纵机构

图1－16所示为绳索传动式操纵机构。由于绳索具有柔性，因而这种结构具有布置灵活、操纵轻便的特点，但由于拉伸刚度较小，不能承受过大的操纵力，因此这种结构在轿车、

微型汽车上应用较多。

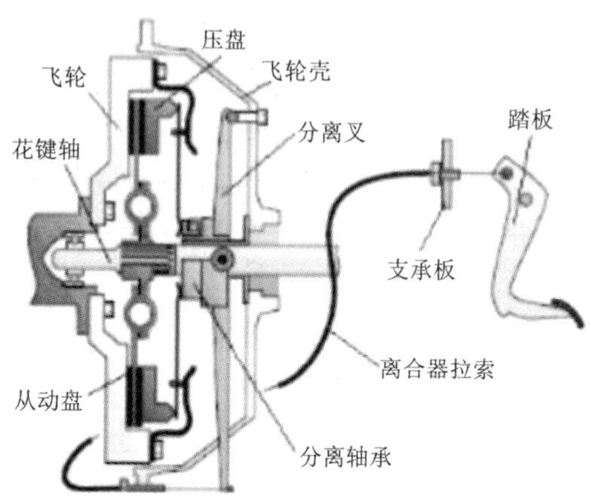

图 1－16　绳索传动式操纵机构

1.5.2　液压式操纵机构

液压式操纵机构如图 1－17 所示，一般由离合器踏板、离合器主缸、工作缸、分离拨叉、分离轴承和管路组成。液压式操纵机构具有摩擦阻力小、传动效率高、质量小和布置方便的特点，在汽车上的应用非常普遍。

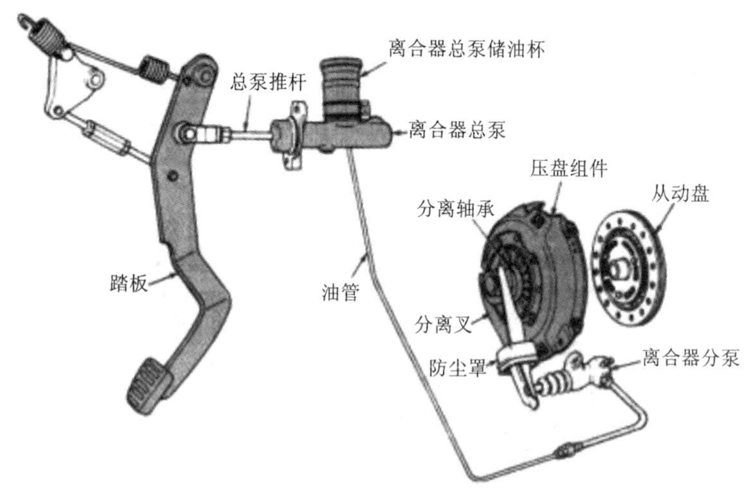

图 1－17　液压式操纵机构

1. 离合器主缸

主缸构造如图 1－18 所示。离合器主缸具有以下功能：使油液通过管路流至离合器分泵，通过使用进油孔和补偿孔对温度变化和最小油液损失进行补偿，以维持正确的流量；通过储油箱补偿孔排出流体，补偿了离合器从动盘和压盘的磨损，从而无需进行周期性调整。

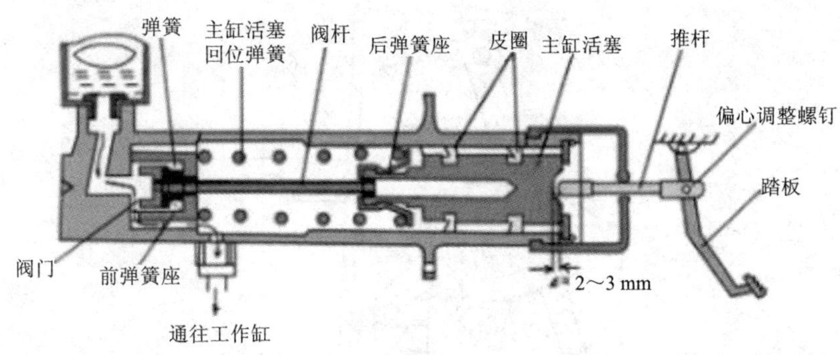

图 1－18　离合器主缸结构

2. 离合器工作缸

离合器工作缸构造如图 1－19 所示。工作缸内装有活塞、两皮圈、推杆和放气螺钉等。两皮圈的刃口方向相反，其作用是不同的：左侧皮圈用来密封油液以防止泄漏；右侧皮圈防止迅速抬起离合器踏板时，工作缸内吸入空气。放气螺钉的作用是放净系统内的空气。主缸和工作缸的推杆长度一般是可调整的，如主缸推杆处采用偏心螺钉和工作缸推杆处的调整螺母，以便通过调整推杆长度来调整踏板的自由行程。

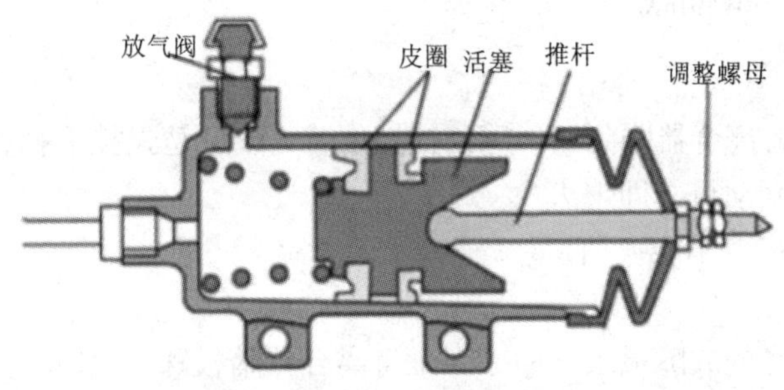

图 1－19　离合器工作缸结构

1.5.3　助力式操纵机构

图 1－20 所示为弹簧助力式操纵机构，助力弹簧 5 的两端分别挂在固定于支架和三角板 3 上的支承销上，三角板可以绕其销轴 4 转动，当离合器踏板完全放松，离合器处于接合位置时，助力弹簧的轴线位于三角板销轴的下方。当驾驶员踩下离合器踏板时，三角板绕销轴 4 逆时针转动，同时助力弹簧被拉长，当助力弹簧的轴线通过销轴 4 后，助力弹簧产生助力作用。

1.6　离合器常见故障与排除

离合器常见的故障主要有离合器分离不彻底、离合器打滑、离合器接合不平顺和离合器

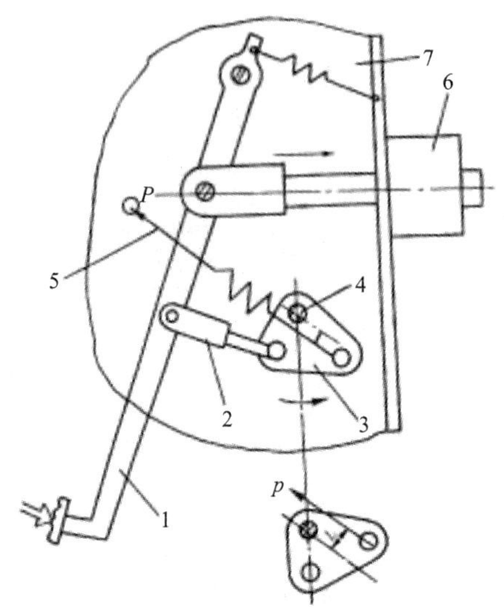

图 1－20　助力式操纵机构

1—离合器踏板；2—长度可调推杆；3—可转三角板；4—销轴；5—助力弹簧；6—主缸；7—支架板

异响等四类故障。

1.6.1　离合器分离不彻底

1. 故障现象

1)汽车起步时，将离合器踩到底仍感到挂挡困难，或虽勉强挂上挡，但离合器踏板尚未完全放松车就前移或发动机立即熄火。

2)变速器挂挡打齿或不能换挡。

2. 故障原因

离合器分离不彻底的故障最根本的原因是将离合器踏板踩到底时，从动盘与主动盘没有完全分离，离合器处于半接合状态。离合器操纵系统类型不同，造成其分离不彻底的原因略有不同，主要原因为：

1)离合器踏板自由行程过大，导致分离行程不足。

2)液压操纵系统进入空气，油液不足或漏油，导致分离行程不足。

3)液压操纵系统主缸、工作缸工作不良，导致分离行程不足。

4)离合器从动盘翘曲、偏移量过大、摩擦片破损、铆钉松脱，导致离合器分离后主动部分与从动盘有刮擦现象。

5)膜片弹簧变形，压紧弹簧部分折断或弹力不均等，导致压盘运动不规律。

6)分离杠杆内端不在同一平面内，分离杠杆调整螺钉松动或支架松动，个别分离杠杆弯曲或调整螺钉折断，导致压盘分离时运动不规律。

7)离合器压盘变形失效。

8)发动机前、后支承固定螺栓松动等。

9)若是刚更换过离合器片，则可能是因为更换的新摩擦片过厚、从动盘装反等。

3. 故障诊断与排除

1)离合器操纵系统不同，踏板自由行程调整方法也不同。对杆式操纵系统，用改变踏板拉杆长度的方法来调整踏板自由行程；对拉索式操纵系统，可用改变拉索长度的方法来调整其自由行程。

离合器分离杠杆的调整是将各分离杠杆内端面或膜片弹簧内端面调整到与飞轮平面平行的同一平面内，同时分离杠杆内端面或膜片弹簧的高度应符合要求，分离杠杆高度可通过旋动调整螺钉进行调整，膜片弹簧则利用专用工具进行校正。

2)让汽车起步前进或倒退，检查离合器的分离情况。若离合器分离不彻底现象时有时无，则为发动机前、后支承固定螺栓松动，应加以紧固。

3)对新装复的离合器，如果出现分离不彻底现象则应进行如下检查：

(1)踩踏离合器踏板，若踏板沉重，多为更换的新从动盘摩擦片过厚而使离合器压紧弹簧过度压缩，预紧力过大，且离合器分离后压盘间隙不足，从而致使分离不彻底，可重新更换摩擦片。

(2)踏下离合器踏板观察从动盘位置。若双片离合器从动盘前端面与中间压盘紧抵或单片离合器从动盘前端面与飞轮紧抵，而其后端面却与压盘有足够间隙，则说明变速器一轴后轴承盖颈部过长，以至抵触从动盘花键毂，使从动盘不能后移。

(3)若上述正常，经调整后仍难以分离，则应检查从动盘是否装反。

1.6.2　离合器打滑

1. 故障现象

1)完全放松离合器踏板，汽车不能起步或起步困难。

2)汽车行驶中车速不能随发动机转速的提高而提高，感到行驶无力。

3)上坡行驶或重载时，动力明显不足，严重时可嗅到离合器摩擦片的焦臭味。

2. 故障原因

离合器打滑故障的根本原因是离合器从动盘没有被压紧，具体原因因结构不完全相同略有差异，可能的情况有：

1)离合器踏板自由行程过小或没有自由行程、踏板不能完全回位，分离轴承常压在分离杠杆上，使压盘处于半分离状态。

2)离合器拉索失效，丧失自调功能，因为丧失自由间隙导致离合器压紧力不足。

3)分离杠杆调整不当，弯曲变形，因为丧失自由间隙导致离合器压紧力不足。

4)离合器摩擦衬片变薄、硬化，铆钉外露或沾有油污等，因为摩擦因数改变导致打滑。

5)压紧弹簧过软或折断，膜片弹簧受热退火变软或变形，致使压紧力不足而打滑。

6)离合器与飞轮连接螺栓松动。

7)离合器压盘或飞轮表面翘曲变形，导致有效的摩擦面积变小，传递转矩过小而打滑。

3. 故障诊断与排除

1)首先进行故障确诊，然后再进行逐项检查。

(1)启动发动机，拉紧驻车制动，挂上低速挡，缓缓放松离合器踏板，使离合器逐渐接合，若汽车不能起步，而发动机无负荷感能继续运转又不熄火，即为离合器打滑。

(2)汽车加速行驶时，若发动机转速升高，而车速不随之相应升高，感到行驶无力，严重时有焦臭味或出现冒烟现象，则为离合器打滑。

2）故障确诊后，按图1－21所示流程进行诊断并排除故障。在诊断过程中要注意检查离合器压盘和从动盘的磨损和变形情况，若超过规定的技术要求，则必须及时维修或更换。

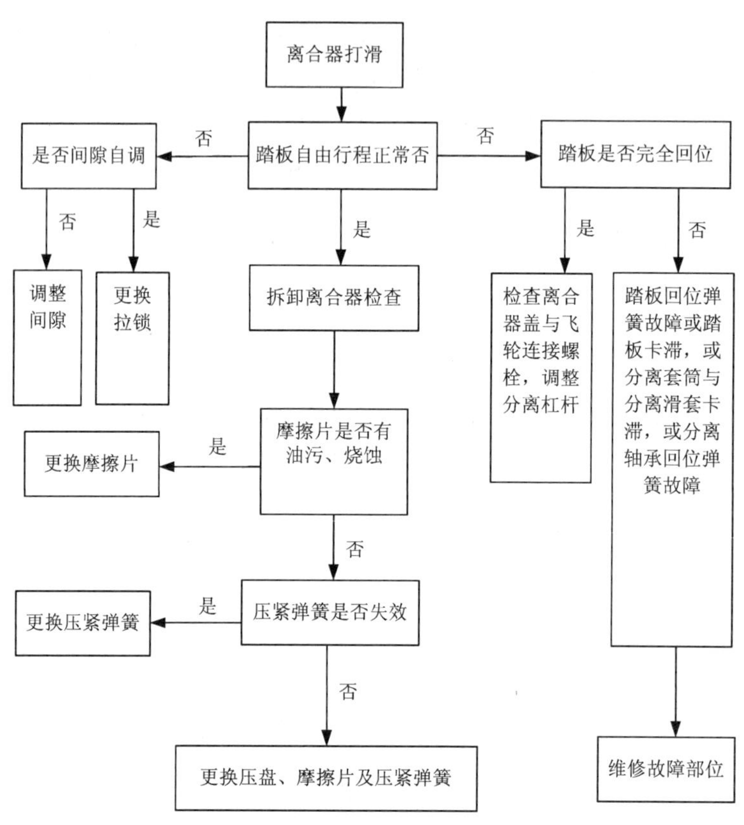

图1－21　离合器打滑故障诊断流程图

1.6.3　离合器接合不平顺

1. 故障现象

汽车用低速挡起步时，虽然逐渐放松离合器踏板，并缓缓踩下加速踏板，但离合器不能平顺接合，产生振抖，严重时整车出现振抖或突然闯出。

2. 故障原因

离合器发抖的根本原因是其主、从动盘之间接触不均匀，在同一平面内接触时间不同。离合器发闯则为主、从动盘突然接合的结果。

离合器发闯的主要原因为分离套筒涩滞、踏板回位弹簧折断或脱落、踏板轴锈蚀等导致的踏板回位不自如。而离合器发抖的主要原因为：

1）离合器自由行程过小，分离杠杆内端面不在同一平面内。

2）从动盘波形弹簧片损坏，摩擦片油污、破裂、凹凸不平或铆钉外露，接合时断时续。

3）主、从动盘磨损不均或翘曲不平，接合时出现局部接触，压不紧而出现抖动现象。

4)离合器压紧弹簧弹力不均，个别折断或高度不一致，膜片弹簧弹力严重不足。

5)变速器与飞轮壳或发动机固定螺栓松动。

6)从动盘扭转减振器损坏，膜片弹簧固定铆钉松动。

7)从动盘、中间压盘因花键锈蚀、积污而移动发滞。

8)分离叉轴及衬套磨损严重或分离叉支点破损。

3. 故障诊断与排除

1)检查离合器踏板、分离轴承复位是否正常。

2)检查发动机支架、变速器、飞轮、离合器壳等处的连接螺栓是否正常。

3)检查分离杠杆是否在同一平面之内。

4)检查压盘、摩擦片是否有开裂、变形的情况，摩擦片铆钉是否外露，压紧弹簧外形尺寸是否正常。

1.6.4　离合器异响

1. 故障现象

在汽车行驶过程中，踩下离合器踏板时发出异响，放松踏板时异响消失，或踩下、放松离合器踏板时都有异响。离合器异响往往在发动机启动后、汽车起步前离合器接合和分离时产生。

2. 故障原因

1)分离轴承损坏或润滑不良。

2)踏板回位弹簧过软、折断，离合器踏板无自由行程。

3)分离轴承套筒与导管脏污，其回位弹簧过软、折断，使分离轴承回位不佳。

4)分离叉或其支架销、孔磨损松旷。

5)从动盘摩擦片铆钉松动、外露或摩擦片破裂、减振弹簧折断等。

6)离合器盖与压盘配合松动，从动盘花键配合松弛。

7)双片离合器中间压盘传动销、孔磨损松驰。

3. 故障诊断与排除

发动机怠速运转，在踩下离合器踏板的过程中，离合器发出不正常响声，则为离合器异响。

1)首先检查踏板自由行程是否正确。

2)踩下离合器踏板，使分离轴承刚与分离杠杆接触，若听到轻微的“沙、沙、沙”的响声，先给分离轴承加油润滑，加油后若响声消失则故障原因为轴承缺油，若加油后响声仍不消失，则故障原因是分离轴承损坏。

3)改变发动机转速，并反复踩动离合器踏板，若发出较沉重的“抗”或“卡”的响声，则故障原因可能是减振弹簧疲劳或断裂、从动盘与花键套铆接松动或是从动盘花键孔与轴配合松弛。若在离合器处于刚接合或刚分离时，发出“咔哒”的碰击声，则故障由摩擦片松动引起；若发出尖锐的金属刮研声，则故障由铆钉露头引起；若发出连续噪声或间断的碰击声，则故障由分离轴承与分离杠杆内端间隙引起。

4)当离合器踏板完全抬起时，听到有摩擦碰撞声，一般由分离轴承和膜片弹簧分离指之间间隙太小所致。如分离套筒回位弹簧失效，踏板虽已抬起，但分离轴承没有回位，或踏板回位弹簧失效，当用手将离合器踏板拉起时，声音消失，则证明是踏板回位弹簧失效。

任务二　离合器相关的技能训练

2.1　离合器结构认知

2.1.1　带扭转减震的离合器从动盘的认知

图 1－22 所示为夏利轿车离合器从动盘零件解剖照片，请写出下列离合器从动盘组成零件的名称及作用：

1. ________________________________；

2. ________________________________；

3. ________________________________；

4. ________________________________；

5. ________________________________；

6. ________________________________；

7. ________________________________。

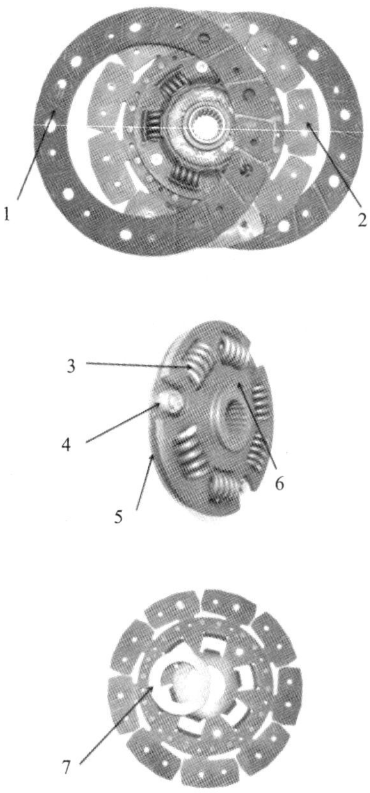

1 2 3 4 5 6 7

图 1－22　离合器从动盘结构认知

8. 写出离合器从动盘的动力传递过程：

2.1.2　压盘总成结构认知

图 1－23 所示为夏利轿车压盘总成的解剖图，请写出图示零件的名称及作用。

1. ________________________________；

2. ________________________________；

3. ________________________________；

4. ________________________________；

5. ________________________________。

图 1－23　离合器压盘总成结构认知

2.2　离合器主要部件的检修

离合器作为传动系统的主要部件在汽车修理过程中是经常遇到的维修部件之一。离合器的检修主要包括从动盘总成、飞轮、压盘总成等部件，踏板自由行程，分离杠杆高度等操纵系统的检修。

2.2.1　从动盘总成的检修

从动盘的主要损伤形式主要有：摩擦片的磨损变薄、高温烧蚀变色、表面裂纹、摩擦表面粘染油污，摩擦片铆钉外露、铆钉松动，从动盘钢片翘曲变形、扭转减振弹簧损坏、花键轴套内的花键磨损等。检查方法和步骤：

1）检查时用小锤轻轻敲击摩擦片，若声音沙哑，说明铆钉可能有松动，找到松动的部位铆紧或更换铆钉即可。

2）检查从动盘表面，如果存在摩擦片烧焦变色、沾染油污、表面开裂、减振器弹簧折断等情况时，应更换新片。对摩擦片表面有严重油污的，还应检查曲轴后油封与变速器一轴的密封情况。

3）检查摩擦片的磨损程度：用卡尺测量铆钉头的深度，如图 1－24 所示，一般车型铆钉头的最小深度为 0.3～0.5 mm，超过极限值应更换摩擦片。

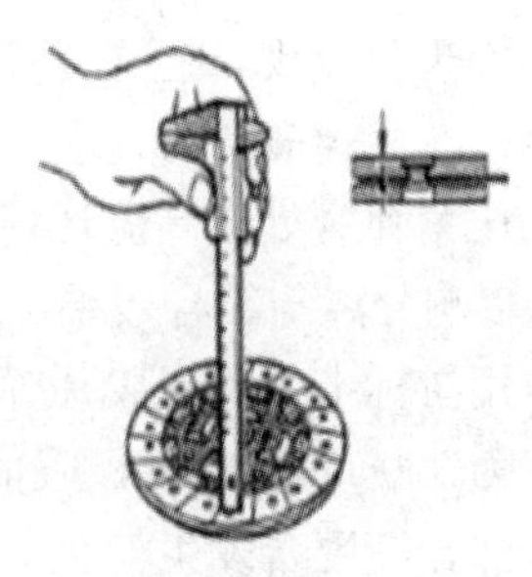

图 1－24　从动盘检查

4）检查从动盘的端面跳动，如图 1－25 所示，其端面跳动的最大值为0.5~0.8 mm，超过此极限值，则应对从动盘进行校正或更换。

5)将从动盘装到变速器输入轴上，检查从动盘滑动状况及旋转方向的松动。如滑动不良应予以清洗，如松动明显，应更换从动盘或输入轴，或两者同时更换。

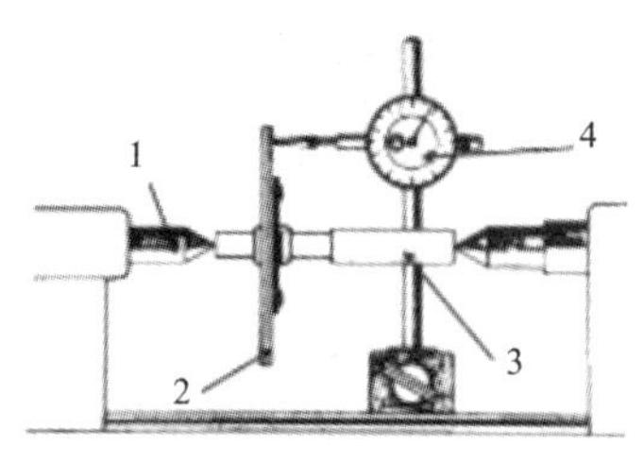

图1-25 从动盘端面跳动检查

1—顶尖；2—从动盘；3—专用工具；4—百分率

2.2.2 飞轮的检修

飞轮作为离合器主动部件之一，其主要损伤形式为飞轮后端面磨损、开裂，飞轮翘曲变形，起动齿圈轮齿磨损等。当齿圈磨损超限时应更换；当飞轮端面磨损沟槽或平面度误差超过极限值时应修平平面或更换；当飞轮的端面跳动超过极限值(极限值一般为0.2 mm)时，应修理或更换飞轮，检查方法如图1-26所示。

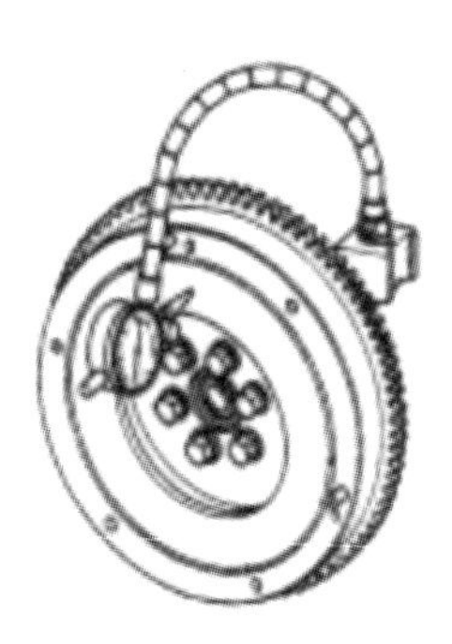

图1-26 飞轮磨损检查

2.2.3 离合器压盘总成的检修

1. 压盘端面跳动的检查

离合器压盘的主要损伤有工作表面的磨损，严重时会出现磨损沟槽，使用不当时，甚至引起翘曲或破裂现象。

对于压盘的轻度磨损、不平或烧蚀可先进行光磨。光磨后，其厚度不应小于极限尺寸(或极限减薄量不得大于规定值，一般为1~1.5 mm)，平面度误差不得大于规定值(0.1~0.2 mm)，修整后压盘应进行静平衡试验。当有严重磨损刮痕，甚至出现裂纹，而引起离合器工作振抖时，必须予以更换。用百分表检查压盘端面跳动，如图1-27所示，将压盘固定在芯轴上，使用极限为0.2 mm。如压盘铆接点损坏或开铆，应更换压盘。

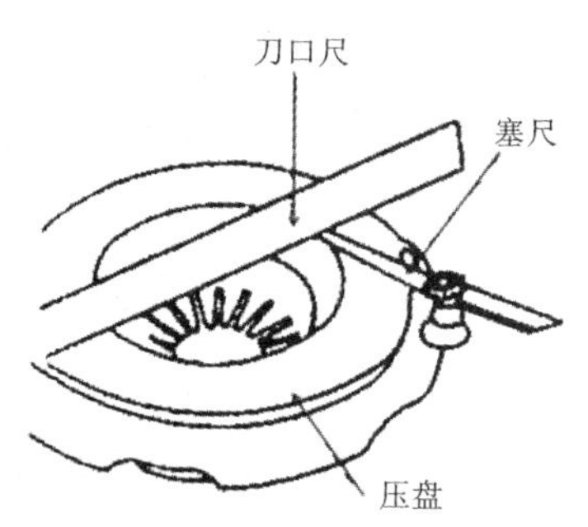

图1-27 压盘平面度检查

2. 离合器盖的检修

离合器盖与飞轮的接合平面的平面度公差应符合规定值，一般误差不超过0.5 mm。如有翘曲、裂纹或变形等现象出现，应更换新件。

3. 压紧弹簧的检修

压紧弹簧处于高温环境，长时间受到交变应力作用，易造成弯曲、折断或弹力减弱等故障，影响分离与结合效果。

用游标卡尺测量膜片弹簧内端磨损的深度和宽度，如图1-28所示，一般汽车的宽度极限值为5.0 mm，深度极限值为0.6 mm，若超过上述极限值，应更换膜片弹簧。

弹簧高度若发生变化，意味着弹簧变形会减少，造成弹簧弹力不足，必须更换。可用卡尺检查弹簧的高度，如图1-29所示，螺旋压紧弹簧当自由长度减小值大于2 mm，在全长上的偏斜超过1 mm时，应予以更换。

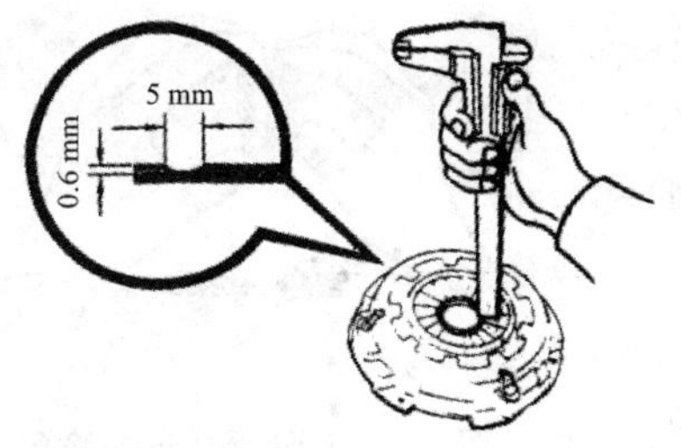

图 1－28　膜片弹簧离合器分离杠杆磨损检查

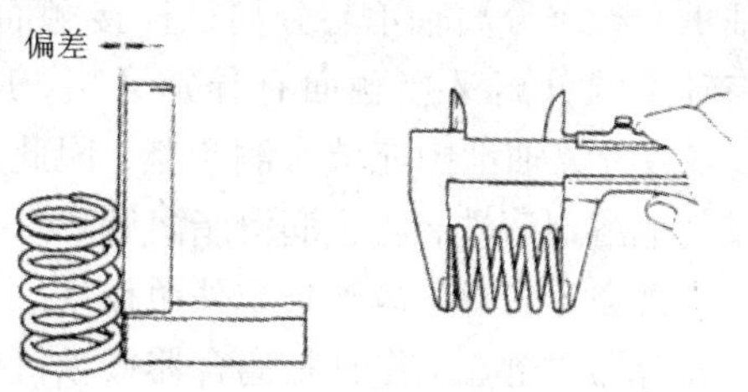

图 1－29　螺旋弹簧检修

膜片弹簧在使用中易出现弯曲变形，因此，需要进行检查与调整。具体方法是：膜片弹簧装复后，使弹簧片的内端均在同一平面内，然后用厚薄规测量弹簧内端和平面之间的间隙，此间隙一般不超过 0.5 mm，若过大，则应进行调整，把弹簧修复到正确的位置。夏利轿车的检查和调整方法如图 1－30 和图 1－31 所示，应使调整爪子数量最少为宜。

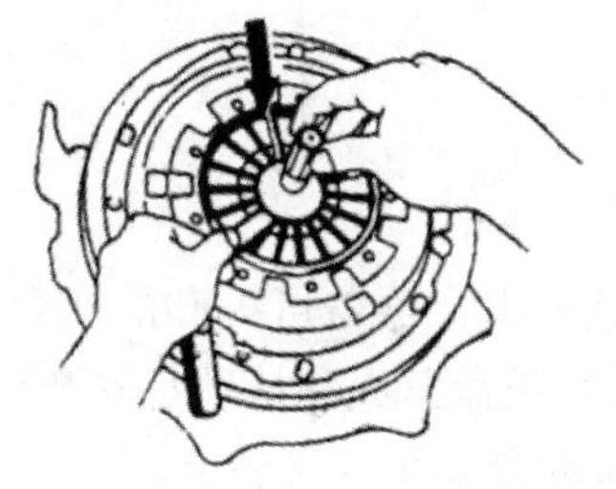

图 1－30　膜片弹簧杠杆高度检查

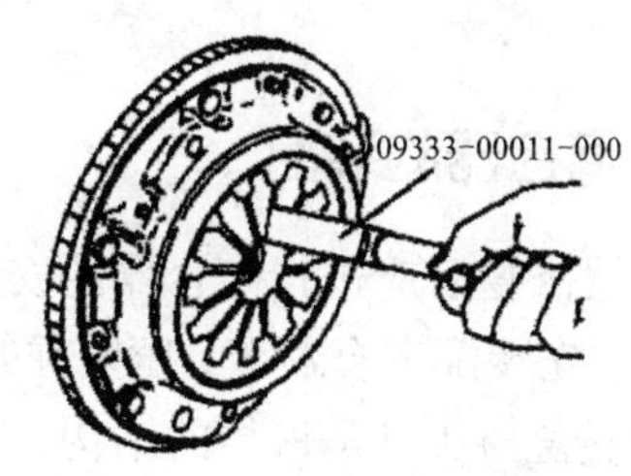

图 1－31　膜片弹簧杠杆高度调整

4. 分离杠杆、分离叉和分离轴承的检修

分离杠杆是离合器操纵过程中非常重要的零件，常见的分离杠杆故障是磨损或变形，应及时进行修复或更换。安装前应对分离拨叉、分离轴承的运动部位、注油部位填充少量润滑脂，如图 1－32 所示。检查离合器分离叉支承衬套的磨损情况，如松动会使离合器操纵沉重，应更换新衬套。

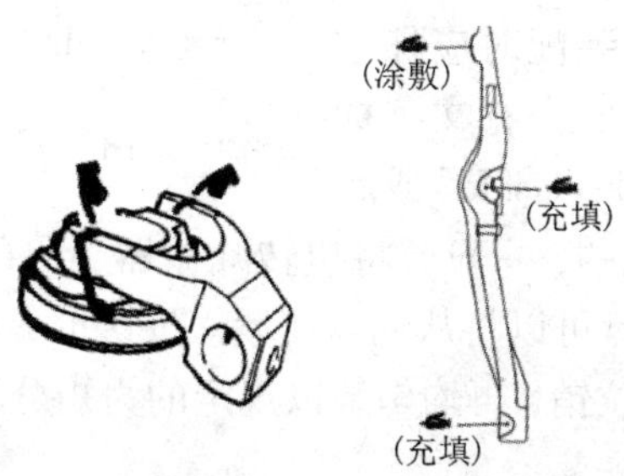

图 1－32　分离杠杆的润滑

分离轴承目前较多地采用免维护轴承，因驾驶员不当的操作习惯或轴承自身的原因，会出现分离轴承损坏的故障。检查时，固定轴承内缘，转动轴承外缘，同时在轴向方向施加压力，如图 1－33 所示，检查轴承有无异常响声、旋转不平滑等现象，如有阻滞或明显间隙，则应更换分离轴承，当出现噪声无法消除时，必须更换分离轴承。检查分离轴承与分离杠杆接触面是否有磨损，如与轴承的分离叉接触面有异常磨损，应予更换。注意：多数分离轴承中充填有润滑脂，因此，请勿使用油类或其他溶剂清洗，防止润滑脂溶解。

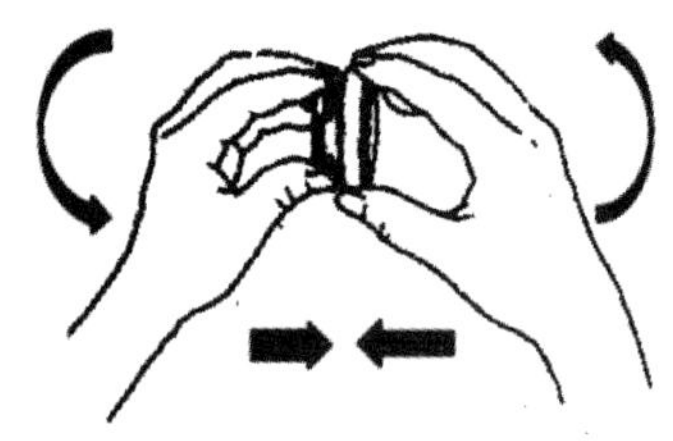

图 1－33　分离杠杆的检查

5. 离合器主缸、工作缸零件的检修

离合器主缸、工作缸是离合器操纵机构中的主要部件，一般情况下工作可靠，不易损坏，但有时也会出现漏油、卡滞或不能产生足够液压等故障。漏油一般是由于密封橡胶磨损、腐蚀所致。因此，对于因磨损、腐蚀了的密封橡胶件导致的漏油故障，更换密封橡胶即可。如果是因为泵体内孔损伤而出现的活塞卡滞或缸与活塞磨损配合间隙超过极限值而漏油或不能产生足够液压等故障，则应更换泵体。

2.3　离合器装配、检查与调整

2.3.1　离合器的装配

离合器修复后应进行离合器的安装与调整，对于压盘和离合器盖可拆卸的离合器，其装配顺序是：先装配离合器盖、压紧弹簧与压盘总成，然后将压盘总成和从动盘安装到飞轮上，对于离合器盖与压盘是铆接的结构，直接将压盘总成和从动盘安装到飞轮上。

1. 安装从动盘与压盘总成

由于拆卸离合器后，从动盘的安装位置已经被破坏，重新安装离合器必须保证从动盘的安装位置正确，否则会导致安装变速器总成时出现变速器轴安装位置错误。正确安装离合器的方法如图 1－34 所示，用离合器安装专用工具将离合器从动盘定位，使离合器片中心与飞轮旋转中心对正。装配时应仔细观察离合器从动盘的设计，一般会有文字标识出从动盘的安装方向（“flywheel side”或者其他标识）；对于没有文字标识的，一般要将扭转减振器突出的一侧或者从动盘花键毂较长的一侧面向变速器，以保证压盘可以将从动盘压紧。安装时，首先应对正离合器盖飞轮上所做的装配记号或者飞轮上的定位销，再均匀地以规定的力矩分2 ~3 次拧紧各螺栓。

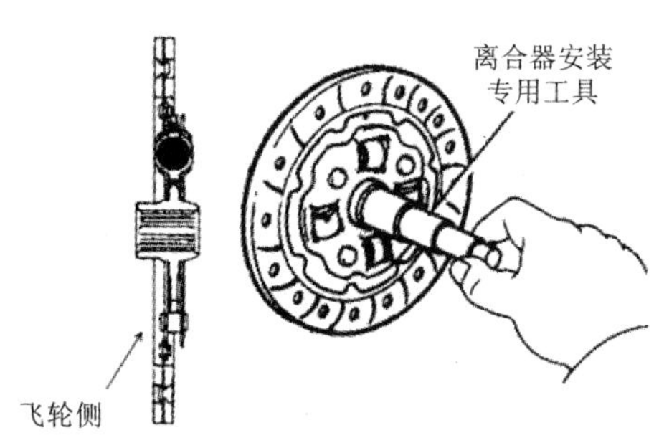

图 1－34　离合器从动盘的安装

2. 分离拨叉及分离轴承的安装

由于分离拨叉与分离轴承和操纵机构有滑动表面，为了保证操纵机构操作轻便、工作可靠，装复前应在分离叉和套的接触部位、分离叉和推杆的接触点、分离轴承的内沟槽等部位涂上锂基润滑脂，然后再将防尘套、分离叉、轴承套和轴承装到变速器上。装后应再检查一下工作是否正常。

2.3.2　离合器的检查与调整

离合器经过一段时间使用后，由于各运动零件的磨损等原因，零件的尺寸参数有可能发生改变，因此，维修后对离合器的检查与调整是必要的步骤，检查与调整主要分为分离杠杆高度的检查与调整和离合器踏板自由行程的检查与调整。

1. 分离杠杆高度的检查与调整

对周布弹簧式离合器装配修复后，需要检查各分离杠杆高度的一致性，要求各分离杠杆位于同一平面，误差应符合原厂规定，一般不大于0.25 mm。如果不符合要求，就应进行调整。调整方法一般是通过分离杠杆上的调整螺栓进行调整。当膜片弹簧分离爪高度不一致时，也应该进行相应的调整，方法如前所述。分离杠杆高度不一致会导致离合器分离不彻底，汽车起步会颤抖，甚至发动机熄火，换挡时会出现打齿现象。

2. 离合器踏板自由行程的检查与调整

1)机械操纵式离合器踏板自由行程的调整，一般是通过分离叉拉杆调整螺母调整拉杆或绳索长度，使离合器踏板自由行程符合规定。

(1)拉杆式操纵机构。图1－35所示为金杯SY6480轻型客车离合器踏板自由行程的调整，调整步骤为：拧松锁紧螺母，旋转推杆直到自由行程在5～15 mm为止；拧紧锁紧螺母；调整自由行程后，检查踏板高度是否为170 mm，否则应调整踏板高度和推杆行程。

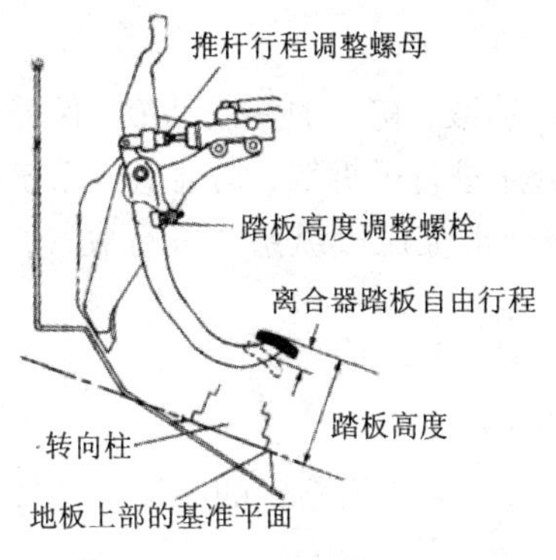

图1－35　拉杆式离合器操纵机构的调整

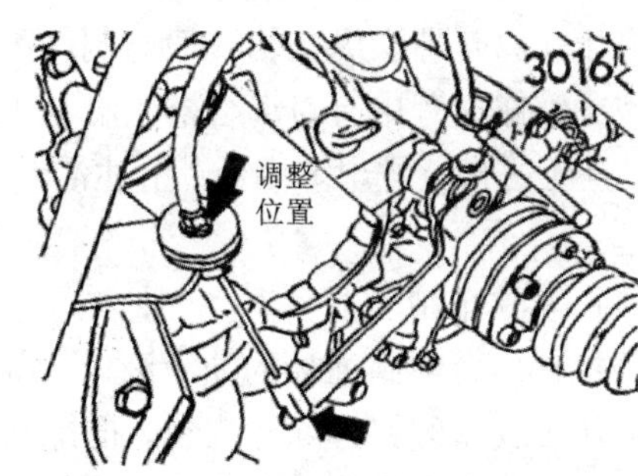

图1－36　绳索式离合器操纵机构的调整

(2)绳索式操纵机构。图1－36所示为上海桑塔纳轿车的离合器操纵机构。它的离合器踏板自由行程为15～25 mm，总行程为150 mm±5 mm。它是靠离合器绳索的调整来进行的，具体方法可通过改变螺母在绳索外皮的位置(箭头所指)来进行。

2)液压式操纵机构踏板自由行程一般是主缸活塞与其推杆之间和分离杠杆内端与分离轴承之间两部分间隙之和在踏板上的反映。因此，踏板自由行程的调整实际上就是这两处间隙的调整。

图1－37所示为BJ2020型汽车离合器液压式操纵机构。通过偏心螺栓调整推杆伸出长度，使其与活塞间隙为0.5～1.0 mm，测量反映到踏板上的自由行程应为3～6 mm。再通过调整分离叉推杆长度调整分离轴承与分离杠杆间的间隙，使踏板自由行程总量为32～40 mm。这样分离轴承至分离杠杆的间隙也就达到了规定值2～5 mm。

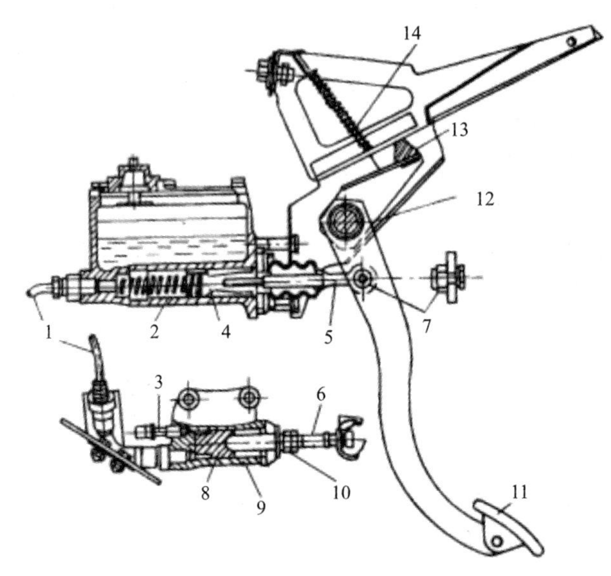

图 1－37　液压式离合器操纵机构的调整

1—油管；2—主缸；3—工作缸放气阀；4—主缸活塞；5—主缸推杆；6—分离叉推杆；7—偏心螺栓；
8—工作缸活塞；9—工作缸；10—锁紧螺母；11—踏板；12—踏板轴；13—踏板限位块；14—踏板回位弹簧

3. 离合器液压操纵系统的放气

液压式离合器操纵机构一般与制动系统使用同一制动液，初次加注制动液、保养中更换制动液或维修过程中有对离合器主缸与工作缸之间的管路进行过拆解，均会造成系统内混入空气，且无法自行排出。因此，上述活动后均应该对离合器液压操纵系统进行放气，一般的方法是：

1）拉紧驻车制动器手柄。

2）检查离合器储油杯的油液液位，需要时加以补注。

3）从排气塞螺钉拆除橡皮罩，把排气塞螺钉擦试干净，将乙烯软管的一端接到排气塞螺钉，另一端放进带有溶液的透明容器内。

4）反复踩下离合器踏板数次后保持其被踩下的状态。

5）拧松离合器工作缸排气塞螺钉，将带气泡的离合器液排进容器内，然后立即拧紧排气塞螺钉。

6）缓慢地放开离合器踏板。

7）反复进行上述操作，直到往容器内泵送的制动液的气泡消失为止。在排气过程中，要使离合器储油杯内的制动液保持在规定的液位。

思考与练习

1. 离合器的作用是什么？有哪些类型？

2. 简述摩擦式离合器的组成及工作原理。

3. 膜片弹簧式离合器的优点是什么？
4. 简述带扭转减振器的从动盘组成及工作原理。
5. 为什么需要离合器踏板自由行程？如何进行调整？
6. 简述液压式离合器操纵机构的放气过程。
7. 简述离合器打滑的检修流程。

项目二　手动变速器换挡困难检修

【能力目标】

1. 能够进行变速器分解与组装。
2. 能够理解变速器各部件的功用。
3. 能够掌握变速器主要部件的检测方法。

【知识目标】

1. 掌握变速器基本功用、类型。
2. 掌握变速器基本组成及工作原理。
3. 掌握二轴、三轴式变速器的结构特点
4. 掌握不同类型的同步器结构特点。
5. 掌握变速器的操纵机构特点。
6. 了解变速器常见故障及诊断方法。

任务一　检修手动变速器

【案例导入】

小王驾驶一辆行驶了 30 万 km 的货车从事货物运输工作，最近发现这辆汽车挂 5 挡时出现打齿的声音，偶尔还会出现掉挡的现象。小王到修理厂检查离合器，结果是正常的，修理厂师傅说这台车的变速器同步器需要修理了。

【主要教学设备】

1. 手动挡轿车。
2. 举升机及变速器专用千斤顶。
3. 常用维修工具若干。

【教学过程】

1. 学生以小组为单位完成本次任务。
2. 每个小组需配有相关车型的维修手册，学生根据手册制订工作计划。
3. 小组讨论所拆卸部件的名称、作用、工作原理。
4. 观察变速器零件的磨损情况，试着解释有关变速器故障的原因。
5. 解释两轴式变速器与三轴式变速器的区别。
6. 观察同步器结构，解释各部件的功用。

7. 找出变速箱的锁止机构并解释其工作原理。

8. 按照维修手册的要求恢复教学车辆。

9. 教学过程中注意安全，防止重物掉落砸伤学生。

【理论学习】

1.1　变速器概述

1.1.1　变速器的功用与种类

1. 变速器的功用

汽车上广泛采用的往复活塞式发动机内燃机具有转矩和转速变化较小的特点，但实际使用情况千差万别，如同一辆汽车在平坦的高速公路空载行驶和在泥泞的土路面满载爬坡行驶，负载和行驶环境变化很大。为使汽车适应广泛的负载与应用环境的变化，汽车上普遍安装变速器，其功用是：

(1)实现变速变矩。变速器通过改变传动比，扩大驱动轮转矩和转速的变化范围，以适应经常变化的行驶条件，同时使发动机在有利的工况下工作。

(2)实现汽车倒驶。由于内燃机是不能反向旋转的，利用变速器的倒挡，实现汽车的倒向行驶。

(3)必要时中断传动。利用变速器中的空挡，中断动力传递，使发动机能够起动和怠速运转，满足汽车暂时停车或滑行的需要。

(4)可实现动力输出，驱动其他机构。如汽车安装有其他需要提供动力的设备，可将变速器作为动力输出器，驱动其他机构。如自卸车液压系统中的油泵可以由变速器驱动。

2. 变速器的种类

1)按传动比变化方式分类：

(1)有级变速器。

有级变速器是目前使用最广的一种变速器，它采用齿轮传动，具有若干个定值传动比，传动比成阶梯式变化。轿车和轻、中型货车变速器的传动比通常有4～6个前进挡和一个倒挡，重型货车采用组合式变速器，可以实现更多挡位变化。

(2)无级变速器。

无级变速器是传动比在一定范围内可连续地变化。常见的有电力式和液力式两种，多用液力式。

(3)综合式变速器。

综合式变速器是由液力变矩器和齿轮式有级变速器组成的液力机械式变速器，目前应用较多。

2)按操纵方式不同分类：

(1)手动操纵式变速器。

手动操纵式变速器靠驾驶员直接操纵变速杆进行换挡。这种变速器的换挡机构简单，工作可靠并且经济省油，目前应用最广。

(2)自动操纵式变速器。

自动操纵式变速器传动比的选择和换挡自动进行。所谓“自动”，是指机械变速器每个挡位的变换是借助反映发动机负荷和车速的信号系统来控制换挡系统的执行元件而实现的。驾驶员只需操纵加速踏板和制动装置。此种方式因操作简便，目前运用较多。

(3)半自动操纵式变速器。

此种变速器有两种形式：一种是几个常用挡位可自动操纵，其余几个挡位由驾驶员操纵；另一种是预选式的，即驾驶员先用按钮选定挡位，在踩下离合器踏板或松开加速踏板时，接通自动控制和执行机构进行自动换挡。

1.1.2 普通齿轮变速器的基本原理

1. 变速原理

普通齿轮式变速器又称定轴式变速器，它由外壳、轴线固定的几根轴和若干齿轮组成。如图2－1所示，其工作原理是齿轮啮合传动时主动齿轮与被动齿轮转过的齿数相同，如果大齿轮主动，小齿轮被动，则传动结果为增速；如果小齿轮主动，大齿轮被动，则传动结果为减速。普通齿轮变速器就是利用这一原理工作的。

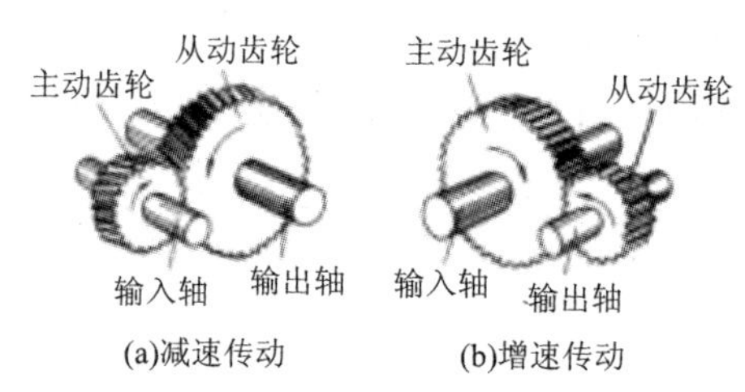

(a)减速传动　(b)增速传动

图2－1　齿轮变速原理

设主动齿轮齿数为 z_1，转速为 n_1；被动齿轮齿数为 z_2，转速为 n_2，则有：

$$z_1 \cdot n_1 = z_2 \cdot n_2$$

设定主动齿轮的转速 n_1 与从动齿轮的转速 n_2 的比值为传动比，用 i_{12} 表示，则有：

$$i_{12} = \frac{n_1}{n_2} = \frac{z_2}{z_1}$$

从上述公式可知：

当 $i_{12} > 1$ 时，为降速增扭传动，其挡位称为降速挡；

当 $i_{12} < 1$ 时，为增速降扭传动，其挡位称为超速挡；

当 $i_{12} = 1$ 时，为等速等扭传动，其挡位称为直接挡。

习惯上把变速器传动比值较小的挡位称为高挡，传动比值较大的挡位称为低挡，变速器挡位的变换称为换挡，由低挡向高挡变换称为加挡(或升挡)，反之称为减挡(或降挡)。

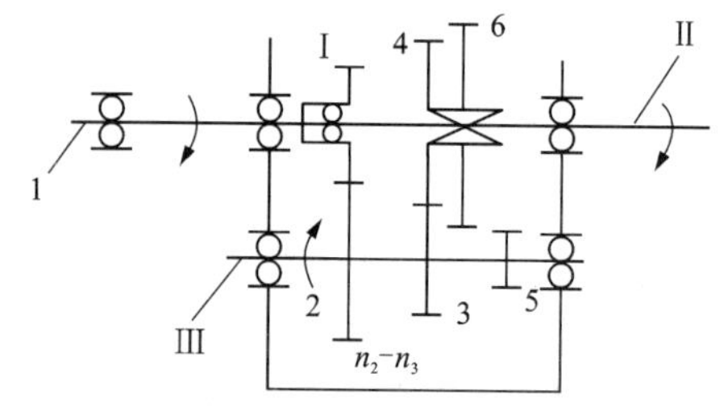

图2－2　两级齿轮传动示意图

如图2-2所示，当变速器需要两级齿轮传动时的动力传动路线：齿轮1驱动齿轮2，齿轮2与齿轮3同轴，齿轮3驱动齿轮4，此时的传动比为：

$$i_{14}=\frac{n_1}{n_4}=\frac{z_2\cdot z_4}{z_1\cdot z_3}=i_{12}\cdot i_{34}$$

由此可以得出结论，当变速器有多级齿轮参加传动时的传动比为：

$$i_{12}=\frac{n_1}{n_2}=\frac{\text{所有从动齿轮齿数的乘积}}{\text{所有主动齿轮齿数的乘积}}=\text{各级齿轮传动比的乘积}$$

2. 变向原理

如图2-3所示，由齿轮传动原理可知，一对相啮合的外齿轮旋向相反，每经过一传动副，其轴改变一次转向。故两轴式变速器在输入轴与输出轴之间加装了一倒挡轴和倒挡齿轮(也称为惰轮)，而三轴式变速器则在中间轴与输出轴之间加装了一倒挡轴和倒挡齿轮，就可使输出轴转向改变，从而使汽车能倒向行驶。

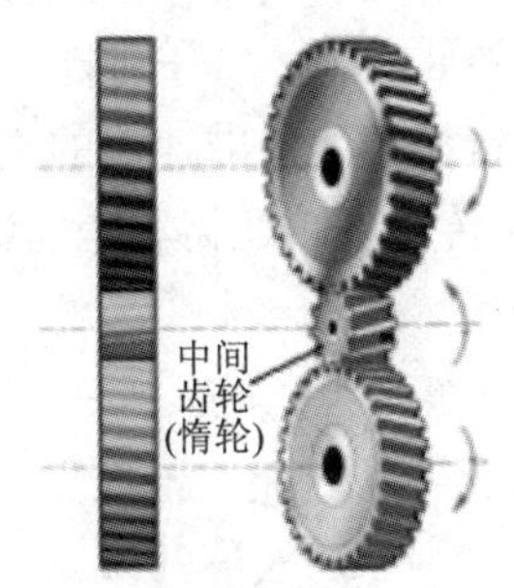

图2-3　变速器换向原理

3. 变矩原理

设定输入轴的功率为P_1，输入轴上齿轮的转矩为M_1，转速为n_1；输出轴的功率为P_2，输出轴上齿轮的转矩为M_2，转速为n_2；根据能量守恒原理可知：

如果忽略摩擦损失，输入轴的功率P_1与输出轴的功率P_2是相等的，即有：

$$P_1=P_2=M_1\cdot n_1=M_2\cdot n_2$$

即：

$$i_{12}=\frac{n_1}{n_2}=\frac{M_2}{M_1}$$

可见，传动比又是变矩比，变速器在改变输出转速的同时也改变了输出转矩。在输入转速一定的前提下，输出转速越高，输出转矩越低；输出转速越低，输出转矩越高。汽车变速器就是利用这一特点来适应行驶阻力变化的。

1.2　典型手动变速器结构

普通齿轮式变速器主要由变速器壳体、变速传动机构、变速操纵机构和换挡装置等组成。变速器壳体是变速器其他部件的安装基础；变速传动机构用来改变传动比、转矩和旋转方向；变速操纵机构和换挡装置用来实现换挡。普通齿轮式变速器按工作轴的数量(不包括倒挡轴)可分为两轴式变速器和三轴式变速器。

1.2.1　两轴式变速器

两轴式变速器的变速传动机构主要由动力输入轴、动力输出轴、倒挡轴、各挡齿轮及变速器壳体组成。两轴式齿轮传动形式特点是无中间轴，输入轴与输出轴平行。发动机动力经离合器从输入轴输入，经一对齿轮传动后，直接由输出轴输出。每一个挡位采用一对齿轮传动，输出轴的转动方向与输入轴的转动方向相反，没有直接挡，因此高速挡的效率比三轴式变速器低。在传动线路中只有一对齿轮啮合，机械效率高，噪声小。结构简单，紧凑、容易布置。在发动机前置、前轮驱动或发动机后置、后轮驱动布置的汽车上适宜采用这种结构变速箱，特别是轿车上，由于负荷较小，传动比变化范围小，两轴式变速箱得到广泛应用。一般还将主减速器和差速器也集成在变速箱内。大部分轿车都采用两轴式变速器。

1. 纵置式发动机前置前轮驱动

图 2－4 所示为某型轿车采用的两轴式五挡变速器。变速器的输入轴 2 通过离合器与纵向布置的发动机曲轴相连。输入轴 2 和输出轴 19 上的各挡齿轮均为常啮合齿轮，安装在输出轴 19 上的一、二挡齿轮 23、21 和五挡齿轮 16、倒挡齿轮 14 以及安装在输入轴上的三、四挡齿轮 8、10 之间分别装有同步环式惯性同步器 22、15 和 9，五个前进挡都通过这三个同步器进行换挡。主减速器的主动锥齿轮 24 与输出轴制成一体，由变速器输出的动力直接经齿轮 24 传给主减速器和差速器。

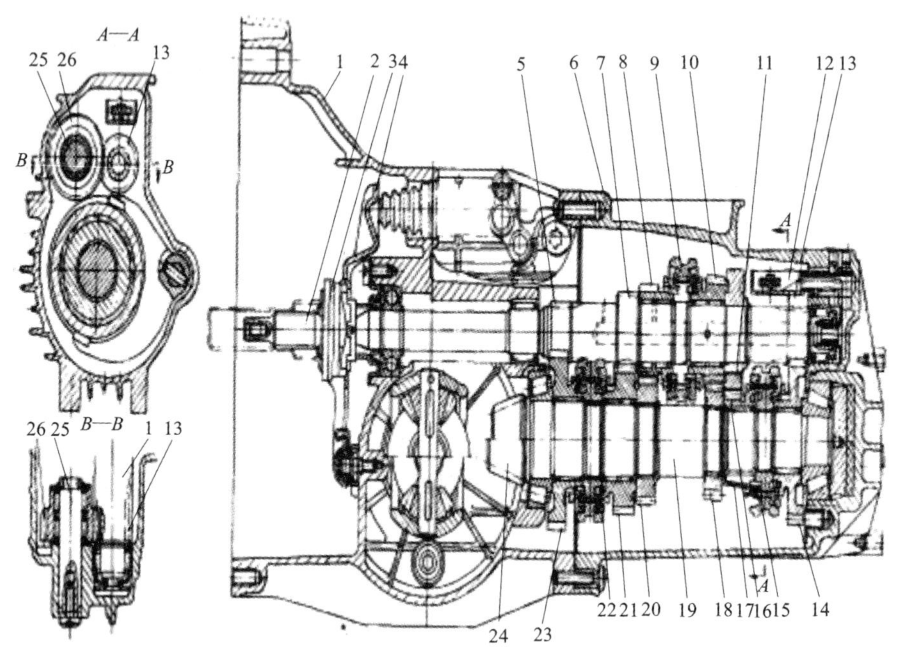

图 2－4　两轴式五挡变速器

1—变速器前壳；2—第一轴；3—分离轴承；4—分离杠杆；5—第一轴一挡齿轮；6—变速器后壳；7—第一轴二挡齿轮；8—第一轴三挡齿轮；9、15、22—同步器；10—第一轴四挡齿轮；11—第一轴五挡齿轮；12—集油器；13—第一轴倒挡齿轮；14—第二轴倒挡齿轮；16—第二轴五挡齿轮；17—隔离套；18—第二轴四挡齿轮；19—第二轴；20—第二轴三挡齿轮；21—第二轴二挡齿轮；23—第二轴一挡齿轮；24—主减速器主动锥齿轮；25—倒挡轴；26—倒挡轴倒挡齿轮

此种车型传动系统采用前置前驱纵向布置发动机型式，主减速器采用一对螺旋锥齿轮传动。

各挡位动力传动路线及传动比见表 2－1。

表2-1　某两轴式变速器各挡位动力传动路线及传动比

挡位	动力传递路线	传动比
空挡	操纵变速杆，使各挡同步器接合套处于中间位置，此时动力不传给输出轴	
一挡	操纵变速杆将同步器22接合套左移，动力由输入轴依次经齿轮5、齿轮23、同步器花键毂传给输出轴	39/11=3.545
二挡	操纵变速杆将同步器22接合套右移，动力由输入轴依次经齿轮7、齿轮21、同步器花键毂传给输出轴	40/19=2.105
三挡	操纵变速杆将同步器9接合套左移，动力由输入轴依次经同步器的花键毂、齿轮8、齿轮20传给输出轴	40/28=1.429
四挡	操纵变速杆将同步器9接合套右移，动力由输入轴依次经同步器花键毂、齿轮10、齿轮18传给输出轴	35/34=1.029
五挡	操纵变速杆将同步器15接合套左移，动力由输入轴依次经齿轮11、齿轮16、同步器花键毂传给输出轴	31/37=0.838
倒挡	操纵变速杆将同步器15接合套右移，动力由输入轴依次经倒挡齿轮13、倒挡中间齿轮26、输出轴倒挡齿轮14及同步器花键毂传给输出轴，反向输出动力	35/10=3.5

2.发动机横置前置前驱的二轴式变速传动机构

当发动机横置时，由于变速器的输出轴与驱动桥轴线平行，主减速器采用一对圆柱斜齿轮。以某五挡变速器为例说明其结构原理。它有五个前进挡和一个倒挡，全部采用同步器换挡。各挡位传动路线如下：

一挡：如图2-5所示，操纵换挡装置使一、二挡同步器啮合套左移，发动机动力经输入轴、一挡主动齿轮传、一挡从动齿轮、同步器啮合套和花键毂传至输出轴输出到主减速器。一挡传动比 $i_1=33/10=3.3$，由于一挡传动比较其他挡位大，可产生最大的减速增扭效果，有利于汽车起步。

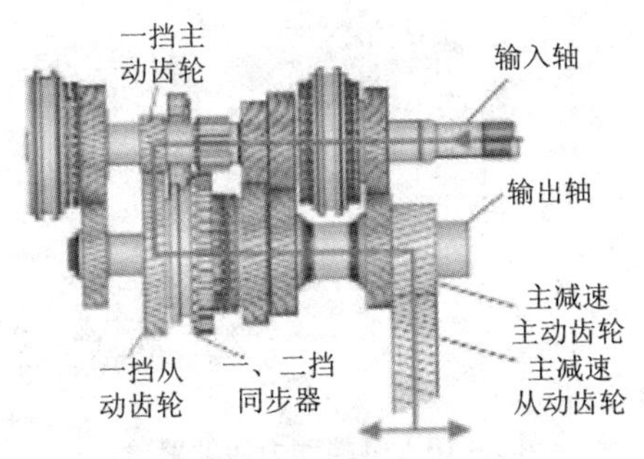

图2-5　一挡动力传递路线

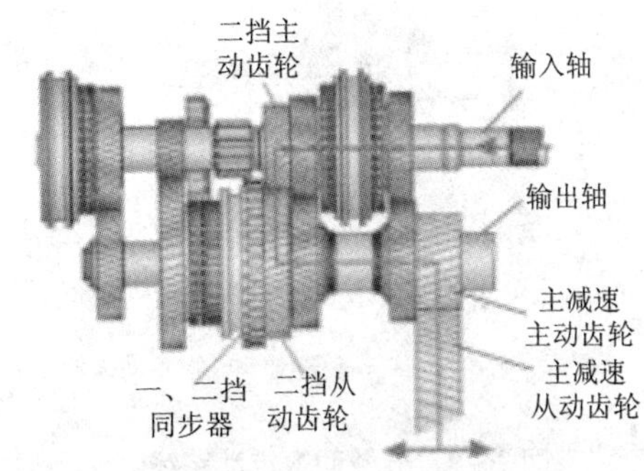

图2-6　二挡动力传递路线

二挡：如图2-6所示，操纵换挡装置使一、二挡同步器啮合套右移，发动机动力经输入轴、二挡主动齿轮、二挡从动齿轮、同步器啮合套和花键毂传至输出轴输出到主减速器。二挡传动比 $i_2=35/18=1.944$，较一挡传动比变小，但仍产生减速增扭效果，车速相对于一挡车速较快，有利于汽车升速。

三挡：如图2-7所示，操纵换挡装置使三、四挡同步器啮合套左移，发动机动力经输入轴、三挡主动齿轮、三挡从动齿轮、同步器接合套和花键毂传至输出轴输出。三挡传动比 $i_3=34/26=1.308$。传动比大于1，仍产生减速增扭效果，但相对于二挡车速较快，有利于汽车升速。

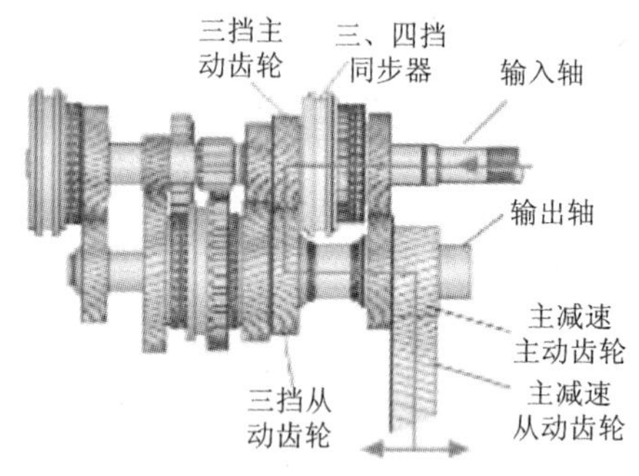

图2-7　三挡动力传动路线

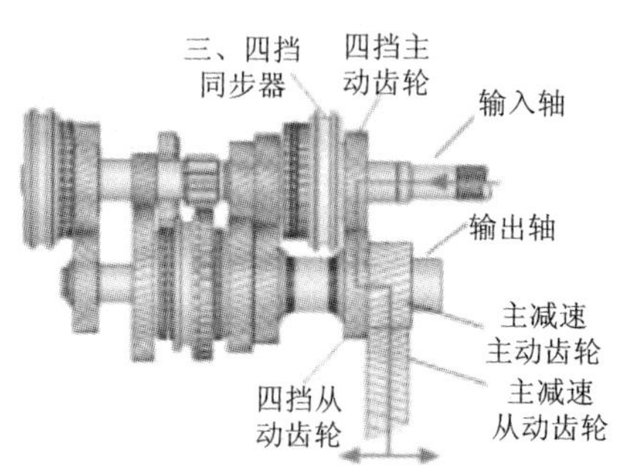

图2-8　四挡动力传动路线

四挡：如图2-8所示，操纵换挡装置使三、四挡同步器啮合套右移，发动机动力经输入轴、四挡主动齿轮、四挡从动齿轮、同步器接合套和器花键毂传至输出轴输出。四挡传动比 $i_4=35/34=1.029$，由于四挡传动比接近1，所以近似直接挡效果，发动机输出转矩直接输出。

五挡：如图2-9所示，操纵换挡装置使五挡同步器啮合套右移，发动机动力经输入轴、五挡主动齿轮、五挡从动齿轮、同步器接合套和花键毂传至输出轴输出。五挡传动比 $i_5=36/43=0.837$，由于五挡传动比小于1，所以产生超速效果，输出转速增加，转矩减小。

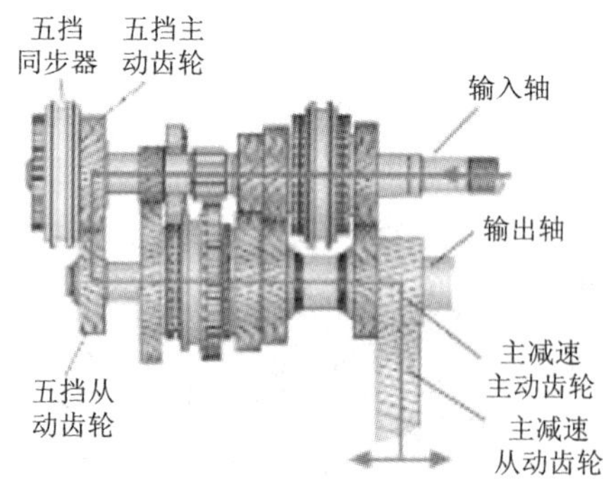

图2-9　五挡动力传动路线

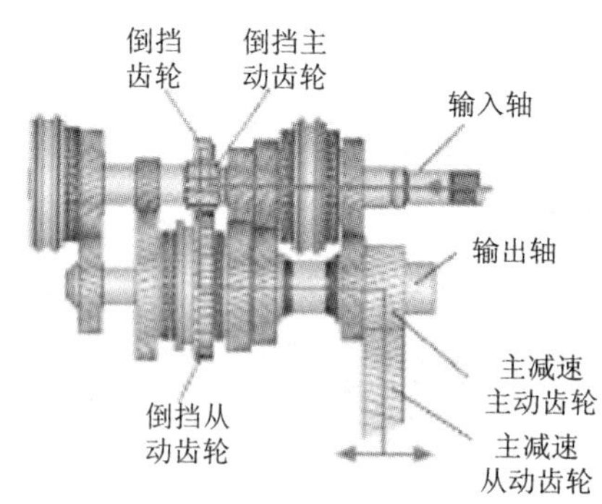

图2-10　倒挡动力传动路线

倒挡：如图2-10所示，操纵换挡装置使倒挡轴上的倒挡齿轮移向与处于空挡位置的一、二挡同步器啮合套外壳上直齿轮相啮合，发动机动力经输入轴、倒挡主动齿轮、倒挡齿轮、倒挡从动齿轮（一、二挡同步器啮合套外壳）以及一、二挡同步器接合套、花键毂传至输出轴输出。因为相对于其他前进挡位多出一个齿轮啮合传动，改变了齿轮旋转方向，实现了倒挡的目的。

1.2.2　三轴式变速器

在发动机输出较大转矩时，两轴轴式变速器往往满足不了使用需求，此时需要使用三轴式变速器。三轴式变速器有三根轴：第一轴（动力输入轴）、第二轴（动力输出轴）、中间轴。第一轴与第二轴的轴线在同一条直线上，通过轴承相互支撑，中间轴的轴线与第一轴轴线平行。第一轴主动齿轮与中间轴从动齿轮为常啮合传动齿轮，中间轴主动齿轮与第二轴从动齿轮啮合。每一个挡位采用两对齿轮传动，第二轴的转动方向与第一轴的转动方向相同。三轴式齿轮传动主要应用于发动机前置、后轮驱动的汽车变速器上。

图 2－11 所示为解放 CA1040 系列轻型载货汽车采用的三轴式五挡变速器示意图。它具有五个前进挡、一个倒挡。一轴 1 的前端支承在发动机曲轴凸缘的轴套中，后端通过球轴承 3 支承在变速器前壳体的轴承孔中。齿轮 2 与一轴制成一体、与齿轮 42 构成常啮合齿轮副。中间轴与倒挡主动齿轮、一挡主动齿轮制成一体，两端用圆锥滚子轴承支承在壳体上。中间轴上的二挡主动齿轮与三挡主动齿轮为双联齿轮 37。五挡主动齿轮 39、常啮合齿轮 42 和双联齿轮 37 压配在中间轴上。二轴前端用滚针轴承支承在第一轴齿轮内圆孔中，后端利用圆柱滚子轴承 20 支承在变速器后壳体 31 上。六个从动齿轮空套在第二轴上。花键毂 29、38 和 41 以其内花键与第二轴上的外花键紧配合，用卡环限制其轴向移动。圆柱滚子轴承 20 外圈上有止动槽，槽内装有轴承挡圈，用以防止二轴轴向窜动。该变速器壳体为前后对开式结构，其结合面应涂平面密封胶以保证壳体的密封。

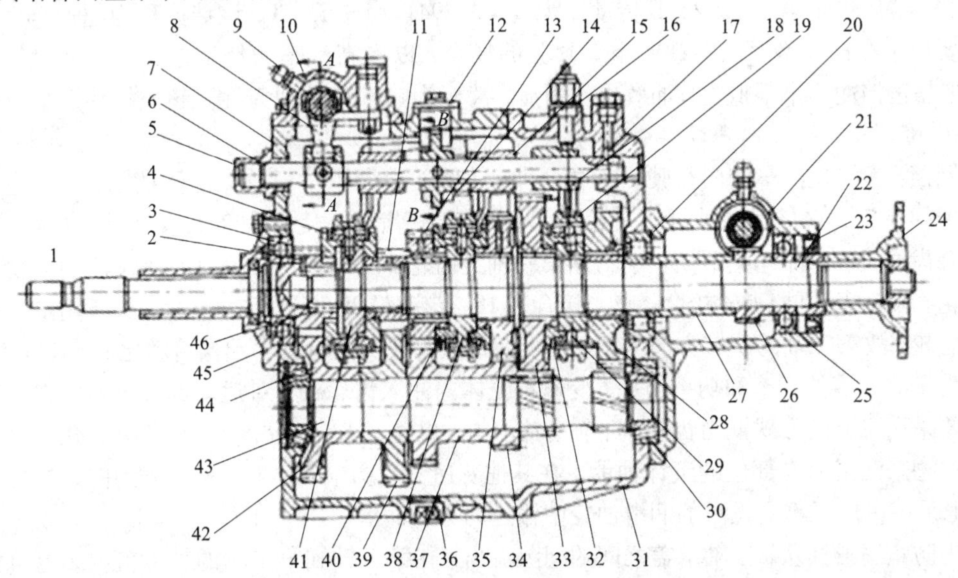

图 2－11　三轴式变速器示意图

1—一轴；2—一轴常啮合齿轮；3—一轴后轴承；4—四、五挡同步器；5—轴套；6—变速器拨叉轴；7—变速器前壳体；8—选挡拨头；9—通气塞；10—变速机构座；11—二轴五挡齿轮；12—限位块；13—二轴三挡齿轮；14—变速拨叉杆；15、18—变速拨叉；16—倒车灯开关；17—自锁钢球；19—结合套；20—二轴后轴承；21—变速器后轴承盖；22—二轴；23—油封；24—凸缘；25—二轴辅助轴承；26—速度表主动齿轮；27—隔套；28—二轴倒挡齿轮；29、38、41—花键毂；30—中间轴后轴承；31—变速器后壳；32—一挡同步器锁环；33—二轴一挡齿轮；34—涂胶平面；35—二轴二挡齿轮；36—放油塞；37—中间轴二、三挡齿轮；39—中间轴五挡齿轮；40—二、三挡同步器；42—中间轴常啮合齿轮；43—中间轴；44—中间轴前轴承；45—一轴轴承盖；46—二轴前轴承从三轴式变速器与两轴式变速器结构对比可以看出：三轴式变速器多了一个常啮合齿轮减速，减小了传动齿轮尺寸和变速器结构尺寸，便于安装和整机结构布置。

该变速器中，除倒挡外各挡均采用同步器换挡。各挡位的动力传动路线是：

一挡：操纵变速杆通过拨叉使接合套19左移，与一挡同步器同步环32和一挡齿轮接合花键接合后，动力便从第一轴依次经齿轮2、42、中间轴43、齿轮33、接合套19以及花键毂29，传至第二轴22输出，经两级减速一挡传动比为5.568。

欲脱开一挡，可通过拨叉使接合套19右移，与接合齿圈脱离，则变速器退回空挡位置。

二挡：通过拨叉使二、三挡同步器40接合套右移，使之与二挡同步器同步环的接合齿圈和二挡齿轮接合齿圈接合后，变速器便换入了二挡。动力从第一轴依次经齿轮2、42，中间轴43，双联齿轮37的小齿轮，齿轮35，二、三挡同步器40的接合套及花键毂，最后传至第二轴22，其传动比为2.832。

三挡：使二、三挡同步器40的接合套左移，与齿轮13接合齿圈接合，则可得到三挡，其传动比 $i_3=1.634$。

四挡：使四、五挡同步器4的接合套左移到与第一轴齿轮接合齿圈接合，便换上四挡，此时动力从第一轴经第一轴常啮合齿轮2上的齿圈，四、五挡同步器的接合套和花键毂直接传给第二轴22，不再经过中间轴齿轮传动，故称为直接挡，其传动比 $i_4=1$。

五挡：使四、五挡同步器4的接合套右移，使之穿过同步器同步环与五挡齿轮接合齿圈接合，动力从第一轴经齿轮2、42，中间轴，齿轮39，齿轮11，四、五挡同步器4的接合套及花键毂，最后传至第二轴22，其传动比为 $i_5=0.794$。由于 $i_5<1$，该挡位称为超速挡。超速挡主要用于在良好路面上轻载或空车驾驶的场合，以提高汽车的经济性。若发动机功率不高，则超速挡使用率很低，节油效果不明显，甚至影响汽车的动力性。超速挡传动比一般为0.7～0.85。

倒挡：为实现汽车倒向行驶，在中间轴的一侧还设置了一根较短的倒挡轴，其上空套着倒挡中间齿轮，它与第二轴倒挡齿轮28为常啮合斜齿轮。使接合套19右移与倒挡齿轮28的接合齿圈接合，即挂上倒挡。动力从第一轴经齿轮2、42，中间轴及其上倒挡齿轮，倒挡中间齿轮，齿轮28倒挡齿轮接合齿圈，接合套19，花键毂29传到第二轴22。由于增加了一个中间齿轮，故第二轴的旋转方向与第一轴相反，汽车便倒向行驶。倒挡传动比 $i_R=5.011$。

为了减小零件摩擦和功率损耗，变速箱壳体内注入齿轮油，对运动部件进行润滑。变速器主要采用飞溅的方式润滑齿轮副、轴、轴承等，也通过各传动齿轮上的径向油孔或开有的径向油槽来润滑所在部位的滚针轴承。在其他变速器结构中，对于不易飞溅到的远端部位轴承，也采用集油板收集飞溅的润滑油集中输送的方式润滑。

为防止润滑油从轴、轴承盖之间的间隙流出，在第一轴和第二轴的轴承盖内装有自紧式油封。在各轴承盖、后盖、上盖、前后壳体等结合面间装入密封垫片，并涂密封胶，以防漏油。在变速器盖上装有通气塞，可以保持变速箱内气压的稳定，防止因变速器工作时油温升高、气压增大而造成油封变形，引起润滑油的渗漏。

1.3 同步器

1.3.1 手动变速器的换挡方式

手动变速器常用的换挡方式有直齿滑动齿轮换挡、啮合套换挡和同步器换挡三种方式。目前较流行的是同步器换挡，在少数车辆上仍保留有直齿滑动齿轮换挡和啮合套换挡。

1. 直齿滑动齿轮换挡

传动齿轮副中的一个齿轮通过卡环、螺母等零件与轴的位置做轴向固定，通过花键与轴做周向固定；另一个齿轮通过花键在另一根轴上仅做轴向固定，可以通过拨叉控制在轴上进行滑动，来实现换挡动作。这种结构是最原始的变速箱换挡方式，具有结构简单、成本低的特点，但由于变速箱采用直齿轮传动，承载能力低、噪声大、换挡时易产生冲击、换挡平顺性差，目前只在少数车辆上仍然使用。

2. 啮合套式换挡

传动齿轮副为常啮合齿轮，齿轮侧面加工出外花键用于换挡，啮合套总成由花键毂和结合套组成，换挡时结合套在花键毂和齿轮侧面花键之间滑动，用于结合或分离挡位。这种换挡方式齿轮处于常啮合状态，减少了换挡对齿轮的损坏，但结合套花键和齿轮侧面外花键在挂接时仍然存在冲击，换挡平顺性差。

3. 同步器换挡

同步器在啮合套换挡的基础上进行了改进，增加了同步结构，使得换挡过程中结合套与被结合齿圈在圆周速度达到同步时才换挡，有效地消除了换挡冲击，改善了换挡平顺性。目前应用较为广泛。

1.3.2 无同步器换挡过程

变速器采用直齿滑动齿轮和啮合套换挡时，必须要等到待啮合的一对齿轮的轮齿（或啮合套与待接合齿轮上相应的外花键齿）的圆周速度相等时，才能平顺地进入啮合而挂上挡。否则，若两齿轮圆周速度不同时强制挂挡，因两轮齿间存在速度差而产生冲击。这样，不但不易挂挡，而且影响轮齿寿命，使齿端部磨损加剧，甚至使轮齿折断。

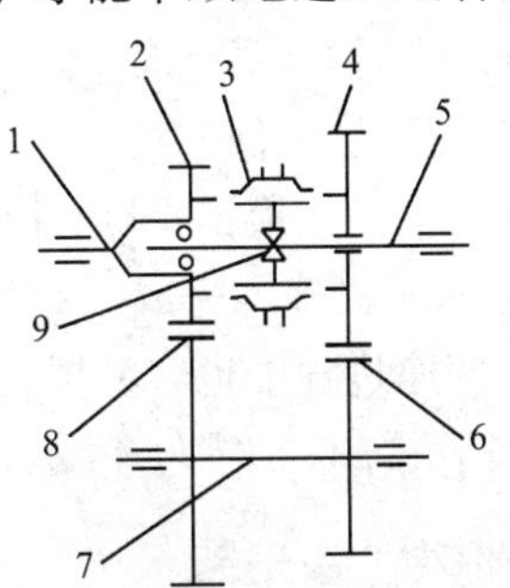

图 2-12　无同步器的五挡变速器结构简图

1—第一轴；2—第一轴常啮合传动齿轮；3—接合套；4—第二轴低挡传动齿轮；5—第二轴；6—中间轴低挡传动齿轮；7—中间轴；8—中间轴常啮合传动齿轮；9—花键毂

为使换挡平顺，驾驶员应采取合理的换挡操作步骤。图 2-12 所示是无同步器的五挡变速器的结构简图。以此图分析这两个挡位的换挡过程。

第一轴 1 及其齿轮 2 直接与离合器从动盘连接，四挡齿轮 4 则通过齿轮 6、中间轴 7 和齿轮 8 与齿轮 2 保持传动关系。接合套 3 通过花键毂与第二轴 5 相连，而第二轴又依次通过万向传动装置、驱动桥和行驶系与整个汽车保持传动关系。所以，齿轮 2 和 4 的转速及其轮齿和其端部的花键齿的圆周速度都与离合器从动盘转速成正比。

1. 低速挡换入高速挡

如图 2－13 所示，变速器在四挡工作时，接合套 3 与齿轮 4 的接合齿圈啮合，两者圆周速度相等 $v_3=v_4$。欲从四挡换入五挡，驾驶员应踩下离合器，断开发动机与变速器的联系，再通过变速操纵机构将接合套 3 左移，进入空挡位置。

当接合套 3 刚与齿轮 4 脱离接合的瞬间，仍然是 $v_3=v_4$，而四挡齿轮 4 的转速高于齿轮 2 的转速，圆周速度 $v_2>v_4$，所以，此时有 $v_2>v_3$。为避免齿轮冲击，不应立即换入五挡，在空挡停留片刻，等待 $v_3=v_2$ 的时刻到来。

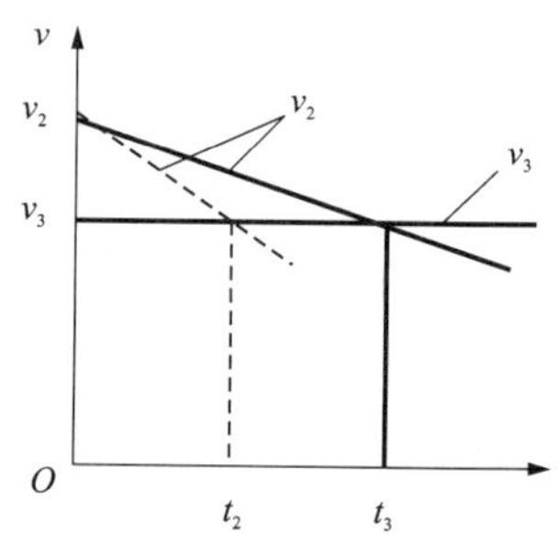

图 2－13　低挡换高挡

空挡时，齿轮 2 只与中间轴及其齿轮、第一轴和离合器从动盘相联系，转动惯量小，v_2 下降较快；接合套 3 因与整个汽车联系在一起，惯量很大，v_3 下降较慢。在变速器推入空挡后的某个时刻，必然会有 $v_2=v_3$（同步点）的情况出现，此时将接合套 3 右移与齿轮 2 上的接合齿圈啮合就可以挂入五挡，不会产生冲击，若过了同步时刻，又将出现 $v_2<v_3$ 的情况。所以要求恰好在 $v_2=v_3$ 的时刻使接合套右移挂入五挡。

2. 自高速挡换入低速挡

如图 2－14 所示，变速器在五挡工作以及由五挡换入空挡的瞬间，接合套 3 与齿轮 2 接合齿圈圆周速度相等，即 $v_3=v_2$。因 $v_2>v_4$，因而有 $v_3>v_4$，所以此时不能挂入四挡。但退入空挡时，v_2 下降得比 v_3 快，不会出现 $v_3=v_2$（同步点）的情况。相反，空挡停留时间越长，两者差距越大，为此，应将 v_2 增速。其做法是，驾驶员在变速器由高速挡退入空挡时随即重新接合离合器，同时踩一下加速踏板，使发动机连同离合器从动盘、第一轴以及齿轮 2 等加速到 v_4（$v_4>v_3$），然后再踩下离合器踏板稍等片刻，等 $v_4=v_3$（同步点）时即可挂入低速挡。

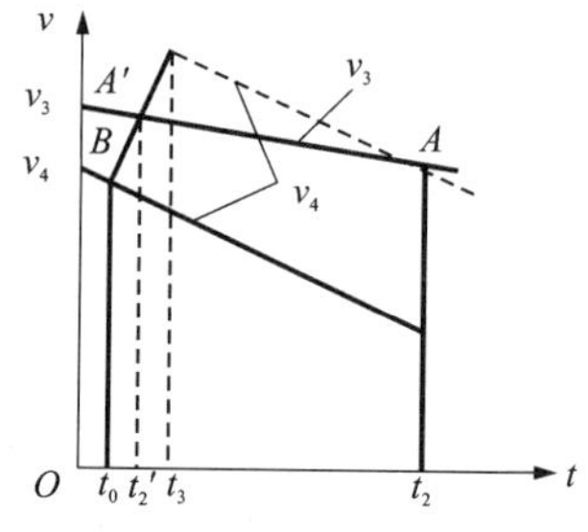

图 2－14　高挡换低挡

由此可见，为使换挡平顺，换挡时不产生轮齿间或花键齿间的冲击，操纵复杂，并应在短时间内迅速而正确地完成。对驾驶员的熟练程度要求高，驾驶劳动强度大，容易造成驾驶员的疲劳，变速过程中也容易损伤变速器相关零件。因此，要求在变速器结构上采取措施，既保证挂挡平顺，保护零件不受冲击，又使操作简化，减轻驾驶员劳动强度。

1.3.3　锁环式同步器

锁环式同步器在轿车和轻、中型货车上广泛采用。典型的锁环式同步器构造如图 2－15 所示。同步器花键毂 3 的内花键与轴上的外花键配合，用卡环轴向固定。在花键毂两端与齿圈之间各有一个青铜制成的同步环（也称锁环）1。同步环上有断续的短花键齿圈，且花键齿的断面轮廓尺寸与齿圈及花键毂 3 的外花键齿均相同。两个同步环上的花键齿在对着接合套的一端，都有倒角（称为锁止角），且与接合套花键齿端的倒角相同。同步环具有与齿圈上的锥形摩擦面锥度相同的内锥面，锥面上制出细牙的螺旋槽，以便两锥面接触后破坏油膜，增加锥面间的摩擦。三个滑块4分别安装在花键毂的三个轴向槽b内，滑块的作用是沿花键毂槽轴向滑动并在换挡过程中通过同步环中的c凹槽对同步环产生轴向压力。三个定位销分别插入三个滑块的通孔中，并且在弹簧的作用下，定位销被压向接合套，定位销的作用之一是使定位销端部的球面正好嵌在接合套中部的凹槽中，给滑块定位，使滑块与结合套一起运动；其作用之二是换挡过程中，定位销可以从结合套的凹槽内脱出，滑块与结合套产生相对移动，结合套完成挂挡后，定位销是从结合套凹槽中脱出的。同步环的三个凸起部分d分别伸入到花键毂的三个通槽e中，在挂挡初期，使从动部件获得初步动力，只有当凸起部位d位于缺口e的中央时，接合套与同步环的花键齿方可能接合。

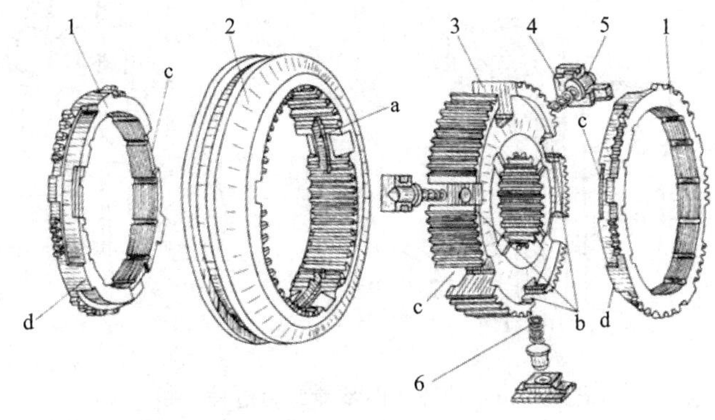

图2－15　锁环式同步器(b)

1—锁环；2—接合套；3—花键毂；4—滑块；5—定位箱；6—弹簧

锁环式同步器直接挡结合过程如图2－16所示，接合套3(连同同步环2)都在其本身及其所联系的一系列运动件的惯性作用下，继续沿原方向(如图中箭头所示)旋转。设它们的转速分别为n_1、n_3和n_2，则此时$n_2=n_3$，$n_1>n_3$，即$n_1>n_2$。同步环2在轴向是自由的，其内锥面与齿圈1的外锥面并不接触。

若要挂入左侧齿轮，可用拨叉拨动接合套3，接合套将通过定位销带动滑块一起向左移动，当滑块左端面与同步环2的缺口c的端面接触时[图2－16(b)]，便推动同步环移向齿圈1，使具有转速差的两锥面一经接触便产生摩擦作用，此刻$n_1>n_2$。齿圈1即通过摩擦作用带动同步环相对于接合套转过一个角度，同步环的凸起部d与花键毂通槽e的间隙被消除，同步环便与接合套同步转动，从动部件在同步环的凸起部d的驱动下获得初步转速。这时，接合套的花键与同步环的花键较同步环的凸起部d位于花键毂的通槽中央时错开了约半个花键齿厚(花键毂通槽宽度为同步环凸起部d加上接合套的一个花键齿厚A)，从而使得接合套的花键齿端倒角与同步环相应的花键齿端倒角正好互相抵触，结合套不能进入继续进行挂接。

此时若要接合套的花键齿与同步环的花键齿接合上，必须使同步环相对于接合套后退一个角度。由于驾驶员此时继续给接合套施加一个向结合方向的轴向力，使接合套齿端倒角压紧同步环齿端倒角，于是在同步环的锁止角斜面上作用有法向压力F_N[图2－16(b)局部放大图]。力F_N可分解为轴向力F_1和切向力F_2。切向力F_2所形成的力矩力图示同步环相对于接合套向后退转，称为拨环力矩。轴向力F_1则使同步环与齿圈二者的锥面产生更大的摩擦力

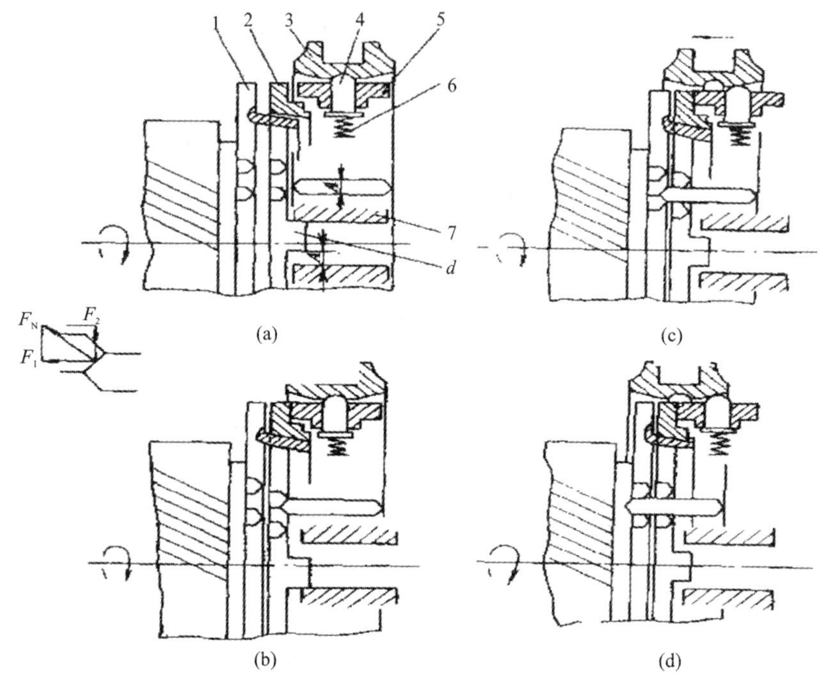

图 2-16　锁环式同步器结合过程分析

1—齿圈；2—锁环；3—接合套；4—定位销；5—滑块；6—弹簧；7—花键毂

矩，使二者转速 n_1与 n_2更加接近，实际上可认为 n_2不变，只是 n_1趋近于 n_2。这是因为同步环连同接合套通过花键毂与整个汽车相联系，转动惯量大，转速下降很慢，而被结合齿圈仅与离合器从动部分相联系，转动惯量很小，速度降低较前者快得多。因为齿圈是减速旋转，根据惯性原理，即产生惯性力矩，其方向与旋转方向相同。此惯性力矩通过摩擦锥面作用到同步环上，阻止同步环相对接合套向后退转。亦即在同步环上作用着两个方向相反的力矩：其一为切向力 F_2形成的力图使同步环相对于接合套向后退转的拨环力矩 M_2；另一为摩擦锥面上阻止同步环向后退转的惯性力矩 M_1。在 n_1尚未等于 n_2之前，两个锥面间摩擦力矩的数值与齿圈惯性力矩相等。如果 $M_2 > M_1$，则同步环即可相对于接合套向后退转一个角度，以便二者进入接合；若 $M_2 < M_1$，则二者不可能进入接合。摩擦力矩 M_1与轴向力 F_1的垂直于摩擦锥面的分力成正比，而 M_2则与切向力 F_2成正比。F_1和 F_2都是法向力 F_N的分力，二者的比值取决于花键齿锁止角的大小。适当地选择锁止角，便能保证在达到同步($n_1 = n_2$)之前，齿圈施加在同步环上的惯性力矩 M_1总是大于切向力形成的拨环力矩 M_2，不论驾驶员通过操纵机构加在接合套上的轴向推力有多大，接合套齿端与同步环齿端总是互相抵触而不能接合。

驾驶员继续加大操纵力，摩擦作用使被结合齿圈转速降到与同步环转速相同，二者保持同步旋转，于是惯性力矩消失。但由于轴向力 F_1的作用，两个摩擦锥面仍紧密接合着。因而此时切向力 F_2形成的拨环力矩 M_2，便使同步环相对于接合套向后退转一个角度，使同步环凸起部 d 又移到花键毂的通槽中央，两个花键齿圈不再抵触，此时接合套压下定位销继续左移，而与同步环的花键齿圈进入接合[图 2-16(c)]，同步环的锁止作用即行消失。

接合套与同步环接合后，轴向力 F_1 不再存在，锥面间的摩擦力矩也就消失。如果此时接合套花键齿与齿圈的花键齿发生抵触，则与上述相似，作用在齿圈花键齿端斜面上的切向分力，使齿圈及其相连零件相对于同步环及接合套转过一个角度，使接合套与齿圈进入接合[图 2－16(d)]，而最后完成了由低速挡换入高速挡的全过程。

1.3.4　锁销式同步器

在中型和重型汽车上多用锁销式同步器。在结构上允许采用直径较大的摩擦锥面，摩擦锥面间可产生较大的摩擦力矩，缩短了同步时间。图 2－17 所示为东风 EQ1090E 汽车五挡变速器中采用的锁销式同步器。同步器中两个有内锥面的摩擦锥盘 2 分别固定在带有外花键齿圈的齿轮 1 和 6 上，随齿轮一起旋转。与之相配合的两个有外锥面的摩擦锥环 3，通过三个锁销 8 和三个定位销 4 与接合套 5 连接。销锁 8 与定位销 4 在同一圆周上相互间隔地均匀布置。锁销 8 的两端固定于摩擦锥环 3 的孔中，两端的工作表面直径与接合套上孔的内径相等，而中部直径则小于孔径。锁销 8 中部和接合套 5 上相应的销孔两端有角度相同的倒角(锁止角)。只有当锁销与接合套孔对中时，接合套才能沿锁销轴向移动。在接合套上定位销孔中部有斜孔，内装弹簧 11，把钢球 10 顶向定位销中部的环槽(如 $A-A$ 剖面图所示)，以保证同步器处于正确的空挡位置。定位销 4 两端伸入锥环内侧面，但有周向间隙，定位销可随接合套轴向移动。

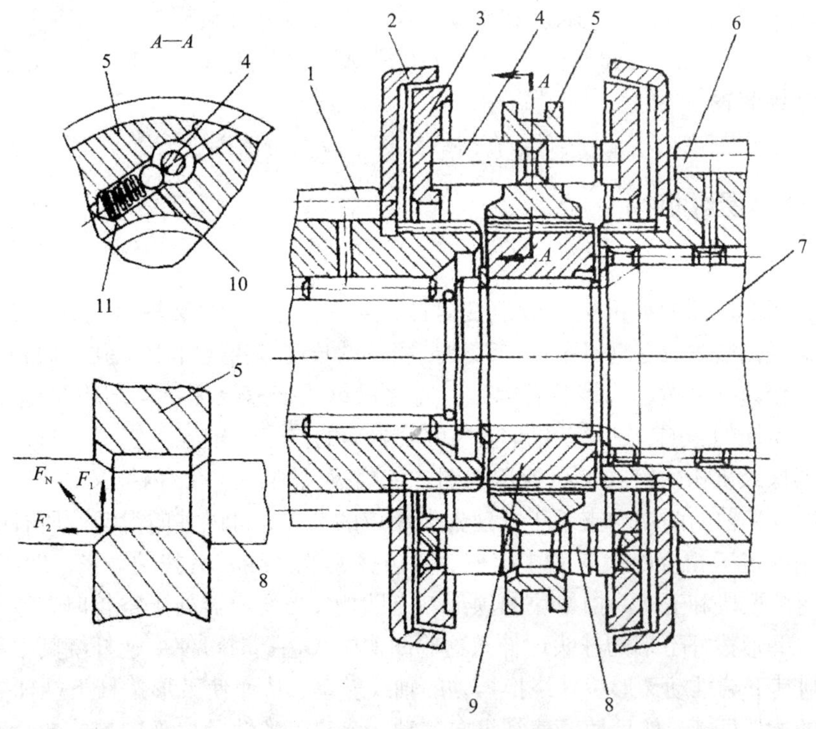

图 2－17　锁销式同步器结构图

1—左侧换挡齿轮；2—摩擦锥盘；3—摩擦锥环；4—定位销；5—接合套；
6—右侧换挡齿轮；7—第二轴；8—锁销；9—花键毂；10—钢球；11—弹簧

锁销式同步器的工作原理与上述锁环式同步器基本相同。接合套向左移动换挡时，接合套5受到拨叉的轴向推力作用，通过钢球10和定位销4带动摩擦锥环3左移，使之与对应的摩擦锥盘接触。因摩擦锥环与锥盘有转速差，接触后的摩擦作用使锥环和锁销相对于接合套转过一个角度，锁销8轴线与接合套上相应孔的轴线偏移，于是锁销中部倒角与销孔端的倒角互相抵触，以阻止接合套继续前移。此时锁止面上的法向压紧力 F_N 的轴向分力 F_1 作用在摩擦锥环上并使之与锥盘压紧，使接合套与待啮合的齿圈迅速达到同步。在达到同步时，起锁止作用的齿轮1的惯性力矩消失，作用在锁销上的切向分力 F_2 产生的拨销力矩通过锁销使摩擦锥环3、摩擦锥盘2和齿轮1相对接合套转过一个角度，锁销与接合套的相应孔对中，接合套克服弹簧11的弹力压下钢球而沿锁销移动，直到与齿轮1的接合齿圈接合，换挡动作完成。

1.4 变速器的操纵机构

变速器操纵机构的功用是保证驾驶员根据使用条件，按照驾驶员的意图准确、可靠地使变速器挂入所需要挡位工作，并可随时退入空挡。变速器操纵机构主要包括换挡拨叉机构和锁止装置。变速器操纵机构的种类根据变速杆距离变速器的远、近分为直接操纵式和间接操纵式。对变速器操纵机构的要求主要有：

(1) 变速器齿轮能在任意设定的位置定位，不会出现非受控制的运动，防止变速器自动换挡和自动脱挡现象的出现。为此，在操纵机构中需要设有自锁装置。

(2) 能保证变速器不会同时挂入两个挡位，造成变速器零件意外损坏。为此，在操纵机构中应设有互锁装置。

(3) 能防止误操作挂倒挡。为此，在操纵机构中应设有倒挡锁装置。

1.4.1 变速器操纵机构

1. 直接操纵式

直接操纵式变速器操纵机构一般由变速杆、拨块、拨叉、拨叉轴以及安全装置等组成，多安装于上盖或侧盖内，变速器布置在驾驶员座位的近旁，变速杆由驾驶室底板伸出，驾驶员可直接操纵变速杆来拨动换挡装置换挡。直接操纵式变速操纵机构结构简单，操纵简单，但易受发动机振动的影响，在发动机前置、后轮驱动的汽车上较容易实现。图2-18所示为某六挡变速器操纵机构的组成与布置示意图。倒挡拨叉轴，一、二挡拨叉轴，三、四挡拨叉轴和五、六挡拨叉轴的两端均支承于变速器盖相应的孔中，可以轴向滑动。所有的拨叉和拨块都以弹性销固定于相应的拨叉轴上。三、四挡拨叉的上端具有拨块。三、四挡拨叉，一、二挡拨块，倒挡拨块和五、六挡拨块的顶部制有凹槽，当变速器处于空挡时，各凹槽在横向平面内对齐。叉形拨杆下端的球头即伸入这些凹槽中。选挡时可使变速杆绕其中部球形支点横向摆动，则其下端推动叉形拨杆绕换挡轴的轴线转动，从而使叉形拨杆下端球头对准与所选挡位相应的拨块凹槽，然后使变速杆纵向摆动，带动拨叉轴及拨叉向前或向后移动，即可实现挂挡。

2. 远距离操纵式

在发动机后置、后轮驱动或发动机前置、前轮驱动的汽车上，通常汽车变速器距离驾驶

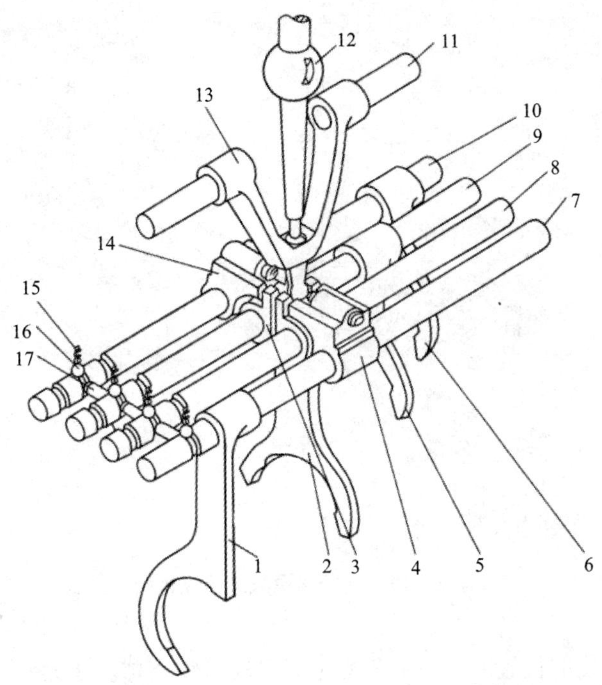

图 2－18　六挡变速器直接操纵机构

1—倒挡拨叉；2—三、四挡拨叉；3——、二挡拨块；4—倒挡拨块；5——、二挡拨叉；6—五、六挡拨叉；7—倒挡拨叉轴；8—三、四挡拨叉轴；9——、二挡拨叉轴；10—五、六挡拨叉轴；11—换挡轴；12—变速杆；13—叉形拨杆；14—五、六挡拨块；15—自锁弹簧；16—自锁钢球；17—互锁销

员座位较远，因而变速杆不能直接布置在变速器盖上，变速杆和变速器之间通常需要用连杆机构联接，进行远距离操纵。为此在变速杆与变速器之间加装了一套传动杆件构成远距离操纵的型式。它具有变速杆占据的驾驶室空间小、驾驶室乘坐方便等优点，但换挡操作的准确性和可靠性稍差。

图 2－19 所示为变速杆安装在驾驶室地板上的典型双钢索换挡联动装置。驾驶员的换挡动作被分解为选挡操作(B 方向)和换挡操作(A 方向)，分别由选挡拉索和换挡拉索完成。两根拉索本身就形成互锁关系，一根拉索在动作时，另外一根拉索被锁止。

1.4.2　锁止装置

1. 自锁装置

给定变速器拨叉轴确定的位置，确保挂挡时，被操纵的齿轮或结合套达到设计的位置，传动齿轮啮合时全齿宽啮合，空挡时不结合任何齿轮。防止出现在挂挡过程中，因为操纵变速杆推动拨叉前移或后移的距离不足，不能在全齿宽上啮合而影响齿轮的寿命，或由于汽车振功等原因，齿轮产生轴向移动而减少了齿的啮合长度，甚至完全脱离啮合或自动挂挡等现象。为防止自动脱挡，并保证轮齿以全齿宽啮合，应设置自锁装置。

图 2－20 所示为常见的汽车变速器的自锁和互锁装置。自锁装置由自锁钢球 1 和自锁弹簧 2 组成。每根拨叉轴的上表面沿轴向分布有三个凹槽。当任一根拨叉轴连同拨叉沿轴向移

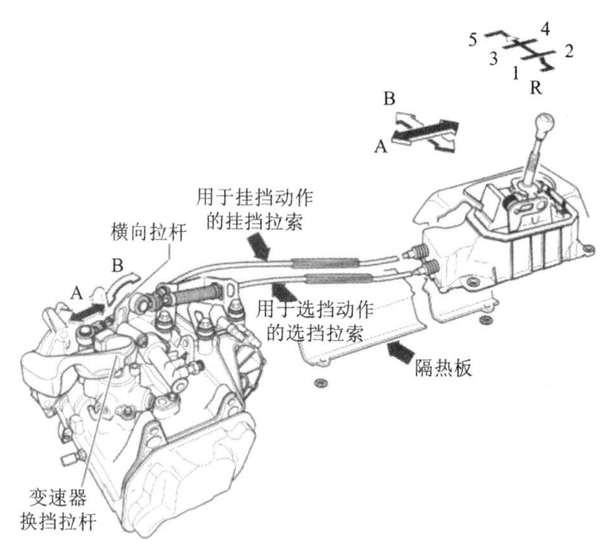

图 2－19　远距离操纵式操纵机构

到空挡或某一工作挡位的位置时，一个凹槽正好对准自锁钢球。于是钢球在弹簧压力下嵌入该拨叉轴凹槽内，拨叉轴的轴向位置即被固定，从而拨叉连同滑动齿轮(或接合套)也被固定在某一位置，不能自行脱出；在需要换挡时，驾驶员必须通过变速杆对拨叉和拨叉轴施加一定的轴向力，克服弹簧的压力将钢球由拨叉轴的凹槽中挤出推回孔中，拨叉轴和拨叉才能进行轴向移动到新的位置被重新锁止。

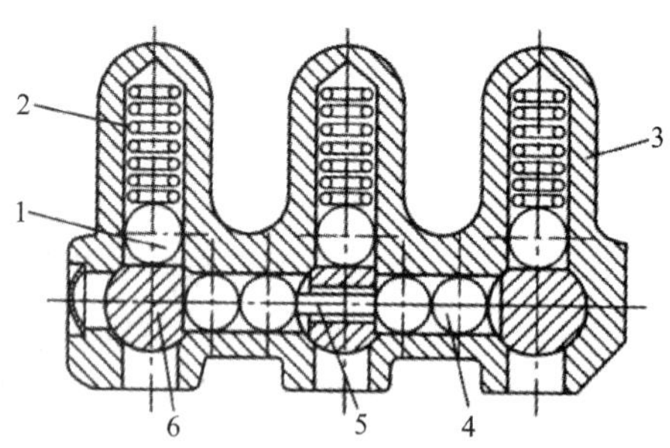

图 2－20　变速器自锁装置和互锁装置

1—自锁钢球；2—自锁弹簧；3—变速器盖；4—互锁钢球；5—传动销；6—拨叉轴

2. 互锁装置

如果变速杆能同时推动两个拔叉，即同时挂入两个挡位，则必将造成齿轮间的机械干涉，变速器无法工作甚至损坏。为此，应设置互锁装置。

图 2－20 所示的互锁装置由互锁钢球 4 和传动销 5 组成。每根拨叉轴朝向互锁钢球的侧表面上均加工出一个深度相等的凹槽。当任一拨叉轴处于空挡位置时，其侧面凹槽都正好对准互锁钢球。两个互锁钢球的直径之和刚好等于相邻两轴表面之间的距离加上一个凹槽的深度。中间拨叉轴上两个侧面凹槽之间有孔相通，孔中有一根可以滑移的传动销，销的长度等

于拨叉轴的直径减去一个凹槽的深度。

互锁装置的工作情况如图2－21所示。当变速器处于空挡时，所有拨叉轴的侧面凹槽同钢球、传动销都在一条直线上。当移动中间拨叉轴3时[图2－21(a)]，轴3两侧的内钢球从其侧凹槽中被挤出，而两外钢球2、4则分别嵌入拨叉轴1、5的侧面凹槽中，因而将轴1、5刚性地锁止在其空挡位置[图2－21(b)]。若欲移动拨叉轴5，则应先将拨叉轴3退回到空挡位置。于是，在移动拨叉轴5时，钢球便从轴的凹槽中被挤出，同时通过传动销和其他钢球将拨叉轴3和1均锁止在空挡位置。同理，当移动拨叉轴1时，则拨叉轴3和5锁止在空挡位置[图2－21(c)]。由此可知，互锁装置的作用是当驾驶员用变速杆推动某一拨叉轴时，自动锁止其他所有拨叉轴。

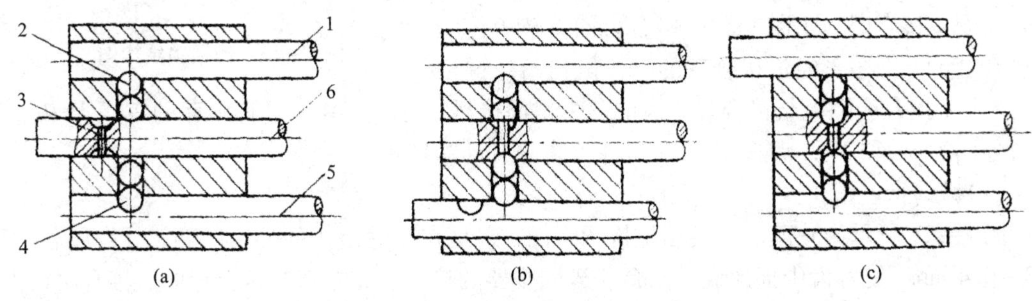

图2－21　互锁装置工作情况

1、6、5—拨叉轴；2、4—互锁钢球；3—传动销

图2－22所示为转动钳口式互锁装置。变速杆下端球头置于钳口中，钳形板可绕轴摆动。换挡时，变速杆先拨动钳形板处于某一拨叉轴的拨叉凹槽中，然后换入需要的挡位，其余两个换挡拨叉凹槽被钳形板挡住，将这两个换挡轴锁止在空挡位置，起到互锁作用。

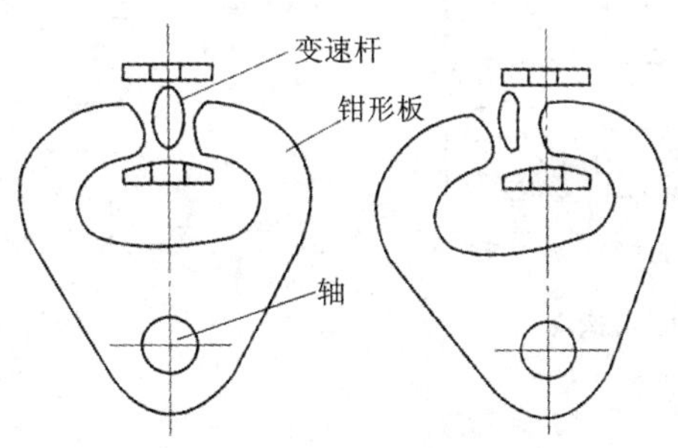

图2－22　转动钳口式互锁装置

3. 倒挡锁装置

倒挡锁装置的功用是防止汽车在前进中因误挂倒挡而造成极大的冲击，使零件损坏，并防止在汽车起步时误挂倒挡而造成安全事故。倒挡锁也是多种类型，最常用的是弹簧锁销式倒挡锁，它一般由倒挡锁销及倒挡锁弹簧组成，并将其安装一、倒挡拨块相应的孔中，如图2－23所示。锁销内端与拨块的侧面平齐，锁销可以在变速杆下端球头的推压下，压缩弹簧而轴向移动。当驾驶员要挂倒挡(或一挡)时，必须有意识地用较大的力向侧面摆动变速杆(从图上看为向左侧摆动)，使其下端球头右移，克服倒挡锁弹簧的张力将锁销推入孔中，这

样才能使变速杆下端球头进入拨块3的凹槽内，以拨动一、倒挡拨叉轴进行挂挡。

4. 其他防止跳挡的结构措施

为了防止变速器齿轮在大负荷时出现跳挡的故障，在齿轮或接合套的设计中也考虑了防止跳挡的措施，常见的有减薄齿和倒斜面结构。

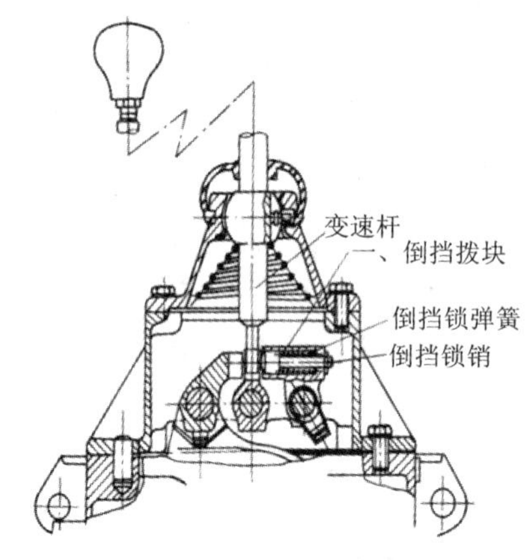

图 2-23　倒挡锁结构图

(1)齿端倒斜面。

图2-24所示为齿端倒斜面防跳挡结构示意图，它是将接合套外齿2的两端及接合齿圈1、4的齿端都制有相同斜度的倒斜面。当接合套2左移与接合齿圈1接合时(图示位置)，接合齿圈将转矩传到接合套的一侧，再经过接合套的另一侧传给花键毂3。由于接合齿圈1与接合套2齿端部为斜面接触，便产生一个垂直斜面的正压力 F_N，其分力分别为 F_F 和 F_Q，其轴向分力 F_Q 即可防止自动跳挡。

(2)减薄齿。

图2-25所示为减薄齿防跳挡结构示意图，它是在花键毂3的外齿圈两端，齿厚各减薄0.3~0.4 mm，使各齿中部形成一凸台。当同步器的接合套2左移与接合齿圈1接合时(图示位置)，接合齿圈将转矩传到接合套的一侧，再经接合套的另一侧传给花键毂。由于接合套的后端被花键毂中部凸台挡住，在接触面上便产生一个正压力 F_N，其轴向分力 F_Q 即可防止自动跳挡。

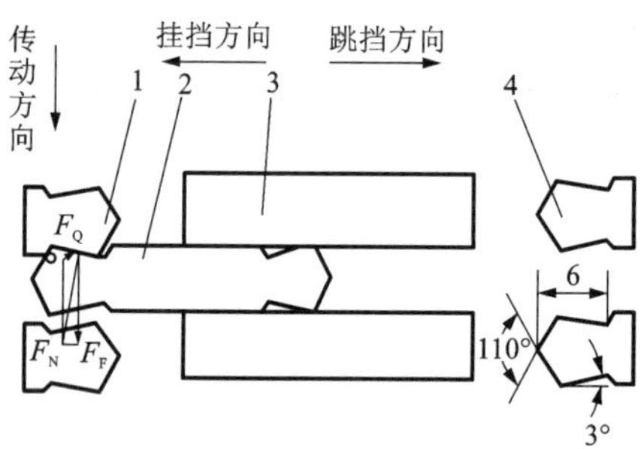

图 2-24　齿端倒斜面结构图

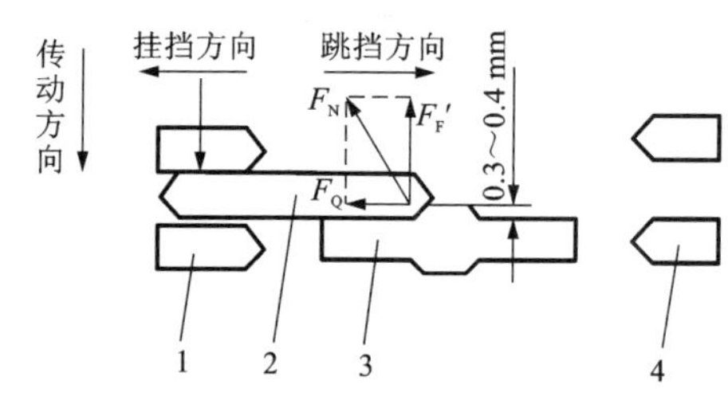

图 2-25　减薄齿结构

1.5　手动变速器常见故障与排除

1.5.1　变速器跳挡

1. 故障现象

汽车在某一挡位行驶时，变速杆自动跳回空挡位置。跳挡一般发生在发动机中高速、负荷突然变化或车辆剧烈震动时，尤其在重载加速或爬坡时出现概率较大。

2. 故障原因

变速器跳挡主要是由变速器零件磨损、变形或调整不当，变速器轴轴向定位出现问题，变速器壳体轴线的同轴度、平行度误差过大，齿轮、齿圈严重磨损等原因所致，具体原因为：

1）齿轮或啮合套在先进入啮合的一端磨损较为严重，沿齿长方向磨损不均形成锥形，在传动过程中产生轴向推力，使之脱离啮合，造成跳挡。

2）齿轮啮合深度不足，或同步器严重磨损或损坏。

3）滑移齿轮键槽与花键毂花键齿磨损松动。

4）操纵杆调整不当、弯曲变形、磨损严重，造成变速拨叉不能完全到位。

5）变速拨叉磨损严重、弯扭变形，使齿轮或齿套不能完全到位。

6）变速拨叉轴弯曲或磨损，导致锁紧机构工作不可靠。

7）锁止装置的定位球、锁销及凹槽磨损，定位弹簧过软，导致自锁机构失效。

8）变速器轴、轴承严重磨损松旷或轴向间隙过大。

9）变速器轴或壳体轴承孔的同轴度、平行度误差过大。

10）变速器输入轴或输出轴固定螺母松动、变速器固定螺栓松动。

3. 故障诊断与排除

1）确定跳挡的挡位。在行驶过程中将变速杆挂入某挡，稍收油门，若变速杆自动跳回，则可诊断为该挡跳挡。

2）若变速器直接挡跳挡，但并未发现变速器其他故障，则应检查第一轴与曲轴同轴度。

3）变速器挂挡时，变速杆阻力甚小或无阻力，且该挡跳挡，多为变速拨叉轴自锁不良。

4）挂挡时变速杆移动距离变短，且该挡跳挡，说明齿轮啮入深度不足，多系变速叉磨损或向一侧弯曲变形所致。

5）变速器维修后出现跳挡时，则应考虑变速器在装配时改变了原来的配合状况，如零件方向装反、零件尺寸不合格等情况。

1.5.2 变速器乱挡

1. 故障现象

在离合器技术性能良好的情况下，汽车起步挂挡或行驶中换挡时出现变速杆不能挂入所需挡位，虽能挂入所需挡位，但不能退回空挡；或者出现可以挂入两个挡位的情况均属于变速器乱挡的故障。

2. 故障原因

变速器乱挡的主要原因是操纵机构失效，主要故障部位集中在变速杆、变速叉与叉轴及互锁装置，具体原因为可归纳为：

1）变速杆定位销部位或定位销自身磨损松旷、断裂或脱出，对变速杆失去定位作用。

2）变速杆与拨叉配合工作面磨损过大，不能正确拨动变速拨叉或导块。

3）变速拨叉弯曲、下端面或变速拨叉导块磨损。

4）变速拨叉轴弯曲，互锁销、钢球或凹槽磨损，失去互锁作用。

5）变速器轴承烧结，使齿轮与轴连成一体运动。

3. 故障诊断与排除

1）操纵变速杆，若变速杆能成圈转动，可能为定位销折断或脱出引起；若变速杆摆动幅度较大，可能为定位销磨损。出现以上两种情况均应更换定位销，并调整变速杆。

2）若变速器只能挂挡，不能退回空挡，并且变速杆可以转动，则可能为变速杆下端球面或导块、变速叉凹槽磨损过甚。若变速杆摆动量甚大，不能退回空挡位置，说明变速杆下端球形工作面已脱出导块、凹槽或变速叉拨槽，必须对其进行焊补修复或更换。

3）若能同时挂入两个挡位，说明互锁销、钢球磨损过甚而失去互锁作用，在检查其他部位的同时，必须检查互锁机构。

4）若所有挡位均不能正常工作，则应检查变速器滚针轴承是否烧结而使一、二轴连成一体。

1.5.3 变速器换挡困难

1. 故障现象

离合器工作良好，变速杆不能正常挂上挡位，挂入目标挡位困难，或者从目标挡位退回空挡困难。

2. 故障原因

变速器换挡困难的主要原因为操纵机构和同步器失效，具体原因可归纳为：

1）变速叉轴弯曲变形，严重锈蚀，端头出现毛刺，造成移动困难。

2）变速拨叉或导块、凹槽磨损严重，换挡时变速杆从槽中滑出，造成挂挡、摘挡困难。

3）锁止钢球或凹槽严重磨损，导致定位不准，挂不上挡。

4）变速杆调整不当，造成拨叉运动不准确。

5）同步器严重磨损，失去同步功能。

6）齿轮内滚针轴承损坏，造成齿轮与轴联动。

3. 故障诊断与排除

1）检查变速杆有无损坏，调整是否正常，并视情况调整、校正或更换。

2）查看齿轮齿端倒角是否过小、是否出现毛刺，若出现此类情况，应予更换。

3）检查变速叉轴能否正常移动，变速叉及导块凹槽是否磨损过度，锁紧螺钉有无松动，视情况修复或更换。

4）检查锁止机构的钢球、凹槽磨损情况，视情况修复或更换。

5）检查各同步器状况，更换损坏部件。

6）检查各齿轮支撑滚针轴承状况，运动不良的应该更换。

1.5.4 变速器异响

1. 故障现象

变速器异响是指变速器内发出不正常响声，主要表现在以下几种情况：

1）变速器空挡异响。发动机怠速运转，变速器处于空挡时即有异响，踩下离合器踏板后响声消失。有的空挡异响不明显，但在汽车起步、离合器处于半接合状态时有强烈的金属摩擦声。

2）变速器个别挡有异响。汽车行驶时，只在某一挡位有异响。

3）变速器各挡均有异响。汽车以各挡行驶时，变速器均有异响，车速越快，响声越大。

2. 变速器异响部位

变速器异响较复杂，异响部位较多，发出的响声也不同。

1)齿轮啮合异响。一般是“刚啷、刚啷”的相互撞击声，与道路条件有关。当车速相对稳定时，响声减弱或消失；在变速器温度升高、润滑油较稀时响声较为严重。

2)轴承异响。滚动轴承疲劳剥落破损、磨蚀松旷及润滑不良等原因，均会产生“哗啦啦”的响声，同时还会影响到齿轮的正常啮合，齿轮异响随之产生，其响声随车速改变而改变。

3)其他异响。金属干摩擦声、轮齿折断后的啮合冲击声、变速器内异物所造成的异响。

3. 故障原因

1)新更换的齿轮副不匹配或单独更换了一个齿轮，与原来的齿轮不匹配。

2)轮齿磨损过度，齿侧间隙变大，导致齿面撞击声响。

3)齿轮齿面损伤或齿轮断裂、个别齿折断，造成较为强烈的金属冲击声响。

4)同步器的严重磨损、锁环滑块槽的严重磨损及环齿折断等造成同步功能消失而产生严重的打齿响声。

5)齿轮油不足或变质，将导致各运动副润滑不良，出现金属干摩擦声响。

6)各轴弯曲变形，同轴度、垂直度误差过大，破坏了齿轮的正常啮合位置和轴承的正常负荷。

7)滑移齿轮齿槽与花键齿磨损严重、配合松旷，导致主、从动齿轮啮合时相互撞击，产生异响。

8)变速器壳体磨损、变形及总成定位不良，破坏了各齿轮副、轴承及花键齿的配合精度，导致变速器异响。

4. 故障诊断与排除

变速器异响与挡位、齿轮副转速、负荷等因素均有关系，挡位不同，齿轮副转速不同，参加工作和承受载荷的零件也不同，因而异响部位也不同。

1)在汽车行驶中，若听到变速器部位有金属干摩擦声，触摸变速器外壳感到烫手，则为润滑油不足或变质，应按规定添加或更换变速器润滑油。

2) 变速器空挡异响的故障诊断。变速器空挡时，承受负荷的仅有第一轴常啮合齿轮及其轴承。

(1)发动机怠速运转，变速器置空挡时有异响，拉紧驻车制动后响声加重，踩下离合器踏板响声即消失，行驶中响声并不明显，用听诊器或金属棒触听变速器前端，异响较其他部位强烈，则可能为第一轴后轴承及其承孔磨损故障。

(2)在上述工况下，若变速器有不均匀的噪声，拉紧驻车制动后响声更大，汽车行驶中声响也清晰，且在非直接挡行驶时，响声增大，多为常啮合齿轮啮合不良，造成原因可能是变速器轴同轴度、垂直度误差过大或常啮合齿轮齿形不好，导致齿轮啮合不良，产生异响。

(3)发动机怠速运转，变速器有明显噪声，转速提高噪声增大并转为齿轮撞击声。可先轻轻推拉变速杆，若有明显振动感，可旋松变速器盖固定螺栓，将盖微微移动，若移至某种程度时响声减轻或消失，说明变速器盖定位失准，应重新定位、安装，若响声不变，则应检查变速叉有无松动、变形，若有则进行校正和紧固。

3)三轴变速器直接挡工作无异响，其他挡均有异响的故障诊断。直接挡工作时，中间轴和第二轴前轴承并不承受负荷，而在其他挡工作时，二者均有负荷。其诊断过程如下：

(1)若在任一非直接挡工作时，变速器均有连续的金属敲击声，并伴有变速杆的前后振摆，说明第二轴前滚针轴承损坏。

(2)在任一非直接挡工作时，均有连续的沉闷噪声，且在毗邻直接挡的低速挡噪声尤重，多为中间轴前或后轴承损坏。

(3)若以任一非直接挡行驶时，变速器突然出现强烈的“铛铛”的金属敲击声，则多为第一轴常啮合齿轮副个别齿折断。

(4)出现上述情况后可拆下变速器盖予以验证。若第二轴前端径向间隙过大，说明滚针轴承不良；中间轴径向间隙过大，说明其两端轴承不良。啮合齿轮损伤可直接目测。

4)低速挡有异响，高速挡时响声减弱或消失的故障诊断。变速器在一、二挡和倒挡传递扭矩较大，且一、二挡齿轮又接近二轴后轴承，因此在低挡时轴承负荷比高挡时大得多，若有损坏则特别易在一、二挡时表现出来。

(1)支撑起驱动桥，启动发动机，使变速器在一、二挡或倒挡运转。查听异响并辅之以听诊器或金属棒听诊，可确诊异响部位在第二轴后轴承及倒挡齿轮的具体位置。

(2)停车并将变速器置于空挡，放松驻车制动。径向晃动第二轴凸缘，若其径向间隙过大，说明第二轴后轴承松旷或损坏。

5)变速器个别挡异响的故障诊断。变速器个别挡异响多为在异响挡位工作时，承受负荷的齿轮、轴承磨损或损坏所致。

(1)若某挡有异响，可能是该挡齿轮啮合不良或齿面剥落损伤、断齿等，可拆下变速器盖予以验证。

(2)更换某挡齿轮后，该挡产生异响，则为单独更换了一个齿轮，破坏了原来的配合所致。

6)变速器各挡均有异响的故障诊断。变速器各挡均有异响，多为变速器壳严重磨损、变形所致。

(1)变速器在各挡行驶均有连续而沉闷的异响，且挂挡吃力，变速器温度过高。其原因是第二轴弯曲或壳体的轴孔中心距偏小而使齿轮啮合间隙过小。

(2)汽车在各挡行驶时，变速器均有杂乱噪声，车速越高，噪声越大，多为更换中间轴或第二轴后轴承后使齿轮啮合位置改变所致。若二轴与各滑动齿轮花键配合松旷，则在高速挡行车时响声明显，特别是突然踩下加速踏板时，响声更为清晰。

7)汽车运行中时有时无，尤其在不平路面上行驶时，操纵杆摆动会发出一种较沉闷、无节奏的响声，而握住手柄时响声即消失，一般为变速叉凹槽磨损或操纵杆下端工作面磨损所致，可焊补修复或更换。

8)若上述检查均正常，则应检查变速器螺栓螺母是否松动、变速器内有无异物等。

1.5.5 变速器过热

1. 故障现象

汽车在行驶中可听到金属摩擦声，行驶一段路程后，用手触摸变速器，变速器温度超出规定温度。

2. 故障原因

1)齿轮油不足或齿轮油过多，齿轮油牌号不对，齿轮油失效。

2）齿轮啮合间隙过小。

3）轴承装配过紧。

3. 故障诊断与排除

1）加载运行一段路程，检测汽车变速器温度，若超过规定温度说明变速器过热。

2）检查油面和油质。必须按原厂规定的型号及油面高度（油量）加注润滑油，润滑油过多会因为搅油损失过大引起变速器过热；油面过少会因为散热不及时引起变速器过热。

3）对于新修的变速器，应检查齿轮啮合间隙或轴向间隙是否过小、轴承是否过紧等。

1.5.6 变速器漏油

1. 故障现象

变速器漏油是指变速器盖、前后轴承盖或其他部位渗漏出润滑油，变速器内齿轮油逐渐减少。

2. 故障原因

1）因为各轴油封、油堵、衬垫等密封不良或回油螺纹积污、磨损变浅造成变速器漏油。

2）因为润滑油过多、壳体破裂、通气孔堵塞、螺栓未紧固等情况引起变速器漏油。

3. 故障诊断与排除

可根据油迹来判断漏油部位、查找漏油原因，一般应从漏油处的最高点位置着手检查，并及时予以排除。对于变速器油封多处出现漏油的情况，要考虑变速器的通气孔是否发生堵塞，引起变速器内压力升高而导致油封变形造成漏油的可能性。

任务二　变速器相关的技能训练

2.1　变速器主要零件检测

国产汽车变速器壳体，第一、二轴及中间轴，各传动齿轮，轴承，同步器等零件的修理具体要求，应按国标 GB 5372—85《汽车变速器修理技术条件》执行或遵守制造厂家所提供的维修手册进行。这里仅介绍通用的检修要点。

2.1.1　变速器传动齿轮的检修

1）当齿轮的齿面有轻微斑点或表面擦伤时，可用油石修磨后继续使用；若齿轮的啮合上出现明显的疲劳麻点、麻面、斑痕、脱落或阶梯形磨损，甚至出现轮齿破碎等现象时，须更换新件。

2）固定齿轮或相配合的滑动齿轮，其齿长正常损伤不应超过全齿长的 15%，使用极限为 30%。

3）齿轮齿面的啮合面中线应位于齿高的中部，啮合面积不得低于工作面的 2/3。

4）齿轮啮合间隙：商用车辆变速器常啮合齿轮齿厚磨损不超 0.25 mm，啮合间隙一般不于 0.50 mm；接合齿轮齿厚磨损不超过 0.40 mm，啮合间隙不超过 0.60 mm。乘用车辆变速器齿轮的啮合间隙正常值为0.05～0.15 mm，使用极限为0.25 mm，超过极限应更换相应齿轮。检测时，将输出轴与输入轴按标准中心距安装后，固定住一个轴上的齿轮，转动另一个轴上的齿轮，用百分表测量转动齿轮的摆动量，即为两齿轮的啮合间隙。

2.1.2 变速器轴的检修

1)变速器轴弯曲变形的检修：变速器轴弯曲变形量可用百分表检验，即将变速轴装夹到车床上或支承到V形铁上，缓慢转动被测量的轴，用百分表测量轴中间轴颈的径向圆跳动(图2－26)，其参考标准值一般为0.04～0.06 mm，使用极限一般为0.10 mm。超限时，可对轴进行冷压校正，严重时更换新轴。

2)变速器轴轴颈磨损的检修：变速器轴颈磨损过大，不但会使齿轮轴线偏移，导致齿轮啮合间隙改变，产生啮合噪声，而且会导致轴颈在轴承孔内转动，引起轴颈烧蚀。轴径的磨损可用外径千分尺进行检测，与轴承间隙配合的轴颈磨损一般不超过0.07 mm，与轴承过盈配合的轴颈磨损量一般不超过0.02 mm，否则应镀铬修复或更换新件。安装油封的轴颈部位，磨损出现的沟槽深度不得超过0.35 mm，否则应该采用堆焊、车削、磨削、镶套等工艺手段进行修复或更换新轴。

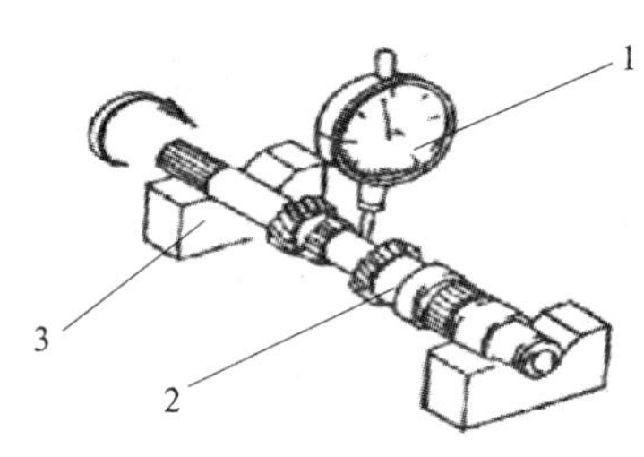

图2－26 变速器轴的检测

1—百分表；2—变速器轴；3—V形铁

3)变速器轴花键的检修：轴上花键齿的磨损可用测齿卡尺或百分表测量，当磨损量大于0.20 mm或配合间隙大于0.40 mm时，应予以更换。当变速器轴出现裂纹或与轴制成一体的齿轮严重损伤时，也应更换新轴。

2.1.3 变速器轴承的检修

1)滚针轴承的检查：检查滚针轴承的磨损时，将相应的轴承、齿轮安装到变速轴径上，然后把轴固定到台钳上，一面上下摆动齿轮，一面用百分表测量齿轮的摆动量，此即为齿轮与滚针轴承以及轴颈的径向间隙(测量方法如图2－27所示)，其最大不得超过0.08 mm，否则应更换新滚针轴承。

2)圆锥滚子轴承的检查：检查轴承内圈滚子及外圈滚道的疲劳磨损、烧蚀和损伤情况，若滚道因烧蚀而变色或滚动体发生裂纹、表层剥落以及大量斑点时，均应更换；当保持架上有穿透的裂纹或者由于圆锥滚子磨损，其小端的工作面凸出于轴承外座圈端面时，也应更换。若内、外圈有一个需要更换，则必须成对更换，以确保圆锥滚子轴承能灵活转动。若正常磨损，其间隙可通过安装调试来恢复到正常状态。

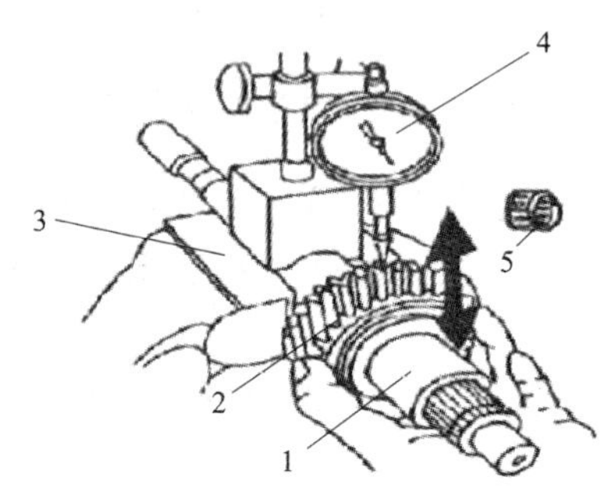

图2－27 滚针轴承的检查

1—变速器轴；2—齿轮；3—台钳；4—百分表；5—滚针轴承

3)球轴承的检查：首先对轴承进行外表检视，轴承内、外滚道上不得有撞击痕迹和严重擦伤、烧蚀现象，检查保持架装滚动体的槽口磨损情况，钢球不能自行掉出，否则应更换新件。若外表检视正常，还应进行空转试验：用拇指和食指夹住轴承内圈，转动轴承外圈，查看轴承旋转是否灵活，有无噪声，有无卡住、急停现象，如果转动不灵活或有卡住、急停现象，则多为滚道或 钢球磨损失圆所致，应更换新件，必要时进行轴承内部间隙检查。

轴承内部间隙的检查分为径向间隙检查和轴向间隙检查。轴向间隙的检查方法如图 2－28所示，将轴承外座圈放置于两等高的垫块上，使内座圈悬空，并在内座圈上放一块小平板，将百分表触针抵在平板的中央，然后上下推动内座圈，百分表指示的最大与最小读数之差，就是轴向间隙。

径向间隙的检查方法如图 2－29 所示，将轴承放在平板上，使百分表的触针抵住轴承外座圈，然后一手压紧轴承内圈，另一手往复推动轴承外圈，表针所摆动的数字即为轴承的径向间隙。

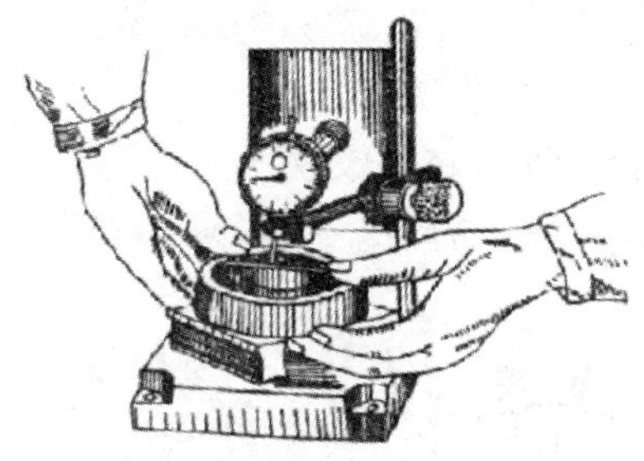

图 2－28　球轴承轴向间隙的检查

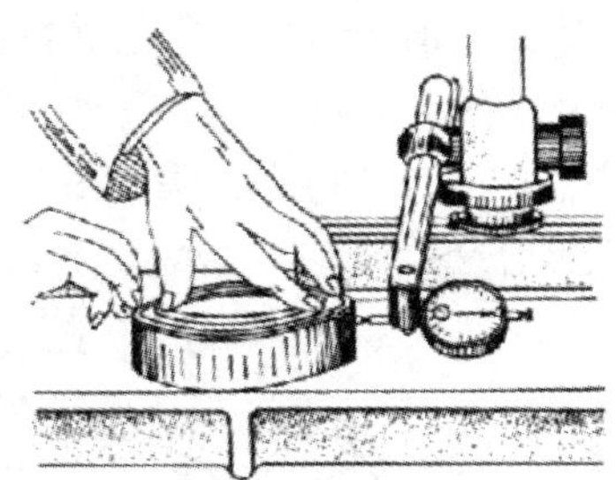

图 2－29　球轴承径向间隙的检查

对于商用车变速器轴承，其轴向间隙的使用极限一般为 0. 20 ~ 0. 25 mm，径向间隙的使用极限一般为 0. 10 ~ 0. 15 mm；对于乘用车变速器轴承，其轴向间隙的使用极限一般为 0. 10 mm，径向间隙的使用极限一般为 0. 05 mm。

2.1.4　同步器的检修

1. 锁环式同步器的检修

锁环式同步器的主要磨损部位是：同步环内锥面、滑块及其滑动槽、同步环齿以及同步器毂等。同步环内锥面磨损的检查方法如图 2－30 所示，将同步环套装到与之相配合的齿轮外锥面上，并使之相互靠紧，然后用厚薄规检查同步环与齿轮之间的端面间隙(该间隙称为同步器的后备行程)，使用极限一般为 0. 30 ~ 0. 50 mm，超过极限应更换同步环。同时应检查同步环内锥面与齿轮外锥面的接触面积，不得小于 80% 。

同步器滑块及其滑动槽磨损的检查方法如图 2－31 所示，将滑块放在与之相配的位于同步器花键毂上的滑动槽内，用厚薄规测量滑块与槽侧面的间隙，测量值超过极限应更换滑块，若滑块顶部磨出沟槽也应更换之。此外同步环缺口与滑块的宽度之差应等于同步环齿的宽度，若该差过大，会造成换挡困难，故应采取铜焊修补或更换同步环。当同步环齿出现明显变薄、折断或齿端锁止角角度过度损坏时，也应更换同步环。

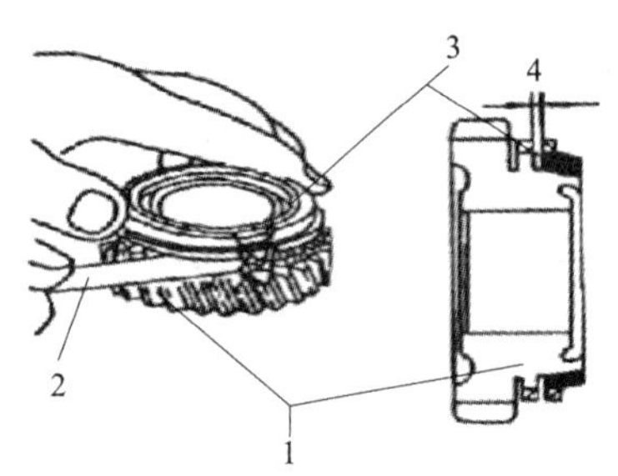

图 2-30　同步环检查

1—齿轮；2—塞尺；3—锁环；4—锁环与齿轮端面的间隙

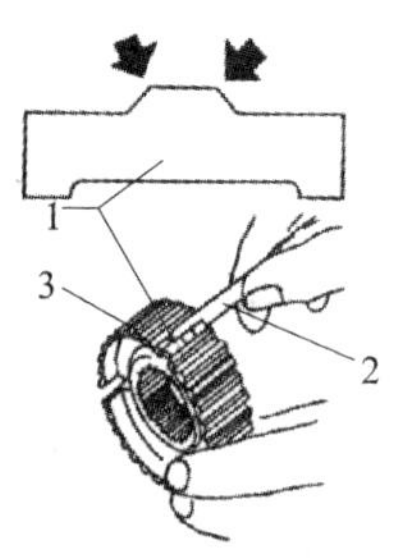

图 2-31　滑块与花键毂配合间隙检查

1—滑块；2—塞尺；3—花键毂

同步器花键毂磨损的检查方法如图 2-32 所示，将同步器花键毂装配在与其相配的轴上，用台钳夹住轴转动同步器花键毂，然后用百分表测量同步器花键毂的摆动量，即为二者的配合侧隙，测量值超过极限应更换同步器花键毂。

同步器接合套的检查方法如图 2-33 所示，将接合套安装在有滑块的同步器花键毂上，上下移动接合套，应能带动滑块沿同步器毂的轴向顺利移动，否则应更换同步器接合套。

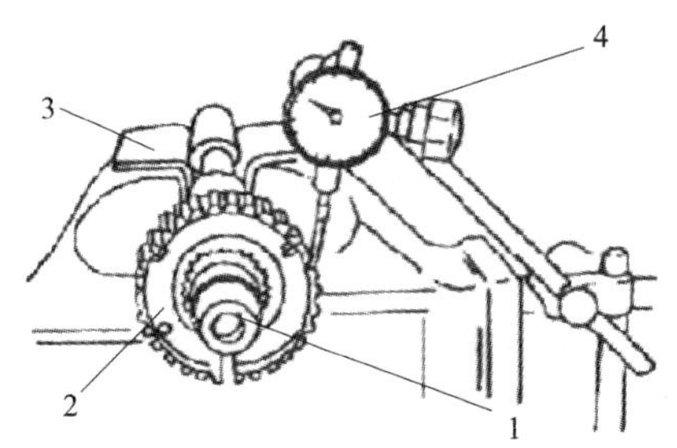

图 2-32　花键毂与轴配合间隙检查

1—变速器轴；2—花键毂；3—台钳；4—百分表

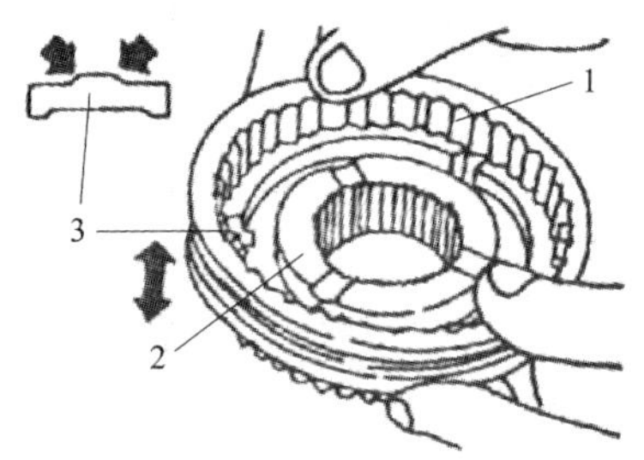

图 2-33　接合套与滑块配合检查

1—接合套；2—花键毂；3—滑块

2. 锁销式同步器的检修

锁销式同步器的主要磨损是：锥环外锥面磨损及烧蚀、锁销磨损及松动、定位销磨损、定位球的磨损及其定位弹簧弹力减弱、滑动齿套凹槽磨损等。锥环外锥面的磨损，将造成其螺纹沟槽深度减小，摩擦作用减弱，甚至使锥环与锥盘端面相接触，造成同步器失效。因此，应测量锥盘和锥环大端两端面间的距离。如：CA1091 变速器二挡同步器的该距离标准值为 0.5 mm，使用极限值为 2.0 mm，超过极限则应更换。

锁销的锁止锥面出现明显磨损，应更换同步器总成。锁销两端与锥环的铆接松动，应重新铆紧，铆紧后其端头不得高出锥环端面。定位销严重磨损与滑动齿套配合松旷，滑动齿套凹槽磨损过大，定位钢球严重磨损以及定位弹簧弹力明显减弱等，均应更换同步器总成

2.1.5　变速器壳体的检修

变速器壳体一般都是灰铸铁铸造的，在使用中主要易出现壳体变形及裂纹、轴承座孔、

螺纹孔磨损等故障。

1. 壳体变形

变速器壳体的变形，将造成各轴轴线间的平行度误差，轴心距改变，导致齿轮副啮合精度的破坏，造成轮齿表面的阶梯形磨损，这不但使传动噪声加大，也会形成轴向力，当齿面上有冲击载荷时，就会形成变速器的早期自动脱挡的故障。检查时，对三轴式变速器用专用量具检查：

1)各轴承孔公共轴线间的平行度、轴心距；

2)上孔轴线与上平面间的距离；

3)前后两端面的平面度。

两轴式变速器的壳体一般由前、后两部分组成，其变形主要是检查输入轴与输出轴的平行度及前后壳体接合面的平面度。当上述各项检查超过规定时应进行修复。

当变速器壳体的轴承孔磨损超限、变形时，可在单柱立式镗床上，用长度规作定位导向镗削各轴承孔，以修正各轴线间的平行度。镗削扩孔时，常以倒挡轴的轴承孔为基准，因为此处的强度最大，其变形逾限率较低。即采用扩孔后再镶套的方法进行修复，对磨损不大的轴承孔也可采用刷镀的方法进行修复。超过修理极限时应更换。当壳体平面度超差时，可采用铲、刨、锉、铣等方法修复或更换。

2. 壳体裂纹

变速器壳体裂纹可采用视检法或敲击法检查，如果发现有裂纹损伤，视其损伤部位确定修复方法，凡有未延伸到轴承座孔的裂纹，都可以采用环氧树脂黏结修复或用螺钉填补法修复。如果有与轴承座孔相通的裂纹，应予更换壳体。

3. 轴承座孔磨损

轴承座孔的磨损可以通过测量座孔圆度来反映，测量一轴、二轴和中间轴三轴线平行度可以通过分别测量各轴承座孔下边缘距测量平板高度，通过计算得出。修复时，可采用镗孔镶套的方法。

2.1.6 操纵机构的检修

变速器操纵机构的主要损伤形式有磨损、变形、连接松动和弹簧失效等。

1)检查操纵机构各零件的连接，应无松动现象，否则应及时紧固。

2)检查变速杆、拨叉、拨叉轴等，应无变形，否则应校正或更换。

3)检查拨叉与接合套、拨叉与拨叉轴、选挡轴等处的磨损，磨损逾限时应更换。

4)检查定位钢球、定位锁销、锁止弹簧、复位弹簧，当出现磨损逾限或弹簧失效时，应更换。

2.2 变速器装配注意事项

变速器作为重要的传动系统部件，拆装过程应该严格按照制造厂家技术手册规范进行操作，对于没有相关技术资料参考的变速器拆装工作应做到：

1)拆装前应熟悉变速器的结构特点；

2)彻底清洗零件，去除污物、毛刺和铁屑等，确保进行装配的所有零件清洁；

3）对于有过盈配合的部位，严禁对零件表面使用铁榔头直接敲击装配，装配各轴承时，只允许用压套缓慢、垂直地压轴承内套，不许压轴承外套、施加冲击载荷；

4）各轴承及滑动键槽在装配时，应涂以相应型号的变速器润滑油进行润滑；

5）变速器规格相同的内、外圈可分离的轴承，注意轴承内、外圈不要弄混，必须做好记号；

6）应对同步器各元件做好装配记号，以免装错，影响两锥面的接触面积；

7）应注意观察各挡齿轮、同步器结合套、花键毂以及止推垫圈的安装方向，拆卸时应做记号，以保证重新装配时零件处于正确的位置；

8）装配油封时，应在油封的刃口处涂以少量润滑脂，然后垂直压入，同时应注意油封的安装方向是否正确，每次拆装油封、O 形圈，均应更换新件；

9）变速器装配后，应检查各齿轮副的啮合间隙和啮合印痕以及各齿轮的轴向间隙是否符合规定要求；

10）装配前后密封垫片时，注意应与回油孔对正，同时在密封垫的两侧涂以密封胶，并按规定的扭矩分 2 ~3 次对称交叉拧紧各部固定螺栓，以确保密封效果。

思考与练习

1. 变速器的功用是什么？
2. 什么是传动比？
3. 什么是自锁、互锁、倒挡锁？
4. 说明锁环式同步器工作原理。
5. 如何排除变速器乱挡的故障？
6. 如何排除变速器跳挡的故障？
7. 如何查找变速器漏油原因？

项目三　汽车传动轴异响故障检修

【能力目标】

1. 能够检修万向传动装置，掌握拆装方法。
2. 会编制万向传动装置的检修计划。
3. 会使用检测设备和工具。

【知识目标】

1. 理解万向传动装置的功用。
2. 掌握不同种类的万向传动装置之间在使用中的区别。

任务一　更换十字轴万向节

【案例导入】

小张驾驶一辆卡车从事运输业务，这辆车已经行驶超过20万km了，从来没坏过，小张对这辆车非常满意。可最近这辆车在起步时后桥部位总有清脆的“咔咔”金属撞击声。小张把车开到修理厂，只见修理厂的师傅钻到车下，用手转动几下传动轴，对小张说：“你这车的传动轴有问题，需要修理了。”经过维修师傅对传动轴进行拆卸检查，发现传动轴里的十字轴和滚针轴承烧蚀了，造成十字轴磨损，更换新的十字轴和滚针轴承后，故障排除。小张开着心爱的卡车又开始了运输业务。

你知道传动轴在汽车上起什么作用吗？汽车上还有哪些部位安装了传动轴？传动轴有哪些种类？

【主要教学设备】

1. 汽车一部。
2. 不同类型的传动轴若干。
3. 常用维修工具若干。

【教学过程】

1. 学生以小组为单位完成本次任务。
2. 每个小组需配有相关车型的维修手册，学生根据手册制定工作计划。
3. 小组讨论所拆卸部件的名称、作用、工作原理。
4. 观察传动零件，试着解释有关传动轴的工作原理。
5. 解释两种不同结构传动轴的区别及应用。

6. 按照维修手册的要求恢复教学车辆、部件。

7. 教学过程中注意安全，防止重物掉落、砸伤学生，拆装卡环时需佩戴防护镜。

【理论学习】

1.1 概述

由于汽车悬架的存在，汽车经常处于高度不断变化之中，为了使汽车的传动零件保持稳定的传动状态，汽车结构中应用了万向传动装置来适应这一情况。万向传动装置的功用是在轴线相交且相对位置经常发生变化的两轴之间传递动力。对于传动距离较远的分段式传动轴，为提高传动轴的刚度，还设有中间支承。万向传动装置在汽车上的应用部位主要有以下几种。

1. 变速器与驱动桥之间

对于发动机前置、后轮驱动的汽车，变速器、离合器与发动机三者合为一体装在车架上，驱动桥通过悬架与车架相连。如图 3－1 所示，变速器输出轴和驱动桥的输入轴不在同一轴线上，在汽车行驶过程中，由于负荷变化、路面不平等因素引起的弹性悬架系统的振动，使两轴线的相对位置经常发生变化，故两轴间不可能刚性连接，必须设置万向传动装置。如果变速器与驱动桥距离较远，应将传动轴分成两段或多段，为避免因传动轴过长而产生高转速下的共振，同时为提高传动轴的可靠性，在传动轴上设置了中间支承。

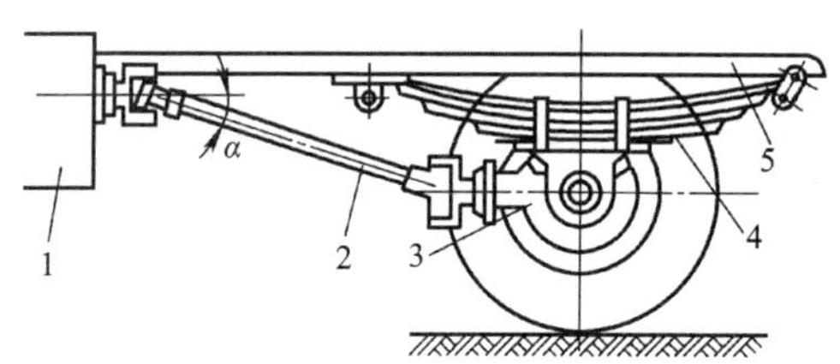

图 3－1　万向传动装置

1—变速器；2—万向传动装置；3—驱动桥；4—后悬架；5—车架

在多轴驱动的汽车上，分动器与各驱动桥之间或驱动桥与驱动桥之间也需用万向传动装置传递动力。当变速器与分动器分开布置时，为了消除车架变形及制造、装配误差等引起的轴线同轴度误差，也常设置万向传动装置。

2. 转向驱动桥的驱动桥与转向轮之间

与转向驱动桥相连的前轮既是转向轮又是驱动轮，由于前轮在偏转的过程中还要传递动力，故转向驱动桥的半轴要分段，用万向节连接，以适应汽车行驶时半轴各段交角不断变化的需要。若采用独立悬架，差速器与车轮之间的万向传动装置如图 3－2 所示。若采用非独立悬架，只需在转向轮附近安装一个万向节。

3. 转向操纵机构中转向盘与转向器之间

受整体布置的限制，有些汽车的转向操纵机构中转向盘轴线与转向器输入轴线不重合，也常设置万向传动装置（图 3－3）。

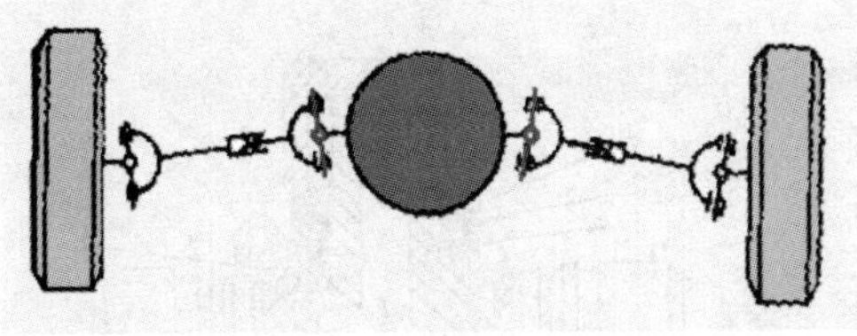

图3－2　转向驱动桥和断开式驱动桥中的万向传动装置

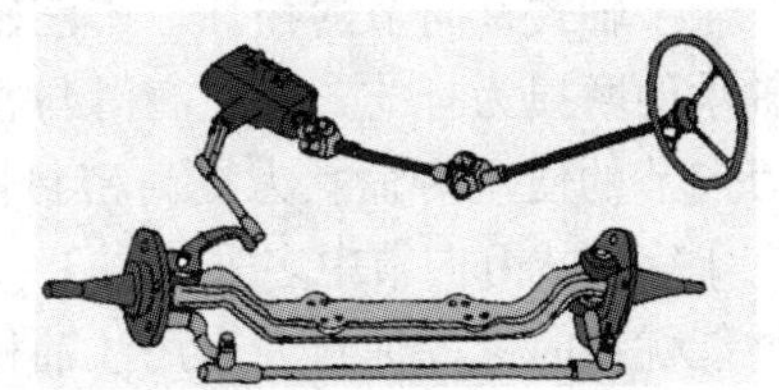

图3－3　转向操纵机构中的万向传动装置

1.2　万向节

万向节是实现转轴之间变角度传递动力的部件。按其在扭转方向上是否有弹性，可分为刚性万向节和挠性万向节，汽车上应用较多的是刚性万向节。按照万向节转速的特点又分为不等速万向节（如十字轴式万向节）、准等速万向节（如双联式、三销轴式等）和等速万向节（如球叉式、球笼式等）。

1.2.1　十字轴式刚性万向节

十字轴式刚性万向节具有结构简单、工作可靠、传动效率高、制造成本低、允许两传动轴之间有较大交角（15°～20°）的特点，在汽车上应用最为普遍。

1. 十字轴式刚性万向节的构造

图3－4所示为十字轴式刚性万向节的构造，由万向节叉2和6、十字轴4及滚针轴承（滚针8和套筒9）等组成。两万向节叉2和6上的孔分别活套在十字轴4的两对轴颈上。当主动轴转动时，从动轴也随之转动，且可绕十字轴中心在任意方向摆动。为减少摩擦损失，提高传动效率，在十字轴轴颈和万向节叉孔间装有由滚针8和套筒9组成的滚针轴承。然后用螺钉和轴承盖1将套筒9固定在万向节叉上，用锁片将螺钉锁紧，以防止轴承在离心力作用下从万向节叉内脱出。为润滑轴承，润滑油从注油嘴3注入十字轴内腔，十字轴为中空的，内有油路通向轴颈。为避免润滑油流出及尘垢进入轴承，在十字轴的轴颈上套有装在金属座圈内的毛毡油封7。在十字轴的中部还装有安全阀5，用来当十字轴内腔的润滑油压力过大、安全阀被顶开、润滑油外溢时，防止油封因油压过高而损坏。

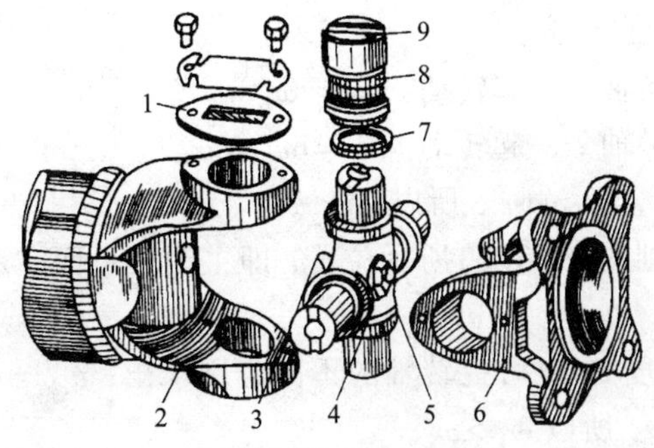

图3－4　十字轴式刚性万向节

1—轴承盖；2、6—万向节叉；3—润滑油嘴；4—十字轴；5—安全阀；7—油封；8—滚针轴承；9—套筒十字轴式万向节的损坏以十字轴轴颈和滚针轴承的磨损为标志，因此润滑与密封直接影响万向节的使用寿命。为提高密封性能，近年来在十字轴式万向节中多采用图 3－5 所示的密封性能优良的橡胶油封。当用注油枪向十字轴内腔注入润滑油而使内腔油压大于允许值时，多余的润滑油便从橡胶油封内圆表面与十字轴轴颈接触处溢出，无须在十字轴上安装安全阀，且防尘、防水效果好。

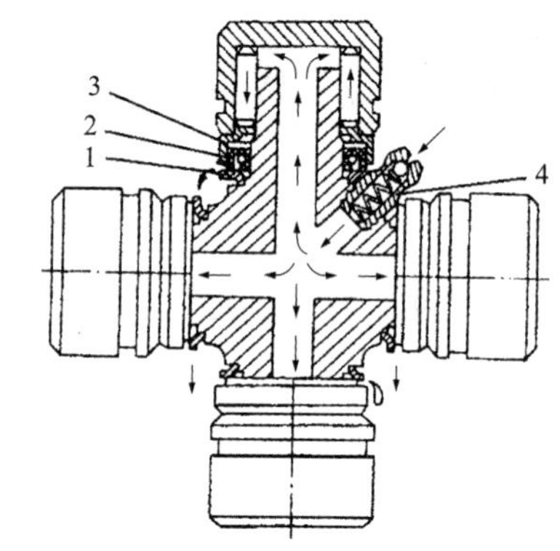

图 3－5　十字轴润滑油道及密封装置

1—油封挡油盘；2—骨架油封；3—油封座；4—注油嘴

2. 十字轴式刚性万向节传动的不等速特性

单个十字轴式刚性万向节在输入轴和输出轴之间有夹角的情况下，其两轴的角速度是不相等的。下面就单十字轴式万向节传动过程中的两个特殊位置进行运动分析，说明它传动的不等速性。如图 3－6 所示，设主动叉轴 1 以 ω_1 等角速度旋转，从动叉轴 2 与主动叉轴 1 有夹角 α，其角速度为 ω_2，十字轴旋转半径 $OA = OB = r$。

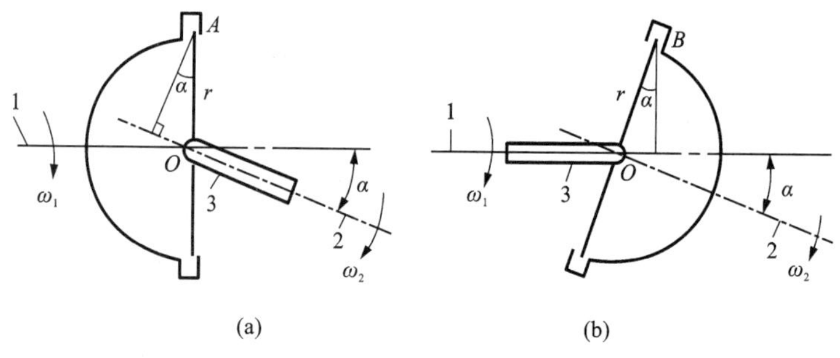

图 3－6　十字轴式刚性万向节传动的不等速性

1—主动叉轴；2—从动叉轴；3—十字轴

1）当万向节转到如图 3－6(a)所示位置，即主动叉平面在垂直位置，且十字轴平面与主动轴轴线垂直：

十字轴上 A 点的线速度 v_A 为：

(1)视十字轴随主动叉轴 1 一起转动：$v_{A1} = r\omega_1$；

(2)视十字轴随主动叉轴 2 一起转动：$v_{A2} = r\omega_2\cos\alpha$。

由于 $v_{A1} = v_{A2}$，故有 $\omega_1 = \omega_2\cos\alpha$，所以 $\omega_1 < \omega_2$。

2）当万向节转动 90°到图 3－6(b)所示位置，即主动叉平面在水平位置，且十字轴平面与从动轴轴线垂直：

十字轴上 B 点的线速度 v_B 也可视转轴的不同分别求出：$v_{B1} = r\omega_1\cos\alpha$，$v_{B2} = r\omega_2$。由于 $v_{B1} = v_{B2}$，故有 $\omega_2 = \omega_1\cos\alpha$，所以 $\omega_1 > \omega_2$。

由上述对两个特殊位置的分析可以看出，十字轴式万向节在传动过程中，如果主动轴以等角速度转动，则从动轴的转速时快时慢，即单个十字轴万向节在有夹角时传动有不等速性。万向节从图 3－6(a)所示位置转 90°到图 3－6(b)所示位置，从动轴的转速由最大值变为最小值，再转 90°，又回到了图 3－6(a)所示位置，从动轴的角速度又从最小值变为最大值。由此可见，从动轴角速度以 180°为一个周期交替变化，在 180°内时快时慢。但两轴的平均速度相等，即主动轴转动一周，从动轴也转动一周。

另外，从分析可知，两轴交角越大，万向节传动的不等速性越严重，传动效率也越低。不等速特性将使从动轴及与其相连的传动部件产生扭转振动，从而产生附加的交变载荷，影响传动部件的寿命。

3. 十字轴式刚性万向节等速传动的条件

从前面的分析可以想到，在两轴之间若采用双十字轴式万向节传动，则第一万向节的不等速效应就有可能被第二万向节的不等速效应所抵消，从而实现两轴间的等角速传动。根据运动学分析得知，要达到这一目的，必须满足以下两个条件：

1）如图 3－7 所示第一万向节两轴间夹角 α_1 与第二万向节两轴间夹角 α_2 相等。该条件只有在采用独立悬架时才有可能通过整车的总布置设计和装配工艺来实现，因为在此情况下主减速器和变速器的相对位置是固定的。如果采用非独立悬架，由于悬架的振动，驱动桥输入轴与变速器输出轴的相对位置不断变化，无法实现此条件。

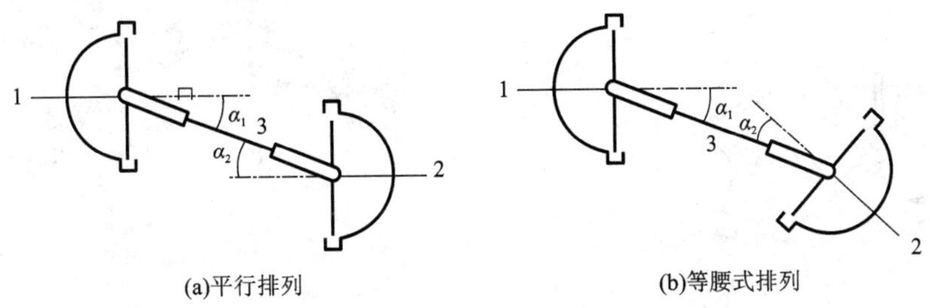

图 3－7　双万向节的等速排列方式

2）第一万向节的从动叉 2 与第二万向节的主动叉 3 处于同一平面内。该条件可由传动轴和万向节叉的正确装配来保证。

上述双万向节传动虽能近似地解决等速传动问题，但在某些情况下，如转向驱动桥的分段半轴间，要求转向轮有较大的传动夹角(30°～40°)，十字轴式万向节无法满足要求，需要使用等速和准等速万向节。

1.2.2　准等速万向节

准等速万向节是根据上述双万向节实现等速传动的原理而设计的，只能近似地实现等速传动，所以称准等速万向节。常见的有双联式和三销轴式万向节。

1. 双联式万向节

双联式万向节实际上是将中间传动轴的长度缩减至最小的双万向节等速传动装置。如图 3－8 所示，双联叉 3 相当于两个在同一平面上的万向节叉。欲使轴 1 和轴 2 的角速度相等，应保证 $\alpha_1=\alpha_2$。为此在双联式万向节结构中装有分度机构，以期双联叉的对称线平分所连两轴的夹角。

双联式万向节允许有较大的轴间夹角，且结构简单、制造方便、工作可靠，故在转向驱动桥中的应用逐渐增多。

2. 三销轴式万向节

图 3－9 所示为三销轴式万向节示意图，这种结构是由双联式万向节演变而来的一种准等速万向节。偏心轴叉 1 和 3 分别与转向驱动桥的内、外半轴制成一体，叉孔中心线与叉轴中心线互相垂直但不相交。两个偏心轴叉由两个三销轴 2、4 连接。三销轴的大端有一穿通的轴承孔，其中心线与小端轴颈中心线重合。靠近大端两侧有两轴颈，其中心线与小端轴颈中心线垂直并相交。装合时，两个三销轴的大端两轴颈与偏心轴叉上的两叉孔配合，小端轴颈互相插入对方的大端轴承孔内。

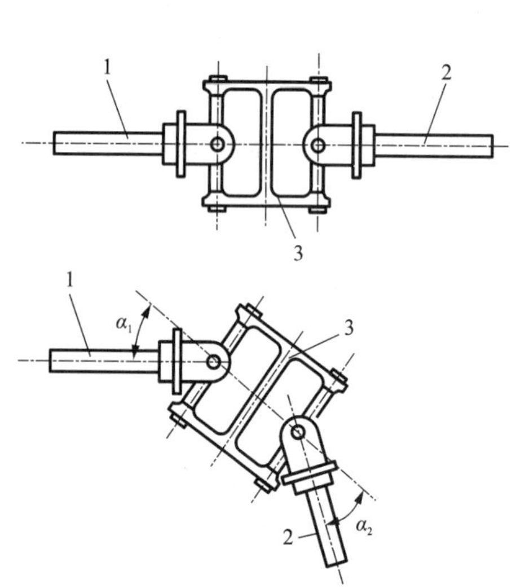

图 3－8　双联式万向节示意图

1—主动轴；2—从动轴；3—双联叉

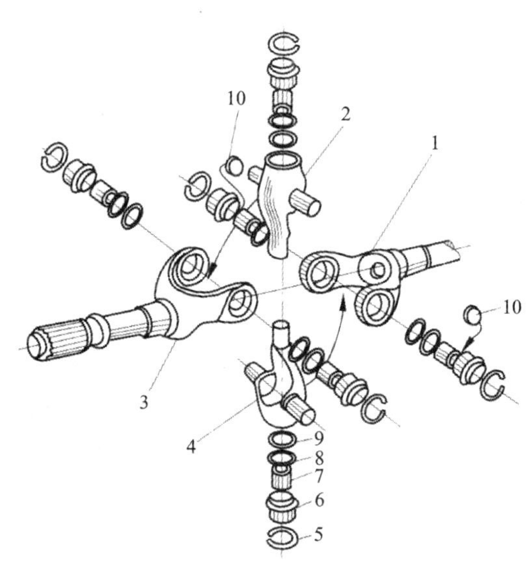

图 3－9　三销轴式万向节示意图

1—主动偏心轴叉；2、4—三销轴；3—从动偏心轴叉；5—卡环；6—轴承座；7—衬套；8—毛毡圈；9—密封罩；10—推力垫片

由于结构的原因，无法保证传力点永远处在两轴交角的平分线上，故只能算准等速万向节。三销轴式结构简单，允许相邻两轴有较大的交角，最大可达 45°，但所占空间较大。

1.2.3 等速万向节

等速万向节的基本原理是从结构上保证万向节在工作过程中的传力点永远位于两轴交点的平分面上。其原理可由图 3－10 所示的一对大小相同的锥齿轮传动来说明。两齿轮的接触点 P 位于两齿轮轴线交角 α 的平分面上，P 到两轴的垂直距离都等于 r。在 P 点处两齿轮的圆周速度是相等的，因而两个齿轮旋转的角速度也相等。与此相似，若万向节的传力点在其交角变化时始终位于角平分面内，可使两万向节叉保持等角速的关系。轿车上广泛采用的等速万向节有球叉式和球笼式万向节。

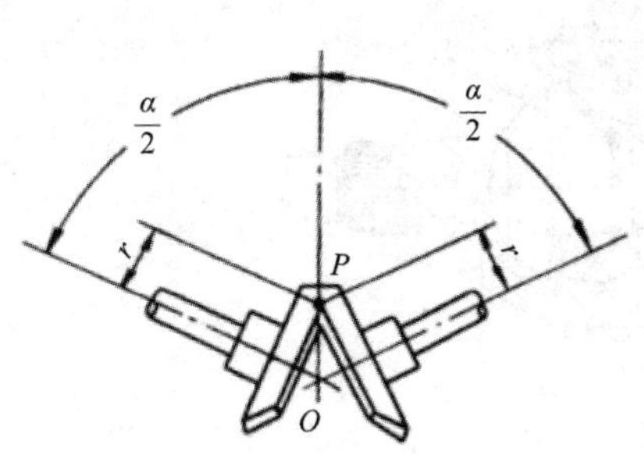

图 3-10　等速万向节的工作原理

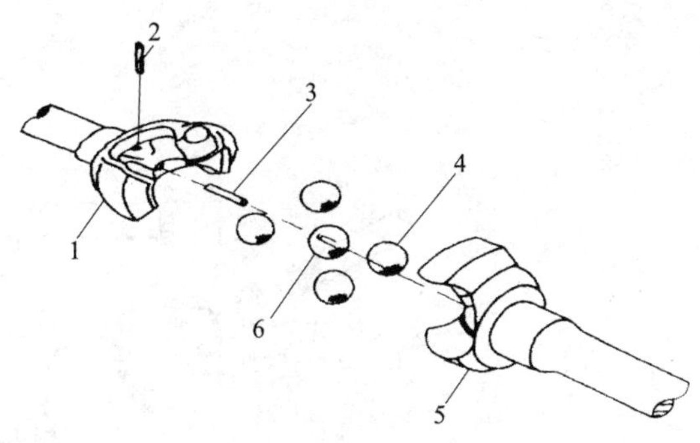

图 3-11　球叉式万向节

1—从动叉；2—锁止销；3—定位销；4—传动钢球；5—主动叉；6—定心钢球

1. 球叉式万向节

球叉式万向节的结构如图 3-11 所示。主动叉 5 与从动叉 1 分别与内、外半轴制成一体。在主、从动叉上各有四个曲面凹槽，装合后形成两个相交的环形槽作为钢球 4 的滚道。四个传动钢球 4 放在槽中，定心钢球 6 放在两叉中心的凹槽内，以确定万向节的摆动中心。这种结构的等角速传动原理可按图 3-12 来说明：主、从动叉曲面凹槽的中心线分别是以 O_1、O_2为圆心的两个半径相等的圆，而圆心 O_1、O_2与万向节中心 O 的距离相等。因此，在主动轴和从动轴以任何角度相交的情况下，传动钢球中心都位于两圆的交点上，亦即所有传动钢球都位于角平分面上，因而保证了等角速的传动。

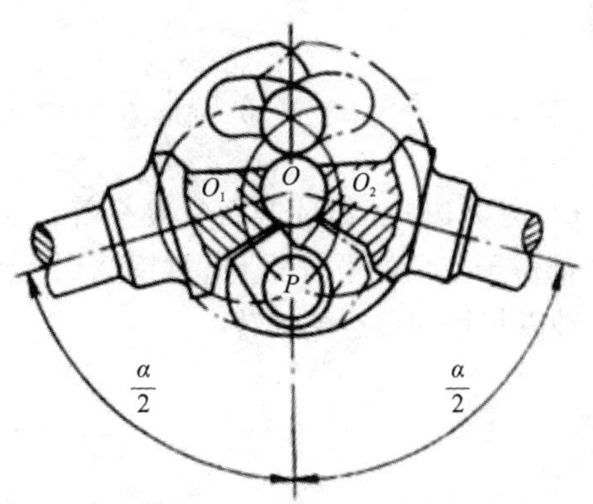

图 3-12　球叉式万向节传动原理

球叉式万向节结构简单，允许最大交角为 32°～33°，但由于工作时只有两个钢球传力，反转时则由另两个钢球传力。因此钢球与曲面凹槽之间的压力较大，磨损较快，影响使用寿命。另外，这种万向节的钢球和滚道需要在一定的预紧力作用下才能保证等速传动，当零件磨损后，会破坏其等速特性。

2. 球笼式万向节

根据万向节轴向能否运动，球笼式万向节分为固定型和伸缩型，图 3-13 所示为固定型球笼式万向节的结构。其中星形套 7 以内花键与主动轴 1 相连，其外表面有 6 条凹槽，形成内滚道。球形壳 8 的内表面有相应的 6 条凹槽形成外滚道。6 个钢球 6 分别装在各条凹槽中，并由保持架 4 使之保持在一个平面内。动力由主动轴 1 经钢球 6、球形壳 8 输出。

图 3-14 所示为球笼式万向节的等速传动原理示意图。外滚道的中心 A 与内滚道的中心 B 分别位于万向节中心 O 的两边，且与 O 点等距。钢球中心 C 到 A、B 两点的距离相等。保持架的内、外球面，星形套的外球面和球形壳的内球面，均以万向节中心 O 为球心。因此当两轴交角变化时，保持架可沿内、外球面滑动，以保持钢球在一定位置。由于 $OA=OB$，$CA=$

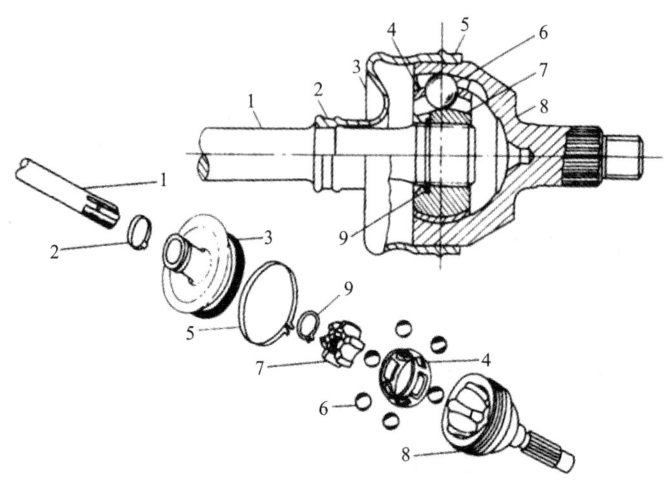

图 3 - 13　球笼式万向节

1—主动轴；2、5—钢速箍；3—外罩；4—保持架(球笼)；6—钢球；7—星形套(内滚道)；8—球形壳(外滚道)；9—卡环

CB，*CO* 是共边，△*COA* 与△*COB* 全等，∠*COA* = ∠*COB*。即两轴相交成任意角 α 时，传力钢球 *C* 都位于交角的平分面上，且钢球到主动轴和从动轴的距离 *a* 和 *b* 相等，保证了从动轴与主动轴以相等的角速度旋转。

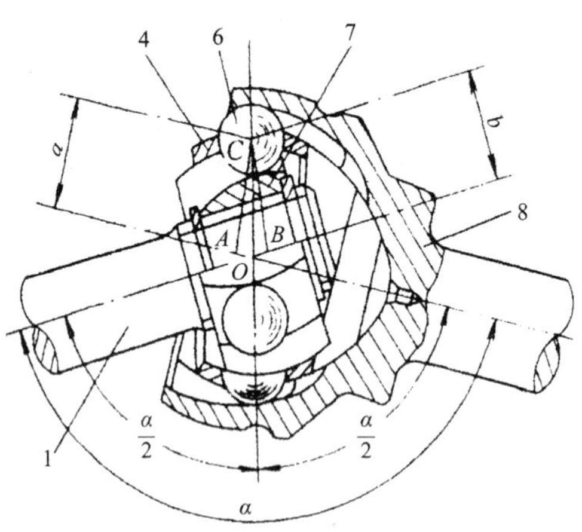

图 3 - 14　球笼式万向节传动原理(标注同上)

球笼式等角速万向节在两轴最大交角达 47°的情况下，仍可传递转矩，且在工作时，无论传动方向如何，6 个钢球全部传力。与球叉式万向节相比，其承载能力强、结构紧凑、拆装方便，因此应用越来越广泛。

伸缩型球笼式万向节结构如图 3 - 15 所示。该结构的内、外滚道是圆筒形的，在传递转矩过程中，星形套 2 与筒形壳 4 可沿轴向相对移动，故可省去其他万向传动装置中必须有的滑动花键，使结构简化，且由于星形套 2 与筒形壳 4 之间的轴向相对移动是通过钢球 5 沿内、外滚道滚动来实现的，与滑动花键相比，滑动阻力小，最适用于断开式驱动桥。这种万向节保持架的内球面中心 B 与外球面中心 A 位于万向节中心 O 的两边，且与 O 点等距。钢球中心 C 到 A，B 距离相等，以保证万向节的主、从动轴做等速转动。

在转向驱动桥中，伸缩型球笼式万向节均布置在靠差速器一侧，而轴向不能伸缩的球笼式万向节则布置在转向节处。

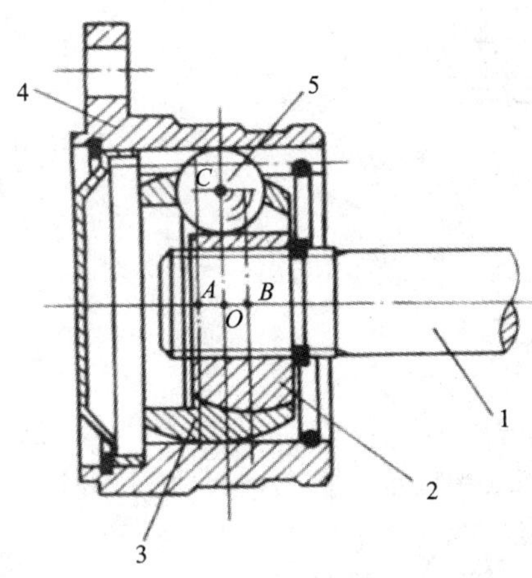

图 3－15　伸缩型球笼式万向节

1—主动轴；2—星形套（内滚道）；3—保持架（球笼）；4—筒形壳（外滚道）；5—钢球；O—万向节中心；A—外滚道中心；B—内滚道中心；C—钢球中心

1.2.4　挠性万向节

对于一些安装误差不大的部件，还常常利用挠性联轴节来进行连接。挠性万向节依靠弹性元件的弹性变形来保证相交两轴间传动时不发生机械干涉。弹性元件可以是橡胶盘、橡胶金属套筒、六角形橡胶圈或其他结构形式。由于弹性元件的弹性变形量有限，故挠性万向节一般用于两轴间夹角不大（3°～5°）和只有微量轴向位移的万向传动场合。常用来连接安装在车架上的两个部件（如发动机与变速器或变速器与分动器之间），以消除制造安装误差和车架变形的影响。此外，其还能吸收传动系中的冲击载荷和衰减扭转振动，结构简单，无需润滑。图 3－16 所示为某重型自卸汽车上用来连接发动机输出轴与液力机械变速器输入轴的挠性万向节，其主要由固定在发动机飞轮上的大圆盘 2、与花键毂 5 铆接在一起的连接圆盘 4、连接二者的四副弹性元件 3 以及定心用的中心轴 1 组成，其中弹性元件的结构如图 3－17 所示。两个橡胶块 1 装在两半对合的外壳 3 中，橡胶块中有金属套筒 2。每副弹性连接件中的一个橡胶块用螺栓固定在大圆盘上，而另一橡胶块用螺栓固定于连接圆盘上。动力经大圆盘输入，通过衬套传给弹性连接件中的一个橡胶块，再经外壳、另一橡胶块和衬套传给连接圆盘，最后经花键毂和花键轴输出。

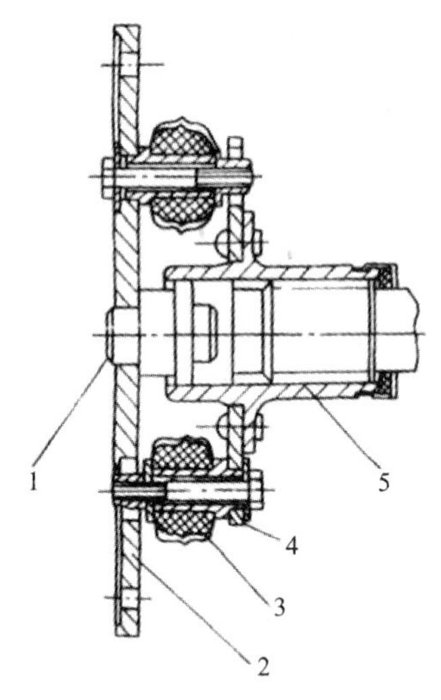

图 3－16　挠性万向节

1—中心轴；2—大圆盘；3—弹性连接件；
4—连接圆盘；5—花键毂

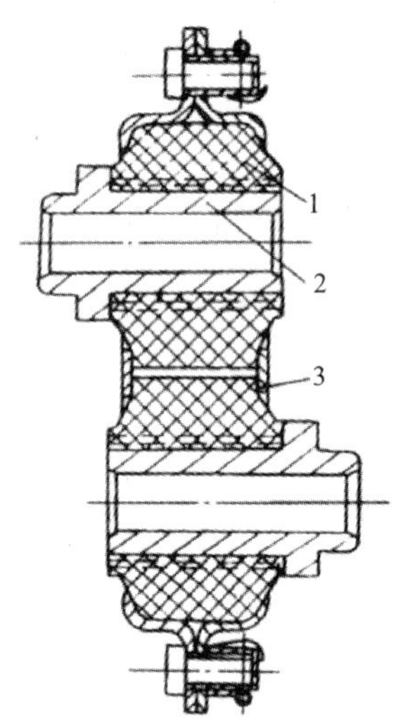

图 3－17　弹性连接件

1—橡胶块；2—金属套筒；3—外壳

1.3　传动轴管、伸缩花键及中间支承

汽车后桥的万向传动装置通常称作传动轴，它由万向节、传动轴管及伸缩花键等零件组成。对于长轴距的汽车，为了提高传动轴的刚度，还需要有中间支撑结构。

1.3.1　传动轴

传动轴是万向传动装置中的主要传力部件。通常用来连接变速器(或分动器)和驱动桥，在转向驱动桥和断开式驱动桥中，则用来连接差速器和驱动轮，其结构如图 3－18 所示，有如下特点：

1)汽车行驶过程中，变速器和驱动桥的相对位置经常发生变化，为避免运动干涉，传动轴用由滑动叉和花键轴组成的滑动花键连接，以实现传动轴长度的变化。为减少摩擦和磨损，还装有用以加注滑脂的油嘴、油封、堵盖和防尘套。有些汽车在花键槽内还设置了滚动元件。

2)传动轴是高速转动件，质量不均衡引起的离心力将使传动轴发生剧烈振动，故传动轴的质量要求沿圆周均匀分布。此外，传动轴与万向节装配后必须进行动平衡，用平衡片修补平衡量。图 3－18 中的 3 即为平衡用的平衡片。当传动轴过长时，易产生共振，常将其分成两段并加中间支承。

3)为得到较高的强度和刚度，传动轴多做成空心的。在转向驱动桥、断开式驱动桥或微型汽车的万向传动装置中，传动轴通常是实心的。

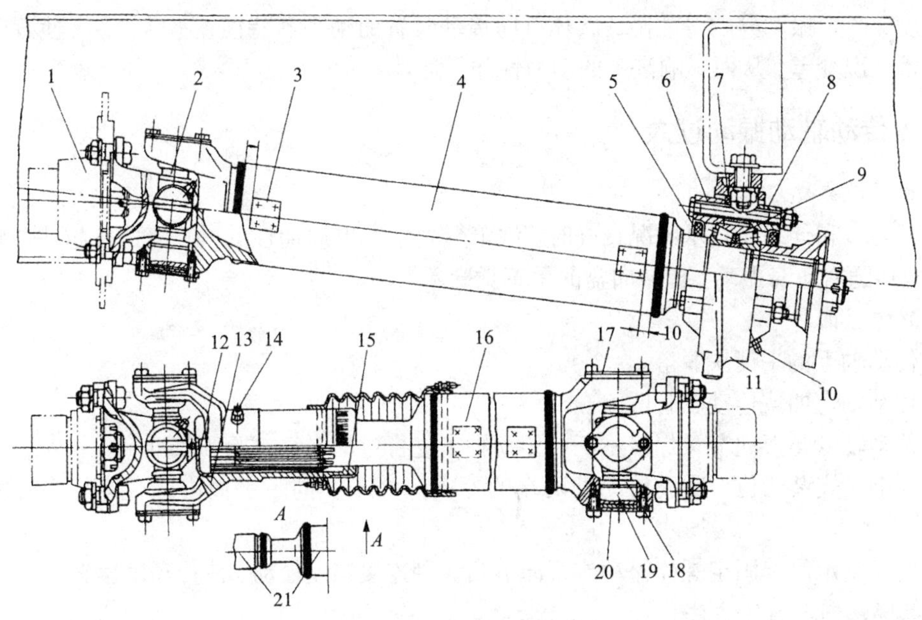

图 3-18　传动轴与中间支承

1—凸缘叉；2—万向节十字轴；3—平衡片；4—中间传动轴；5、15—油封；6—中间支承前盖；7—橡胶垫环；8—中间支承后盖；9—双列圆锥滚子轴承；10、14—注油嘴；11—支架；12—堵盖；13—万向节滑动叉；15—主传动轴；17—锁片；18—滚针轴承油封；19—万向节滚针轴承；20—滚针轴承盖；21—装配位置标记

1.3.2　传动轴的中间支承

如果万向传动装置长度较长，传动轴中间会分段，并加中间支承。中间支承通常装在车架横梁上，能补偿传动轴轴向和角度方向的安装误差，以及汽车行驶过程中因发动机窜动或车架变形等引起的位移，常用弹性元件来满足上述要求。图 3-19 所示为蜂窝软垫式中间支承。轴承 3 可在轴承座 2 内轴向滑动。轴承座装在蜂窝形橡胶垫 5 内，通过 U 形支架 6 固定在车架横梁上。用蜂窝形橡胶垫支承，传动轴可在一定范围内任意摆动，并能随轴承一起做适当的轴向移动，有效地补偿了安装误差和运动中的位移，还可减振降噪。由于其结构简单，应用较广泛。

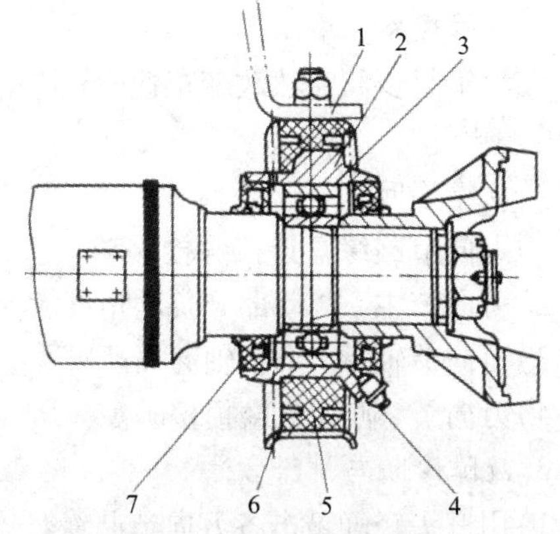

图 3-19　传动轴中间支承

1—车架横梁；2—轴承座；3—轴承；4—注油嘴；5—蜂窝形橡胶垫；6—U 形支架；7—油封

1.4　万向传动装置常见故障与排除

万向传动装置在使用过程中，会出现各种损伤，尤其是那些传动轴管长度大、工作条件恶劣、润滑条件极差，行驶在不良的道路上的汽

车，冲击载荷的峰值往往会超过正常值的一倍以上，以致造成万向传动装置的弯曲、扭转和磨损过度，产生振动异响等故障，破坏万向传动装置的动平衡特性、速度特性，使万向传动装置技术状况变差，从而影响汽车的动力性和舒适性。

1.4.1 传动轴动振动过大

1. 故障现象

在万向节和伸缩叉技术状况良好时，汽车行驶中发出周期性的响声；速度越快，响声越大，甚至伴随有车身振动，握转向盘的手感觉麻木。

2. 故障原因

1）传动轴上的平衡块脱落。

2）传动轴弯曲或传动轴管凹陷。

3）传动轴管与万向节叉焊接不正或传动轴未进行过动平衡试验和校准。

4）伸缩叉安装错位，造成传动轴两端的万向节叉不在同一平面内，不满足等角速传动条件。

5）中间支承吊架固定螺栓松动或万向节凸缘盘连接螺栓松动，使传动轴偏斜。

3. 故障诊断与排除方法

1）检查传动轴管是否凹陷，有凹陷，则故障由此引起；无凹陷，则继续检查。

2）检查传动轴管上的平衡片是否脱落，如脱落，则故障由此引起；否则继续检查。

3）检查伸缩叉安装是否正确，不正确，则故障由此引起；否则继续检查。

4）拆下传动轴进行动平衡试验，动不平衡，则应校准以消除故障。弯曲应校直。

5）检查中间支承吊架固定螺栓和万向节凸缘盘连接螺栓是否松动，若有松动，则异响由此引起，应紧固。

1.4.2 万向节、伸缩叉松动及异响

1. 故障现象

在汽车起步和突然改变车速时，传动轴发出“抗”的响声；在汽车缓行时，发出“呱当、呱当”的响声。

2. 故障原因

1）万向节凸缘盘连接螺栓松动。

2）万向节主、从动部分游动角度太大。

3）万向节轴承、十字轴磨损严重。

4）万向节、伸缩叉磨损松旷。

3. 故障诊断与排除方法

1）用榔头轻轻敲击各万向节凸缘盘连接处，检查其松紧度。太松旷则故障由连接螺栓松动引起，否则继续检查。

2）用双手分别握住万向节，伸缩叉的主、从动部分转动，检查游动角度。万向节游动角度太大，则异响由此引起；伸缩叉游动角度太大，则异响由此引起。

1.4.3　中间支承松动

1. 故障现象

汽车运行中出现一种连续的“呜呜”响声，车速愈高响声愈大。

2. 故障原因

1）滚动轴承缺油烧蚀或磨损严重。

2）中间支承安装方法不当，造成附加载荷而产生异常磨损。

3）橡胶圆环损坏。

4）车架变形，造成前后连接部分的轴线在水平面内的投影不同线而产生异常磨损。

3. 故障诊断与排除方法

1）给中间支承轴承加注润滑脂，响声消失，则故障由缺油引起；否则继续检查。

2）松开夹紧橡胶圆环的所有螺钉，待传动轴转动数圈后再拧紧，若响声消失，则故障由中间支承安装方法不当引起。否则故障可能是：橡胶圆环损坏、滚动轴承技术状况不佳或车架变形等引起。

任务二　万向传动装置相关技能训练

2.1　万向传动装置主要部件的检修

万向传动装置是汽车传动系统的重要组成部分，汽车的例行保养中的重要检查项目之一。一级维护时，应进行润滑和紧固作业。对万向节的十字轴、传动轴滑动叉、中间支承轴承等加注润滑脂。检查传动轴各部螺栓和螺母的紧固情况，特别是万向节叉突缘连接螺栓和中间支承支架的固定螺栓等，应按规定的力矩拧紧。二级维护时，十字轴轴承的配合应用手不能感觉出轴向移动量。对传动轴中间支承轴承，应检查其是否松旷及运转中有无异响，当其径向松旷超过规定或拆检轴承出现黏着磨损时，应更换中间支承轴承。

2.1.1　传动轴

传动轴的主要损伤形式有弯曲、凹陷或裂纹等。主要检修以下几个方面：

1）传动轴轴管不得有裂纹及严重的凹瘪。否则应更换传动轴。

2）检查传动轴弯曲程度，如图 3－20 所示用 V 形铁水平架起传动轴并旋转，用百分表在轴的中间部位测量。径向全跳动公差应符合相关的技术文件规定，否则应校正传动轴或更换。

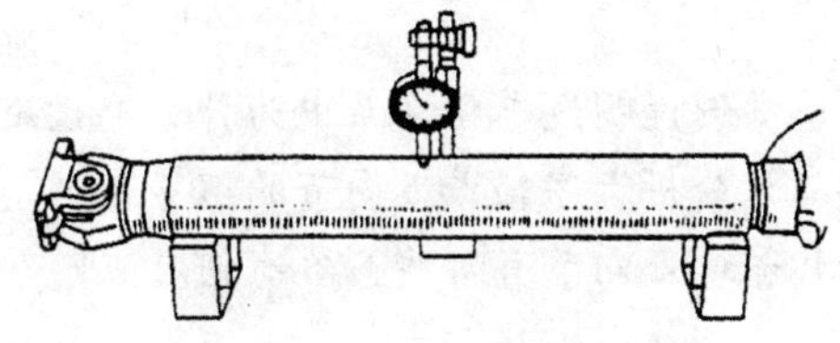

图 3－20　传动轴的检查

3）检查中间传动轴支承轴颈的径向圆跳动公差不应超过 0.10 mm，否则应镀铬修复或更换。

4)检查传动轴花键与滑动叉花键、突缘叉与所配合花键的间隙：轿车应不大于0.15 mm，其他类型的汽车应不大于0.30 mm，装配后应能滑动自如。若超差，则应更换传动轴或滑动叉。

2.1.2 万向节叉、十字轴及轴承

1)万向节叉和十字轴不得有裂纹，否则应更换。

2)滚针轴承的油封失效、滚针断裂、轴承内圈有疲劳剥落时，应换新。

3)检查十字轴颈表面，若有疲劳剥落、磨损沟槽或滚针压痕深度在0.10 mm以上时，应换新。

4)十字轴与轴承的最小配合间隙应符合原厂规定。

5)按照图3-21所示方法检查十字轴轴承装入万向节叉后的松旷程度和轴向间隙。此间隙：剖分式轴承孔为0.10~0.50 mm；整体式轴承孔为0.02~0.25 mm，轿车为0~0.05 mm。

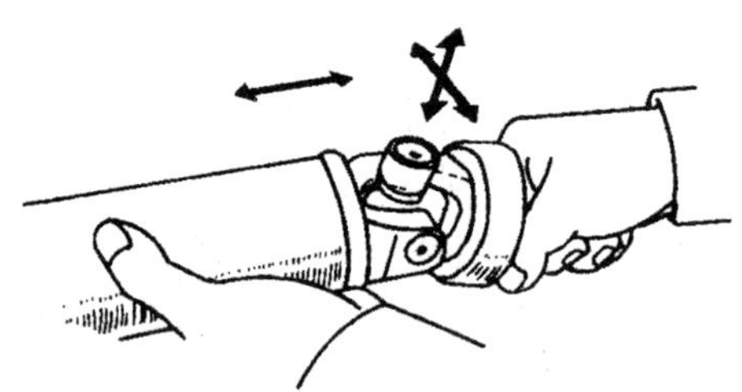

图3-21 十字轴检查

2.1.3 中间支承

中间支承的常见故障是橡胶老化和轴承磨损所引起的振动和异响等。

1)拆下中间支承前，可以在中间支承周围摇动传动轴，检查中间支承轴承的松旷程度，分解后，可进一步检查轴承的轴向和径向间隙是否符合原厂规定。中间支承经使用磨损后，需及时检查和调整，以恢复其良好的技术状况。

2)检查中间支承轴承的旋转是否灵活，油封和橡胶衬垫是否损坏，否则应更换。

2.1.4 传动轴管焊接组合件

传动轴管焊接组合件经修理后，原有的动平衡已不复存在。因此，传动轴管焊接组合件(包括滑动套)应重新进行动平衡试验。传动轴两端任一端的动不平衡量：轿车应不大于10 g·cm。传动轴管焊接组合件的平衡可在轴管的两端加焊平衡片，每端最多不得多于3片。

思考与练习

1.举例说明汽车传动系中为什么要设有万向传动装置。

2.试分析十字轴式万向节的不等速性。

3.等速万向节有哪些？各有何特点？

项目四　驱动桥异响的故障检修

【能力目标】

1. 学会检修汽车主减速器、差速器。
2. 能够制定驱动桥的检修方案。
3. 具有安全与环保意识。

【学习目标】

1. 掌握驱动桥的功用、类型、组成。
2. 掌握主减速器的结构、类型。
3. 掌握差速器的组成、类型、结构特点和工作原理。
4. 掌握半轴、驱动桥壳体的结构和类型。

任务一　驱动桥异响的故障检修

【案例导入】

小王驾驶的一辆小型货车，已经行驶30万km，最近这辆车出现了加速时后桥有“嗡嗡”的噪声，小王怕出现大的故障，急忙到修理厂检查，修理厂师傅试车后告诉他，这辆车的主减速器出现了问题，需要进一步拆卸检查，确定维修方案，经过维修技师的拆卸检查，发现小王的这辆车的主减速器齿轮啮合间隙过大，齿轮的啮合印痕位置也不对，经过重新调整后试车正常，小王高兴地把车开回家了。

【主要教学设备】

1. 发动机前置、后轮驱动汽车一辆或驱动桥拆装台架一个。
2. 举升机或千斤顶、枕木若干。
3. 常用维修工具若干。

【教学过程】

1. 学生以小组为单位完成本次任务。
2. 每个小组需配有相关车型的维修手册，学生根据手册制定工作计划。
3. 小组讨论所拆卸部件的名称、作用、工作原理。
4. 观察驱动桥零件的磨损情况，试着解释有关故障的原因和检查方法。
5. 按照维修手册的要求恢复教学车辆。
6. 教学过程中注意安全，防止重物掉落砸伤学生。

【理论学习】

1.1 驱动桥概述

在汽车传动系统中，驱动桥位于系统的最末段，通过半轴与车轮相连接，零件转速相对较低。驱动桥既要具有承载能力强的特点又要满足左、右驱动轮在转向时可以具有不同转速的需要。因此，驱动桥主要由主减速器、差速器、半轴和驱动桥壳等组成。其功用是：①将万向传动装置传来的转矩通过主减速齿轮、差速器、半轴等传到驱动车轮，更进一步降速增扭；②通过差速器实现两侧车轮以不同转速转动的需要；③部分车型通过主减速器圆锥齿轮副改变转矩的传递方向。

驱动桥类型主要分为断开式和整体式两种。图 4－1 所示为整体式驱动桥，由驱动桥壳 1、主减速器 2、差速器 3、半轴 4 和轮毂 5 组成。动力从变速器或分动器经万向传动装置传到主减速器 2，减速增矩后，经差速器 3 分配到左、右半轴 4，最后传至驱动车轮。由于半轴套管与主减速器壳刚性连成一体，两侧的半轴和驱动轮不可能在横向平面内相对运动，故称这种驱动桥为整体式驱动桥或非断开式驱动桥。这种驱动桥是较经典的结构，目前在大型货车、大型客车上仍大量使用。

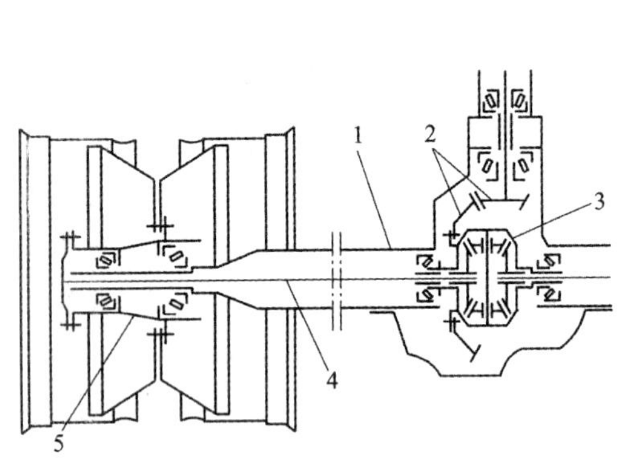

图 4－1　整体式驱动桥

1—驱动桥壳；2—主减速器；3—差速器；4—半轴；5—轮毂

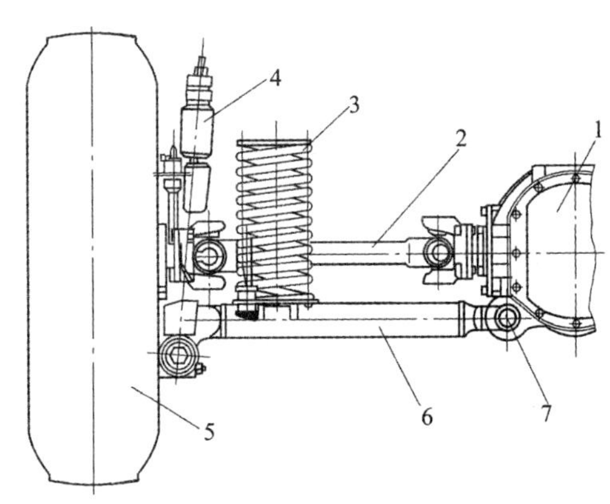

图 4－2　断开式驱动桥

1—主减速器；2—半轴；3—弹性元件；4—减振器；5—车轮；6—摆臂；7—摆臂轴

为提高汽车的行驶平顺性和通过性，在现代轿车中大量采用独立悬架，即将两侧的驱动轮分别用弹性悬架与车架相连，两轮可彼此独立地相对于车架上下跳动。与独立悬架配合使用的驱动桥也必须是断开式驱动桥。图 4－2 所示为发动机前置、后轮驱动的结构。主减速器 1 固定在车架或车身上，差速器、半轴 2 与轮毂之间分别用万向节连接。两侧车轮 5 则通过各自的弹性元件 3、减振器 4 和摆臂 6 组成的弹性悬架与车架相连。对于发动机前置、前轮驱动的结构，主减速器、差速器布置于变速器内部，动力通过半轴输出到驱动轮。

1.2 主减速器

主减速器的功用是将输入的转矩增大并降低转速，当发动机纵置时改变转矩的旋转方向。为满足不同的使用要求，主减速器的结构形式也不同。按参与减速传动的齿轮副数目分，有单级式主减速器和双级式主减速器。在双级式主减速器中，若第二级减速器齿轮置于两侧车轮附近成为独立部件，则称为轮边减速器。按主减速器传动比挡数分，有单速式和双速式。前者的传动比是固定的，后者有两个传动比供驾驶员选择，以适应不同行驶条件的需要。按齿轮副的结构形式分，有圆柱齿轮式（又分为轴线固定式和轴线旋转式即行星齿轮式）、圆锥齿轮式和准双曲面齿轮式。

1.2.1 单级主减速器

单级主减速器由一对齿轮参与减速传动，具有结构简单、体积小、质量小、传动效率高的特点。在轿车和轻、中型货车上得到广泛的应用。图 4－3 所示为东风 EQ1090E 型汽车驱动桥单级主减速器及差速器总成剖面图，主减速器的减速传动机构为一对准双曲面锥齿轮 18 和 7。主动锥齿轮 18 有 6 个齿，从动锥齿轮 7 有 38 个齿，故主传动比 $i=38/6=6.33$。

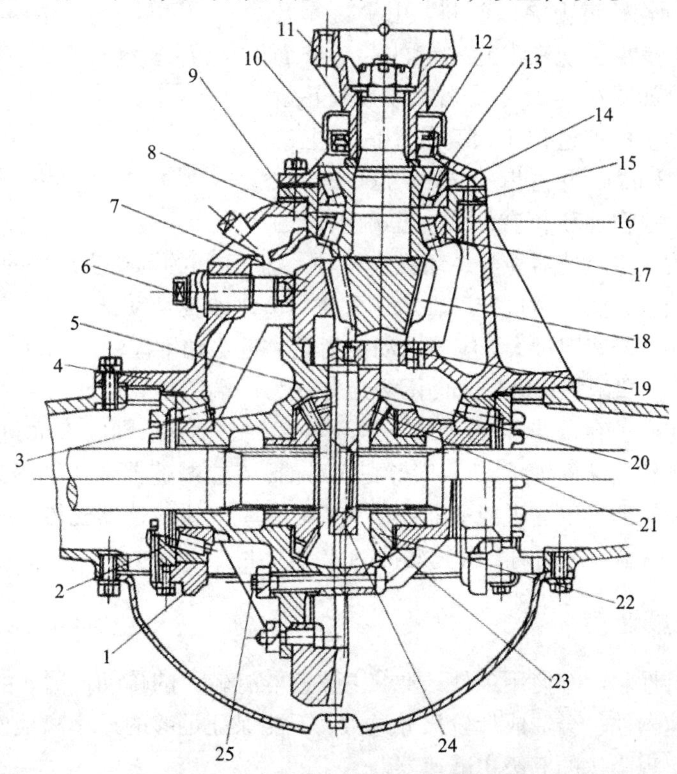

图 4－3　单级主减速器和差速器

1—差速器轴承盖；2—轴承调整螺母；3、13、17—圆锥滚子轴承；4—主减速器壳；5—差速器壳；6—支承螺栓；7—从动锥齿轮；8—进油道；9、14—调整垫片；10—防尘罩；11—叉形凸缘；12—油封；15—轴承座；16—回油道；18—主动锥齿轮；19—圆柱滚子轴承；20—行星齿轮垫片；21—行星齿轮；22—半轴齿轮推力垫片；23—半轴齿轮；24—行星齿轮轴；25—螺栓由于主减速器齿轮转速较低，传递的转矩较大，主减速器的主动和从动锥齿轮之间必须有正确的相对位置，才能使齿轮啮合传动时噪声较小，轮齿沿其长度方向磨损较均匀。为此，在结构上一方面要使主动和从动锥齿轮有足够的支承刚度，使其在传动过程中不至于发生较大变形而影响正常啮合；另一方面应有必要的啮合调整装置。为保证主动锥齿轮有足够的支承刚度，主动锥齿轮 18 与轴制成一体，前端支承在互相贴近而小端相向的两个圆锥滚子轴承 13 和 17 上，后端支承在圆柱滚子轴承 19 上，形成跨置式支承。环状的从动锥齿轮 7 与差速器壳 5 相连，而差速器壳用两个圆锥滚子轴承 3 支承在主减速器壳 4 的座孔中。在从动锥齿轮背面，用支承螺栓 6 限制从动锥齿轮过度变形。装配时，支承螺栓与从动锥齿轮端面间的间隙为 0.3 ~0.5 mm。

由于锥齿轮传动过程中会产生轴向力，为了使这一轴向力不至引起齿轮轴过大的轴向位移，装配主减速器时，圆锥滚子轴承应有一定的装配预紧度，即在消除轴承间隙后，再给予轴承一定的压紧力，以提高轴的支承刚度，保证锥齿轮的正确啮合位置。但预紧力也不能过大，否则会使传动效率低，轴承磨损快。为调整圆锥滚子轴承 13 和 17 的预紧度，在两轴承内座圈之间的隔离套一端装有一组厚度不同的调整垫片 14，改变垫片的厚度即可调整轴承的预紧度。

锥齿轮啮合的调整指齿面啮合印痕和啮合间隙的调整。先在锥齿轮轮齿上涂以颜料，用手往复转动主动锥齿轮，于是在从动锥齿轮轮齿的两工作面上便出现啮合痕迹如图 4 -4 所示。若从动齿轮轮齿正转和逆转工作面上的痕迹位于齿高的中间偏上位置且靠近小端 2 ~3 mm，并占齿面宽度约 60%，在齿轮受到载荷后，啮合面积还会增大。正确啮合的印痕位置可通过改变主减速器壳与主动锥齿轮轴承座 15 间的调整垫片 9 的总厚度来实现。

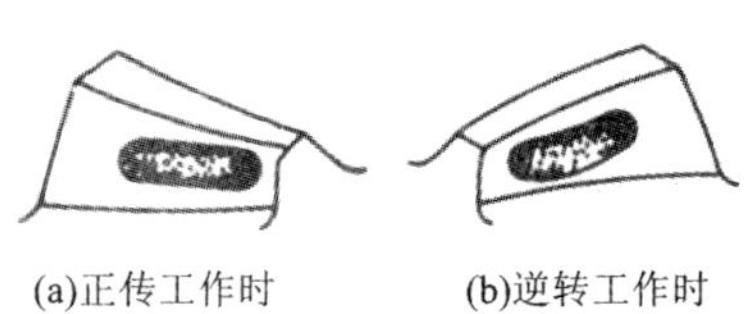

图 4 -4　从动锥齿轮的啮合印痕

啮合间隙的调整方法是通过拧动轴承调整螺母 2 来改变从动锥齿轮的位置，使啮合间隙在 0.15 ~0.40 mm。若间隙过大，应使从动锥齿轮靠近主动锥齿轮。为保持差速器圆锥滚子轴承预紧度不变，一端调整螺母拧入的圈数应等于另一端调整螺母拧出的圈数。

主减速器壳体中贮存的齿轮油通过飞溅到各齿轮、轴承、轴的表面进行对零件进行润滑。为保证主动齿轮前端的轴承 13、17 得到润滑油，在主减速器壳体上铸造出进油道 8 和回油道 16，以保证齿轮油得以在主减速器壳体内循环流动。主减速器壳体上一般还安装了通气塞，以防止驱动桥内温度过高时，引起漏油的故障发生。

1.2.2　双级主减速器

根据发动机特性和汽车使用条件，要求主减速器有较大的传动比时，由一对锥齿轮传动构成的单级主减速器往往会造成齿轮尺寸过大，不能保证足够的最小离地间隙，这时需要考虑采用两对齿轮实现降速的双级主减速器。

以解放 CA1091 型汽车驱动桥为例，如图 4 -5 所示。第一级齿轮传动副为锥齿轮 11 和 16，第二级齿轮传动副为斜齿圆柱齿轮 5 和 1。主动锥齿轮与轴制成一体，采用悬臂式支承，即主动锥齿轮轴支承在位于齿轮同一侧的两个相距较远的圆锥滚子轴承上，而主动锥齿轮悬伸在轴承之外。该支承结构比较简单，但支承刚度不如跨置式的。

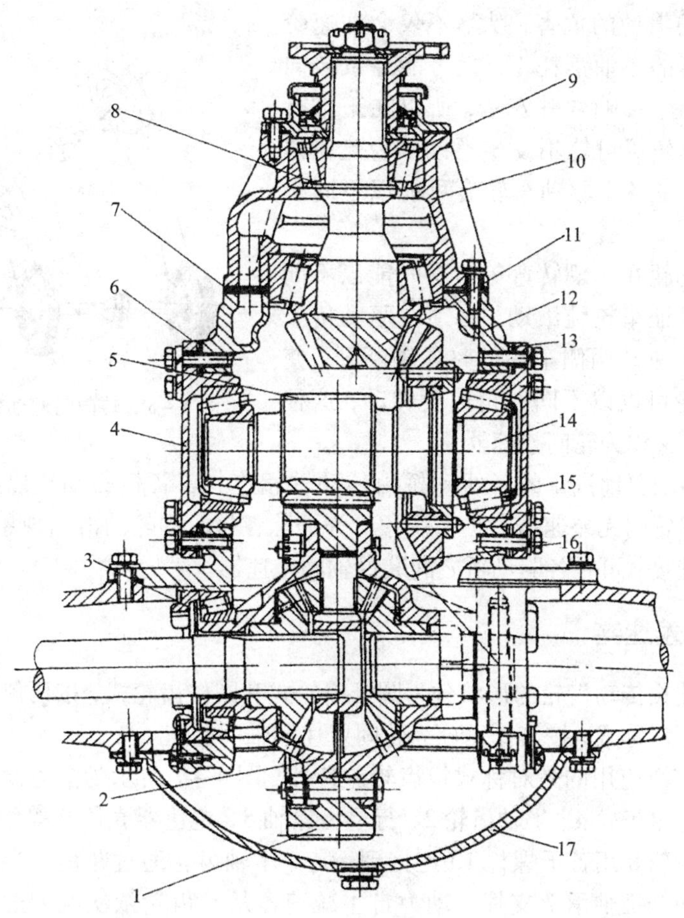

图 4-5　双级主减速器

1—第二级从动圆柱齿轮；2—差速器壳；3—调整螺母；4、15—轴承盖；5—差速器壳；6—第二级主动圆柱齿轮；7、8、13—调整垫片；9—第一级主动锥齿轮轴；10—轴承座；11—第一级主动锥齿轮；12—主减速器壳；14—中间轴；16—第一级从动锥齿轮；17—后盖

由于第一级齿轮传动比小，主动锥齿轮直径小，相应的从动锥齿轮直径较小，因而在主动锥齿轮外端要再加一个支承，布置上很困难；主动锥齿轮及轴颈尺寸有可能做得较大，同时尽可能将两轴承间的距离加大，同样可得到足够的支承刚度。因此一般双级主减速器中主动锥齿轮轴多用悬臂式支承。

1.3　差速器

当汽车转弯行驶时，内、外两侧车轮走过的路程显然不同，外侧车轮移过的路程长，内侧车轮移过的路程短，如图 4-6 所示。对于不传递驱动力的车轮来说，内、外侧的车轮转动的圈数是不同的；但对于传递驱动力的驱动轮来说，若两侧车轮固定在一根刚性转轴上，两轮角速度相等，则运动的结果是外侧车轮必然是边滚动边滑移，内侧车轮必然是边滚动边滑转。同样，汽车在不平路面上直线行驶时，两侧车轮实际移过曲线距离也不相等，车轮对路面的滑动就必然存在。

车轮对路面的滑动的危害很大，不仅会加速轮胎磨损，增加汽车的燃油消耗，而且可能导致转向和制动性能的失灵，影响驾驶安全，所以在正常行驶条件下，应使车轮尽可能不发生滑动。为此在汽车结构上，必须保证各个驱动车轮有可能以不同角速度旋转。

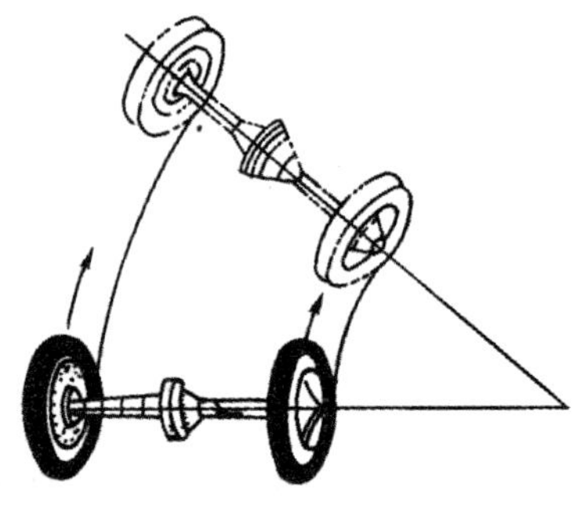

图 4－6　转向时驱动轮运动示意图

为使两侧驱动轮在车辆转弯等情况时能以不同的角速度转动，保证车轮纯滚动，必须在驱动桥上有一种装置可以将驱动两侧车轮的整体轴断开，使同一车桥的两车轮可以以不同的角速度转动，这种装置称为差速器，又称为轮间差速器。

同样，对于多轴驱动汽车的各驱动桥由传动轴相连。若各桥驱动轮以相同的角速度旋转，也会发生上述轮间无差速器时类似现象。为消除各桥驱动轮的滑动现象，使各驱动桥具有不同的输入角速度，可在各驱动桥之间装设轴间差速器。

1.3.1　齿轮式差速器

齿轮式差速器按传动齿轮的形状分为圆锥齿轮式和圆柱齿轮式，按两侧输出转矩是否相等分为对称式和不对称式，按其作用分为轮间差速和轴间差速。

目前汽车上广泛应用的是对称式锥齿轮差速器，图 4－7 所示为上海桑塔纳轿车差速器的结构。主要由行星齿轮 4、半轴齿轮 2、行星齿轮轴 5、差速器壳体 9 等组成，差速器壳体与主减速器从动齿轮 8 用若干螺栓 10 连接到一起，半轴齿轮通过花键与半轴连接传动。整个差速器总成由两个锥轴承 7 支撑。动力自主减速器从动齿轮依次经差速器壳、行星齿轮轴、行星齿轮、半轴齿轮及半轴输出给驱动车轮。

当两侧车轮以相同的转速转动时，行星齿轮随行星齿轮轴一起绕半轴轴线转动；若两侧车轮阻力不同，则行星齿轮在做上述转动的同时，还绕行星齿轮轴转动，合成运动的结果是使半轴齿轮带动两侧车轮以不同的转速转动。

1. 差速原理

差速器中各元件的运动关系可用图 4－8 来说明。对称式锥齿轮差速器是一种行星齿轮机构。差速器壳 3 与主减速器的从动齿轮 6 固连在一起，为主动件，设其角速度为 ω_0；行星齿轮轴 5 与差速器壳 3 固连成一体，形成行星架；半轴齿轮 1 和 2 为从动件，其角速度分别为 ω_1 和 ω_2。A、B 两点分别为行星齿轮 4 与半轴齿轮 1 和 2 的啮合点。行星齿轮的中心点为 C，A、B、C 三点到差速器旋转轴线的距离均为 r。当行星齿轮只随行星齿轮轴绕半轴轴线旋转公转时，处在同一半径上的 A、B、C 三点的圆周速度都相等［图 4－8(b)］，其值为 $\omega_0 r$。于是 $\omega_1=\omega_2=\omega_0$，即差速器不起差速作用，半轴角速度等于差速器壳的角速度。

当行星齿轮 4 除公转外，还绕行星齿轮轴以角速度 ω_4 自转时［图 4－8(c)］，啮合点 A 的圆周速度为 $\omega_1 r=\omega_0 r+\omega_4 r_4$，啮合点 B 的圆周速度为 $\omega_2 r=\omega_0 r-\omega_4 r_4$。于是：

$$\omega_1 r+\omega_2 r=(\omega_0 r+\omega_4 r_4)+(\omega_0 r-\omega_4 r_4)$$

即

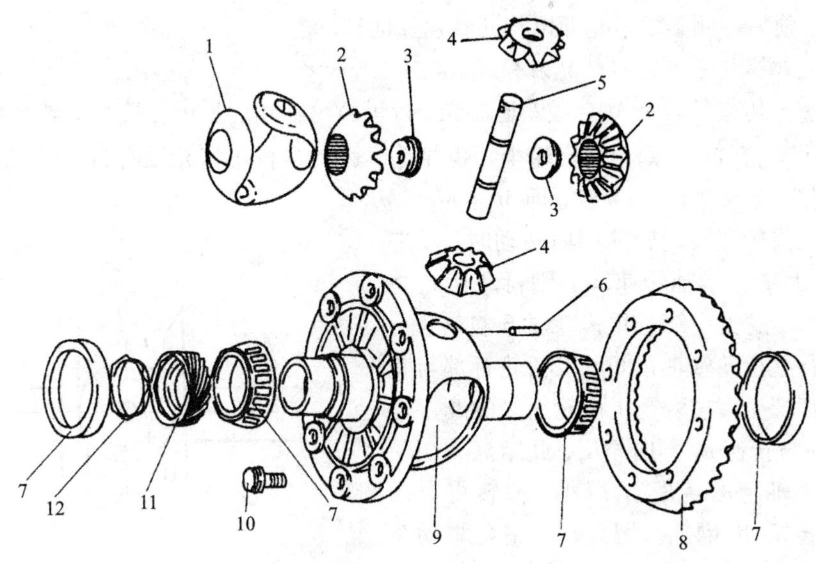

图 4 – 7　对称式锥齿轮差速器零件分解图

1—复合式推力垫片；2—半轴齿轮；3—螺纹套；4—行星齿轮；5—行星齿轮轴；6—止动销；7—圆锥滚子轴承；8—主减速器从动锥齿轮；9—差速器壳；10—螺栓；11—车速表齿轮；12—车速表齿轮锁紧套筒

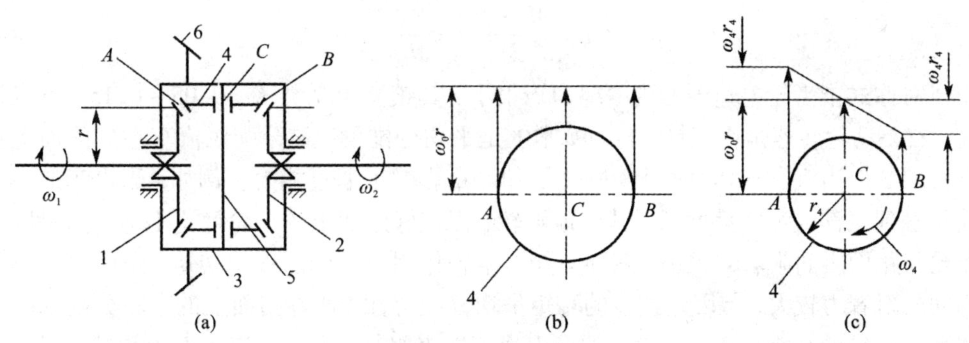

图 4 – 8　差速器差速原理

1、2—半轴齿轮；3—差速器壳；4—行星齿轮；5—行星齿轮轴；6—主减速器从动齿轮

$$\omega_1 + \omega_2 = 2\omega_0$$

若角速度以每分钟转数 n 表示，则：

$$n_1 + n_2 = 2n_0 \tag{4-1}$$

式(4 – 1)为两半轴齿轮直径相等的对称式锥齿轮差速器的运动特性方程式，它表明左、右两侧半轴齿轮的转速之和为差速器壳转速的 2 倍，而与行星齿轮转速无关。因此在汽车转向行驶或其他行驶情况下，都可以借助行星齿轮以相应转速自转，使两侧车轮以不同转速在地面上滚动而无滑动。

由式(4 – 1)还可得知：①当任何一侧半轴齿轮的转速为零时，另一侧半轴齿轮的转速为差速器壳转速的2倍；②当差速器壳转速为零(例如用中央制动器制动传动轴时)，若一侧半轴齿轮转动，则另一侧半轴齿轮即以相同转速反向转动。

2. 对称式锥齿轮差速器中的转矩分配

由主减速器传来的转矩 M_0，经差速器壳、行星齿轮轴和行星齿轮传给半轴齿轮。行星齿轮相当于一个等臂杠杆，两半轴齿轮半径也相等。因此当行星齿轮没有自转时，总是将转矩 M_0 平均分配给左、右两半轴齿轮，即 $M_1 = M_2 = M_0/2$。

当两半轴齿轮以不同转速同向转动时，设左半轴转速 n_1 大于右半轴转速 n_2，则行星齿轮将按图4－9中 n_4 的方向绕行星齿轮轴3自转，行星齿轮孔与行星齿轮轴轴颈间以及齿轮背部与差速器壳之间都产生摩擦。行星齿轮所受的摩擦力矩 M_T 的方向与转速 n_4 方向相反，此摩擦力矩使转得快的左半轴上的转矩 M_1 减小，使转得慢的右半轴上的转矩 M_2 增加。因此，当左右驱动车轮存在转速差时

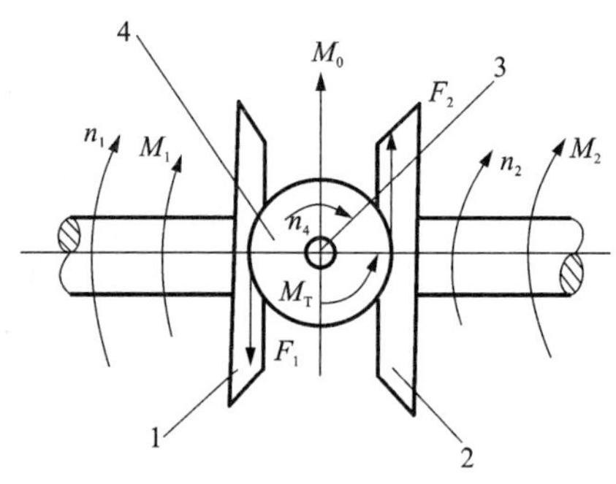

图4－9　差速器转矩分配

1、2—半轴；3—行星齿轮轴；4—行星齿轮

$$M_1 = (M_0 - M_T)/2$$

$$M_2 = (M_0 + M_T)/2$$

左、右轮上的转矩之差为差速器的内摩擦力矩 M_T。

为了衡量差速器内摩擦力矩的大小及转矩分配特性，常以锁紧系数 K 表示，即：

$$K = \frac{M_2 - M_1}{M_0} = \frac{M_T}{M_0} \tag{4-2}$$

由于对称式锥齿轮差速器的内摩擦力矩很小，其锁紧径系数 $K = 0.05 \sim 0.15$，可以认为无论左、右驱动轮转速是否相等，转矩基本上是平均分配的，该分配对汽车在好路面上行驶时是满意的。但当汽车在坏路面上行驶时，却严重影响了通过能力。例如，当汽车的一个驱动车轮接触到泥泞或冰雪路面时，其原地滑转，而在好路面上的车轮静止不动。这是因为打滑的车轮与路面之间附着力很小，路面只能对半轴作用很小的反作用转矩，虽然另一车轮与好路面间的附着力较大，但因差速器的转矩平均分配特性，使好路面上的车轮分配到的转矩与坏路面上车轮的转矩相等，致使总的牵引力不能克服行驶阻力，汽车不能前进。只有使用防滑差速器才能可以。常见的防滑差速器有强制锁止式齿轮差速器、高摩擦自锁式差速器(包括摩擦片式、滑块凸轮式等)、托森差速器等。

1.3.2　防滑差速器

为了提高汽车在坏路上的通过能力，可采用各种形式的防滑差速器，其共同出发点都是在一个驱动轮滑转时，设法使大部分转矩甚至全部转矩传给不滑转的驱动轮，以充分利用这侧驱动轮的附着力而产生足够的牵引力，使汽车能继续行驶。

1. 强制锁止式差速器

为实现上述要求，最简单的办法是在对称式锥齿轮差速器上设置差速锁，当一侧驱动轮滑转时，可利用差速锁使差速器不起差速作用。

图4－10所示为瑞典斯堪尼亚LT110型汽车上所用的强制锁止式差速器，主要由内外接

合器和操纵装置组成，外接合器与半轴通过花键相连，内接合器与差速器壳体通过花键相连。

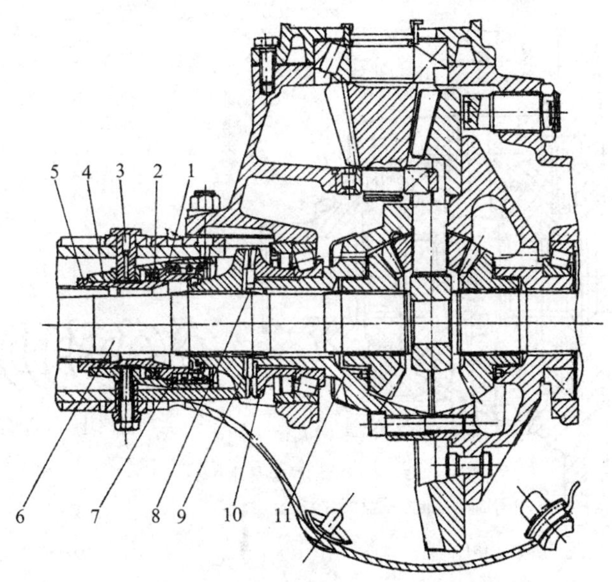

图 4－10　强制锁止式差速器

1—活塞；2—活塞皮碗；3—气路管接头；4—工作缸；5—套管；6—半轴；7—压力弹簧；8—锁圈；9—外接合器；10—内接合器；11—差速器壳

差速锁采用电控气动方式操纵，当汽车的一侧车轮处于附着力较小的路面上时，可按下仪表板上的电钮，使电磁阀接通压缩空气管路，压缩空气便从管接头 3 进入工作缸 4，推动活塞 1 克服弹簧 7 的弹簧力，带动外接合器 9 右移，使之与内接合器 10 接合。结果，左半轴 6 与差速器壳 11 成为刚性连接，差速器不起差速作用，即左、右两半轴被联锁成一体一同旋转。这样当一侧驱动轮滑转而无牵引力时，从主减速器传来的转矩全部分配到另一侧驱动轮上，使汽车得以正常行驶。

当汽车通过坏路后驶上好路时，驾驶员通过电钮使电磁阀切断高压气路，并使工作缸接通大气，缸内压缩空气即经电磁阀排出。于是弹簧 7 复位，推动活塞使外接合器左移回到分离位置。

强制锁止式差速锁结构简单，易于制造但操纵不便，一般要在停车时进行挂接和解除。如果过早接上或过晚解除差速锁，将产生前述的无差速器时出现的一系列问题。因此，有些越野汽车采用了在行驶过程中，能根据路面情况自动改变驱动轮间转矩分配的高摩擦自锁式差速器。

2. 高摩擦自锁式差速器

高摩擦自锁式差速器是在对称式锥齿轮差速器基础上发展而来的，如图 4－11 所示。为增加差速器内摩擦力矩，在半轴齿轮和差速器壳之间安装摩擦片组，每个半轴齿轮的背面有推力压盘和主、从动摩擦片组。推力压盘以内花键与半轴齿轮相连，在其轴颈处用外花键与从动摩擦片相连。主动摩擦片靠花键与差速器壳相连。推力压盘和主、从动摩擦片均可沿轴向做微小的滑移。另外，十字轴由两根相互垂直的行星齿轮轴组成，轴的端部均切有凸 V 形斜面，相应地在差速器壳孔上有凹 V 形斜面，两根行星齿轮轴的 V 形面呈反向安装。

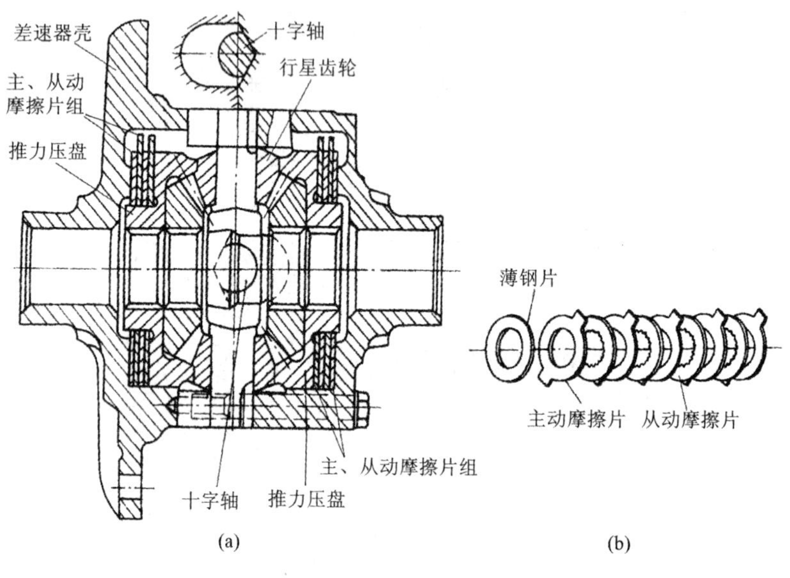

图 4－11　摩擦自锁式差速器

当汽车直线行驶时，由于差速器壳通过斜面作用在行星齿轮轴两端，斜面上产生的轴向力迫使两行星齿轮轴向外移动，通过行星齿轮使推力压盘压紧摩擦片。转矩经两条路径传给半轴：一条沿行星齿轮轴、行星齿轮和半轴齿轮将大部分转矩传给半轴，另一条路径则由差速器壳经主、从动摩擦片、推力盘传给半轴。由于两半轴无转速差，转矩平均分配给两半轴。

当汽车转弯或一侧车轮在路面上滑转时，左、右半轴齿轮转速不同，转速的不同和轴向力的作用，使主、从动摩擦片间产生摩擦力矩，其数值大小与差速器传递的转矩和摩擦片数量成正比。摩擦力矩使转速较高的半轴变慢，使转速较慢的半轴变快。高摩擦力矩作用的结果是使低转速半轴传递的转矩大大增加。由于结构简单、工作平稳、锁紧系数可达 0.6～0.7 或更高，常用在轿车和轻型载货汽车上。

1.4　半轴和桥壳

1.4.1　半轴

半轴是差速器与驱动轮之间传递动力的实心轴，其内端与差速器的半轴齿轮相连，外端与驱动轮轮毂相接。半轴与驱动轮的轮毂在桥壳上的支承形式决定了半轴的受力状态。根据半轴外端受力状况的不同，半轴有全浮式支承和半浮式支承，如图 4－12 所示。

1. 全浮式半轴支承

图 4－12(a) 所示为全浮式半轴支承，半轴 5 外端锻出的凸缘 6 借助螺栓与轮毂 1 相连。轮毂通过两个跨距较大的圆锥滚子轴承 2 支承在半轴套管上。半轴套管与空心梁压配在一起

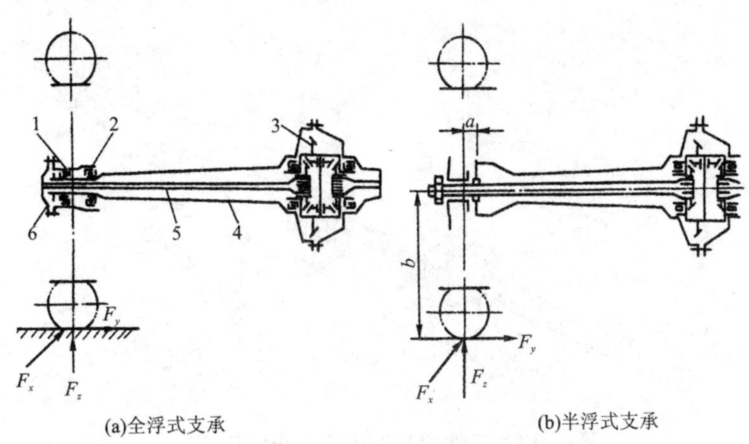

图 4-12　半轴的支承形式

1—轮毂；2—轴承；3—主减速器从动锥齿轮；4—桥壳；5—半轴；6—半轴凸缘

形成桥壳4，半轴内端通过花键与差速器的半轴齿轮相连。半轴和桥壳没有直接联系。

作用在车轮上的力通过轮毂、轴承将力传给驱动桥壳，半轴只承受传动系统的转矩，不受弯矩，故称为全浮式半轴支撑。全浮式半轴支撑便于拆装，只需拧下凸缘上的螺栓，便可将半轴抽出，而车轮与桥壳仍能支承住汽车。由于其工作可靠，广泛用于轻、中、重型货车，越野汽车和客车上。但其外端的结构比较复杂，一般采用形状复杂、质量与尺寸较大的轮毂，制造成本高，故小型汽车、轿车一般不采用。

2. 半浮式半轴支承

图4-12(b)所示为半浮式半轴支承，半轴内端的支承方式与全浮式相同，半轴外端通过花键和螺母与轮毂连接。靠近轮毂内侧，半轴用圆锥滚子轴承直接支承在桥壳凸缘的座孔内。车轮与桥壳之间无直接联系，作用在车轮上的力都直接传给半轴，再通过轴承传给驱动桥壳体。半轴既受转矩，又受弯矩。

半浮式支承结构简单，但半轴受力复杂且拆装不便，被广泛应用于反力弯矩较小的轿车、微型客车和微型货车上。

1.4.2　桥壳

桥壳的功用是支承并保护主减速器、差速器等，使左、右驱动车轮的轴向相对位置固定；与从动桥一起支承车架及其上的各总成；汽车行驶时，承受由车轮传来的路面反作用力和力矩，经悬架传给车架。桥壳应有足够的强度和刚度，质量要小，便于主减速器的拆装和调整。由于桥壳的尺寸和质量一般都比较大，制造较困难，故在满足使用要求的前提下尽可能便于制造。

桥壳分为整体式桥壳和分段式桥壳两种。整体式桥壳(图4-13)采用铸造或钢板冲压焊接等而成一整体，具有较大的强度和刚度，便于主减速器的装配、调整和维修。因此普遍应用于各类汽车上。而分段式桥壳一般分为两段，由螺栓将两段连成一体，易于铸造，加工简便，但维修不便。当拆检主减速器、差速器时，必须把整个驱动桥从车上拆下来，现在已很少应用。

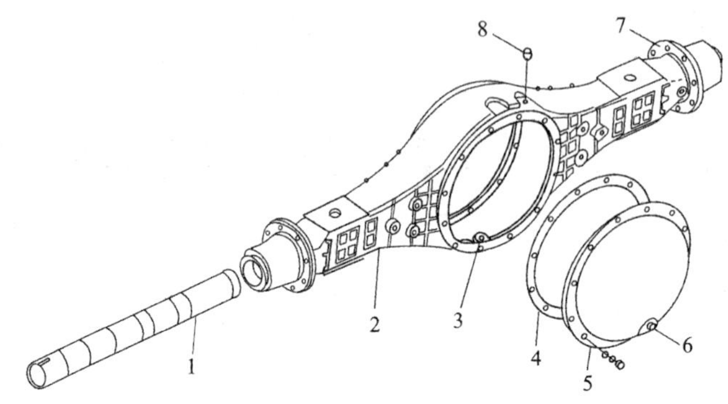

图 4－13　东风 EQ1090E 型汽车驱动桥壳

1—半轴套管；2—后桥壳；3—放油孔；4—后桥壳垫片；5—后盖；6—加油孔；7—凸缘盘；8—通气塞

1.5　驱动桥故障诊断与排除

驱动桥处于传动系统的末段，零件运动速度较低，承受较大的转矩，维护保养及安装调整较复杂，是汽车底盘维修中较重要的部件。

驱动桥常见的故障有过热、漏油和异响。

1.5.1　过热

1. 故障现象

汽车行驶一段里程后，用手探试驱动桥壳中部或主减速器壳，有无法忍受的烫手感觉。

2. 故障原因

1）齿轮油变质、油量不足或牌号不符合要求。

2）轴承预紧度过大或齿轮啮合间隙过小。

3）止推垫片与齿轮背隙过小。

4）油封过紧或各运动副、轴承润滑不良而产生干（或半干）摩擦。

3. 故障诊断及排除方法

检查驱动桥中各部分受热情况：

1）局部过热

（1）油封处过热，则故障由油封过紧引起，更换合适的油封。

（2）轴承处过热，则故障由轴承损坏或调整不当引起，应更换损坏的轴承或调整轴承。

（3）油封和轴承处均不过热，则故障由止推垫片与齿轮背隙过小引起，应调整好背隙。

2）普遍过热：

（1）检查齿轮油面高度：油面太低，则故障由油量不足引起，应将齿轮油加至规定高度。

（2）若油量充足，则应检查齿轮油规格、黏度或润滑性能，如检查结果不符合要求，则故障由齿轮油变质或牌号不符引起，应排尽原来的齿轮油，冲洗桥壳内部，换上规定型号的润滑油。

(3)若不是上述问题，则应检查齿轮啮合间隙。先松开驻车制动器，变速器置于空挡，然后轻轻转动主减速器的凸缘盘：若转动角度太小，则故障由主减速器齿轮啮合间隙太小引起；若转动角度正常，则故障由行星齿轮与半轴齿轮啮合间隙太小引起。应重新调整上述齿轮啮合间隙。

1.5.2　漏油

1. 故障现象

从驱动桥加油口、放油口螺塞处或油封、各接合面处可见到明显漏油痕迹。

2. 故障原因

1)加油口、放油口螺塞松动或损坏，通气孔堵塞。

2)油封磨损、硬化，油封装反，油封与轴颈磨成沟槽。

3)接合平面变形、加工粗糙，密封衬垫太薄、硬化或损坏，紧固螺钉松动或损坏。

4)桥壳有铸造缺陷或裂纹。

5)驱动桥的油量加注过多。

3. 故障诊断及排除方法

1)检查加油口、放油口螺塞是否松动；密封垫是否损坏；通气孔是否堵塞。对松动的螺塞按规定力矩拧紧或更换密封垫；对堵塞的通气孔进行疏通。

2)检查油封是否磨损、损坏或装反，对磨损、损坏的予以更换，对装反的油封重新安装；检查润滑油数量是否加注过多。

3)检查漏油部位的桥壳、驱动轴尺寸是否超出技术规范，视情况进行修理或更换。

1.5.3　异响

1. 故障现象

驱动桥在运行时发出不正常的响声，可分为驱动时发出异响、滑行时发出异响及转弯行驶时发出异响等。

2. 故障原因

1)齿轮油油量不足、油质变差，特别是油内有较大金属颗粒。

2)各类轴承损伤、严重磨损松旷，齿轮齿面磨损、点蚀或齿变形、折断。

3)主减速器锥齿轮严重磨损、啮合面调整不当、啮合间隙不符合标准(太大或太小)，啮合间隙不均或未成对更换。

4)差速器壳与十字轴和行星齿轮轴孔与十字轴配合松旷。

5)半轴齿轮与行星齿轮啮合间隙不符合标准(过大或过小)或半轴齿轮与半轴花键配合松旷。

3. 故障诊断和排除方法

1)汽车挂挡行驶、脱挡滑行均有异响。

(1)当油量不足或油质、齿轮油型号不符合要求时，按规定高度加注齿轮油或更换齿轮油。

(2)当主减速器滚动轴承或差速器轴承的松紧度的预紧度不足时，按规定调整轴承的预紧度。

(3)若不是上述故障，则检查主减速器锥齿轮啮合间隙、轮齿变形、齿面磨损、齿面点蚀、轮齿折断，对此应酌情进行修理、调整或更换。

2)挂挡行驶有异响，脱挡滑行声响减弱或消失：故障一般由主减速器锥齿轮齿面的正面磨损严重、齿面损伤或啮合面调整不当等引起，而齿的反面技术状况良好，应酌情修复、调整或更换。

3)转弯行驶有异响，直线行驶时声响减弱或消失：故障一般由半轴齿轮或行星齿轮的齿面严重磨损、齿面点蚀、轮齿变形或折断、行星齿轮轴磨损、半轴弯曲等引起，对损伤严重的齿轮、行星齿轮轴应予以更换，对弯曲的半轴进行校正或更换。

4)汽车起步或突然换车速时发出“抗”的一声，或汽车缓速时发生“克啦、克啦”的撞击声，则故障由驱动桥内游动角度太大引起，应予以调整。

5)若异响时有时无或有时呈周期性变化，则故障一般由齿轮油中有杂物引起。更换或滤清齿轮油。

任务二　驱动桥相关的技能训练

2.1　主减速器的装配与调整

主减速器的装配与调整对汽车的行驶噪声和齿轮的使用寿命具有重要的影响，因此，维修过程中如果更换了主减速齿轮、差速器壳体、差速器轴承、主减速器壳体等零件，需要对主减速器总成进行重新调整，调整的部位主要包括主动齿轮支撑轴承、从动齿轮支撑轴承、主减速齿轮啮合间隙和主减速齿轮啮合印痕。由于各汽车结构不同，调整方法略有差异，此处仅以东风1090E为例介绍调整方法(图4-14)。

1. 主动锥齿轮与轴承座的装配与调整

1)先将主动锥齿轮前、后轴承的外圈锥面大端朝外压入外壳轴承座中，压到底，端面均匀接触、无间隙。

2)将后轴承内圈总成压到主动锥齿轮上，涂驱动桥齿轮油，装入外壳轴承座；外壳轴承座前端装入调整垫片，将前端内圈总成压到主动锥齿轮轴上。

3)装主动锥齿轮凸缘垫圈、轴承盖、垫密片、油封和凸缘；在凸缘上装平垫圈和槽顶螺母，以200~300 N·m的力矩拧紧。拧紧时慢慢转动主动锥齿轮，使轴承的滚子位于正确的位置上。

4)检测轴承预紧力。为了提高主动锥齿轮和从动锥齿轮工作啮合时主动锥齿轮的支承刚度，使齿轮正确啮合，主动锥齿轮轴承必须有一定的预紧力。

2. 主减速器从动锥齿轮轴承预紧度装配与调整

1)主动锥齿轮总成装配与调整完成后，将从动锥齿轮及主动圆柱齿轮总成装入减速壳中。将左、右两侧差速器外壳盖的轴承外圈涂润滑油，将左右盖和调整垫片装于壳内。调整垫片的数量，要保证轴承有1.5~3.5 N·m的预紧力矩。测量预紧力矩之前，左右盖的螺栓

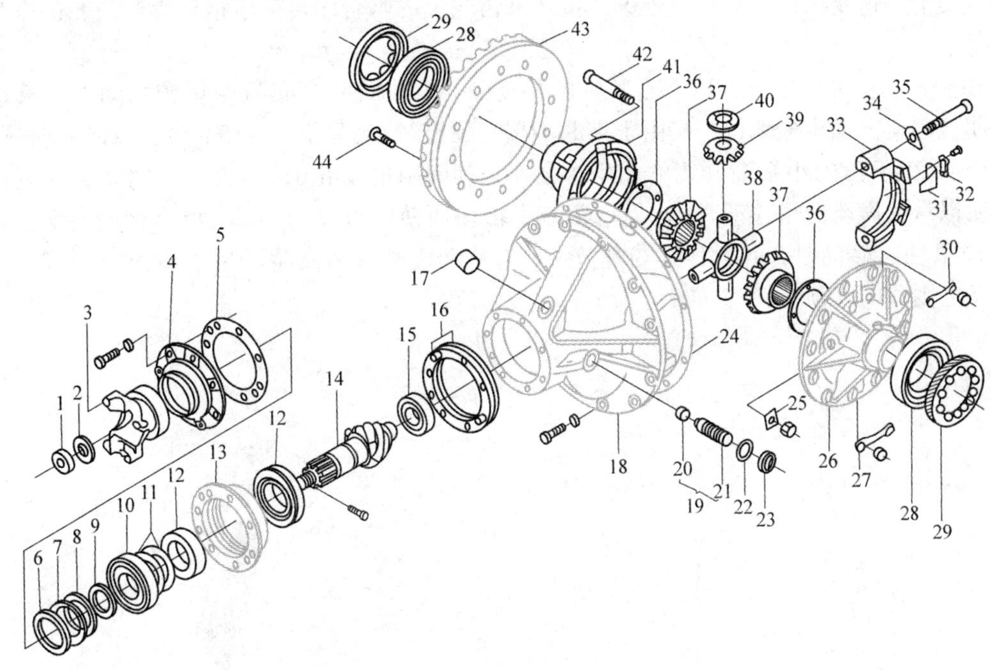

图 4－14　东风 EQ1092E 型汽车驱动桥总成

1—槽形螺母；2—垫圈；3—主动锥齿轮连接哭缘；4—油封座；5—衬垫；6—外油封总成；7—导向环；8—内油封总成；9—主动锥齿轮前轴承止推垫圈；10—前轴承总成；11—前轴承调整垫片；12—前轴承隔套；13—主动锥齿轮前轴承座；14—主动锥齿轮；15—后轴承总成；16—主动锥齿轮调整垫片；17—加油孔螺塞；18—主减速器壳；19—从动锥齿轮支承套总成；20—支承套；21—支承螺柱；22、27、32、34—锁片；23—锁紧螺母；24—衬垫；25—锁片；26—差速器左壳；28—差速器轴承；29—差速器轴承调整螺母；30—调整螺母止动片；31—止动片紧固螺栓锁片；33—轴承盖；34—锁片；35—螺栓；36—半轴齿轮支承垫圈；37—半轴齿轮；38—十字轴；39—行星齿轮；40—行星齿轮支承垫；41—差速器右壳；42—从动锥齿轮连接螺栓；43—从动锥齿轮；44—差速器左、右壳连接螺栓

应以 80～90 N·m 的力矩交叉拧紧。在轴承润滑情况下反复转动从动锥齿轮 5 圈，转动阻力均匀一致。如轴承预紧度力矩过小，应减少调整垫片的总厚度；轴承预紧力矩过大，应增加调整垫片的厚度。

2）将主动锥齿轮轴承座总成装配到减速器壳上，使主动锥齿轮与从动锥齿轮相啮合，注意两个外壳上的油孔要互相畅通。

3. 圆锥齿轮啮合印痕与啮合间隙的调整

1）啮合印痕的位置及承载后的变化规律：理论上，一对圆锥螺旋齿轮的轴线必须在锥顶相交，且交角符合设计要求才可能有正确的啮合印痕。然而由于制造、装配误差，以及使用条件下特别是较大载荷作用下轴、轴承及壳体变形的影响，两齿轮必然略有偏移。若两齿轮相啮合的齿面曲率半径完全相符，这种偏移使接触区即啮合印痕移向一端，造成应力集中，加剧齿轮损坏。为了减小这种影响，制造时使齿轮的两侧面圆弧曲率半径不等，凸面略小于凹面，这样使齿不在全长接触而只在中部附近区域接触，则齿轮略有偏移后接触区变化不敏感。显然，这样的齿面接触在承载后接触面将随载荷的增加而增加，逐渐趋向全面接触。

2)齿轮轴向位移时啮合印痕的变化：一对啮合的圆锥螺旋齿轮各自轴向位移后啮合印痕将发生变化，这是由齿的形状决定的。按从动齿轮上的啮合印痕分析格里森制齿轮的变化规律如下：

由于从动锥齿轮锥顶角大，当其轴向移动时，齿轮的啮合间隙变化较主动齿轮移动时大，使该因素占据主导地位。又由于齿的小端基圆直径小(见图4－15)，轴向移动同样的距离 Δl 时，由于齿的小端渐开线的曲率半径小，其间隙的变化值 Δ_2 大于大端间隙的变化值 Δ_1，所以从动齿轮向里移动时，小端间隙减小得多而使印痕移向小端；反之移向大端。主动齿轮向里轴向移动时，由于其大端基节大，与从动齿啮合时发生滞后现象而使印痕移向齿根；反之则移向齿顶。

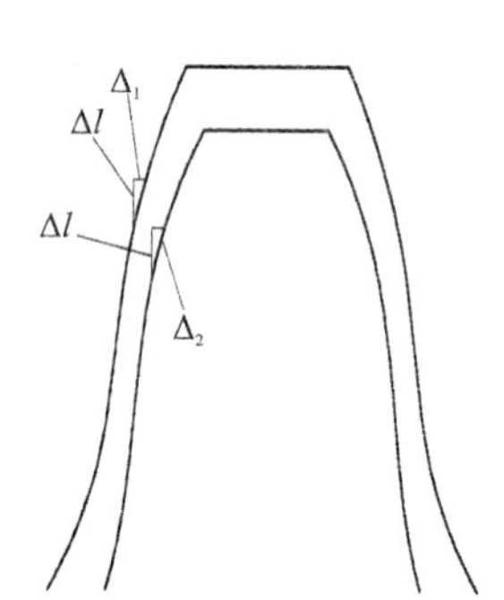

图4－15　从动锥齿轮啮合印痕变化

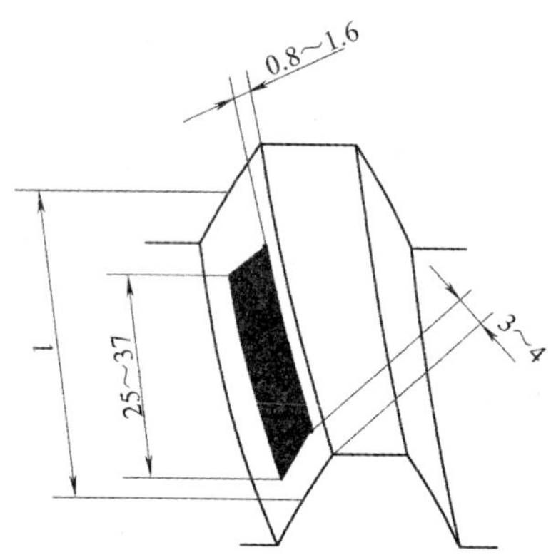

图4－16　啮合印痕位置

3)啮合印痕和间隙的调整方：啮合印痕和啮合间隙调整前应先进行检查。

啮合印痕检查。在从动齿轮上相隔120°的三处用红丹油在齿的正、反面各涂2～3个齿，再用手对从动齿轮稍施加阻力并正、反向各转动主动齿轮数圈。观察从动齿轮上的啮合印痕，应符合规定：常用的格里森制齿轮和双曲线齿轮，沿齿长方向应在齿的中部偏向小端，离小端端面3～4 mm，长度应为总长度的2/3；沿齿高方向应不小于有效齿高的50%，一般离齿顶应为0.8～1.6 mm，如图4－16所示。

4. 从动圆柱齿轮和差速器总成的装配和调整

1)先将半轴齿轮、半轴齿轮垫片、十字轴、行星齿轮及垫片的摩擦表面上涂齿轮油，同从动圆柱齿轮一起按原始位置与差速器左、右壳装配，穿上紧固螺栓，以9～180 N·m力矩交叉拧紧，并用开口销将螺母锁住。在差速器内，半轴齿轮和行星齿轮应能用手轻易均匀转动，不得有发紧、发卡现象，不得有明显的松动现象。

2)将装配好的带圆柱齿轮的差速器总成装进减速器壳中，装上有标记的差速器轴承盖和轴承外围，装上锁片和螺母；拧上调整环，调整旋入深度，使主动和从动圆柱齿轮对正，以170～200 N·m力矩拧紧螺母，并用锁片锁住。再从两侧以相同的力矩拧紧差速器轴承调整环，使轴承有一定的预紧力，用止动片将调整环锁住，并翻起锁片的两只角锁住螺母。

3)垫密片加密封胶，将减速器总成装到桥壳上，对中，拧紧紧固螺栓。

4)垫密片加密封胶，左、右两端装入半轴，半轴凸缘孔中的螺栓装入锥形套，拧上锁紧螺母，螺母的拧紧力矩不小于70 N·m。

2.2 驱动桥的维护

1. 一级维护

1)检查后桥壳是否有裂纹及不正常的渗漏。如有渗漏，应查明原因，予以排除。

2)检查各部螺栓、螺母的连接是否可靠。

3)后桥壳体内的润滑油量是否合适，其油面应不低于检视孔下沿 15 mm 处。

4)后桥壳的通气塞应保持畅通。

5)用推动轮毂来检查轴承的紧度时，应无明显手感的旷量。

6)检视轮胎和半轴上的外露螺栓、螺母，不得有松动。

2. 二级维护

二级维护除进行一级维护的所有项目外，还应进行以下内容：

1)检查半轴。半轴应无弯曲、裂纹，键槽无过度磨损。如有可视的键槽磨损时，应进行左右半轴的换位。

2)拆下轮毂，检查半轴套管是否有配合松旷和裂纹，各螺纹的损伤不得超过 2 牙。

3)检视后桥壳是否有裂纹。

4)放油后，拆下后桥壳盖，清除油污并检视齿轮、轴承及各部螺栓紧固情况，必要时可以更换齿轮和轴承。

5)检视主减速器的油封有无漏油，突缘螺母是否松动，检查主减速器的连接螺栓的紧固情况。

6)检查轮毂轴承的紧固情况，必要时按技术条件的要求拧紧。

二级维护时，还要根据有无下列现象，决定后桥维护的附加作业项目：

1)主减速器有无异响，主减速器的啮合间隙是否过大。如有上述现象，说明轮齿磨损或啮合间隙过大，应调整啮合间隙并检查齿面接合状况。

2)检查后桥在正常工作时的油温是否超过 60℃并伴有异响。如有此现象说明齿轮啮合不当或轮齿有断齿，也可能是由于轴承预紧度过大，应拆检主减速器和差速器。

上述作业结束后，装复后桥壳后盖，按规定加注符合原厂规定的齿轮油至规定油面。

思考与练习

1. 汽车驱动桥的功用是什么？每个功用主要由驱动桥的哪部分来实现和承担？

2. 准双曲面齿轮有什么特点？

3. 双级主减速器是如何保证其有足够的刚度和强度的？

4. 在装配主减速器时要进行哪些调整？为什么必须进行这些调整？怎样调整？

5. 差速器有什么作用？画图说明行星齿轮差速器的转速、转矩的分配关系。

6. 从支承受力的角度可以将半轴的支承分为哪三种类型？如何区分全浮式半轴和半浮式半轴？

项目五　汽车高速行驶时车身振动故障检修

【知识目标】

1. 简述汽车行驶系的功用、组成和类型，汽车行驶的基本原理。
2. 正确叙述车桥、车架的功用、构造，转向轮定位参数的内容、构造与规格。
3. 正确叙述悬架中弹性元件、减振器、导向装置的类型、构造。
4. 正确叙述非独立悬架、独立悬架的类型、特点、工作过程。
5. 正确叙述电子控制悬架的功能、结构、工作原理。

【能力目标】

1. 掌握行驶系各总成的拆装、检修、维护工作。
2. 掌握车轮与轮胎装配、平衡与换位的工作。
3. 掌握车轮定位的检查工作。
4. 会分析行驶系常见故障产生的原因，并提出相应的措施。

任务一　汽车高速行驶车轮异常振动故障检修

【案列导入】

小王拥有一辆2005年6月GL8 3.0顶配车型，原版无事故，行驶18万km，近期出现了行驶中振动的故障，车身和方向盘都有振动，时速80 km以上时抖动出现，速度越快越严重，先后更换了8个轮毂，8条轮胎，两支前减振器，两支后减振器，左右半轴总成，发动机支架，变速箱支架，两前轮轴承，两前轮刹车盘，刹车片，左、右三角臂，故障依旧，没有任何改善，各球头和胶套状态良好，无间隙，四轮定位和轮胎动平衡无数次，实在让人头疼。

【主要教学设备】

1. 教学用汽车一部。
2. 举升机及转向器、减振器拆卸专用工具。
3. 车轮拆卸工具。
4. 常用维修工具若干。

【教学过程】

1. 学生以小组为单位完成本次任务。
2. 每个小组需配有相关车型的维修手册，学生根据手册制定工作计划。

3. 观察教学车辆车架的类型。
4. 观察教学车辆转向桥的结构特点，说明其工作原理。
5. 观察实训车辆车轮与轮胎的结构特点。
6. 按照维修手册的要求恢复教学车辆。
7. 教学过程中注意安全，防止重物掉落砸伤学生。

【理论学习】

1.1 汽车行驶系概述

1.1.1 汽车行驶系的作用

1) 接受发动机经传动系统传来的转矩，并通过驱动轮与路面间的附着作用，产生路面对驱动轮的驱动力，以保证车辆正常行驶。

2) 传递并承受路面作用于车轮上的各向反力及其形成的力矩。

3) 与汽车转向系统配合工作，正确控制汽车行驶方向，以保证汽车的操纵稳定性。

4) 缓和不平路面对车身的冲击并衰减振动，保证汽车行驶平顺。

1.1.2 汽车行驶系统的组成

汽车行驶系统一般由车架、车桥、车轮和悬架组成，如图 5 - 1 所示。

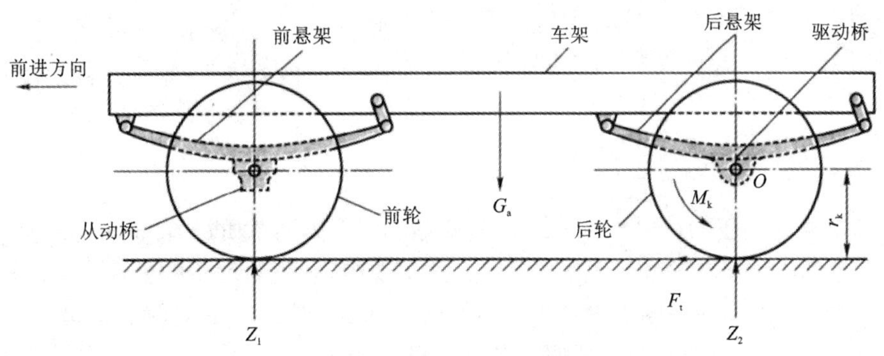

图 5 - 1 轮式汽车行驶系结构

车架是全车装配的基础，它将汽车的各有关总成连接成一个整体，前桥和后桥分别压在前轮和后轮上。为了减少汽车在行驶中受到的各种冲击与振动，车桥与车架之间通过前悬架和后悬架进行连接，在一些轿车中，采用断开式车桥，两侧车轮的心轴分别通过各自的弹性元件与车架连接，受外力作用时独立工作，提高了乘坐舒适性，称为独立悬架系统。

1.1.3 汽车行驶系统的类型

汽车行驶系统除了上述轮式行驶系统之外，还有半履带式、全履带式、车轮—履带式等几种。

1. 半履带式汽车行驶系统

半履带式汽车行驶系统如图5－2所示，行驶系统后桥装有履带，以减少对地面的单位压力，减轻下陷；前桥装有滑橇或车轮，可以用来实现转向。其主要用在雪地或沼泽地带行驶。

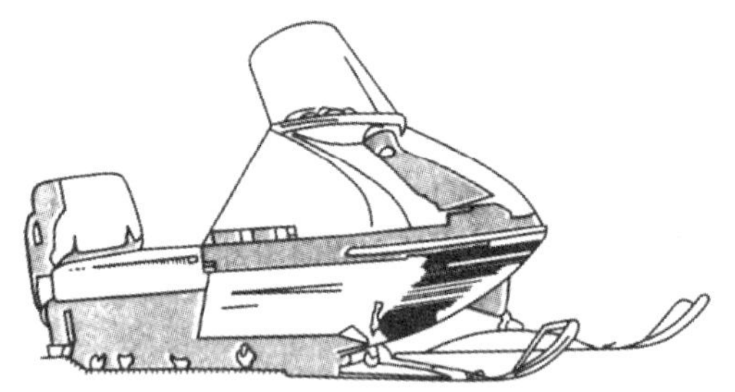

图5－2　半履带式行驶系统

图5－3　全履带式行驶系统

2. 全履带式汽车行驶系统

全履带式汽车行驶系统如图5－3所示，行驶系统完全依靠履带与地面接触。汽车的前、后桥上都装有履带，成为全履带汽车。其可大大提高柔软路面的通过能力。

3. 车轮—履带式行驶系统

车轮—履带式行驶系统如图5－4所示，车轮外的履带可进行拆卸，不装履带时为轮式行驶系统，加装履带时为全履带式行驶系统。主要用于推土和推雪特种作业。

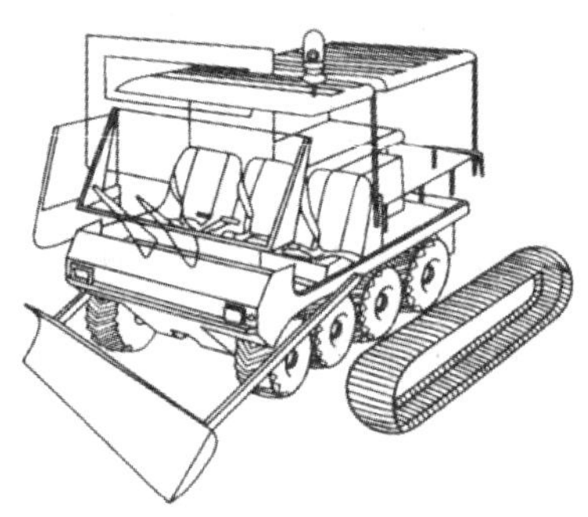

图5－4　车轮—履带式行驶系统

1.1.4　汽车行驶系统的受力分析

汽车行驶系统的受力情况，由图5－1可以看出，汽车的总质量 G，通过前、后车轮传到地面，引起地面作用于前轮和后轮上的垂直反力 Z_1 和 Z_2。当驱动桥中半轴将驱动转矩 M_k 传到驱动轮上时，依靠车轮的附着力产生路面作用于驱动轮边缘上的向前的纵向反力，称为驱动力 F_t。驱动力 F_t 一部分用以克服驱动轮本身的滚动阻力，其余大部分则依次通过驱动桥壳、后悬架传到车架，用来克服作用在汽车上的空气阻力和坡道阻力，还有一部分驱动力由车架经过前悬架传至从动桥，作用于从动轮中心，使前轮克服滚动阻力向前滚动。于是，整个汽车便可向前行驶了。如果行驶系统中处于牵引力传递路线上的任一个环节中断，汽车将无法行驶。

由图5－1还可看出，驱动力 F_t 是作用于轮缘上的，因而对车轮中心将造成了一个反力矩 $F_t r_k$。此反力矩力图使驱动桥壳中部（主减速器壳）的前端向上抬起。当采用断开式驱动桥时，主减速器壳体是直接固定在车架上的，因而该驱动反力矩也就直接由主减速器壳传给车架。当采用非断开式驱动桥时，该驱动反力矩则由主减速器壳经半轴套管传给后悬架，再由后悬架传给车架。驱动反力矩传到车架上的结果，使得车架连同整个汽车前部都有向上抬起的趋势，具体表现为前轮上的垂直荷载减少而后轮上的垂直荷载增加。

汽车在制动时，尤其是紧急制动时，由于汽车产生后部向上抬起，前部下沉的趋势，前后桥载荷会发生瞬时变化，前桥的垂直荷载将增大，后桥的垂直载荷将减小；当汽车在弯道上急速行驶时，汽车内侧车辆和外层车轮所承受的垂直载荷也会发生变化，内侧垂直载荷变小，外层垂直载荷变大；当汽车快速通过弧度较大路面时，前、后桥的垂直载荷也会发生变化。

1.2　车架与车身

1.2.1　车架的作用

车架是整个汽车的基体，其上装有发动机、传动系统、悬架、转向系统和操作机构等。支撑和连接汽车的各部件，承受汽车内、外的各种载荷。车架要有足够的强度、刚度，质量上在保证强度、刚度的条件下尽可能小，在结构上应使零件安装方便，受力均匀，不造成应力集中。同时要满足汽车总布置的要求，在行驶过程中各运动件不发生运动干涉，保证汽车行驶稳定性。

1.2.2　车架的结构和类型

车架结构有边梁式车架、中梁式车架、综合式车架和承载式车架等形式，其中边梁式车架应用最为广泛。

1. 边梁式车架

边梁式车架由两根位于两边的纵梁和若干根横梁组成，用铆接或焊接法将纵梁与横梁连接成坚固的刚性构架。

纵梁常用低碳合金钢钢板冲压而成，采用抗弯能力较强的槽形断面，也有的制成 Z 字形或箱形断面。根据车型不同及总成结构布置的要求，纵梁可以制成在水平面内或纵向垂直平面内弯曲的形状，其横断面可以是等断面的或非等断面的。

横梁在保证车架具有扭转刚度和承受纵向载荷的同时，还起到支撑汽车部件的作用。边梁式车架被广泛采用于载货汽车和特种车辆上(图 5 -5)。一般载货车有 5 根以上横梁，以满足车辆的载荷需求。其典型特点为便于安装驾驶室、车厢和布置其他总成。横梁一般采用钢板冲压成槽形。

对于轿车而言，为了保证轿车的整车性能，尽量降低质心高度，维持轿车较高车速及行驶稳定性。同时，为了保证乘坐的舒适性质心也应尽量低。但是车身的降低不应阻碍转向轮的转向作用和悬架变形时车桥的跳动干涉。由此，轿车的车架前部做得比较窄一些，前、后桥处向上弯曲，中间部位底板处较为平低。横梁采用 X 形，可以大大提高车架的扭转刚度，故 X 形横梁多用于轿车车架，如图 5 -6 所示。

此种车架的缺点是钢制大梁质量大并纵贯全车，影响整车的布局和空间利用率。但由于大梁厚重，使安装在其上的车厢升高，整车重心偏高，因此被货车、中大型客车、大多数特种车、要求车架刚度很高的越野车广泛采用。大梁承载能力和抗扭刚度强，结构制造工艺简单。

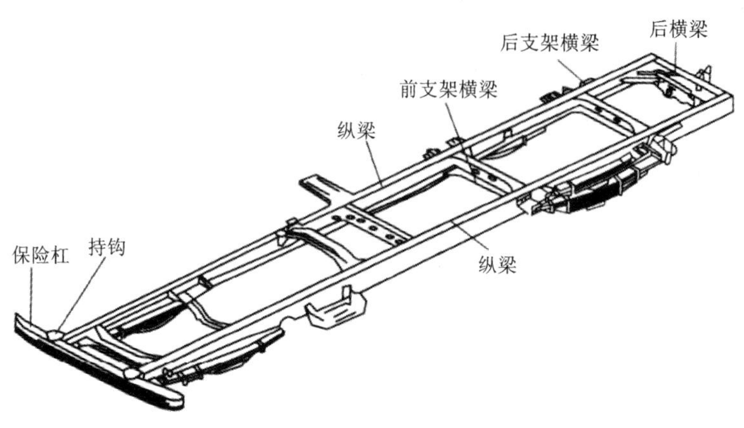

图 5－5　边梁式车架

2. 中梁式车架

中梁式车架又称脊梁式车架，只有一根位于中央贯穿前后的中央纵梁如图 5－7 所示。这种结构的车架具有较大的扭转刚度并可使车轮有较大的运动空间，便于安装独立悬挂。中央纵梁贯穿前后，多根托架横向悬伸，中央纵梁的断面为管形或箱形，传动轴从中梁内穿过，主减速器固定在传动轴尾端。中梁前端悬伸托架用以安装发动机，后端悬伸托架用来布置车身及其他总成。

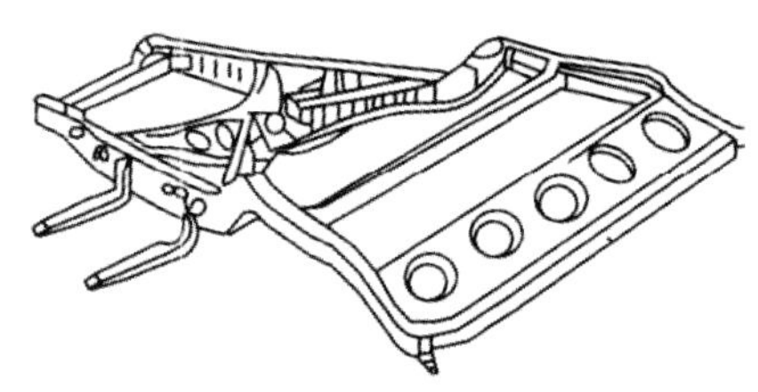

图 5－6　轿车车架

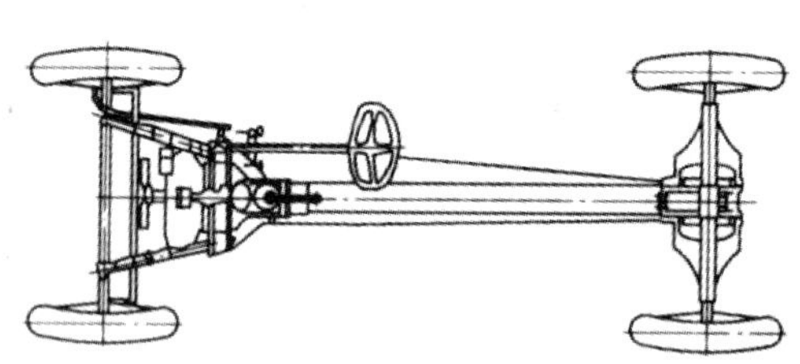

图 5－7　中梁式车架

车架较轻，减小了整车质量，重心也较低，行驶稳定性好，但制造工艺复杂，精度高，总成安装比较困难，维修困难，目前应用不多。

3. 综合式车架

综合式车架是由边梁式和中梁式车架结合而成的，如图 5－8 所示。车架前段或后段类似边梁结构，便于分别安装发动机或驱动桥。中段是中梁式，用伸出来的支架固定车身。传动轴从中间穿过。这种结构制造工艺复杂，目前应用也不多。

4. 承载式车架

有些轿车和大客车取消了车架，而以车身兼作车架，将所有的部件固定在车身上，车身

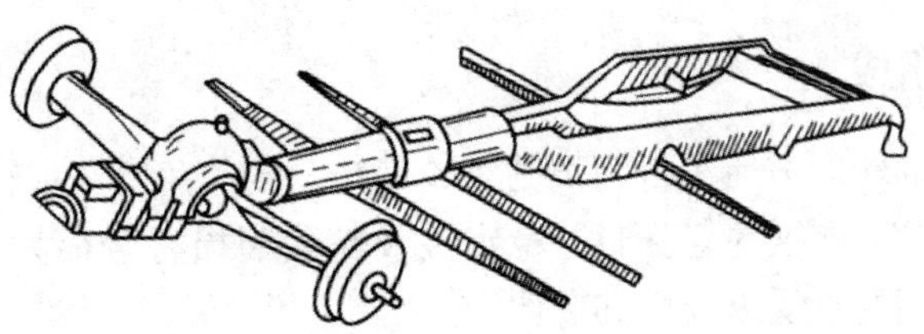

图 5－8　综合式车架

承受所有载荷，所以称为承载式车架，也称为无梁式车架，如图 5－9 所示。这种车架对其头部、侧围、尾部、底板等部位结构进行了加强。它除了具有固有的承载功能外，还要直接承受各种载荷。这种形式的车架具有抗弯曲和抗扭转的能力强、质量小、高度低、质心低、可利用空间大、装配容易、行驶稳定性较好的优点。但由于车辆行驶时，传动系统和悬架的振动与噪声会直接传导至车身，因此振动和噪声较大，应采取隔音和减震措施。

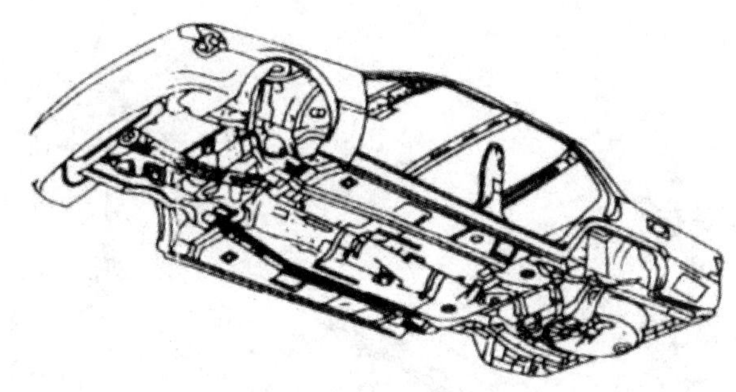

图 5－9　承载式车架

汽车车身强度的高低以及碰撞性能的好坏，并不决定于车身表面钢板的厚薄，起决定作用的是车身框架结构的强度及相关安全部件性能的好坏。

1.3　车桥

1.3.1　车桥的作用和类型

车桥通过悬架和车架（或承载式车身）相连，其两端安装车轮，其作用是传递车架（或承载式车身）与车轮各方向的作用力或力矩。根据悬架结构的不同，车桥可分为整体式和断开式两种。非独立悬架常采用整体式车桥，车桥中部为刚性结构；独立悬架采用断开式车桥，车桥为活动关节式结构。

根据车桥上车轮的作用，车桥又可分为转向桥、驱动桥、转向驱动桥和支持桥四种类型。根据车桥的车轮是驱动轮还是从动轮，车桥可分为驱动桥和从动桥，转向桥和支持桥均为从动桥。一般汽车多以前桥为转向桥，后桥或中、后桥为驱动桥。而目前的越野汽车和大多数轿车的前桥则为转向驱动桥。

本节主要介绍整体式转向桥、断开式转向桥和转向驱动桥。

1.3.2 转向桥的组成

转向桥利用车桥的转向节使车桥两端的车轮偏转一定的角度实现转向功能。转向桥一般位于汽车的前部，对汽车操纵的轻便性、稳定性及轮胎磨损有着很大影响，也常称为前桥。其除承受垂直载荷外还要承受纵向力和侧向力。

各种转向桥结构基本相同，主要由前轴、转向节、主销和轮毂等四部分组成。

1. 整体式转向桥

整体式转向桥结构如图 5 - 10 所示，其断面采用工字梁式。前轴两端上翘，中部略向下弯曲，降低了发动机安装位置，从而降低了汽车重心。前轴以承受垂直力矩为主，制动时还要承受扭转力矩。因此其端面用钢模锻成工字形，以提高抗弯强度；两端逐渐过渡为方形，以提高抗扭强度。中部有支撑钢板弹簧的弹簧座，其中心凹坑给钢板弹簧定位，四个通孔安装 U 形螺栓，以固定钢板弹簧。前轴两端较粗，呈拳形，其通孔安装主销。用带有螺纹的楔形锁销固定主销，与非独立悬架配合使用。

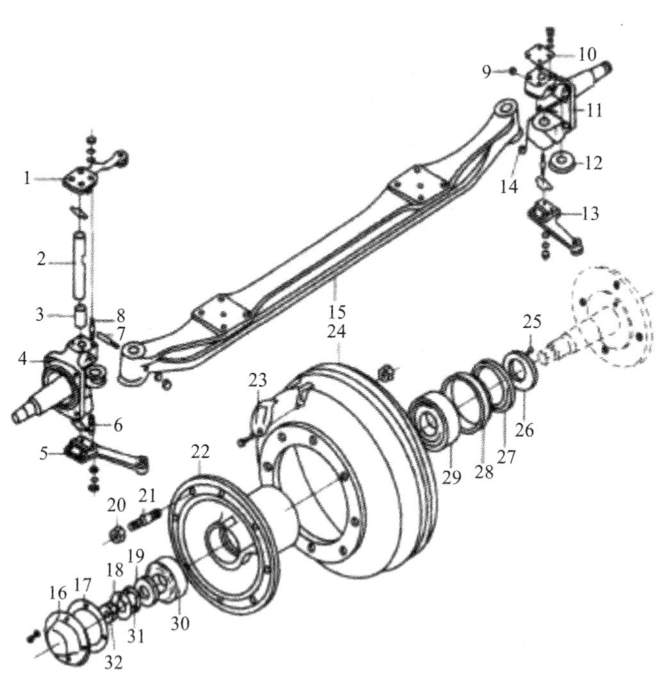

图 5 - 10　工字梁式转向桥的组成

1—左转向节上臂；2—主销；3—衬套；4—左转回节；5—左转向节臂；6、8—双头螺柱；7—锁销；9—滑脂嘴；10—右转向节上臂；11—右转向节；12—止推轴承；13—右转向节节臂；14—限位螺钉；15—前桥；16—轮毂盖；17—衬垫；18—止推垫圈；19、20—螺母；21—螺栓；22—前轮毂；23—检查孔堵塞；24—制动毂；25—定位销；26—油封内圈；27—油封总成；28—油封外圈；29—前轮毂内轴承；30—前轮毂外轴承；31—垫圈；32—锁紧螺母

转向节用中碳合金钢锻造而成，呈叉形，其上各零件的组装如图 5 - 11 所示。转向节叉通过销孔，用主销与前轴的拳部相连，因此前轮可以绕主销偏转，而使汽车转向。转向节销

孔内有青铜衬套，从油嘴注入润滑脂润滑。转向节下叉与前轴拳部之间装有推力轴承，使转向轻便灵活。调整垫片可调整转向节叉与拳部的间隙。

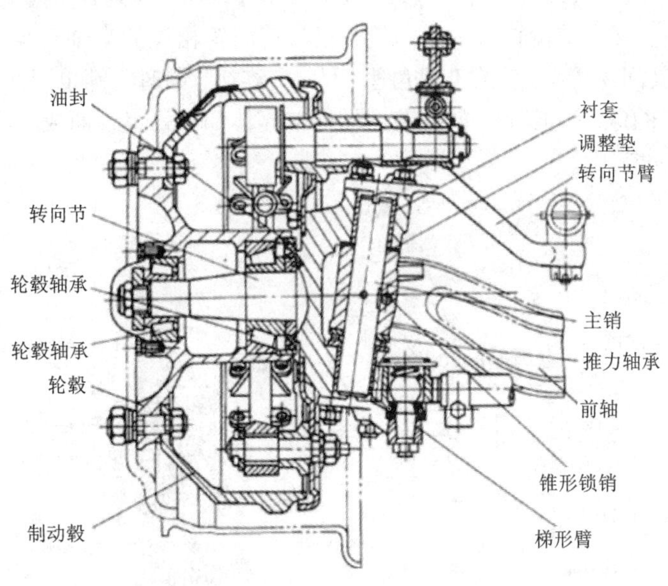

图 5－11　转向节组装图

2. 断开式转向桥

断开式转向桥无车轴，与独立悬架配套使用，如图 5－12 所示。车桥上端通过左、右悬架与承载式车身相连，下端通过左、右下摇臂与固定在车身上的副车架相连。悬架车轮轴承壳与下摇臂之间通过可移动球形接头连接，从而使前轮固定；并通过下摇臂上的长孔可调整车轮外倾角度。为了减小车辆转弯时的倾斜度，在副车架与下摇臂之间装有横向稳定杆。

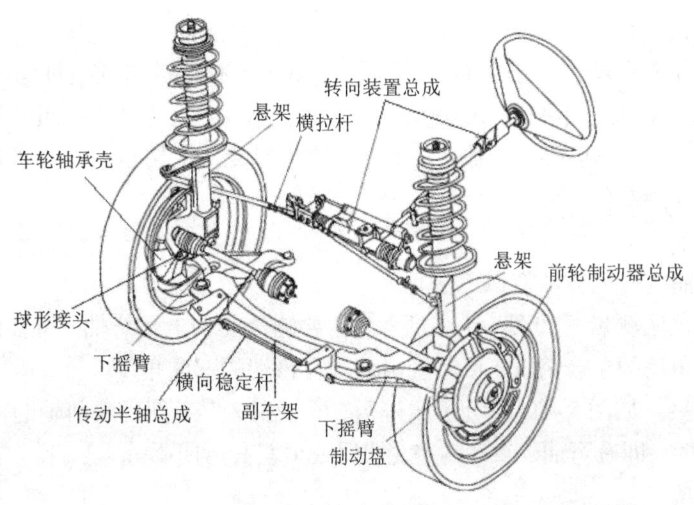

图 5－12　断开式驱动桥

3. 转向驱动桥

在许多轿车和全轮驱动的越野汽车上，前桥除作为转向桥外，还兼起驱动桥的作用，故称为转向驱动桥（如图5－13），它同一般的驱动桥一样，有主减速器和差速器。但由于在转向时，转向车轮需要绕主销偏转过一个角度，故与转向轮相连的半轴必须分成内外两段（内半轴和外半轴），其间用等角速（或准等角速）万向节连接，同时主销也因而分制成上下两段，分别固定在万向节的球形支座上。转向节由转向节壳体和轴颈组合而成，轴颈部分做成中空的，以便外半轴穿过其中。

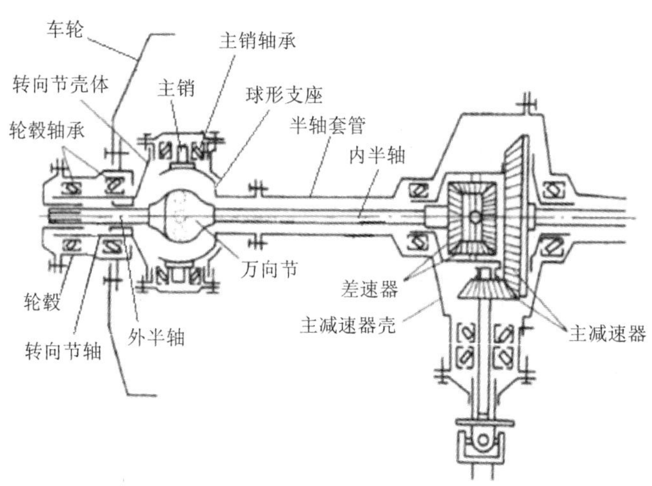

图5－13　转向驱动桥示意图

1.3.3　转向桥主要零件的检修

前轴的损伤包括主销孔、钢板弹簧座与定位孔的磨损，前轴变形与裂纹等。

1. 前轴的磨损

1）钢板弹簧座平面磨损大于2 mm、定位孔磨损大于1 mm，可通过堆焊修复或换用新件。

2）主销承孔的磨损。承孔与主销的配合间隙：轿车不大于0.10 mm，载货汽车不大于0.20 mm。磨损逾限后，可采用镶套法或修理尺寸法修复。主销承孔端面的磨损可采用堆焊后加工修理法或换用新件。

2. 前轴的检验

前轴检验弯曲变形的方法有以下三种：

1）试棒与角尺法测量。如图5－14所示，主要测量前轴上下弯曲，可在前轴两端分别进行。根据试棒和角尺的贴合情况，可测量出前轴在该端的弯曲角度。

2）拉线法测量。如图5－15所示，测得h_1，h_2及其差值，即反映前轴的弯曲情况：h_1、h_2不符合原厂规定时，即有弯曲；二者的差，即反映了左右弯曲不等。

3. 前轴的修理

1）前轴的弯曲校正。前轴弯、扭变形的校正一般在专用液压校正器上进行，即利用校正器上液压油缸对前轴的相应部位施加压力或扭力进行校正，如图5－16所示。

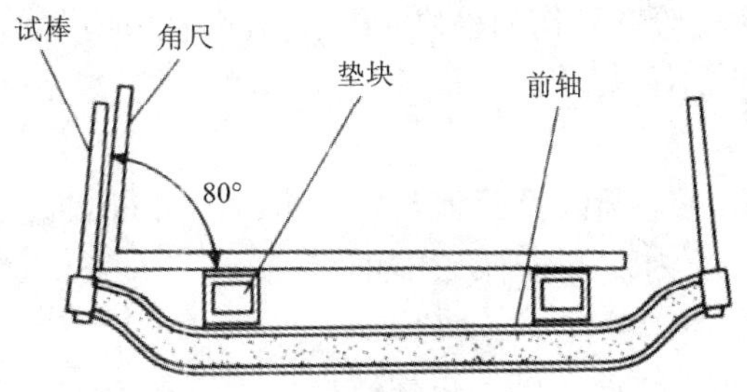

图 5－14　试棒和专用角尺检测

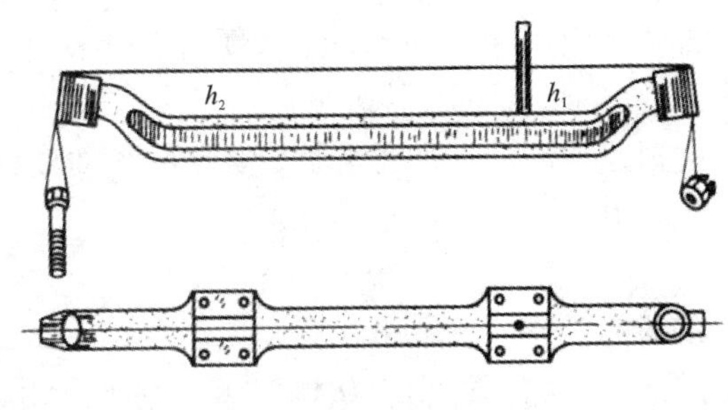

图 5－15　拉线法检测

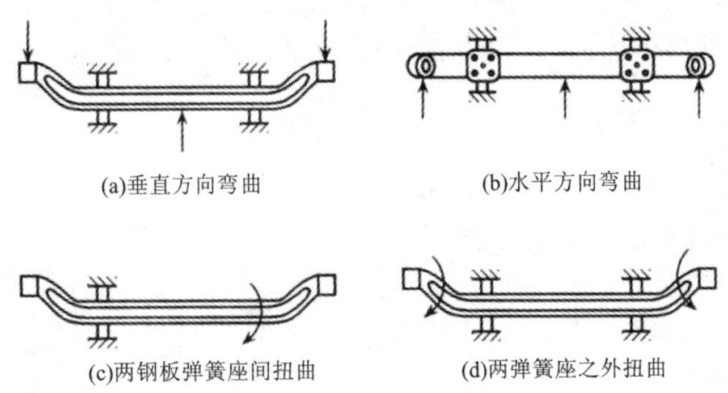

(a)垂直方向弯曲
(b)水平方向弯曲
(c)两钢板弹簧座间扭曲
(d)两弹簧座之外扭曲

图 5－16　前轴的校正

2)前轴主销孔磨损的检修。用游标卡尺测量主销孔与主销的配合间隙，许用配合间隙为 0.010～0.080 mm。磨损超过极限后可采用修理尺寸法修复。前轴主销孔按修理尺寸加大后，要换用相应的主销与之配合，以恢复配合间隙，并按同级修理尺寸选配推力轴承和加工转向节主销衬套孔。前轴主销孔磨损达到最后一级修理尺寸时，可镶套修复或更换前轴。

4. 转向节的检修

转向节检修的重点是隐伤和磨损。

1)微观裂纹的检验

转向节的油封颈处因其断面的急剧变化而产生应力集中，是一个典型的危险断面，容易产生疲劳裂纹，以致造成转向节疲劳断裂，酿成重大的交通事故。因此，二级维护和修理时必须对转向节轴进行隐伤检验。隐伤的检修：用磁力探伤法或浸油敲击法检验转向节，一旦发现疲劳裂纹，只能更换，不得焊修。

2）磨损的检修：

（1）转向节轴的磨损检修：用内径量表及外径千分尺进行测量，轮毂外轴承与轴颈的配合间隙应不大于0.040 mm，内轴承与轴颈的配合间隙应不大于0.055 mm，轴颈磨损过大时更换新件。

（2）转向节螺纹的检修：转向节轴锁止螺纹损伤应不多于2个齿牙，锁止螺母无明显松旷，否则应修复或更换转向节。

（3）转向节主销孔的检修：用内外径量具测量主销衬套内孔，当孔磨损超过0.07 mm或衬套与主销的配合间隙超过0.20 mm时，应更换衬套。当主销直径磨损超过0.10 mm时，应更换主销。更换衬套时，旧衬套应用冲子冲出，压入新衬套，必须对正油孔。东风EQ1092型采用钢塑复合材料衬套，不必加工便可直接装配使用。

转向节主销孔两端面磨损起槽时，应修理平整，上端面平面度误差应不大于0.15 mm，下端面平面度误差应不大于0.10 mm。

5. 轮毂的检修

1）轮毂轴承承孔磨损的检修：

轮毂轴承承孔与轴承的配合间隙不得小于0.009 mm，轴承承孔磨损后可刷镀或喷焊修理。禁止铜焊修理，铜焊层硬度过低，修复后寿命缩短，可靠件降低，修理费用增大。

2）轮毂变形的检修：

轮毂变形引起车轮的不平衡，加大制动鼓的跳动误差，影响汽车的操纵性能和制动效能。轮毂变形后，以两轮毂轴承外座圈的锥面为基准，车削接合凸缘，凸缘的圆跳动公差为0.15 mm。

6. 转向桥的装配与调整

1）将各零件清洗干净，将转向节置于前轴拳形部位，用厚薄规测量转向节上耳与前轴主销孔上端面之间的间隙A（图5－17），该间隙应不大于0.15 mm，如不符合要求，可增减垫片进行调整。

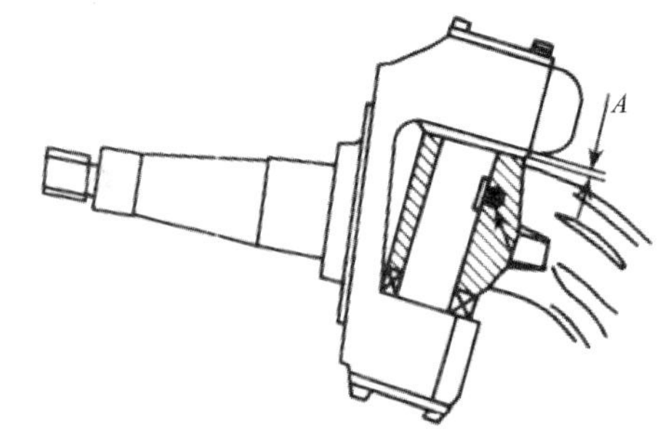

图5－17　调整垫片位置

2）将涂抹润滑脂的主销用铜棒轻轻敲入转向节及前轴的主销孔中，装入主销时应注意：主销上的锁止平面与前轴上锁销孔必须对正。

3）装入锁销，并拧紧固定螺母。锁销安装后，其大端露出长度应不小于2 mm，否则，应换用加粗的锁销。

4）安装完毕后，用弹簧秤拉动检查，转向节应转动灵活，转动转向节的力应不大于10 N，否则，应查明原因予以排除。

1.4　车轮与轮胎

车轮与轮胎是汽车行驶系中至关重要部件，安装在车架上，绕车轴转动。其作用是：支承车辆的质量；缓和车辆行驶时路面传导过来的振动；通过与路面的作用产生驱动力和制动力；车辆转弯时产生侧抗力以平衡离心力矩；保证直线行驶时的回正力矩；保持必要车车辆通过性。

1.4.1　车轮

车轮位于轮胎和车轴之间，一般由轮毂、轮辐和轮辋组成，承受车辆的负荷。轮毂通过轴承套装在半轴套管或转向节轴上，轮辋用以安装轮胎，轮辐是用来连接轮毂和轮辋的。按照轮辐结构的不同，车轮可分为辐板式（盘式）和辐条式（辐式）车轮两类。

1. 辐板式车轮

图 5－18 所示为辐板式车轮。它主要由挡圈、轮辋、轮毂、辐板和气门嘴伸出孔等组成。辐板用来连接轮毂和轮辋的轮盘。辐板式车轮结构的辐板上的孔，可以减轻重量，也利于轮毂拆装、充气和制动鼓散热。轻型汽车的辐板，由于盘板较薄，常常冲压成多层起伏形状，以提高其刚度，多用于合金制车轮；重型汽车的辐板将轮辋和轮毂铸成一体，多用于钢制车轮。而且为了减轻车轮重量，方便制动鼓器散热，在辐板外边缘处加工几个通孔。

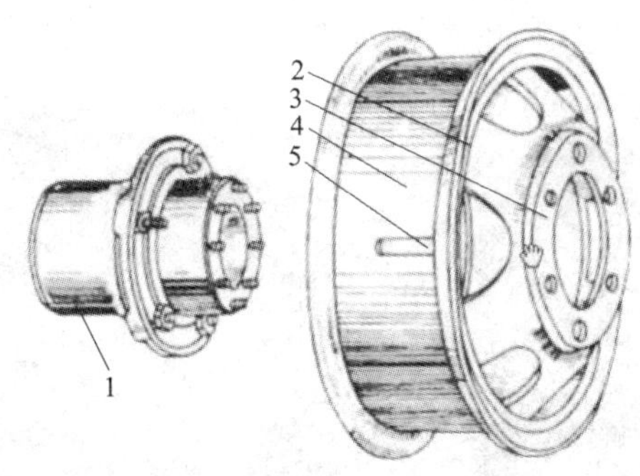

图 5－18　辐板式车轮

1—轮毂；2—挡圈；3—轮辐；4—轮辋；5—气门嘴出口

货车后轮负荷比前轮的大，一般装双轮式车轮，在后毂并排装上两套相同的辐板和轮辋。外轮的辐板紧靠着内轮辐板，采用双螺母固定辐板时，为防止汽车行驶中固定辐板的螺母自行松脱，汽车两侧车轮的辐板固定螺栓采用旋向不同的螺纹，左侧采用左旋螺纹，右侧采用用右旋螺纹，如图 5－19 所示。

2. 辐条式车轮

辐条式车轮是用轮辐将轮辋和轮盘组装在一起。辐条可以用铸造件或钢丝制造，与轮毂可铸造制成一体，也可用螺栓连接。铸造辐条常常用于装载质量大的汽车上，而钢丝辐条主要用于极少数追求独特的车辆，如摩托车、赛车和某些高级轿车。图 5－20 所示为辐条式车轮结构。

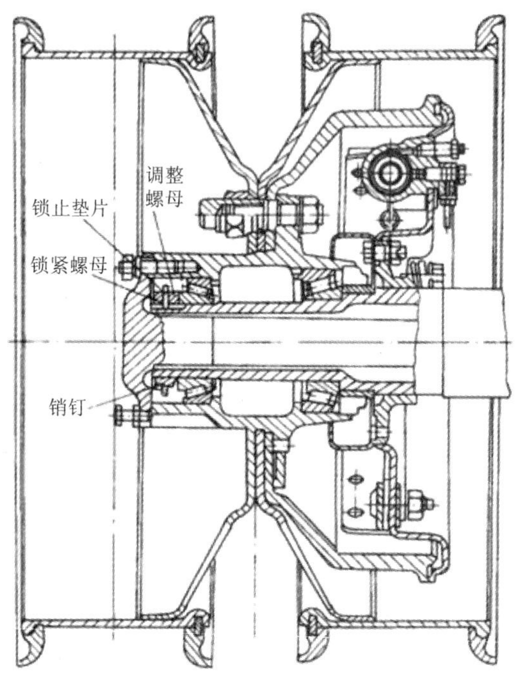

图 5-19　双轮式车轮

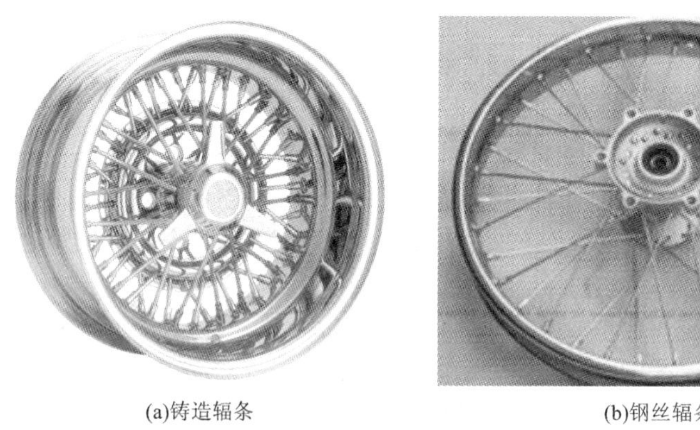

(a)铸造辐条　　(b)钢丝辐条

图 5-20　辐条式车轮

3. 车轮的构造

1)轮毂。轮毂与制动鼓、轮辐和半轴凸缘连接，由圆锥滚子轴承支承在转向节轴颈或半轴套管上。

2)轮辐。轮辐为车轮上连接轮辋和轮毂的部分。辐板式车轮上的轮辐与轮辋通过焊接或铆接固定成一体，并通过轮辐上的中心孔和周围的螺栓孔安装到轮毂上。辐条式车轮的轮辐是钢丝辐条或者是和轮毂铸成一体的铸造辐条。目前主流的家用轿车均采用辐板式轮辐结构。

3)轮辋。轮辋也称钢圈，用于安装车轮，按其结构特点不同可分为深槽式轮辋、平底式轮辋和对开式轮辋3种，如图5－21所示。

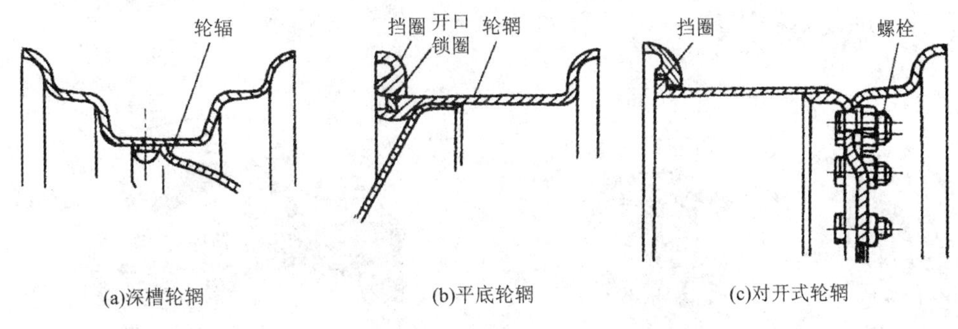

图5－21　轮辋断面

①深槽式轮辋。图5－21(a)所示为深槽式轮辋的断面结构。它用钢板冲压成整体结构，有带肩的凸缘，用来安装外胎的胎圈为便于外胎拆装，中部制成深凹槽，凹槽两侧略倾斜。这种轮辋结构简单、刚度大、质量小，适用于安装尺寸小、弹性较大的轮胎。主要用于乘用轿车上。

②平底式轮辋。图5－21(b)所示为平底式轮辋断面结构。这种轮辋的底面呈平环状，它的一边有凸缘，另一边用可拆卸的挡圈作凸缘，它用一个具有弹性的锁圈来防止挡圈脱出。安装时，先将轮胎套在轮辋上然后套上挡圈，并将它向内推，越过环形槽，最后将锁圈嵌入环形槽。这种轮辋的优点是便于安装轮胎，一般用于大中型货车。

③可拆式轮辋(对开式)。图5－21(c)所示为可拆式轮辋(对开式)剖面构造。此种轮辋由内外两部分构成，其中一部分与内轮辋制成一体，这两部分用螺栓连接为一体。拆装轮胎时，只需拧下螺栓的螺母即可。挡圈也是可拆的，有的无挡圈，而由与内轮辋制成一体的轮缘替代挡圈的作用。这种轮辋一般单个独立装配，主要用于大、中型越野车上。

轮辋边缘经常装配用以保证车轮动平衡的平衡块，当车轮进行维修，或原平衡块磨损时，需要重新对车轮进行动平衡实验，恢复车轮的动平衡。

1.4.2　轮胎

1.轮胎的作用和类型

轮胎是汽车的重要部件之一，与轮辋组成车轮，直接与路面接触，和汽车悬架共同来缓和汽车行驶时所受到的冲击，保证汽车有良好的乘座舒适性和行驶平顺性；保证车轮和路面有良好的附着性，提高汽车的牵引性、制动性和通过性；承受着汽车的重量，轮胎在汽车上所起的重要作用越来越受到人们的重视。轮胎由橡胶制成，轮胎内部通常充有气体，以保证车辆拥有一定的承受载荷的能力和适宜的弹性；轮胎的外部有较复杂的花纹，增大与路面的附着力。

按照胎体结构不同，可分为充气轮胎和实心轮胎。现代汽车几乎全部采用充气轮胎。充气轮胎根据工作气压的大小可分为高压胎、低压胎和超低压胎。按照其结构不同，可分为有内胎和无内胎两种；按照胎体帘线排列方向不同可分为普通斜交轮胎和子午线轮胎。

2. 充气轮胎的结构

充气轮胎按结构组成可分为有内胎轮胎和无内胎轮胎。

1)有内胎的充气轮胎。

有内胎的充气轮胎如图5-22所示，它由外胎、内胎和垫带组成。

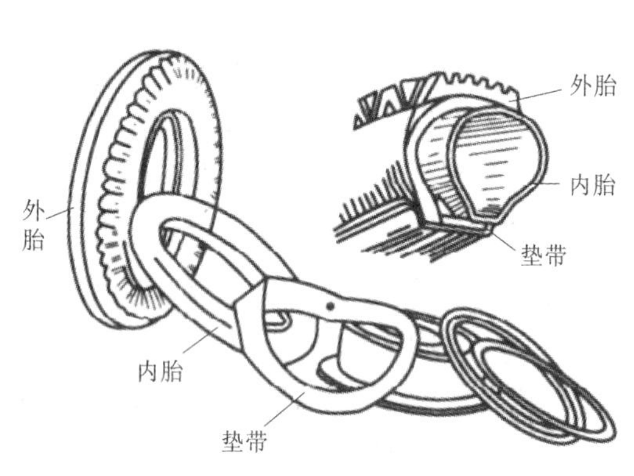

图5-22 充气轮胎的组成

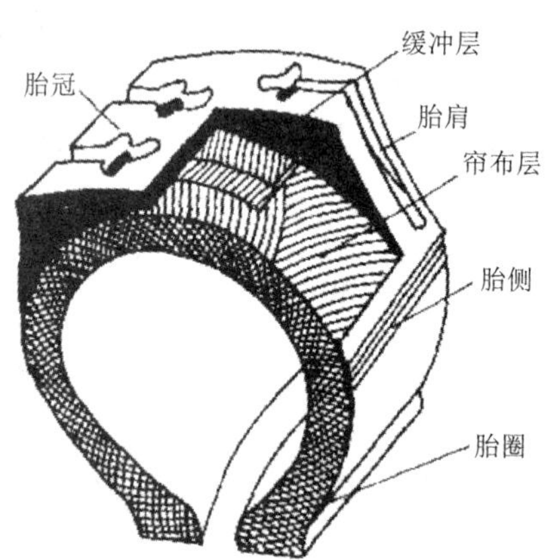

图5-23 外胎的结构

(1)外胎。

外胎的结构如图5-23所示，它由胎面、帘布层、缓冲层及胎圈组成。

①胎圈。胎圈使外胎牢固地装在轮辋上，有很大的刚度和强度，由钢丝圈、帘布层包边和胎圈包布组成。

②胎面。胎面是外胎的外表面，它包括胎冠、胎肩和胎侧三部分。

胎冠的外部是耐磨损橡胶层，胎冠与地面直接接触，直接承受冲击与磨损，并保护胎体免受机械损伤。胎冠上制有各种形式的花纹，以使轮胎与地面有良好的附着性能，防止汽车纵横向滑移。

充气轮胎按胎面花纹的不同，又可分为普通花纹轮胎、越野花纹轮胎和混合花纹轮胎，如图5-24所示。

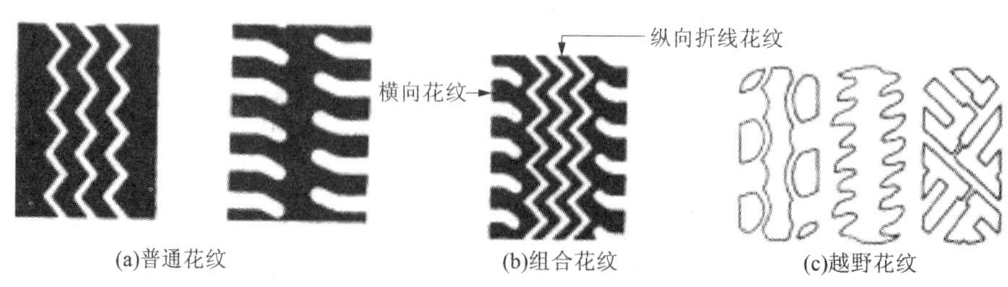

(a)普通花纹　(b)组合花纹　(c)越野花纹

图5-24 轮胎花纹

普通花纹轮胎的特点是花纹沟槽细而浅，花纹块的接地面积较大，因而耐磨损性和附着性较好，行驶阻力小，适用于较好的硬路面。其中，纵向花纹滚动阻力小、防侧滑和散热性能好、噪声小、高速行驶性能好，但甩石性和排水性较差；横向花纹耐磨性好，不易夹石子，但散热性差，工作噪声大，不易高速行驶。越野花纹轮胎的特点是花纹沟槽宽而深，花纹块接地面积较小，保证了轮胎与大片接地面积的“咬合”，防滑性能好。混合花纹轮胎兼有普通花纹和越野花纹的特点，胎冠中部花纹通常为菱形和纵向锯齿形，而在两边多为横向大块越野花纹，其缺点是耐磨性能较差和胎面磨损不均匀，优点是在各种路面上行驶性能稳定。

③缓冲层。缓冲层位于胎面与帘布层之间，由多层较稀疏的帘布与橡胶赫合制成，弹性大，能缓冲汽车在行驶时所受到的不平路面冲击，并防止紧急制动时胎面与帘布层脱离。

帘布层（也称胎体）是外胎的骨架，用以保持外胎形状和尺寸，并使其具有足够的强度，通常由多层胶化的棉线或其他纤维组成。

④帘布层帘线排列方向与轮胎子午断面一致（即与胎面中心线成 90°）的充气轮胎为子午线轮胎，如图 5－25 所示。帘线这样排列能使其强度被充分利用，故它的帘布层数比普通轮胎可减少一半，因而胎体较柔软，而缓冲层层数较多，提高了胎面的刚度和强度。

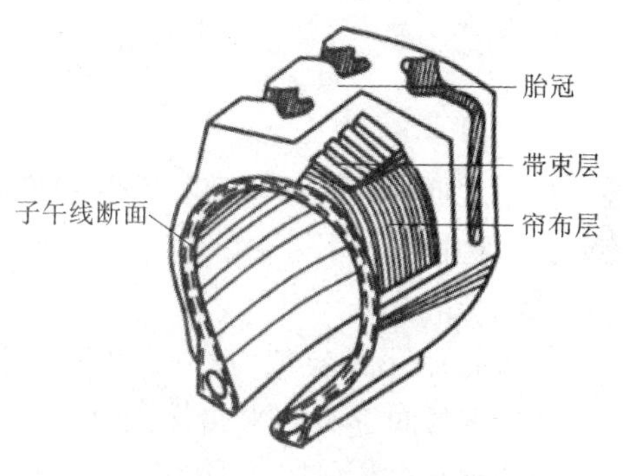

图 5－25　子午线轮胎

子午线轮胎与普通斜交轮胎相比具有更多的优越性：弹性大、耐磨性好、滚动阻力小、附着性能强、缓冲性能好、承载能力大、不易穿刺。其缺点是外胎面刚性大、不容易吸收路面凹凸及接缝产生的冲击，此外，由于胎侧柔软，被刺后伤痕易扩大。由于具有较多优点，目前已被广泛应用。

（2）内胎。

内胎是一个环形的橡胶管，具有良好的弹性、耐热性和密封性。为使内胎在充气状态下不产生皱褶，其尺寸应稍小于外胎内壁尺寸。其上有气门嘴，以便充气和放气。

（3）垫带。

垫带是一个环形的橡胶带，它垫在内胎和轮辋之间，保护内胎不被轮辋和胎圈磨伤，并防止尘土及水汽侵入胎内。

2）无内胎充气轮胎。

无内胎充气轮胎的结构如图 5－26 所示，它虽然没有充气内胎，但在外胎内壁有一层很薄的专门用来封气的橡胶密封层，胎缘部位留有余量，密封层被固定在轮辋上，要求轮胎与轮辋之间有很好的密封性。它的特点是钉子刺破轮胎后，内部空气不会立即泄掉，安全性好。无内胎轮胎穿孔时压力不会急剧下降，仍然能继续安全行驶。无内胎轮胎中由于没有内胎故不存在内外胎的摩擦和夹卡而引起的损坏，可以直接通过轮辋散热，所以轮胎工作温度低，使用寿命长。无内胎轮胎结构简单，质量较小。缺点是轮胎爆破失效时，途中修理比较困难，无内胎轮胎近年来应用非常广泛，轿车几乎均使用无内胎轮胎。

3. 普通斜交轮胎和子午线轮胎

1）普通斜交轮胎。

帘布层和缓冲层各相邻层帘线交叉，且与胎面中心线呈小于 90°排列的充气轮胎为普通斜交轮胎，常称普通斜交轮胎，如图 5－27 所示。普通斜交胎是一种老式的结构，由于帘布层的斜交排列，给轮胎胎面和胎侧增加了强度，在适当充气时，会使驾驶员感到较为柔软、

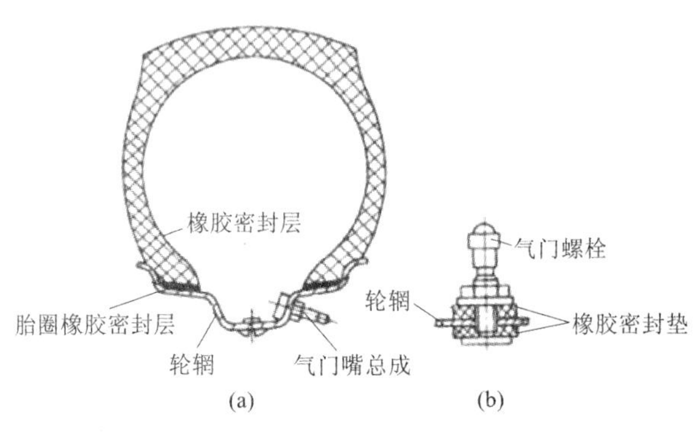

图 5－26　无内胎轮胎

舒适。接触地面时使胎面平整，减少了扭曲，汽车行驶平稳，牵引效果好，防穿透性有所改善，延长了轮胎的使用寿命。

2）子午线轮胎。

子午线轮胎用钢丝或纤维植物制作帘布层，其帘线与胎面中心的夹角接近90°角，并从一侧胎边穿过胎面到另一侧胎边，帘线在轮胎上的分布好像地球的子午线，所以称为子午线轮胎，如图5－27（b）所示。由于子午线轮胎具有帘布成子午线环形排列、胎体与带束层帘布线形成许多密实的三角网状结构的特点，因此，子午线轮胎帘线的强度得到充分利用，从而使帘布层可大量地减少，减少了轮胎的质量，并大大地提高了胎面的刚性，减少了胎面与路面的滑移现象，提高了轮胎的耐磨性。

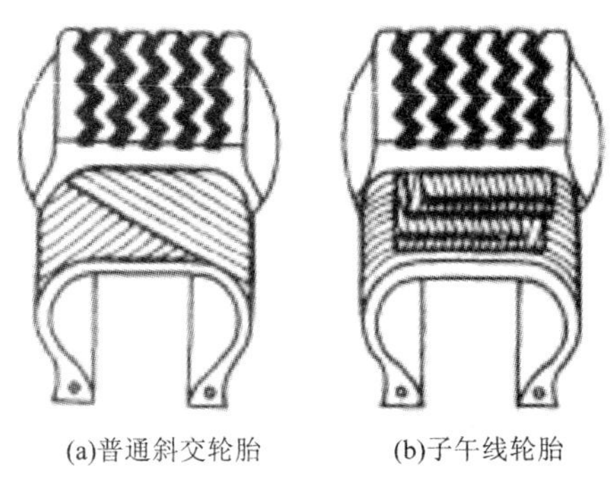

图 5－27　轮胎类型

与普通斜交轮胎相比，子午线轮胎质量小，轮胎弹性大，减振性能好，具有良好的附着性能，滚动阻力小，承载能力大，行驶中胎温低，胎面耐穿刺，轮胎使用寿命长。其缺点是轮胎成本高，胎侧变形大容易产生裂口，并且侧向稳定性差。

1.5　车轮和轮胎的故障诊断

1.5.1　车轮常见故障

①轮毂轴承过松，车轮会摇摆振动，行驶不稳，严重时还能使车轮甩出。检查时支起车轮，摇晃车轮，有明显松旷感。

全部轮毂轴承过紧，汽车滑行距离会明显下降，轮毂处温度明显升高，润滑脂甚至会溶化甩入制动鼓内。一边轮毂轴承过紧，汽车行驶会跑偏。

②轮胎的故障与车轮、转向系统、悬架系统之间关系紧密，可以根据轮胎异常磨损情况，

判断原因。

1.5.2　轮胎常见故障

轮胎的常见故障是轮胎的异常磨损。下面对轮胎常见故障的现象、原因和排除方法进行分析。

1)胎肩或胎面中间磨损。

(1)现象。

轮胎的胎肩或胎面中间磨损较快。

(2)原因。

轮胎充气压力过低，轮胎的中间便会凹入，将载荷转移到胎肩上，使胎肩磨损快于胎面中间。充气压力过高，轮胎中间便会凸出，承受了较大的载荷，使轮胎中间磨损快于胎肩。

(3)诊断与排除。

①检查是否超载。

②检查充气压力。如果充气过量或充气不足，应调整充气压力。

③调换轮胎位置。

2)内侧或外侧磨损。

(1)现象。

轮胎的内侧或外侧磨损较快。

(2)原因。

①在过高的车速下转弯会造成转弯磨损，转弯时轮胎滑动，便产生了斜形磨损。这是较常见的轮胎磨损原因之一。

②悬架部件变形或间隙过大，影响前轮定位，造成不正常的轮胎磨损。

③外倾角不正确，造成轮胎面某一侧的磨损快于另一侧。

(3)诊断与排除

①了解驾驶员是否高速转弯，如有，则应降低转弯时车速。

②检查悬架部件。如松动则将其紧固；如变形和磨损，应修理或更换。

③检查外倾角。如不正常，应校正。

④调换轮胎位置。

3)前束和后束磨损。

(1)现象。

车轮出现了侧向羽状磨损。

(2)原因。

胎面的羽状磨损，主要是由于前束调节不当所致，过量的前束，会迫使轮胎向外滑动，并使胎面的接触面在路面上朝内拖动，造成前束磨损，胎面呈明显的羽毛形。用手指从轮胎的内侧至外侧划过胎面，便可加以辨别。另一方面，过量的后束，会将轮胎向内拉动，并使胎面的接触面在路面上朝外拖动，造成后束磨损。

(3)诊断与排除。

①检查前束和后束。如果前束过量或后束过量，应该加以调整。

②调换轮胎位置。

4)前端和后端磨损。

(1)现象。

车轮的前端和后端出现磨损。

(2)原因。

①前端和后端磨损是一种局部磨损，常常出现在具有横向花纹和区间花纹的轮胎上，胎面上的区间发生斜向磨损，最终变成锯齿状。

②具有纵向折线花纹的胎面，磨损时会产生波状花纹。

③非驱动轮的轮胎受制动力的影响，反复使用和放开制动器，使轮胎每次发生短距离滑动而磨损，形成前、后端形式的磨损。

④驱动轮的轮胎受驱动力作用，造成磨损，出现在制动力造成磨损的相反方向上，极少出现前、后端磨损。客车和大货车由于制动时产生了大得多的摩擦力，故具有横向花纹的轮胎，便会出现与非驱动轮相似的前、后端磨损。

(3)诊断与排除。

①检查充气压力。如果充气不足，就将其充至规定值。

②检查车轮轴承。如果磨损或松动，应更换或调整。

③检查外倾角和前束。如果不正确，应加以调整。

④检查轴颈或悬架部件。如果损坏，应修理或更换。

⑤调换轮胎位置。

5)轮胎的常规养护。

(1)内胎的检修。

内胎使用中常见的损伤形式为：穿孔、破裂、气门嘴损坏、漏气等。这些损伤的共同特点都是泄漏。检查和确定损伤的部位一般是把具有一定气压的内胎放到水中，观察气泡的出处，就能确定损伤的部位。内胎损伤可用热补法修补。

(2)外胎的检修。

①外胎内壁应光滑，不得有砂子，外胎嵌入石子应将其清除掉。

②轮胎花纹及胎面严重磨损，已暴露出帘布层或胎面局部损伤洞口超过规定标准，应报废。

③胎圈钢丝应无松散折断。

(3)轮胎换位。

车轮定位不正确，会引起单侧轮胎磨损，影响行驶性能，必要时，应进行一次轮胎换位，以保持胎面花纹磨耗均匀。

6)轮胎使用注意事项。

(1)严格遵守规定的充气压力值。

(2)不要降低由于轮胎升温而升高的胎压。

(3)持续高速行驶，气压较小的轮胎变形会更大且剧烈升温，从而导致胎面撕裂，以致轮胎爆炸。

(4)快速弯道行驶、急加速和急刹车，都会加剧轮胎磨损。

(5)汽车行驶中，由于种种原因会造成轮胎不平衡，引起转向振动，车轮磨损。因此，新车车轮及每次更新轮胎或修理之后，应进行轮胎动平衡试验，并进行校正。

任务二　相关技能训练

2.1　轮胎的动平衡

2.1.1　轮胎动平衡的检测

1）车轮动平衡的原因：

①汽车的车轮是由轮胎、轮毂等组成的一个整体，由于制造上的原因，使这个整体各部分的质量分配不可能非常均匀。

②当汽车车轮高速旋转时，就会形成动不平衡状态，造成车辆在行驶中车轮抖动、方向盘震动等现象。为了避免这种现象，就要使车轮在动态情况下通过增加配重的方法，使车轮校正各边缘部分的平衡，这个校正的过程称为车轮的动平衡。

2）车轮动平衡的需要：

如果车轮动平衡不好就会造成轮胎磨损异常，引起振动，尤其是前轮，振动会通过转向系统传到方向盘，不但影响了驾驶，严重的还会导致转向系统出现故障。在下列情况下，应对车轮做动平衡检测：

①由于颠簸导致平衡块丢失，应该对车轮做动平衡检测；

②车轮出现某种有节奏的异响，应该对车轮做动平衡检测；

③当车辆高速行驶时，方向盘抖动，应该对车轮做动平衡检测；

④当更换轮胎、轮毂或是补过轮胎后，应该对车轮做动平衡检测；

⑤车轮受过大的撞击，应该对车轮做动平衡检测。

3）车轮动平衡在汽车上的形式与技术要求：

在汽车车轮的轮毂边缘上，有一块或多块大小不等的平衡块。正是这小小的平衡块，对汽车高速行驶的稳定性起着非常重要的作用。

4）动平衡机的检测方法：

离车式动平衡机结构如图 5－28 所示，是在车轮拆卸的方式下进行车轮动平衡检测。

检测方法：

（1）动平衡机使用前的检查：

①机器应水平稳固安装。

②检查锥体、快速螺母、卡尺等附件有没有齐全。

③显示面板正常，不出现 error 或其他字符。

（2）对轮胎的清洁：

①清除轮胎上的杂物，检查胎压。

②使用专用工具拆卸旧的平衡块（图 5－29）。

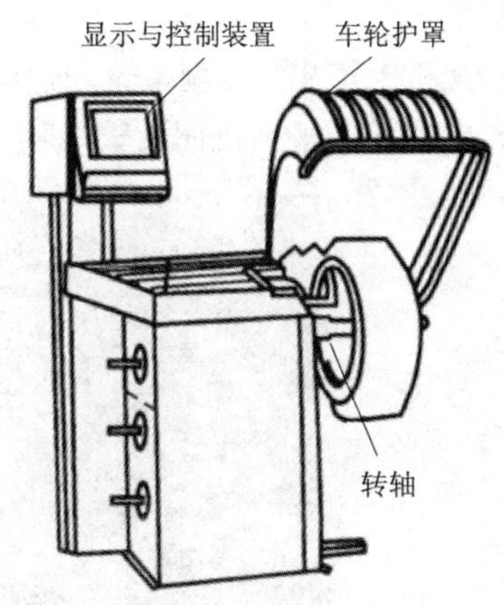

图 5－28　轮胎动平衡机

(3)轮胎数值读取与输入：

①开机，旋转开关，机器面板显示数字，表示开机成功。

②装上车轮，选择适合的锥体，注意锥体的方向(图5－30)。注意14寸以上轮辋装在外侧，反之在内侧。

图5－29　旧平衡块的拆除

图5－30　选择合适的锥体

③装上快速螺母，并旋紧，注意力度不能过大(图5－31)。

图5－31　旋紧快速螺母

图5－32　测量轮辋边缘至机箱的距离 ***a***

④从机上拖出尺，测量轮辋边缘至机箱的距离 *a*(图5－32)，图示测量距离为6.5 cm。

⑤向轮胎动平衡机面板输入相应数值 *a*(图5－33)，图示输入数据 *a* 为6.5 cm。

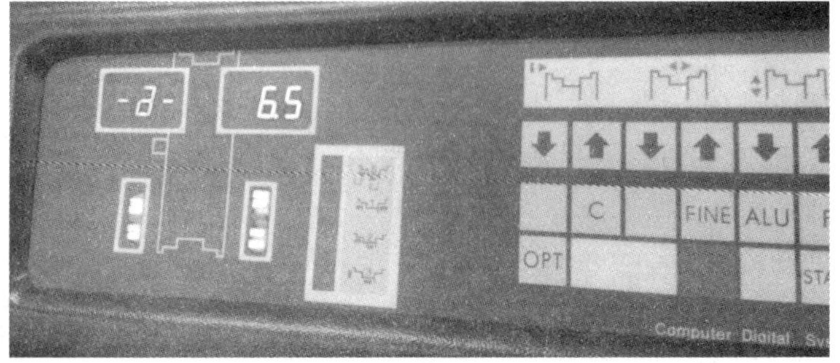

图5－33　输入数值 ***a***

⑥用卡尺卡住轮辋两侧并读取轮辋宽度数值 b(图 5－34)，图示测量数据为 5.5 cm。

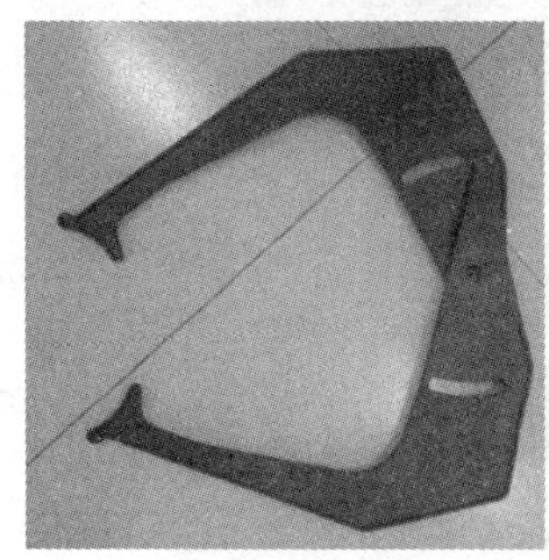
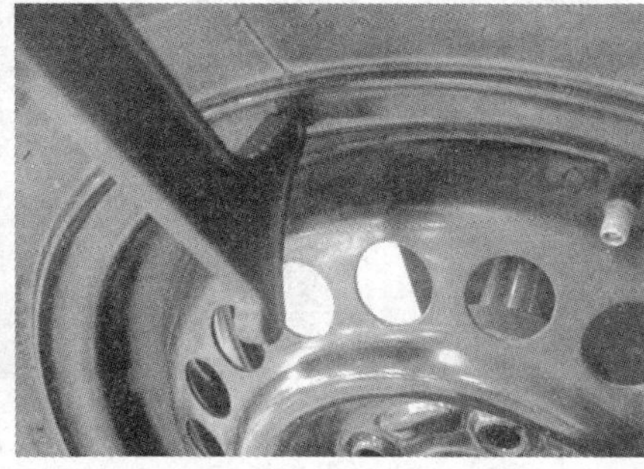
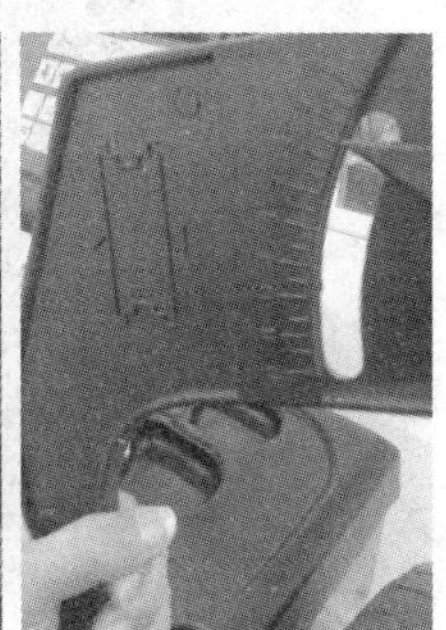

图 5－34　用卡尺测量轮辋宽度 b

⑦向轮胎动平衡机面板输入轮辋宽度的相应数值 b(图 5－35)，图示输入数据为 5.5 cm。

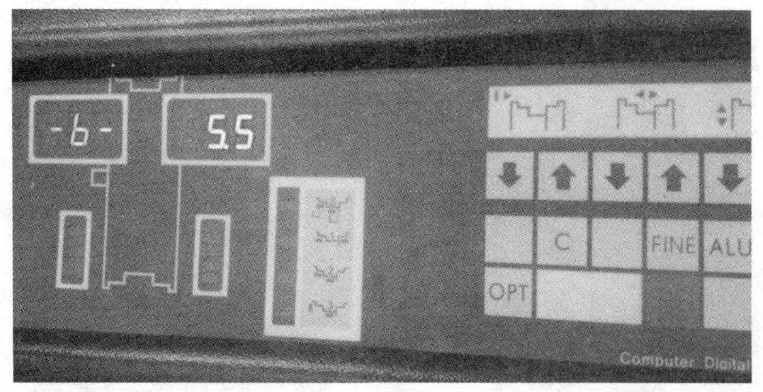

图 5－35　输入轮辋宽度

⑧由轮胎胎侧标记读出轮辋的直径 d(图 5－36)，图示轮辋直径为 15 cm。

图 5－36　读取轮辋直径 d

⑨向轮胎动平衡机面板输入轮辋直径的相应数值 d(图 5－37)，图示输入直径为 15 cm。

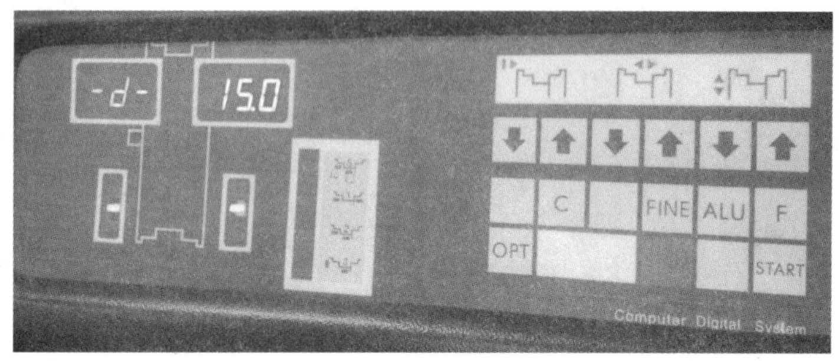

图 5-37 输入轮辋直径

(4)进行动平衡测验

①首先用手推动车轮，确保车轮运作正常(图 5-38)。

图 5-38 用手推动车轮

图 5-39 按动 START 键

②按动 START 键使动平衡机开始运转(图 5-39)。注意车轮在旋转中，机器在进行数值的收集与计算，这时候不能有外力加在平衡机上(图 5-40)。

(5)平衡块的装配

①测试结果分析。显示面板上左边是车轮内侧，右边为外侧。转动车轮，当指示灯全亮时停止，在轮辋的内侧和外侧上部(12 点位置)加上相应质量的平衡块(图 5-41)。

②在轮辋内侧和外侧选择合适的平衡块，平衡块上有数值(图 5-42)，并进行装配(图 5-43)。内侧装配 5 g，外侧装配 25 g。

如果一个平衡块不够，也可两块相加，并列装配在同一位置即可，如图 5-44 所示。

图 5 - 40　动平衡机正常运转

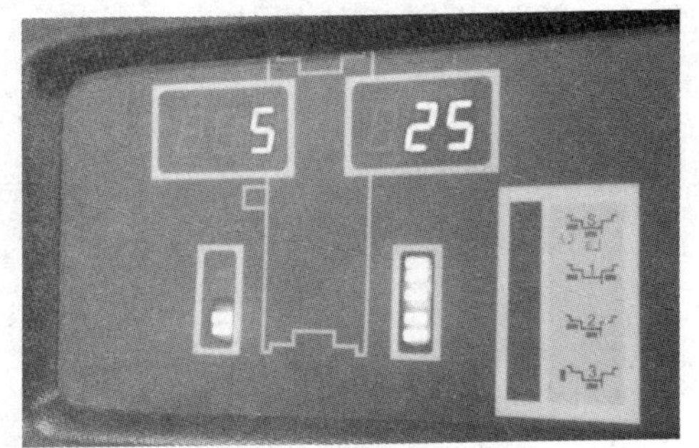

图 5 - 41　动平衡机测试结果

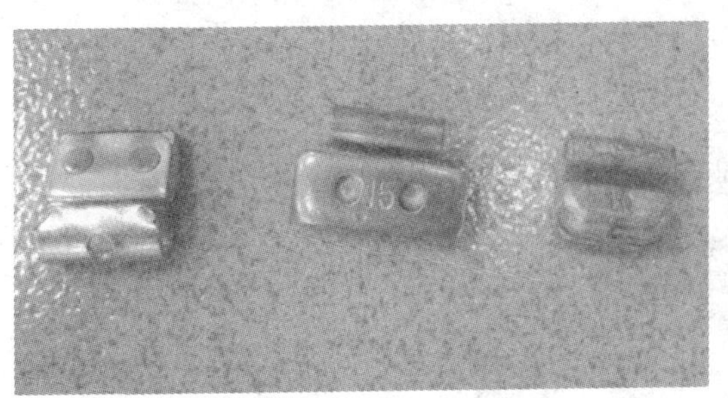

图 5 - 42　平衡块实物图

图 5 - 43　装配平衡块

图 5 - 44　两块平衡块同时装配

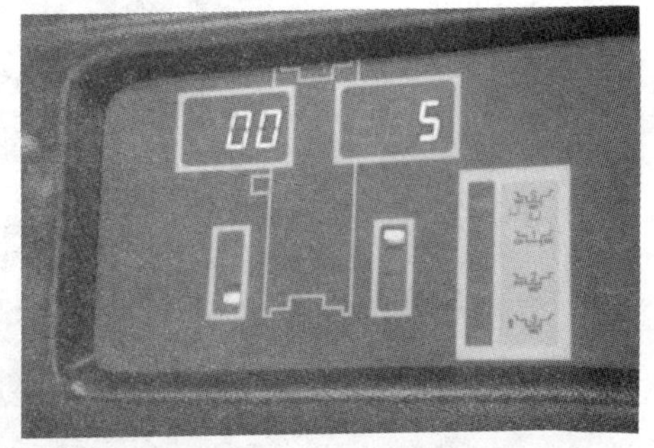

图 5 - 45　再次做动平衡实验确认

(6)动平衡校核：

对装配好平衡块的车轮再次做动平衡实验，当面板数值≤5 时，表明车轮已经处于平衡，实验结束。如显示结果≥5，需再打平衡块直到数值合格为止，如图 5 - 45 所示。

2.2 轮胎拆装机的使用与操作

2.2.1 轮胎拆装机的结构

TWC－401NIC 轮胎拆装机兼拆胎、装胎、充气于一体，操作简单，使用方便，安全可靠，适用于各种小型车轮胎的拆、装和充气，其结构如图 5－46 所示。

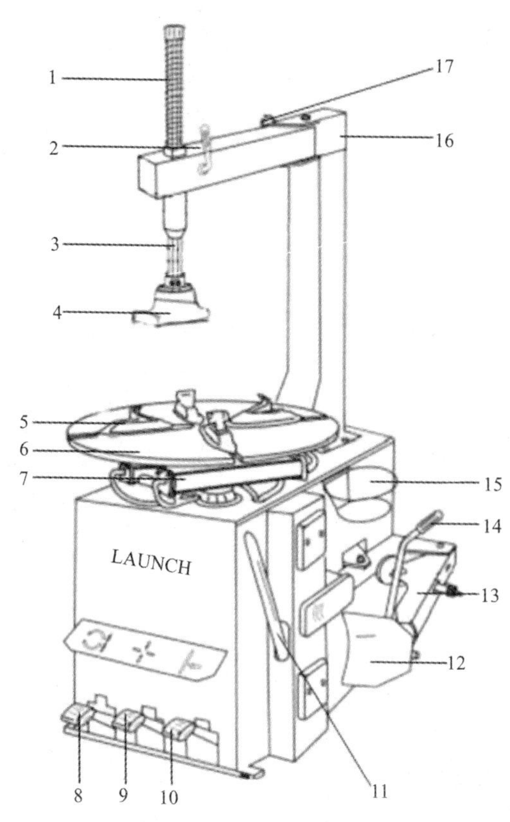

图 5－46 轮胎拆装机

1—回位弹簧；2—六方杆锁紧手柄；3—六方杆；4—拆装头；5—卡爪；6—转盘；7—卡爪夹紧气缸；8—转盘转向脚踏；9—夹紧气缸脚踏；10—分离铲脚踏；11—撬杠；12—分离铲；13—分离铲臂；14—分离铲操纵手柄；15—油桶环；16—立柱；17—旋钮手柄

2.2.2 轮胎拆装机的操作

1)拆胎操作：

(1)准备工作。

① 将轮胎中的空气全部放掉。

② 清除车轮上的杂物和平衡块，以免发生危险，去除平衡块时请使用专用工具，如图 5－47所示。

(2)清除杂物和拆卸平衡块。

拆胎前，请先用毛刷蘸取润滑剂盒中事先放好的有效润滑剂，再润滑胎缘(图5-48)，否则在压胎时分离铲会磨损胎缘。

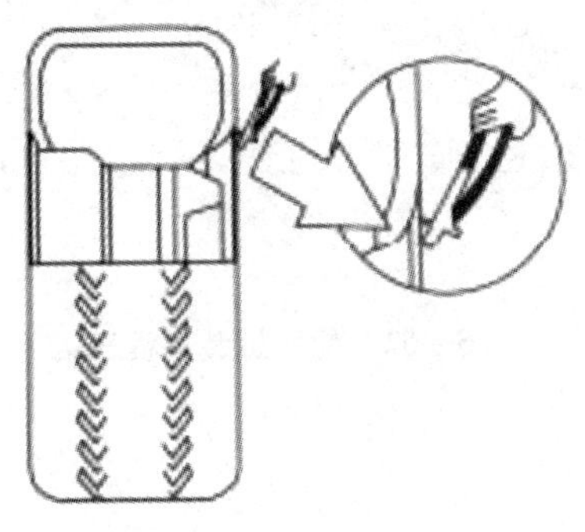

图5-47　清除杂物和平衡块

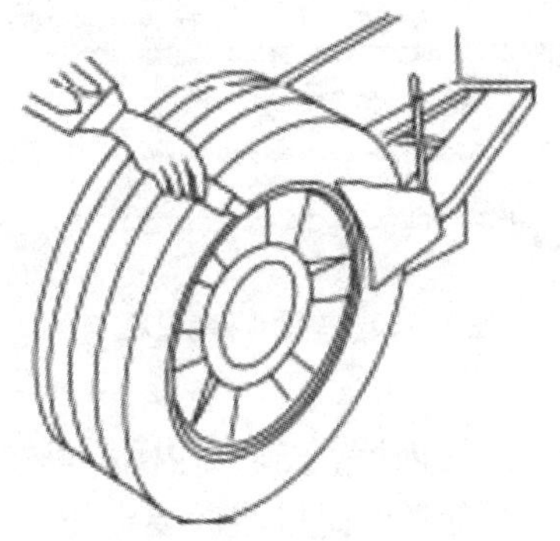

图5-48　润滑胎缘

① 将轮胎置于分离铲和橡胶垫之间，使分离铲边缘置于胎缘与轮辋之间，离轮辋边缘大约1 cm处(图5-49)，然后脚踩分离铲脚踏，使胎缘与轮辋分离。

② 在轮胎其他部分重复以上操作，使胎缘与轮辋彻底脱离。

③ 把胎缘与轮辋已分离的车轮放在转盘上(对于不对称的深槽轮辋，应将窄的轮辋朝上放置)。

④ 脚踩夹紧气缸脚踏到底，夹紧轮辋。

⑤ 拉回横摆臂，调整横摆臂和六方杆的位置，使拆装头内侧贴紧轮辋外缘，然后转动旋扭手柄将横摆臂顶住，再顺时针旋转六方杆锁紧手柄将六方杆锁紧。这时拆装头内侧自然距离轮辋边缘1～2 mm，避免划伤轮辋(图5-50)。

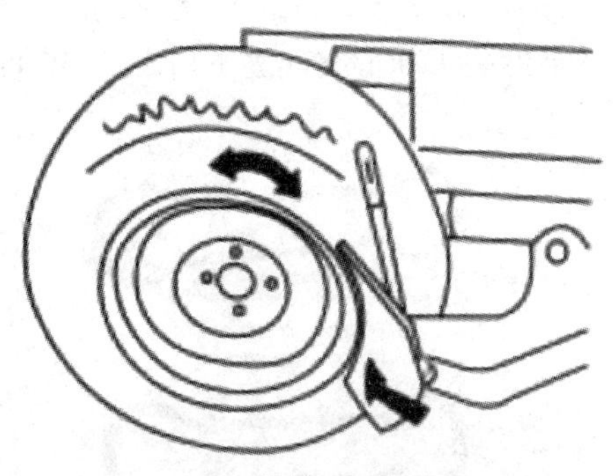

图5-49　使胎缘与轮辋分离

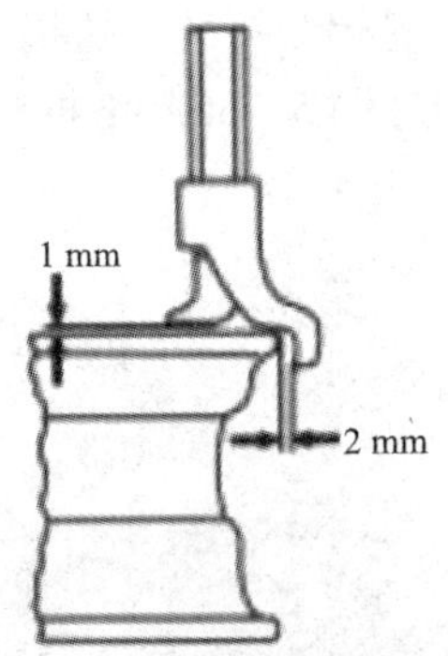

图5-50　拆卸轮胎过程一

⑥ 用撬杠将胎缘撬在拆装头前端半球形突起以上(为了方便撬出，将拆装头对面的轮胎上缘向下压，压到轮槽以内后，再使用专用撬杠将胎缘撬出)(图5-51)，脚踩转盘转向脚踏，让转盘顺时针旋转，直到胎缘脱落为止。如果有内胎，为了避免损坏内胎，在进行这步操作

时，建议将轮胎气门嘴置于拆装机头前端 10 cm 左右(图 5－52)。

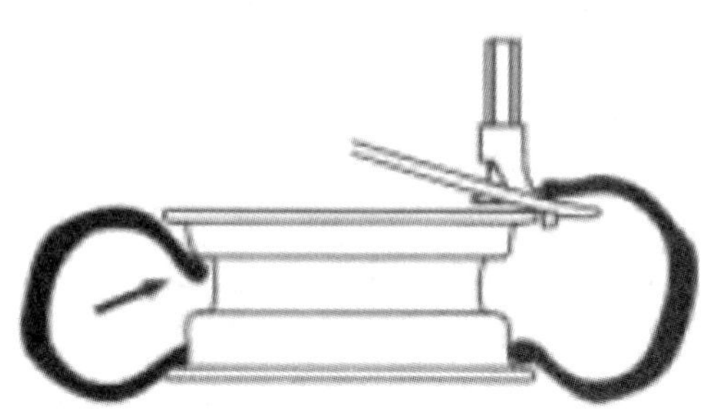

图 5－51　轮胎拆装过程二

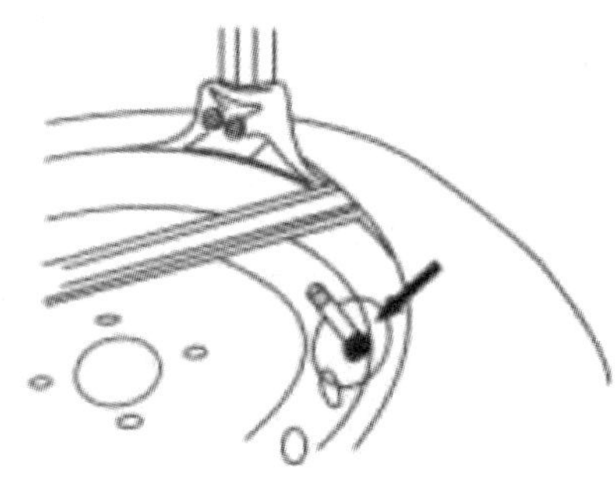

图 5－52　轮胎拆装过程三

⑦ 如果有内胎，先取出内胎。

⑧ 上抬轮胎，而后使拆装头相对位置的下胎缘进入轮槽(图 5－53)再将下胎缘撬到拆装头球形突起之上。

⑨ 然后踩下脚踏直至下胎缘脱离轮辋。

⑩ 踩下脚踏松开卡爪，取下轮辋，拆胎完成。

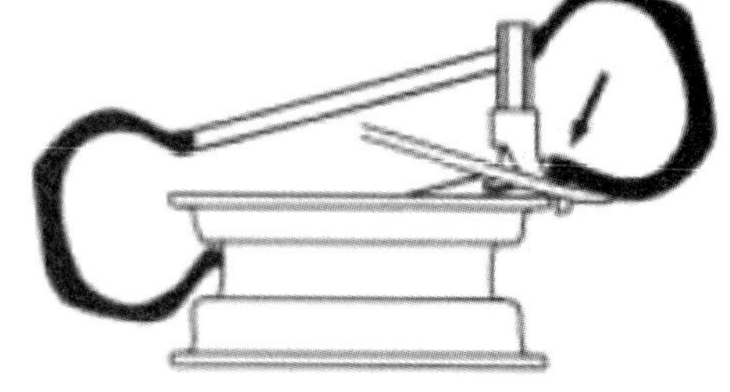

图 5－53　轮胎拆装过程四

2)装胎操作：

说明：在安装轮胎之前，检查轮胎和轮辋尺寸是否相符。

(1)夹紧轮辋(方法同拆胎夹紧操作)。

(2)在轮胎和轮辋上涂上有效的润滑剂如浓肥皂水。

(3)将轮胎倾斜放在轮辋上，左端向上，将横摆臂拉回，进入工作位置(图 5－54)。

(4)检查拆装头与轮辋的配合情况，如不符，进行调整。

(5)调整轮胎与拆装头的相对位置，使轮胎内缘与拆装头交叉。拆装头尾部，应使胎缘置于拆装头上(图 5－55A)；拆装头前端，应使胎缘置于拆装头球形突起之下(图 5－55B)。

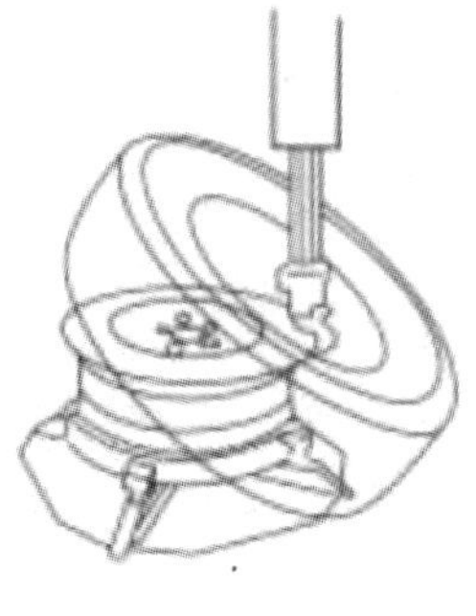

图 5－54　装胎过程一

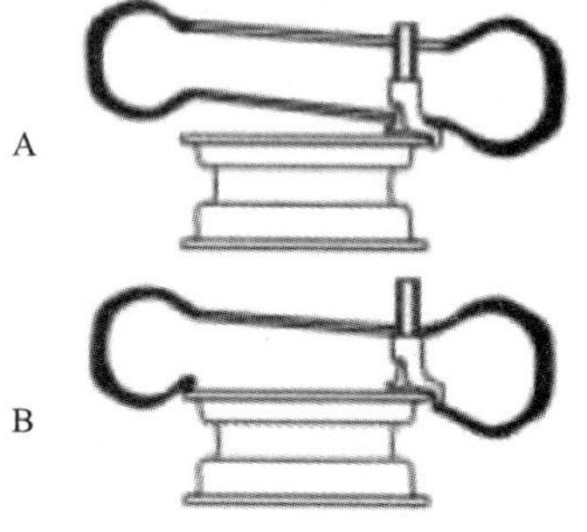

图 5－55　装胎过程二

(6)压低胎肚，脚踩脚踏顺时针旋转转盘，让下部胎缘完全落入轮辋槽内。

(7)如需要安装内胎，检查内胎是否受过损伤，然后将其套在轮辋上(在整个安装过程中需要注意内胎的位置)。

(8)为了安装上胎缘，重新放好轮胎，调整好胎缘位置(与安装下胎缘相同，如图5－56所示)，用手压低胎肚，尽量使胎缘进入轮槽内(图5－57)。

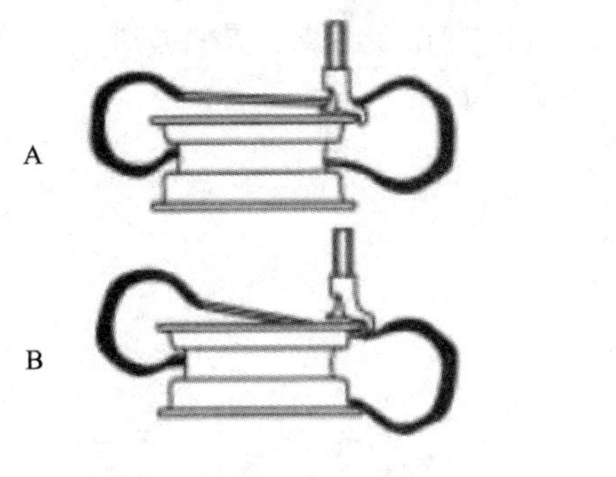

图5－56　装胎过程三

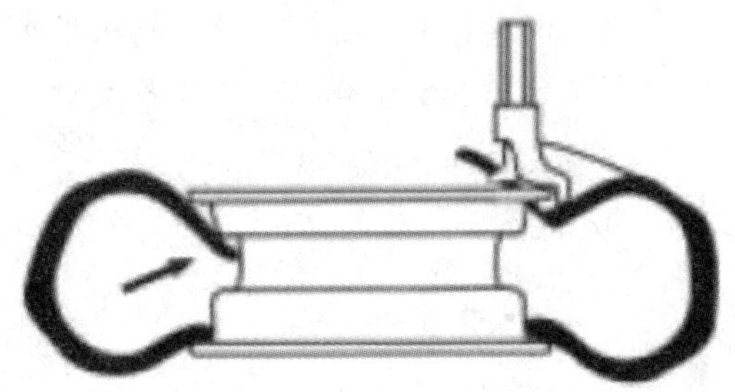
图5－57　装胎过程四

(9)踩下转盘转向脚踏，此时手不要放开。当还有10～15 cm的轮胎未装入时，动作要放慢并注意观察轮胎的状态以免撕伤轮胎。一旦感到轮胎有撕伤的迹象或电机停止转动，请立即松掉脚踏，然后用脚面抬脚踏使电机反转，使轮胎恢复原状以便再次进行。

3)充气操作：

轮胎充气如图5－58所示。

(1)将轮胎从转盘上松开。

(2)将充气管接头与轮胎气门嘴相连。

(3)缓慢并多次(以免充气压力过高)压充气枪，确定压力表显示的压力不超过轮胎生产厂家所注明的范围，所充气压不要超过3.5 bar。

(4)如充气压力过高，可用拇指按下充气枪上的放气按钮，以达到所需气压。

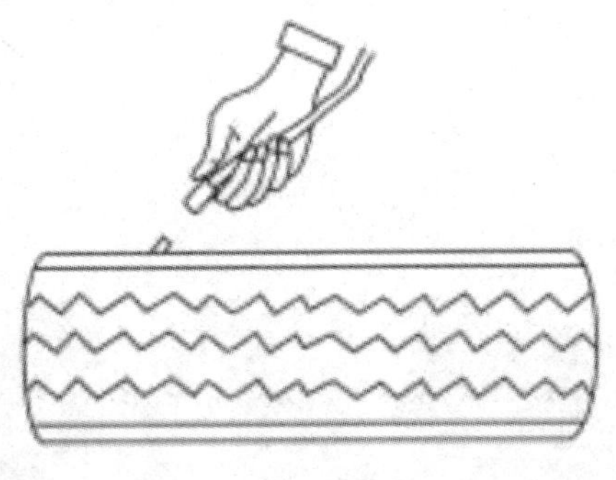
图5－58　轮胎充气

思考与练习

1. 轮式汽车行驶系统一般由哪些部分构成？各部分的作用是什么？

2. 车桥的作用是什么？整体式车桥和断开式车桥各有什么特点？车桥有几种类型？

3. 常见的车轮有几种？为什么辐板式车轮应用最为广泛？

4. 斜交轮胎和子午线轮胎相比各有什么优缺点？

项目六　汽车前轮轮胎异常磨损

【能力目标】

1. 掌握悬架各零件的检查。
2. 会做车轮定位的检查工作。
3. 会分析行驶系统常见故障产生的原因，并提出相应的措施。

【知识目标】

1. 掌握汽车行驶系统的功用、组成和类型，汽车行驶的基本原理。
2. 正确叙述车桥、车架的功用、构造、转向轮定位参数的内容。
3. 正确叙述悬架中弹性元件、减振器、导向装置的类型、构造与规格。
4. 正确叙述非独立悬架、独立悬架的类型、特点、工作过程。
5. 正确叙述电子控制悬架的功能、结构、工作原理。

任务一　更换悬架弹簧和减振器

【案例导入】

小王拥有一辆丰田皇冠轿车，已经使用10年，最近发现在行驶过程中，车辆振动得厉害，颠簸感较强，尤其是遇到坑洼路面时振感尤为强烈，且伴随有从右后轮部位传出的异常响声。随后小王将车开至4S店进行维修，维修人员为其更换了车辆右后侧的减振器后故障解除。

【主要教学设备】

1. 教学用汽车一部。
2. 举升机及转向器、减振器拆卸专用工具。
3. 车轮拆卸工具。
4. 常用维修工具若干。

【教学过程】

1. 学生以小组为单位完成本次任务。
2. 每个小组需配有相关车型的维修手册，学生根据手册制定工作计划。
3. 观察教学车辆车架的类型。
4. 观察教学车辆转向桥的结构特点，说明其工作原理。

5. 观察实训车辆车轮与轮胎的型号与结构特点。

6. 按照维修手册的要求恢复教学车辆。

7. 教学过程中注意安全，防止重物掉落砸伤学生。

【理论学习】

汽车在行驶时会受到路面的各种载荷的作用，并且这些载荷会通过行驶系统传递至车架和车身，造成的振动会缩短汽车机件的使用寿命。振动传递给乘员和货物时，会引起乘员的不适反应，降低乘坐舒适性，也可能给运输货物带来不必要的损害。因此，在汽车底盘上装配一定刚度和弹性的悬架系统来衰减行驶过程中的振动，可保证汽车的舒适性，避免货物受到损伤，延长车辆的使用寿命。

1.1 悬架系统的概述

1. 悬架的作用

悬架是车架（或承载式车身）与车桥（或车轮）之间的弹性联结装置的统称。悬架的作用是弹性地连接车桥或车身，缓和行驶中车辆受到的由不平路面引起的冲击力，保证乘坐舒适和货物完好；迅速衰减由于弹性系统引起的振动，传递垂直、纵向、侧向反力及其力矩；起导向作用，使车轮按一定轨迹相对车身运动。

2. 悬架的组成

悬架主要由弹性元件、减振器和导向装置三部分组成。图 6 – 1 所示为一般汽车悬架组成。

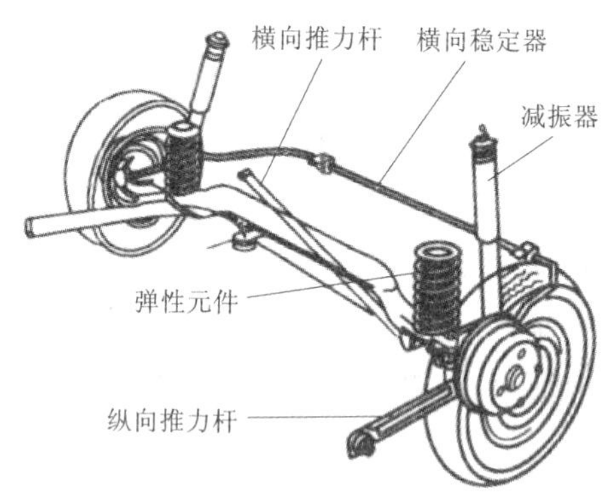

图 6 – 1　汽车悬架组成

（1）弹性元件。承受并传递垂直载荷，缓和不平路面、紧急制动、加速和转弯引起的冲击或车身位置的变化；保持车架和车桥之间的弹性连接。

（2）减振器。衰减由于弹性系统引起的振动。

（3）导向装置（包括横向稳定杆和纵向推力杆）。使车轮按一定运动轨迹相对车身运动，同时传递垂直力之外的各种力和力矩。横向稳定杆可防止车身在转向等情况下发生过大的横向倾斜 。

3. 悬架特性

汽车车身的自然振动频率(振动系统固有频率)由悬架的刚度和簧载质量所决定，此参数是影响汽车行驶平顺性的重要指标之一。人体所习惯的垂直振动频率为 1 ~ 1.6 Hz，车身的自然振动频率应接近或在这一频率范围。

由力学知识可知，若将汽车看成是一个在一定刚度的悬架弹簧上的单自由度振动力学系统，此系统的固有频率为

$$n=\frac{1}{2}\sqrt{\frac{K}{M}}=\frac{1}{2n}\sqrt{\frac{g}{f}}$$

式中：g——重力加速度；

f——悬架挠度(即垂直变形)；

M——悬架的簧载质量；

K——悬架刚度$\frac{Mg}{f}$(车轮中心相对于车架或车身移动单位距离所需的悬架垂直载荷)。

由此公式可知：

(1)当悬架所受垂直载荷一定时，悬架的刚度愈小，汽车的固有频率愈低。但较小的悬架刚度，会使悬架的垂直变形加大，车轮跳动幅度加大必然会需要更大的活动空间，所以针对簧载质量很大的载货汽车，结构上难以满足这种要求，一般载货汽车振动系统的固有频率通常较高。

(2)当悬架刚度一定时，簧载质量越大，系统固有频率越低，垂直变形愈大。一般而言，空车时的系统固有频率将大于满载时的系统固有频率。

因汽车的载重量经常发生变化，固有频率也会随之而变化。为了使空载和满载时的固有频率保持一定或变化很小，需要把悬架刚度做成可变或可调的。空车时悬架刚度较小，而随着载荷的增大，悬架刚度应该相应增加。目前汽车上装有电子控制的悬架，就能满足此种目的。

按控制形式不同，悬架可分为被动式悬架和主动式悬架。目前多数汽车上采用被动式悬架。被动式悬架是汽车姿态(状态)只能被动地取决于路面、行驶状况和汽车的弹性元件、导向装置以及减振器这些机械零件。主动悬架可根据路面和行驶工况自动调整悬架刚度和阻尼，从而使车辆能主动控制垂直振动及其车身或车架的姿态。

4. 悬架的类型

汽车悬架系统根据结构形式的不同，一般可分为两大类：非独立悬架和独立悬架(图 6 - 2)。

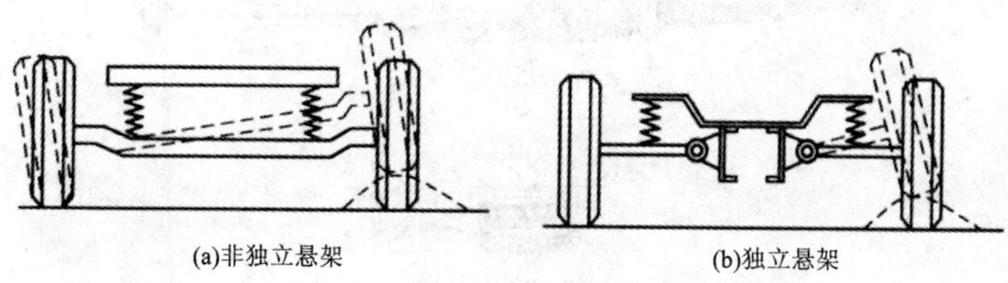

(a)非独立悬架　　(b)独立悬架

图 6 - 2　非独立悬架和独立悬架结构

(1)非独立悬架如图6-2(a)所示。其特点是两侧车轮安装于整体式车桥，车轮连同车桥一起通过弹性元件悬挂在车架或车身上。当一侧车轮受冲击力时会直接影响到另一侧车轮，当车轮上下跳动时定位参数变化小。非独立悬架由于承载质量比较大，高速行驶时悬架受到冲击载荷比较大，平顺性较差。但这种悬架结构简单、制造方便，载货汽车使用居多。

(2)独立悬架的结构如图6-2(b)所示。其特点是左右车轮单独通过悬架与车架(或车身)相连，每个车轮能独立上下运动，当一侧车轮受到冲击时，其运动不会影响到另一侧的车轮，可有效减少行驶时车架和车身的振动，防止转向轮的摆振。使用独立悬架时，非悬架质量小，从而可提高汽车行驶平顺性。独立悬架常采用断开式车桥，发动机总成的位置可降低并前移，使汽车重心下降，提高了汽车行驶的稳定性。这种悬架被广泛地应用于中轿车和小客车上。

1.2 弹性元件

汽车悬架所用的弹性元件类型可分为钢板弹簧、螺旋弹簧、扭杆弹簧、气体弹簧和橡胶弹簧等。

1. 钢板弹簧

钢板弹簧也称叶片弹簧，是汽车悬架中使用最为广泛的弹性元件，由若干片长度不等、宽度相等、厚度不等或相等、曲率半径不等的合金弹簧片叠加在一起组合成一根近似等强度的梁，如图6-3所示，主要由主片、副片、弹簧夹、螺栓、套管、螺母等组成。钢板弹簧最上面的一片(最长的一片)称为主片，其两端弯成卷耳，内装青铜或其他材料制成的衬套，用弹簧销与固定在车架上的支架或吊耳作铰链连接。钢板弹簧的中心部位用U形螺栓与车轿固定。由于结构简单、使用可靠、维修方便，因而被一般载重汽车广泛应用。

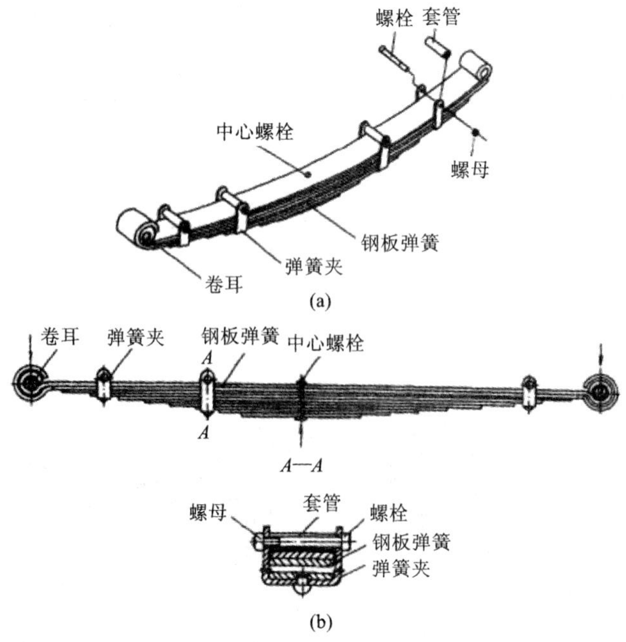

图6-3 钢板弹簧

钢板弹簧的第一片(最长的一片)称为主片，其两端弯成卷耳，内装有衬套，用弹簧销与固定在车架上的支架或吊耳连接。为了增加主片及其卷耳的强度，常将第二片两端做成加强卷耳。加强卷耳一般只包住卷耳的一部分，且两者之间留有一定空隙，以便在弹簧受力变形时两片之间有相对滑动伸缩的余地。钢板弹簧的中部一般用U形螺栓固定在车桥上。两端用销子铰接存车架的支架和吊耳上。中心螺栓用以连接各弹簧片，并保证装配时各片的相对位置。

钢板弹簧在载荷作用下变形，各片之间因相对滑动而产生摩擦，可使车架的振动衰减。各片之间处于干摩擦，同时还要将车轮所受冲击力传递给车架，因此增大了各片的磨损。所以在装合时，各片之间涂上较稠的石墨润滑脂进行润滑，并应定期维护。钢板弹簧本身还起导向装置的作用，可不必单设导向装置，使结构简化。有些高级轿车的后悬架也采用钢板弹簧作弹性元件。近年来一些汽车上采用变厚度的单片或二至三片的钢板弹簧，可以减小片与片之间的干摩擦，同时减轻重量。目前，主要是一些货车和一些高级轿车的后悬架采用钢板弹簧作弹性元件。

2. 螺旋弹簧

螺旋弹簧大多应用在独立悬架上，尤其是前轮独立悬架中。在有些轿车上，后轮非独立悬架中也使用螺旋弹簧作为弹性元件。螺旋弹簧用弹簧钢料卷制而成，有刚度不变的圆柱形等螺距螺旋弹簧和刚度可变的圆锥形不等螺距螺旋弹簧两种，如图6-4所示。与钢板弹簧相比，螺旋弹簧具有不需润滑、防污性强、占用纵向空间小及弹簧本身质量小的优点，因而在现代轿车上被广泛采用。但螺旋弹簧只能承受垂直载荷，用它做弹性元件的悬架要加设导向装置。此外，螺旋弹簧变形时，不产生摩擦力，所以在其悬架中必须装有减振器，用于衰减因冲击而产生的振动。

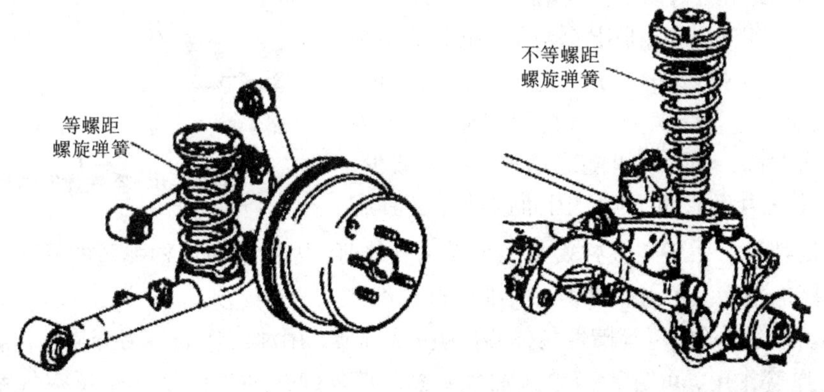

图6-4　螺旋弹簧结构

3. 扭杆弹簧

扭杆弹簧本身由铬钒合金弹簧钢制成(图6-5)。一端固定在车架上另一端固定在悬架的摆臂上，摆臂则与车轮相连。当车轮跳动时，摆臂便绕着扭杆轴线摆动，使扭杆产生变形。采用扭杆弹簧做弹性元件的悬架要设导向装置和减振器。扭杆弹簧与钢板弹簧相比，质量较轻，而且不需润滑，保养维修简便。扭杆弹簧可以节省纵向空间，适用于小型车及厢式货车悬架。从截断面上看，扭杆弹簧有圆形、管形、矩形、叠片及组合式等，目前使用最多是圆形截面。

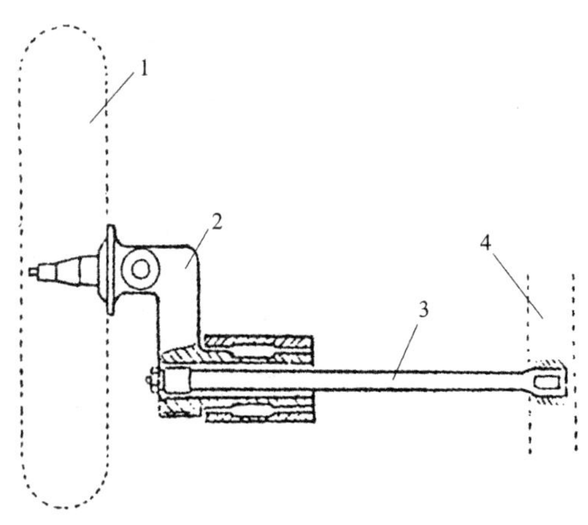

图 6－5　扭杆弹簧

1—车轮；2—摆臂；3—扭杆；4—车架

为保护扭杆表面，通常在其上涂有环氧树脂，并包一层玻璃纤维，再涂一层环氧树脂，最后涂上沥青和防锈油漆，以防腐蚀和损坏表面，从而提高扭杆弹簧的使用寿命。

4. 气体弹簧

气体弹簧主要有空气弹簧和油气弹簧两种，一般在豪华大客车上得到广泛应用。气体弹簧是以空气做弹性介质，即在一个密闭的容器内装入压缩空气(气压为 0.5～1 MPa)，利用气体的可压缩性实现弹簧的作用。空气弹簧又可分为囊式和膜式两种，如图 6－6 所示。这种弹簧随着载荷的增加，容器内压缩空气压力升高，其刚度也随之增加；载荷减少，刚度也随空气压力降低而下降，因而这种弹簧具有理想的变刚度特性。由于空气弹簧只能承受垂直载荷，因此采用这种弹簧的悬架也必须加设导向装置和减振器，但密封困难，加大维护保养难度。

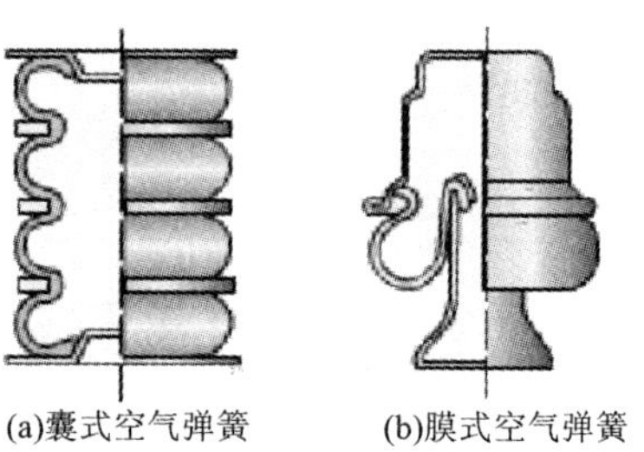

图 6－6　空气弹簧结构

油气弹簧以气体(如氮等惰性气体)作为弹性介质，用油液作为传力介质，利用气体的可压缩性实现弹簧作用，可分为简单式油气弹簧、带隔膜式油气弹簧和带反空气室式油气弹簧，其结构原理如图 6－7 所示。由于油液流经阻尼阀时会产生阻尼力，因此油气弹簧还能起减振器的作用。油气弹簧具有良好的行驶平顺性，而且体积小，质量小，但是对密封性要求很高，维护相对麻烦。目前这种弹簧多用于重型汽车和部分小客车上。由于油气弹簧只能承受垂直载荷，因此采用这种弹簧的悬架也必须加设导向装置。

5. 橡胶弹簧

橡胶弹簧是利用橡胶本身的弹性来起作用的弹性元件，它可以承受压缩载荷和扭转载荷。当橡胶弹簧在外力作用下变形时，便产生内部摩擦，以吸收振动。橡胶弹簧的优点是可

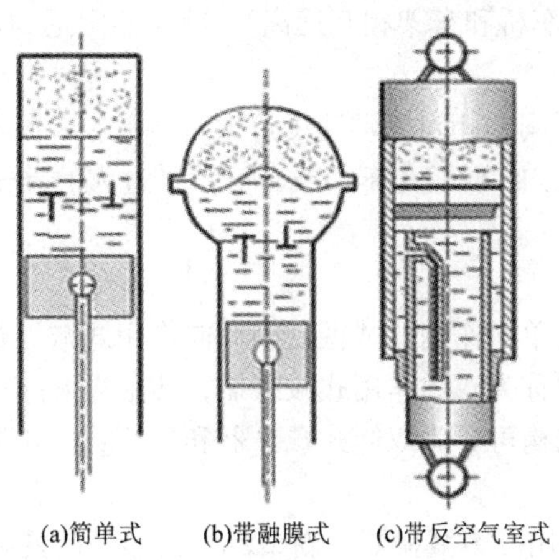

图 6-7　油气弹簧简图

以制成任何形状，使用时无噪声，不需要润滑。但橡胶弹簧不适用支承重载荷。所以，橡胶弹簧主要用作辅助弹簧或悬架部件的衬套、垫片、垫块、挡块及其他支承件，如图 6-8 所示。

图 6-8　橡胶弹簧实物

1.3　减振器

1. 减振器的作用

车辆在颠簸的路面行驶时，车身会产生振动。减振器在汽车中的作用是迅速衰减由车轮通过悬架弹簧传给车身的冲击和振动，提高汽车行驶的平顺性。减振器在汽车悬架中与弹性元件并联安装，如图 6-9 所示。

2. 减振器工作原理

汽车悬架系统中通常采用液力减振器，利用液体流动的阻尼来消耗冲击振动的能量。当车架或车身与车桥间受振动出现相对运动时，减振器内的活塞上下移动，减振器内的油液便反复地从一个腔经过不同的孔隙流入另一个腔内。此时，孔壁与油液间的摩擦和油液分子间的内摩擦消耗了振动的能量，而对振动形成阻尼力，使汽车振动能量转化为油液热能，再由减振器吸收散发到大气中。

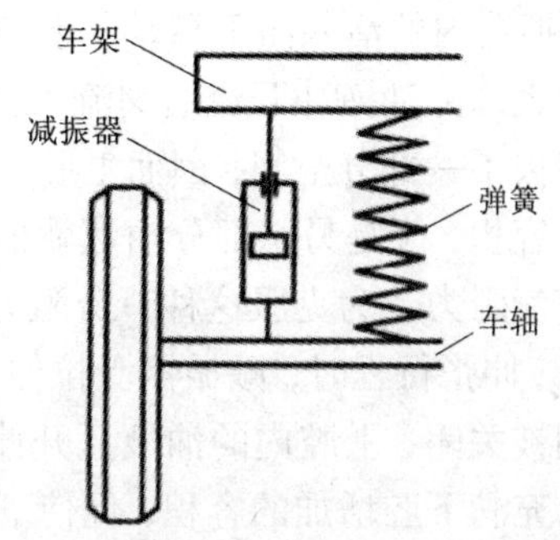

图 6-9　减振器与弹性元件的安装

若减振器阻尼力过大，振动衰减变得过快，使悬架的弹性元件的缓冲作用变差，甚至使减振器连接件及车架损坏，所以减振器与弹性元件应协调工作，为此应满足以下要求：

1）在悬架压缩行程中（车桥和车架相互靠近），减振器阻尼力较小，以便充分发挥弹性元件的弹性作用，缓和冲击。这时，弹性元件起主要作用；

2)在悬架伸张行程中(车桥和车架相互远离)，减振器阻尼力应较大，以迅速减振，此时减振器起主要作用；

3)当车架或车身与车桥间的相对运动速度过大时，要求减振器能自动加大液流量，使阻尼力始终保持在一定限度之内，以避免车架或车身承受过大的冲击载荷。依靠阀门的挠度控制液流通道的面积。

3. 减振器类型

减振器按工作原理分为单向作用式减振器和双向作用式减振器。在压缩和伸张两个行程中均能起减振作用的减振器称为双向作用式减振器，只在伸张行程中起减振作用的减振器称为单向作用式减振器。按结构可分为双筒式减振器和单筒式减振器。按工作介质分液压式和充气式减振器。

目前，汽车悬架广泛采用液力减振器。新型汽车大多采用具有双向作用式原理的双筒或单筒式结构的液压减振器。新型式的汽车中，开始采用充气式减振器。

4. 双向作用筒式减振器工作原理

图6－10所示为双向作用筒式减振器的工作原理。它有三个同心钢筒，外面的钢筒是防尘罩，其上部的吊耳与车架相连。中间是储油缸筒，内装有一定量的油液(不装满)，其下端的吊耳与车桥相连。里面是工作缸筒，其内装满油液。它还有四个阀，即压缩阀、伸张阀、流通阀和补偿阀。流通阀和补偿阀是一般的单向阀，其弹簧很弱，当阀上的油压作用力与弹簧弹力同向时，阀处于关闭状态，完全不通油液；而当油压作用力与弹簧弹力反向时只要很小的油压，阀便能开启。压缩阀和伸张阀是卸载阀，其弹簧较强，预紧力较大，只有当油压增高到一定程度时，阀才能开启；而当油压减低到一定程度时，阀即自行关闭。

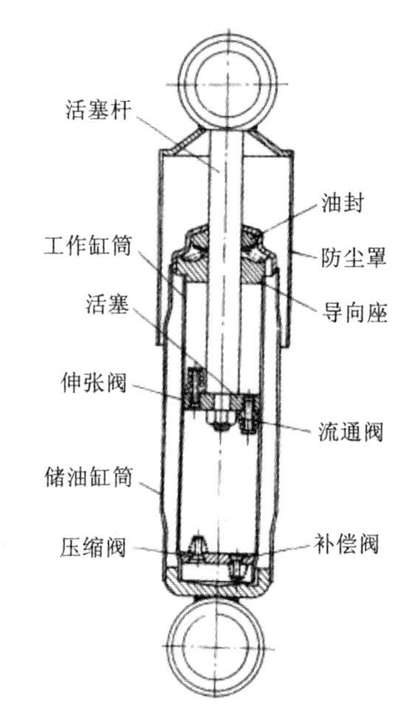

图6－10　双向作用筒式减振器

(1)压缩行程时，减振器被压缩，汽车车轮移近车身，减振器内的活塞向下移动，下腔的容积减小，油压升高。大部分油液冲开流通阀流入上腔，由于上腔被活塞杆占去了一部分空间，因而上腔增加的容积小于下腔减小的容积，于是另一部分油液就推开压缩阀，流回到储油缸内。油液通过阀孔时，受到一定的节流阻力。为克服这种节流阻力而消耗了振动能量，使振动衰减。

(2)伸张行程时，减振器受拉伸，车轮远离车身，减振器活塞向上移动，上腔油压升高，流通阀被关闭，上腔内的油液压开伸张阀流入下腔。由于活塞杆的存在，自上腔流来的油液不足以充满下腔增加的容积，促使下腔产生一定的真空度，以至储油缸中的油液推开补偿阀流进下腔进行补充。这些阀的节流作用对悬架在伸张运动时起到阻尼作用。

1.4　独立悬架

独立悬架中的弹性元件往往都使用螺旋弹簧和扭杆弹簧，钢板弹簧和其他形式的弹簧较少使用。

独立悬架的结构类型很多，一般可按车轮的运动形式分为三类，如图6－11所示。

(1)车轮在汽车横向平面内摆动的悬架，称为横臂式独立悬架[图6－11(a)]。

(2)车轮在汽车纵向平面内摆动的悬架，称为纵臂式独立悬架[图6－11(b)]。

(3)车轮沿主销轴线移动的悬架，包括烛式悬架和麦弗逊式悬架[图6－11(c)、图6－11(d)]。

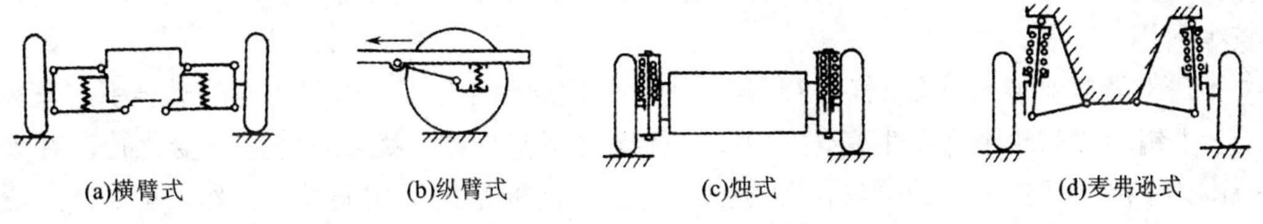

图6－11　独立悬架的类型

1. 横臂式独立悬架

横臂式独立悬架有单横臂式和双横臂式两种。

1)单横臂式独立悬架

如图6－12所示，横摆臂的内端与车架铰接，外端安装车轮，螺旋弹簧安装在摆臂与车架之间。当车轮跳动时，螺旋弹簧变形，车轮和摆臂以铰链为中心，在汽车横向平面内摆动。这时，车轮倾斜，车轮与路面接触点和轮距不停发生变动，使轮胎相对于路面发生横向位移，轮胎与地面的着力下降，并增加轮胎磨损。若用于转向轮，车轮横向摆动时还会引起主销内倾角和车轮外倾角变化较大，影响汽车的操纵稳定性，故单横臂式独立悬架使用很少。

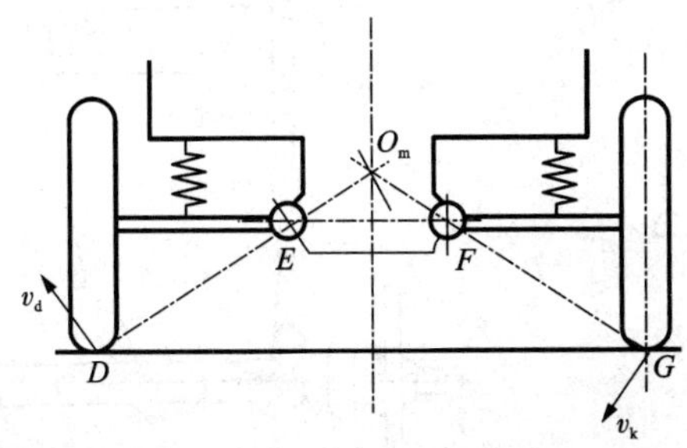

图6－12　单横臂式独立悬架

2)双横臂式独立悬架

双横臂式独立悬架是轿车中应用最广泛的一种，双横臂式悬架可分为等臂和不等臂两种，如图6－13所示。

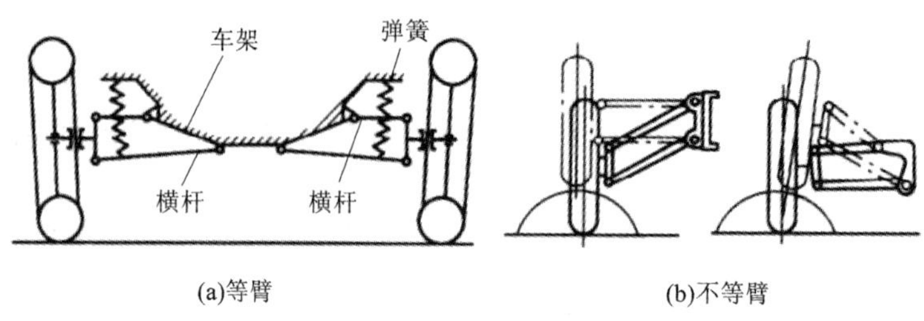

(a)等臂　　(b)不等臂

图 6－13　双横臂式独立悬架

对于等臂的悬架如图 6－13(a)所示，当车轮上、下跳动时，车轮平面以及主销轴线的方向保持不变，但轮距却有较大变化，将引起车轮的横向滑动和加速轮胎的磨损，因而这种结构较少采用。

不等双臂式独立悬架如图 6－13(b)所示，两横摆臂不等长，虽然车轮跳动会引起车轮的平面、主销轴线和轮距都发生变化，但适当选择两摆臂长度，就可以将这些变化控制在允许的范围内，提高了汽车行驶平顺性和方向稳定性。这种悬架结构简单、工作可靠，被广泛应用在轿车前轮上。如丰田皇冠、凌志 400、红旗等轿车的前轮均采用这种不等长双横臂式螺旋弹簧独立悬架。

2. 纵臂式独立悬架

1)单纵臂式式独立悬架

当车轮跳动时，前轮外倾角和轮距不变，但主销后倾角产生很大变化，如图 6－14(a)所示，所以一般不用于转向桥，而多用在后驱动桥上。图 6－14(b)所示为后轮所用的单纵臂式扭杆弹簧独立悬架，纵摆臂是一片宽薄的钢板，一端与半轴套管相连，另一端带有套管通过花键与扭杆弹簧的外端相连。当车轮跳动时，纵摆臂绕套筒和扭杆中心线纵向摆动，使扭杆产生变形以缓和冲击，同时略有扭转和侧向弯曲，富康轿车后桥采用单纵臂式独立悬架。

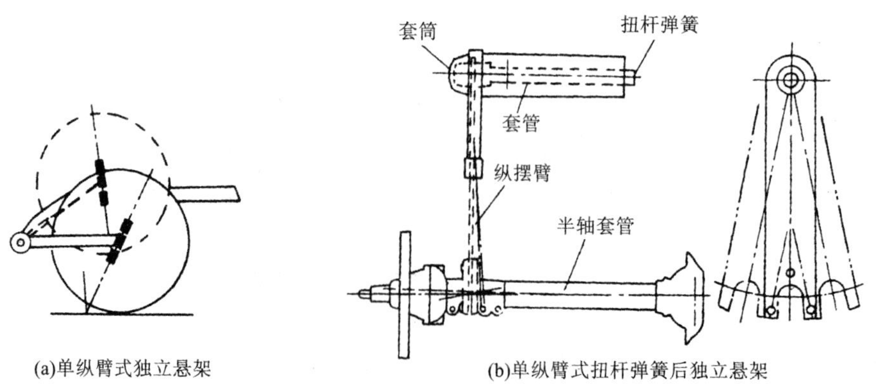

(a)单纵臂式独立悬架　　(b)单纵臂式扭杆弹簧后独立悬架

图 6－14　单纵臂式独立悬架

2)单斜臂式独立悬架

单斜臂式独立悬架，其特点是，当车轮上下跳动时，摆臂的摆动轴线与车轴轴线斜交叉，故称为单斜臂式独立悬架。选择好摆臂的摆动轴线与车轴轴线的夹角，可使这种悬架接近单横臂式或单纵臂式独立悬架，兼有两者的特点，适用于轿车的后悬架，如图6－15所示。

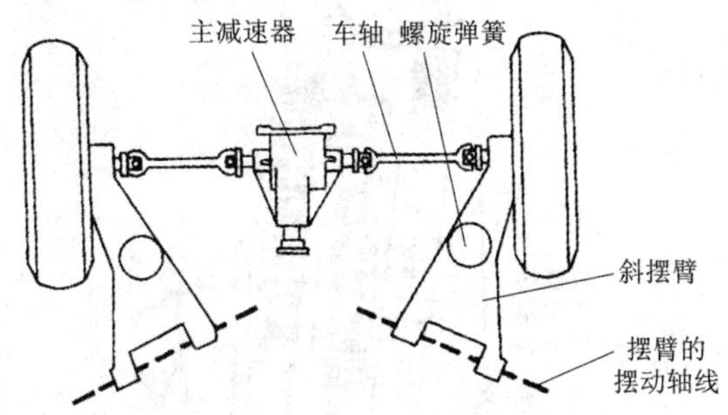

图6－15　单斜臂式独立悬架

3）双纵臂式独立悬架

图6－16所示为双纵臂式扭杆弹簧独立悬架。两个纵摆臂一般长度相等，形成平行四连杆机构。当车轮上下跳动时，车轮外倾角、轮距和主销后倾角保持不变。转向节与两个纵摆臂铰链式连接，在车架和两根管状横梁内部装有片状扭杆弹簧（由若干层薄弹簧钢片叠成）。扭杆弹簧的内端用螺钉固定在横梁的中部，外端插入摆臂轴的矩形孔内。与纵摆臂刚性相连的摆臂轴用衬套支撑在管状横梁内。扭杆弹簧只承受垂直载荷，车轮所受的纵向力、侧向力及其力矩均由纵摆臂传给车架的管状横梁。转向桥上一般采用这种形式的悬架。

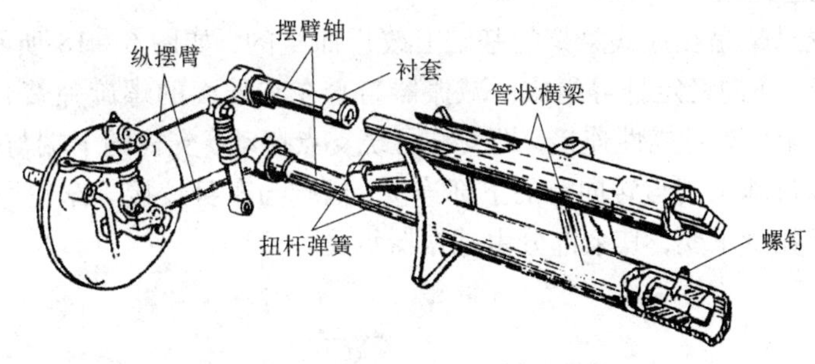

图6－16　双纵臂式扭杆弹簧式独立悬架

3. 车轮沿主销移动的独立悬架

车轮沿主销移动的独立悬架目前分为两种：一种是车轮沿摆动的主销轴线移动的麦弗逊式独立悬架，另一种是车轮沿固定不动的主销轴线移动的烛式悬架。

1）烛式悬架

烛式悬架如图6－17所示，主销上下两端刚性地固定在车架上。套筒空套在主销上并固定在转向节上，中部固定在螺旋弹簧的下支座上。减振器上端连车架，下端连转向节。当汽车在不平路面上行驶时，车轮、转向节一起沿固定的主销轴线移动。螺旋弹簧只承受垂直载荷，而车轮上所受的纵向力、侧向力及其力矩则由转向节、套筒经主销传给车架。当悬架变形时，主销和车轮的倾角不会发生变化，有利于汽车的转向操纵和行驶的稳定。

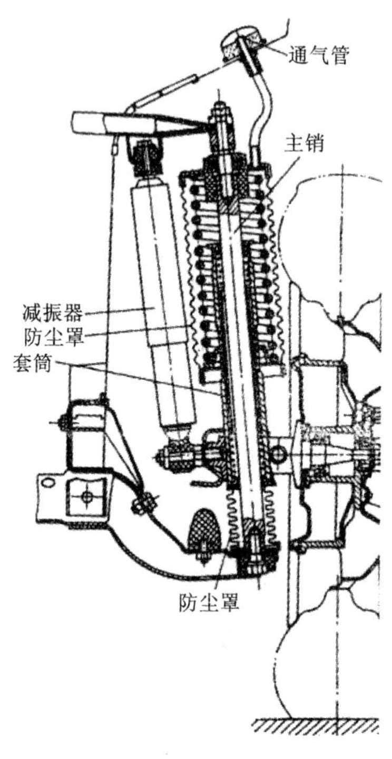

图 6－17　烛式独立悬架

2）麦弗逊式独立悬架

麦弗逊式独立悬架是在烛式悬架的基础上改进而得的，如图 6－18 所示，由减振器、螺旋弹簧、悬架托臂、横向稳定杆等组成。减振器与套在它外面的螺旋弹簧合为一体，构成悬架的弹性支柱，上端与车身挠性连接，即支柱可绕支点摆动，支柱的下端与转向节刚性连接。悬架托臂的外端通过球头销与转向节的下部连接，内端与车身铰接。车轮所受的侧向力经转向节大部分由悬架托臂承受，其余部分由减振器承受。

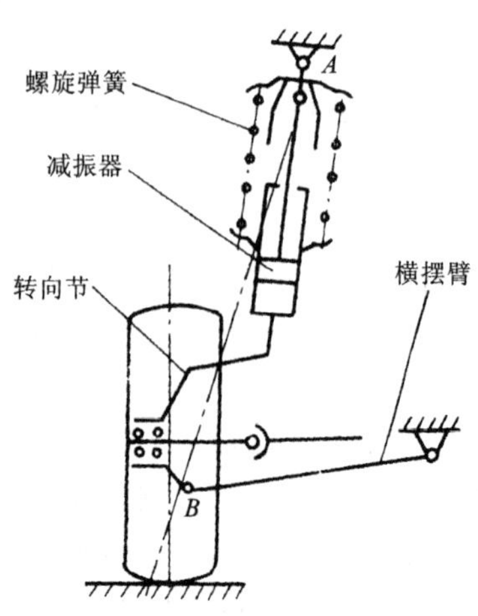

图 6－18　麦弗逊式独立悬架

其主要特点是将筒式减振器作为悬架杆系的组成部分，并将兼作主销作用的滑柱和下摆臂组装在一起，无上摆臂，下摆臂也是一根很简单的工字形断面梁，它与车体铰接并与斜向撑杆一起组成能抗水平弯曲的结构。这种结构十分简单，车轮跳动时，其主销定位角及轮距变化较小，不需前轮定位角的调整机构，占空间小，并可靠近车轮布置。其缺点是减振器的滑动部分易磨损，转弯时车轮外倾角变化较大，且不能用于非整体式结构车身。

麦弗逊式独立悬架无主销实体。转向轴线是上、下支点的连线，一般与减振器轴线重合。车轮上下跳动时，下支点随悬架托臂摆动，因而车轮、主销轴线随之摆动，车轮、主销的倾角和轮距都会变化，合理布置杆系可将这些变化控制在很小的范围内。麦弗逊式悬架结构较简单，布置紧凑，用于前悬架时能增大两前轮内侧的空间，有利于发动机布置，并可降低整车的重心，多用于发动机前置、前轮驱动的轿车上。此种悬架一般用在桑塔纳、捷达、富康等中、小型轿车的前悬架上。

3）多连杆式独立悬架

按惯例，一般都把4连杆或更多连杆结构的悬架，称为多连杆悬架，如图6－19所示。多连杆式独立悬架不仅可以保证拥有一定的舒适性，而且由于连杆较多，可以使车轮和地面尽最大可能保持垂直，尽最大可能减小车身的倾斜，最大可能维持轮胎的贴地性。其操控性能和双叉臂式悬挂难分伯仲，高挡轿车由于空间充裕、且注重舒适性能和操控稳定性，所以大多使用多连杆悬架，可以说多连杆悬挂是高挡轿车的绝佳搭挡。

图6－19　多连杆式独立悬架

多杆式独立悬架能使车轮绕着与汽车纵轴线呈固定角度的轴线摆动，是横臂式和纵臂式的折中方案。适当地选择摆臂轴线与汽车纵轴线所成的夹角，可不同程度地获得横臂式与纵臂式悬架的优点，能满足不同的使用性能要求。多连杆式悬架的主要优点是：车轮跳动时轮距和前束的变化很小，不管汽车是在驱动还是在制动状态均可平衡地转向，具有良好操纵稳定性，可减小轮胎磨损。其不足之处是汽车高速时有轴摆动现象。这种悬架减振器和螺旋弹簧不像麦弗逊悬架那样沿转向节转动。

1.5　车轮定位

车轮定位包括转向轮定位和后轮定位。

1.5.1 转向轮定位

转向轮定位是指转向轮、转向节和前轴三者之间所具有的一定的相对安装位置，叫做转向轮定位。

转向轮定位的基本作用是使汽车保持稳定的直线行驶、转向后能自动回正，提高汽车行驶的安全性，使转向轻便、减少轮胎和其他机件的磨损。前轮定位的参数有：主销后倾、主销内倾、前轮外倾和前轮前束 4 个参数。

1. 主销后倾

主销装在前轴上，其轴线上端相对车轮与路面的法线略向后倾斜，这种结构形式称为主销后倾。在纵向垂直平面内，主销轴线与垂线之间的夹角 γ，叫主销后倾角，如图 6－20 所示。

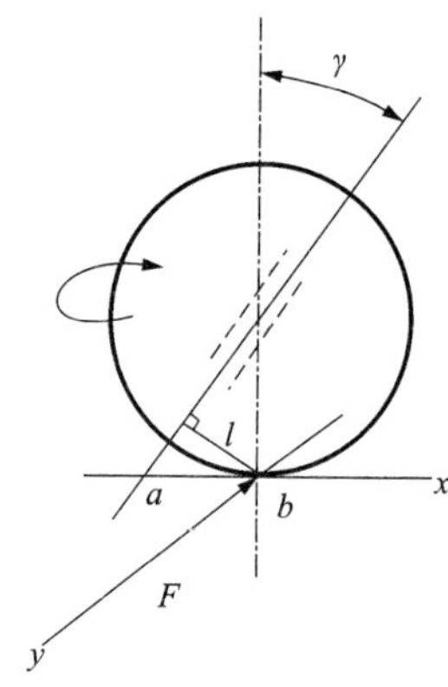

图 6－20　主销后倾

主销后倾后使它的轴线与路面的交点 a 位于轮胎与路面的接触点 b 之前，这样 b 点到主销轴线之间就有一段距离 z。在汽车向右转弯时，汽车产生离心作用，导致路面给车轮一侧向反作用力 F(向心力)，力 F 通过 b 点作用于轮胎上，从而使 F 相对于主销轴线产生一稳定力矩 M($M = FXL$)，该力矩的作用是要使车轮恢复到原来中间的位置。主销后倾的作用是保持汽车直线行驶的稳定性，并力图使转弯后的车轮自动回正。后倾角越大，车速越高，车轮的稳定效应也越强。但后倾不宜过大，一般不超过 3°，否则在转向时克服此力矩需要在方向盘上施加更大的力。

主销后倾角一般是利用前轴连同车架装配在一起时，使前轴向后转过一个角度，进而使主销孔向后倾斜而形成的。

2. 主销内倾

主销安装到前轴上后，其上端略向内倾斜，这叫主销内倾，在横向垂直平面内，主销轴线与垂线之间的夹角叫主销内倾角，用 β 表示。如图 6－21(a)所示。

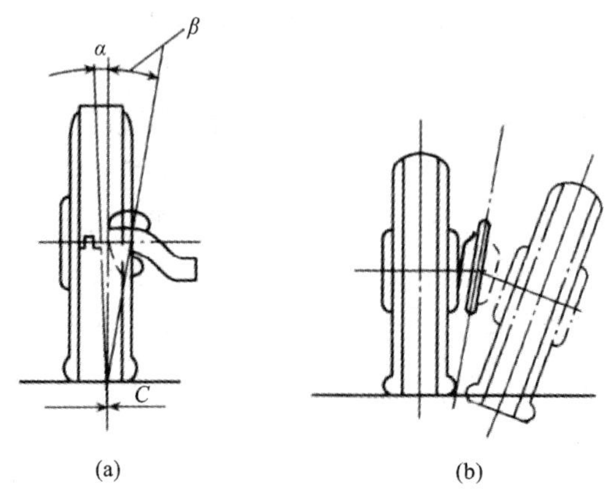

图 6－21　主销内倾与前轮外倾

主销内倾的作用是使车轮转向后能自动回正，即使汽车回到直行位置，而且也使转向操纵轻便。前轮偏转角越大，转向轮的回正作用越强。但主销内倾角过大，则 a 减小，车轮转向时与路面间滑动较大，轮胎摩擦阻力增加，使转向沉重，加速轮胎的磨损，故一般主销内倾角不大于 8°。

3. 前轮外倾

前轮安装在车桥上后，其旋转平面上方相对纵向垂直平面略向外倾斜，这种现象称为前轮外倾。前轮旋转平面与纵向垂直平面之间的夹角 α，叫前轮外倾角，如图 6－21(b)所示。

前轮外倾的作用是提高前轮行驶的安全性和转向操纵轻便性，抵消由于载荷变化时外轴承及其锁紧螺母等零件的载荷变化，防止车轮脱出，延长零件寿命。

非独立悬架的前轮外倾和主销内倾角不能调整，但独立悬架的前轮外倾和主销内倾角有的可以调整。前轮外倾角虽然对安全和操纵有利，但是过大的外倾角将使轮胎横向磨损增加，油耗增多。一般前轮外倾角为 1°左右。

4. 前轮前束

前轮安装后，两前轮的旋转平面不平行，前端略向内束，这种现象称为前束。两轮前端距离 B 小于后端距离 A，其差值($A-B$)即为前轮前束值，如图 6－22 所示。

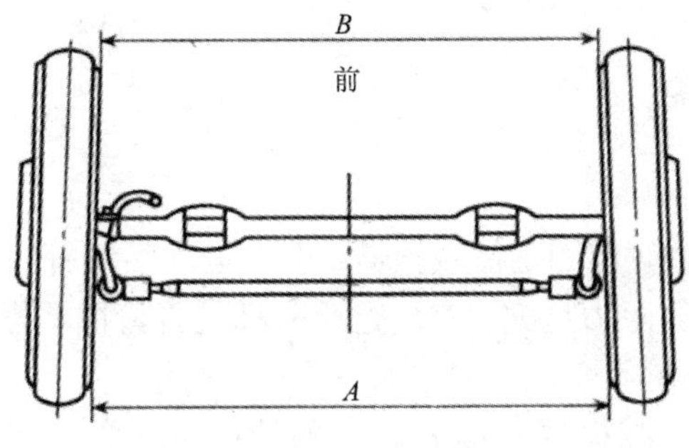

图 6－22 前轮前束

前轮前束可通过改变转向横拉杆的长度来调整。检查或调整时可根据规定的测量位置和测量方法，使两车轮的前后距离之差符合要求。有些汽车前轮外倾角接近于零甚至全为负值，则前轮前束值也应采用零或负值。前轮前束的作用是减小或消除汽车前进中，因前轮外倾和纵向阻力致使前轮前端向外滚开所造成的滑移。

1.5.2 后轮定位

车辆除对转向车轮的定位有要求外，绝大多数车辆对后轮的定位参数也进行了规定。特别是前轮驱动车辆和独立悬架车辆，不适当的后轮定位参数会影响车辆的操作稳定性，加剧轮胎的磨损。

1. 后轮外倾

像前轮外倾角一样，后轮外倾角也对轮胎磨损和操纵性有影响。理想状态是所有车轮的运动外倾角均为零，这样轮胎和路面接触良好，从而得到最佳操纵性能和行驶性能。

车轮外倾角不是静态的，它随悬架的上下移动而变化。车辆加载后悬架下沉就会引起车轮外倾角改变。为了对载荷进行补偿，采用独立悬架的车辆大多数有较小的正后轮外倾角。

2. 后轮前束

像前轮前束一样，后轮前束也是后轮定位的一个重要参数。如果前束不当，也会加剧轮胎的磨损，另外还会引起转向不稳定及降低制动效能。

汽车在路面上行驶时，最理想的状态是所有车轮的运动前束量均为零。后轮前束也不是静态的，悬架摇动和反弹时前束就会变化。对于前驱动车辆，前驱动轮宜正前束，后从动轮宜负前束；前后驱动车辆，前轮宜负前束，独立悬架的后驱动轮应尽可能为前束。

转向时，转向桥两端车轮可偏转一定的角度，以实现汽车转向。由于汽车行驶的道路条件较为复杂，因此，转向桥要有足够的强度和刚度。车轮偏转时，各部件之间的摩擦力要尽量小。车轮定位要正确，从而保证汽车操纵轻便、方向稳定。

任务二　相关技能训练

2.1　悬架的维护与检修

2.1.1　悬架系统的检修

1）减振器检查

如图 6－23 所示，检查时应固定住减振器，上下运动活塞杆时应有一定阻力，而且向上比向下的阻力要大一些。若阻力过大，应检查活塞杆是否弯曲；若无阻力，则表示前减振器油已漏光或失效，必须更换。

减振器为免维护机构，减振器外面有轻微的油迹，不必更换减振器。如有大量油迹即漏油时，减振器在压缩到底或伸展时会产生跳动现象。车辆行驶时，有缺陷的减振器会发出冲击噪声，减振器失效后用手摸其外壳不发热，这时应更换减振器。

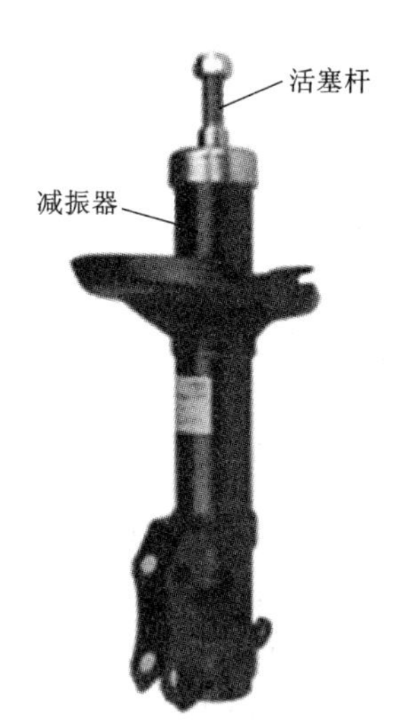

图 6－23　减振器实物

2）减振器悬架轴承主橡胶挡块的检查

检查减振器悬架轴承的磨损与损坏情况，轴承应能灵活转动，损坏时必须整体更换；检查橡胶挡块的损坏与老化情况，如损坏应及时更换。

3）螺旋弹簧的检查

如图 6－24 所示，检查减振器螺旋弹簧有无损坏与变形，并测量螺旋弹簧的自由长度 A，若比标准弹簧长度减少 5%，即表示螺旋弹簧已产生永久变形，必须更换。更换时必须更换左右两侧的两个弹簧，以保持车辆两侧高度相同。若螺旋弹簧上有裂纹也要更换。

4）钢板弹簧的检修与维护

钢板弹簧日常维护作业是检查、紧固U形紧固螺栓。紧固力矩必须符合原厂规定，绝非越紧越好。其次是按时向钢板弹簧销加注润滑脂。若发现断片，钢板弹簧固定卡、隔套、卡子螺栓缺少时应及时进行小修。二级维护时，拆检钢板弹簧，并向片间涂抹石墨润滑脂，钢板弹簧禁止加片。

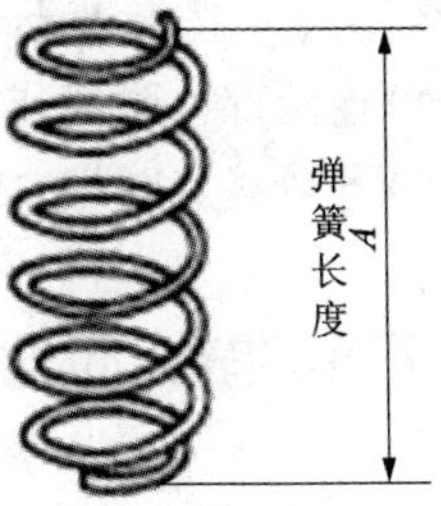

图6－24　减振器螺旋弹簧

2.1.2　悬架系统的故障诊断

1. 非独立悬架系统的常见故障

1)车身倾斜和行驶跑偏

(1)现象：汽车调整后停放在平坦地面上，车身横向或纵向歪斜，汽车行驶中方向自动跑偏。

(2)原因：①钢板弹簧、螺旋弹簧断裂；②弹簧弹力下降，弹簧刚度不一致；③U形螺栓松动等。

钢板弹簧折断，尤其是主片折断，会因弹力不足等原因，使车身歪斜。前钢板弹簧一侧主片折断时，车身在横向平面内倾斜；后钢板弹簧一侧主片折断时，车身在纵向平面内倾斜。

当某一侧的钢板弹簧由于疲劳导致弹力下降或者更换的钢板弹簧与原弹簧刚度不一致时会使车身倾斜。钢板弹簧销、衬套和吊耳磨损过量时，会出现车身倾斜、行驶跑偏、行驶摆振、异响等故障现象。U形螺栓松动或折断(或钢板弹簧第一片折断)，会由于车桥移位倾斜，导致汽车跑偏。

2)异响

(1)现象：在行驶过程中，特别是道路颠簸、突然制动、转弯时从悬架部位发出噪声。

(2)原因：

①减振器漏油，油量不足；

②活塞与缸筒磨损，配合松旷；

③连接部位脱落或橡胶隔套损坏；

④铰链点磨损、老化或损坏；

⑤弹簧折断等。

2. 独立悬架系统的常见故障

独立悬架系统主要由螺旋弹簧、减振器、导向机构及横向稳定杆等组成，系统中铰接点多，独立悬架系统的常见故障如下：

1)现象

(1)异响，尤其在不平路面上转弯时；

(2)车身倾斜，汽车在转弯时车身过度倾斜等；

(3)前轮定位参数改变；

(4)轮胎异常磨损；

(5)车辆摆振及行驶不稳。

2)原因

(1)螺旋弹簧弹力不足；

(2)稳定杆变形；

(3)上、下摆臂变形；
(4)连接部位脱落或橡胶隔套损坏；
(5)各铰接点磨损、松旷。

2.2　汽车四轮定位的检测与调整

2.2.1　四轮定位仪的检测与调整

车辆在出厂时，其悬挂系统的定位角度都是根据设计要求预先设定好的，其转向车轮、转向节和前轴三者之间的安装具有一定的相对位置，这种具有一定相对位置的安装叫做转向车轮定位，也称前轮定位，而对两个后轮来说也同样存在与后轴之间安装的相对位置，称后轮定位。前轴四轮定位的定位角度包括：后倾角、外倾角、前束角、主销内倾角等。使得汽车后轮与几何中心线相重合且平分垂直前、后轮轴，把四个车轮分别安装在前后轴相应的位置，称四轮定位。

由于更换轮胎或减振器、机械的磨损、机件在剧烈颠簸中疲劳变形或车架和机件在碰撞后变形，都会导致正确的四轮定位参数发生变化。一般新车在驾驶 3 个月后就应做四轮定位，以后每行驶 10000 km，更换轮胎或减振器及发生碰撞后都应及时做四轮定位。车轮正确的定位可以保证转向灵活、乘坐舒适、维持直线行车、延长轮胎寿命、减少路面引起的振动等。因此四轮定位对于汽车安全使用具有重要意义。

1. 四轮定位仪的构成及安装位置

目前常用的四轮定位仪有拉线式、光学式、电脑拉线式和电脑激光式等多种，虽然其基本检测原理相同，但使用方法有很大差异，因此在使用前应认真阅读四轮定位仪的使用说明书。以下以电脑式四轮定位仪为例介绍其检测步骤和注意事项。

电脑式四轮定位仪由主机、前后车轮检测传感器、传感器支架、转盘、刹车锁、转向盘锁及导线等零部件构成，图 6 – 25 所示为电脑式四轮定位仪主机外形。

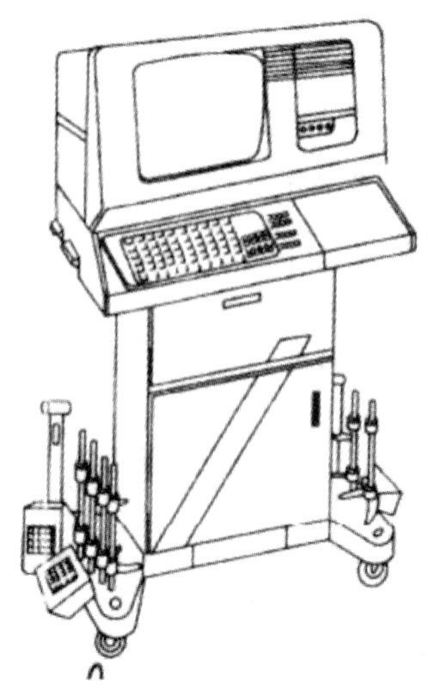

图 6 – 25　电脑式四轮定位仪外形

为便于检测和调整，被检汽车需放在地沟上或举升平台上(以下以汽车放在举升平台上为例)，地沟或举升平台应处于水平状态，四轮定位仪则安装在地沟两旁或举升平台上，分别如图 6－26 和图 6－27 所示。

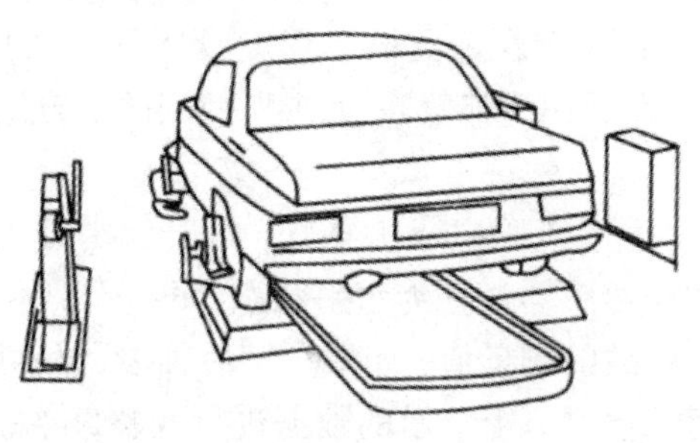

图 6－26　定位仪安装在地沟旁

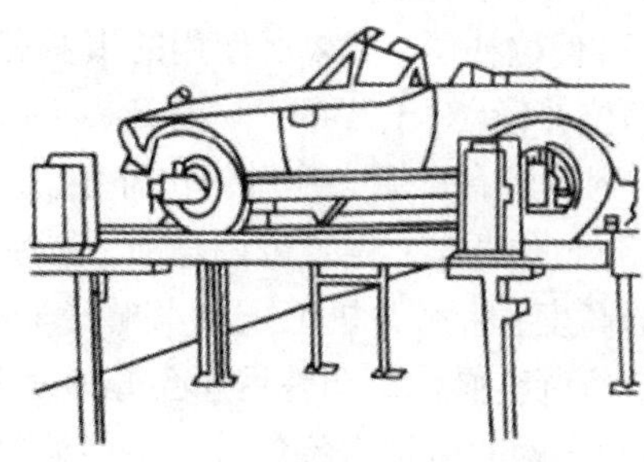

图 6－27　定位仪安装在举升平台上

2. 四轮定位仪的使用

1)上车前准备工作

在被测车辆开上举升机之前，需要检查四个车轮的胎压是否符合标准胎压，轮胎花纹是否严重磨损。确定举升机两个承载板的宽度与被测车辆的前、后轴距一致，然后将举升机降至最低点，确保转角盘和后滑板的固定销都插好之后，再将被测车辆开上举升机。车辆在举升机上应处于正前方向，不要使车身歪斜。车辆的两前轮要落在两转角盘的中心上，同时转角盘的圆盘要均匀分布在轮胎的两侧。车辆熄火后，拉上手刹，摇下左前侧车窗玻璃，司机离开车辆。操作员需要分别用力压车身的前部和后部，以使车辆的悬挂复位。之后是安装四个卡具。

2)安装卡具

根据所测车辆的车轮尺寸对卡具进行调整。首先调整下方两个尼龙爪到合适的尺寸位置，然后调节两个卡臂的伸出长度。先将下方的两个尼龙爪顶在钢圈的凸起的外沿，然后再松开上方尼龙爪的旋钮，调整它的位置，使之也顶在钢圈凸起的外沿，再拧紧旋钮。下一步是用两手同时推动卡具上的活动杆，使卡臂能够卡在轮纹内，然后挂上安全钩，检查卡具是否安装牢固。

3)安装定位仪

将四个传感器按照对应车轮的位置安装到卡具上。要注意在传感器的定位轴上要涂抹稀的润滑油(不能涂黄油)，以防止长时间插拔后造成定位轴磨损，无法准确安装到位，影响测量精度。连接通讯电缆和转角盘电缆，把电缆插头上和插座上的箭头标记对好后直接插入。

4)操作定位仪

开机之后，批处理程序会自动进入测量程序的初始状态，等待用户进行下一步的操作。按 F3 键可前进到下一步。屏幕上出现“TEST”，表示系统正在刷新所记忆的上次测量的信息。然后程序开始测量步骤。

测量步骤主要分四步，首先是测量前的准备工作，包括输入登记表格，选择车型和偏位补偿。

(1)输入登记表格：包含了各项客户信息，可以任意选择要输入的项目，并且将来可以根据所输入的项目来调出此次测量结果数据。一般以车辆牌照号或维修单编号来输入相应条目，以便将来调取。输入信息可以是英文字母或数字，没有汉字输入。填完表格之后，按 F3 进入车型选择界面。选择出对应于所测车辆的车型之后，如果需要做偏位补偿，则按 F3 前进，否则按 F4 停止。

(2)偏位补偿：如果所使用的卡具是快速卡具，则只有在钢圈损坏程度较严重时，才需要做偏位补偿(对于 Audi A6 或 Passat B5，测量前必须做偏位补偿)；如果所使用的是自定心卡具，则对所有车辆必须做偏位补偿。

(3)定位调整：做定位调整前，先用方向盘锁将方向盘固定成水平状，再升起举升机到合适的高度，将举升机锁止在水平安全位置。将四个传感器调整为水平状态，再操作定位仪进入定位调整操作。调整程序会先显示车辆后轴各参数的测量值，如果车辆后轴参数是可调的(多数车辆的后轴定位参数是不能调整的)，则可参照屏幕上显示的数据进行调整，屏幕显示的数据会随时显示当前调整后的参数数据。后轴定位参数调整完后，按 F3 可进入前轴调整步骤。前轴外倾角的调整按照车辆底盘的结构可分为两种，一种是需要举升前轴，使前轴车轮悬空才能调整外倾角；另一种是不需要举升前轴就可调整外倾角。

(4)调整后检测：将举升机降回到调整前测量时的高度，将举升机锁止在水平安全位置。进入调整后测量步骤，此时屏幕上显示出当前的两前轮的单独前束值。按 F3 前进，其余步骤与调整前检测的步骤相同。

如果在此步骤中显示的两前轮的单独前束值与定位调整过程中调整好的前束值有较大差别，原因可能是在调整结束后，将车辆落下来的过程中，方向盘位置发生了改变，导致两前轮的位置改变。因此每个车轮的单独前束值会与定位调整时的值不同，但前轮总前束不会改变。

3. 四轮定位使用操作中的注意事项

四轮定位仪是精密检测设备，操作人员在使用前须经专门培训，并认真阅读所使用四轮定位仪的使用说明书。一般说来，四轮定位仪使用过程中的注意事项如下。

(1)使用前，检查四轮定位仪所配附件是否与使用说明书上列出的清单相符，设备安装时要遵循使用说明书所提出的各项要求。

(2)对于光学式四轮定位仪中的投影仪(或投光器)应细心维护，并经常进行调整；传感器是电脑式四轮定位仪的重要元件，使用前要进行校正，以保证测试精度。

(3)传感器应正确地安装在传感器支架上，在不使用时应妥善保管，避免受到损坏；电测类传感器应在接线完毕后再通电，以避免带电接线引起电磁振荡而损坏。

(4)移动四轮定位仪时，应避免使其振动，否则可能使传感器及电脑受到损坏。

(5)四轮定位仪应半年标定一次，标定时应使用购买时所带专用标定器具，并按规定程序进行标定。

(6)在检测四轮定位前，须进行车轮传感器偏摆补偿，否则会引起大的测量误差。

思考与练习

1. 汽车悬架一般由哪几部分构成？各部分的作用是什么？
2. 汽车悬架常用到的弹簧有几种？各有什么特点？
3. 独立悬架与非独立悬架有哪些区别？
4. 非独立悬架可分为哪些类型？
5. 如何进行四轮定位？

项目七　汽车转向发飘故障检修

【能力目标】

1. 会分析转向系常见故障的产生原因及排除方法。
2. 会做转向系主要零部件的检修、转向系的装配与调整工作。
3. 会分析电子控制动力转向系统常见故障的产生原因。
4. 会做转向系的一、二级维护作业。

【知识目标】

1. 简述转向系的功用、类型、组成及工作过程。
2. 简述转向系的角传动比、转向时车轮的运动规律。
3. 正确描述转向器的功用、类型、构造和工作原理；掌握转向操纵机构的工作原理及构造。
4. 正确描述转向传动机构的组成及构造。
5. 正确描述动力转向装置的功用、组成、类型以及液压式动力转向装置的工作原理，动力转向器的构造和工作原理，转向油泵的构造和工作原理。
6. 正确描述电子控制动力转向系统的组成和工作原理，主要总成和零部件的构造及工作原理。

任务一　检修机械式转向器

【案例导入】

小王驾驶一辆捷达王轿车，该车几天前因意外造成左前方下摆臂弯曲变形，在事故点附近的修理厂进行了维修，更换了下摆臂和转向器，并进行了四轮定位的检查与调整。但是维修出厂后便感觉转向沉重，操纵转向盘特别费力。现在该车在进行转向操作时更加困难，需用很大的力才能转动转向盘，且汽车行驶方向不太稳定。

小王驾车来到4S店，维修师傅根据该车的故障现象，首先对转向系进行检查。断开转向横拉杆，转动转向盘轻松自如。用手直接操纵车轮时感到有些费力，经检查发现减振器上端的悬架轴承损坏，立即将其更换。继续检查，发现新转向器与转向杆连接处纵向活动量较大，做工也较粗糙，可以判定新转向器为劣质品。为车主更换了原厂转向器，再检查四轮定位，发现四轮定位也不准确，重新进行了调整。最后试车，转向操纵正常，故障排除。

【主要教学设备】

1. 教学用汽车一部。

2. 举升机及转向器拆卸专用工具。

3. 车轮拆卸工具

4. 常用维修工具若干。

【教学过程】

1. 学生以小组为单位完成本次任务。

2. 每个小组需配有相关车型的维修手册，学生根据手册制定工作计划。

3. 观察教学车辆转向桥的结构特点，说明其工作原理。

4. 按照维修手册的要求恢复教学车辆。

5. 教学过程中注意安全，防止重物掉落砸伤学生。

【理论学习】

1.1　转向系统概述

汽车在行驶过程中，经常需要改变行驶方向，即所谓的转向，这就需要有一套能够按照司机意志使汽车转向的机构，它将司机转动方向盘的动作转变为转向轮的偏转动作。

1. 转向系统的功用

转向系统的功用是将驾驶员加在转向盘上的力矩放大，并降低速度，然后传给转向传动机构，改变和保持汽车的行驶方向。

当汽车需要改变行驶方向时，必须使转向车轮绕主销轴线偏转一定角度，直到新的行驶方向符合驾驶员的要求时，再将转向轮恢复到直线行驶位置。这种在汽车上由驾驶员操纵、转向轮偏转和回位组成的一整套机构称为汽车转向系统。

2. 转向系统的类型及组成

根据转向动力来源的不同，可将转向系统分为机械式转向系统和助力转向系统。

1）机械式转向系统

机械式转向系统的动力来源是人力，所有传力件都是机械的，由转向操纵机构、转向器、转向传动机构三大部分组成。其中转向器是将操纵机构的旋转运动转变为传动机构近似的直线运动的机构，是转向系统的核心部件。机械式转向系统的主要优点是结构简单、制造方便、工作可靠；缺点是转向沉重、操作费力。因此，一般用在中、小型工程车辆和小型工程机械上。

2）助力转向系统

助力转向系统也具有机械式转向系统的三大部件，其最主要的动力来源是转向助力装置。由于转向助力装置最常用的是一套液压系统，因此，也就离不开泵、油管、阀、活塞和储油罐，它们分别相当于电路系统中的电池、导线、开关、电动机和地线的作用。助力转向系统的主要优点是：操作轻便、转向灵活、工作可靠；可利用油液的阻尼作用，吸收缓和路面的冲击；一般液压助力系统出现故障后，可实现机械转向。其缺点是：结构较复杂、成本较高。

当代典型的助力转向系统可以分为液压式电子控制动力转向系统和电动式电子控制动力

转向系统。

3. 对转向系统的要求

汽车转向系统是保证汽车安全行驶的重要装置之一，因此要求它工作可靠，操纵要轻便灵活，要保证转向车轮的转向运动规律正确稳定，并且要使车轮在转向时只滚动不滑动。转向机构还应能减弱或避免地面施加在转向车轮上的冲击传到转向盘上，同时又要使驾驶员通过转向盘对转向过程中车轮与地面之间的运动情况保持适当的“路感”。另外，当汽车发生碰撞时，转向装置应能减轻或避免对驾驶员的伤害。

汽车的转向操纵性能并不完全取决于转向系统，它还与行驶系统有关。汽车在直线行驶中，转向轮受到偶然出现的地面侧向反力而发生意外偏转，从而使汽车意外地转向。为了使汽车能稳定地保持直行方向，要求转向轮偶然发生偏转后，能立即自动回复到直线行驶的位置，车轮定位即是保证转向轮自动回正性能的结构措施之一。

1.2 机械式转向系统

1.2.1 机械式转向系统的组成

机械式转向系统以驾驶员的体力作为转向能源，所有的传力件都是机械的。机械式转向系统由转向操纵机构、转向器和转向传动机构 3 大部分组成，图 7－1 所示为其结构。

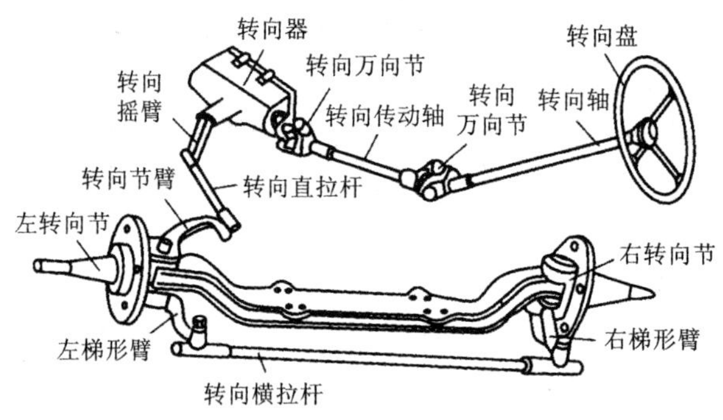

图 7－1　机械式转向系统结构

转向盘位于驾驶室内，当汽车转向时，驾驶员转动转向盘，通过转向轴、万向节和转向传动轴，将转向力矩输入转向器。转向传动机构由转向摇臂、转向直(纵)拉杆、转向节臂和转向梯形机构等机件组成，其作用是把转向器传来的力传给转向轮而使之偏转。而转向梯形机构又由左、右梯形臂，转向横拉杆以及前桥等机件组成，用来保证两侧转向轮偏转角具有一定的相互关系，以保证机械转向时有正确的运动规律，减小车轮磨损。当左转向节偏转时，经左梯形臂、横拉杆和右梯形臂，传递给右转向节，其上的右转向轮随之绕主销同向偏转相应的角度。梯形臂以及转向横拉杆和前轴构成转向梯形，在汽车转向时，使内、外转向轮按一定规律偏转。

1.2.2　机械式转向系统的原理

当汽车转向时，驾驶员转动转向盘，通过转向轴、转向万向节和转向传动轴，将转向力矩传递至转向器。从转向盘到转向传动轴这一系列部件即属于转向操纵机构。转向器中有1～2级啮合传动副，可起到减速增扭作用。经转向器减速后的运动和增大后的力矩传到转向摇臂，再通过转向直拉杆，并传给固定于左转向节上的转向节臂，使左转向节及装于其上的左转向轮绕主销偏转。左、右梯形臂的一端分别固定在左、右转向节上，另一端则与转向横拉杆作球铰链连接。当左转向节偏转时，经梯形臂、转向横拉杆和梯形臂的传递，右转向节及装于其上的右转向轮随之绕主销同向偏转相应的角度。转向摇臂、转向直拉杆、转向节臂、梯形臂和转向横拉杆总称为转向传动机构。梯形臂、转向横拉杆和前轴构成转向梯形，其作用是在汽车转向时，使内、外转向轮按一定的规律进行偏转。

1.2.3　机械式转向器

1. 转向器的作用和效率

转向器是转向系统减速增力的传动装置，其作用是增大由转向盘传到转向节的力，并改变力的传递方向。

转向器的输出功率与输入功率之比，称为转向器的传动效率。当功率由转向轴输入，从转向摇臂输出时，所求得的传动效率称为正效率，反之则称为逆效率。

作用力很容易从转向盘传到转向摇臂，而转向摇臂受到的路面冲击力也比较容易地经转向器传到转向盘，称为可逆式转向器。该转向器正逆传动效率都很高，有利于汽车转向结束后转向轮和转向盘的自动回正，但也容易将坏路面对车轮的冲击力传到转向盘，发生“打手”现象。经常在良好路面上行驶的汽车，多采用这种转向器。

逆效率很低的转向器，称为不可逆式转向器。不平道路对转向轮的冲击力不会传到转向盘上，路面作用于转向轮上的回正力矩同样也不能传到转向盘，转向轮不能自动回正，使得驾驶员不能得到路面反馈信息，即丧失了“路感”，无法据此调节转向力矩。

由于转向系统各传动件之间都存在着装配间隙，而且这些间隙将随零件的磨损而增大，因此，在一定的范围内转动转向盘时转向节并不随即同步转动，而是在消除这些间隙并克服机件的弹性变形后，才做相应的转动，即转向盘有一段空转过程。转向盘为消除间隙、克服弹性变形所空转过的角度称为转向盘自由行程。转向盘自由行程对于缓和路面冲击及避免驾驶员过度紧张是有利的，但过大的自由行程会影响转向灵敏性。一般规定转向盘从直行中间位置向任一方向的自由行程不超过15°。若转向盘的自由行程超过30°时，则必须进行调整。

2. 转向器的类型

转向器的类型较多，按转向器中啮合传动副的结构形式分类，目前应用较广泛的有蜗杆曲柄指销式、循环球式和齿轮齿条式等。

1）蜗杆曲柄指销式转向器

蜗杆曲柄指销式转向器传动副是蜗杆和指销。根据指销数目的不同，可分为双销式与单销式，在结构上基本一样。与双销式相比，单销式的结构较简单，但转向摇臂的摆角不大，一般总摆角只有80°，而双销式的则可达120°左右。因为当摇臂轴转角很大时，双销式中的一个指销虽已与蜗杆脱离啮合，但另一个指销仍保持啮合。此外，当摇臂轴转角不大时，双销式的两个指销均与蜗杆啮合，每个指销所承受的载荷比单销式指销的载荷小，故双销式的指销比单销式的指销磨损小，寿命长。

东风 EQ1090E 型汽车采用的是蜗杆曲柄双销式转向器，如图 7 - 2 所示。它主要由转向器壳体、转向蜗杆、摇臂轴、曲柄和指销等组成。

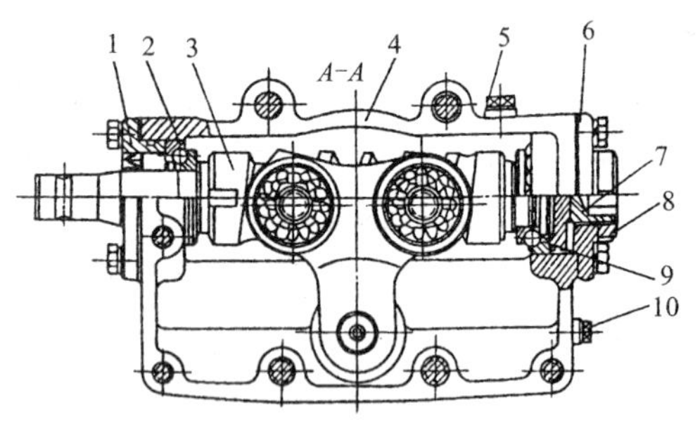

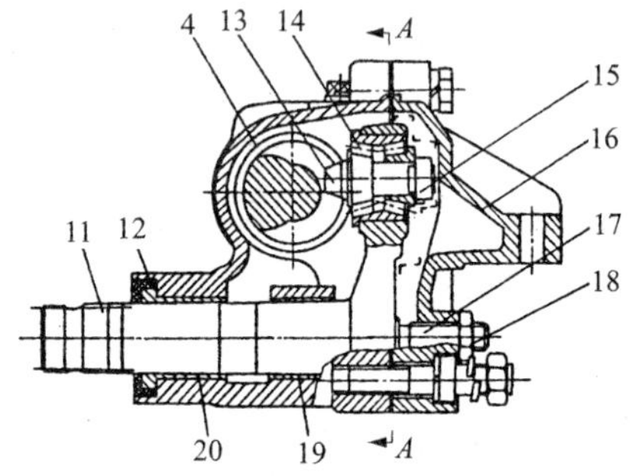

图 7 - 2　东风 EQ1090E 型汽车的蜗杆曲柄双销式转向器

1—上盖；2、9—向心推力球轴承；3—转向蜗杆；4—转向器壳体；5—加油螺塞；6—下盖；7—调整螺塞；8—螺母；10—放油螺塞；11—摇臂轴；12—油封；13—指销；14—双排圆锥滚子轴承；15—螺母；16—侧盖；17—调整螺钉；18—螺母；19、20—衬套

转向器壳体固定在车架的转向器支架上。壳体内装有传动副，其主动件是转向蜗杆，从动件是装在摇臂轴曲柄端部的指销，具有梯形截面螺纹的转向蜗杆支撑在转向器壳体两端的两个向心推力球轴承上。转向器下盖上装有调整螺塞，用以调整向心推力轴承的预紧度，调整后用螺母锁死。

蜗杆与两个锥形的指销相啮合，构成传动副。两个指销均用双列圆锥滚子轴承支撑在曲柄上，其中靠近指销头部的一列轴承无内圈，滚子直接与指销轴颈接触，使该段指销轴颈的直径可以做得大些，以保证其有足够的强度。装在滚动轴承上的指销可绕自身轴线旋转，以减轻蜗杆与指销啮合传动时的磨损，提高传动效率。螺母用来调整轴承的预紧度，以使指销能自由转动而无明显轴向间隙为宜，调整后用销片(图中未示出)将螺母锁住。

安装指销和双列圆锥滚子轴承的曲柄制成叉形，与摇臂轴制成一体。摇臂轴用粉末冶金衬套支撑在壳体中。转向器侧盖上装有调整螺钉，旋转螺钉可改变摇臂轴的轴向位置，以调整指销与蜗杆的啮合间隙，从而调整了转向盘自由行程，调整后用螺母锁紧。

当汽车直线行驶时，两个指销分别与蜗杆的螺旋槽相啮合。汽车转向时，驾驶员通过转向盘带动主动件转向蜗杆转动，与其相啮合的从动件指销一边自转，一边以曲柄为半径绕摇臂轴轴线在蜗杆的螺纹槽内做圆弧运动，从而带动曲柄和转向摇臂摆动，实现汽车转向。

2)齿轮齿条式转向器

图 7 - 3 所示为齿轮齿条式转向器，主要由转向器壳体、转向齿轮、转向齿条等组成。转向器通过转向器壳体的两端用螺栓固定在车架上。

该转向器结构简单、传动效率高、操纵轻便、质量小，由于不需要转向摇臂和转向直拉杆，使转向传动机构得以简化，而且有效地解决了逆传动效率高的问题，这种转向器在前轮为独立悬架的中级以下轿车和轻型、微型货车上得以广泛应用，如上海桑塔纳轿车、天津夏利轿车、南京依维柯轻型货车等均采用齿轮齿条式转向器。

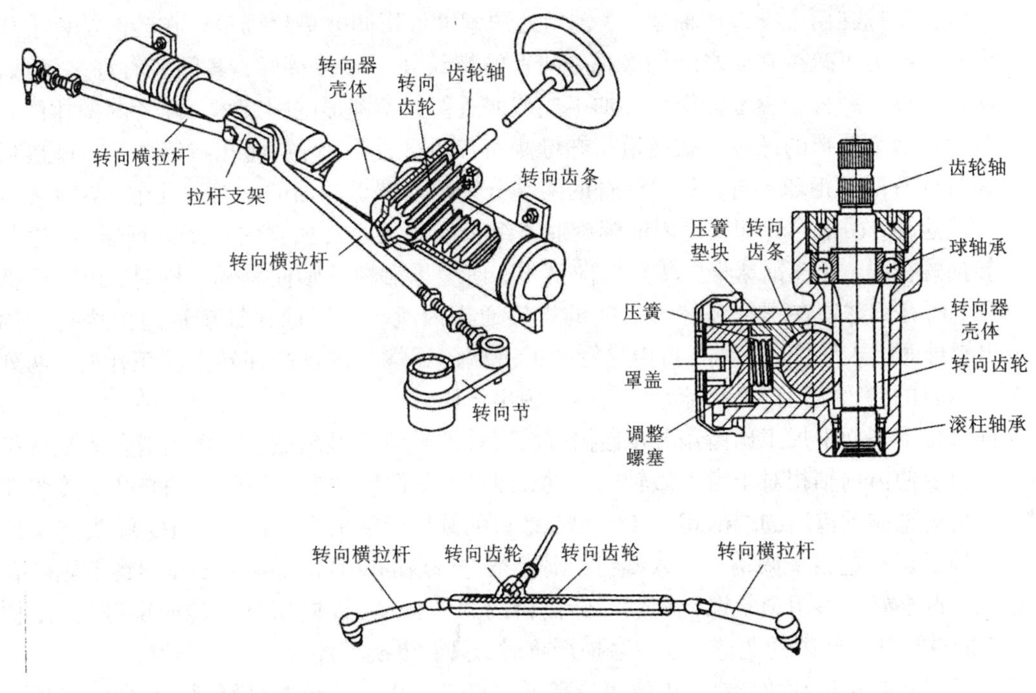

图 7－3 齿轮齿条式转向器

齿轮轴通过球轴承、滚珠轴承垂直安装在壳体中，其上端通过花键与转向轴上的万向节(图中未画出)相连，其下部是与轴制成一体的转向齿轮。转向齿轮是转向器的主动件，与它相啮合的从动件转向齿条水平布置，齿条背面装有压簧垫块。在压簧的作用下，压簧垫块将齿条压靠在齿轮上，保证两者无间隙啮合。调整螺塞可用来调整压簧的预紧力。压簧不仅起消除啮合间隙的作用，而且还是一个弹性支撑，可以吸收部分振动能量，缓和冲击。

转向齿条的中部或两端通过拉杆支架与左、右转向横拉杆连接。转动转向盘时，转向齿轮转动，与之相啮合的转向齿条沿轴向移动，从而使左、右转向横拉杆带动转向节转动，使转向轮偏转，实现汽车转向。

3)循环球式转向器

循环球式转向器是目前国内外汽车应用最广泛的一种转向器。与其他形式的转向器相比，循环球式转向器在结构上的主要特点是有两级传动副。

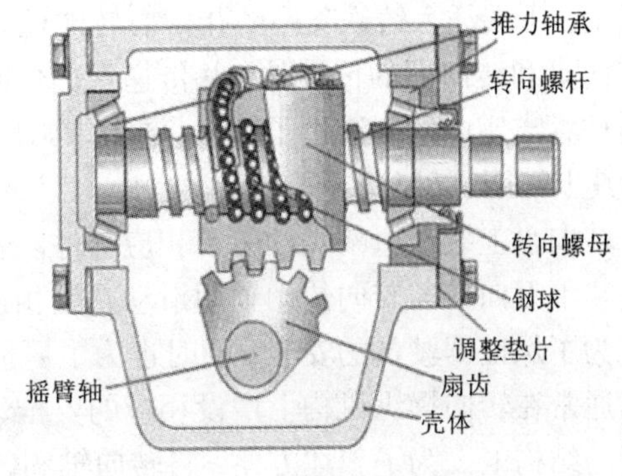

图 7－4 循环球式转向器

图 7－4 所示为循环球式转向器。第一级传动副是转向螺杆—转向螺母；螺母的下平面加工成齿条，与齿扇轴内侧的齿扇相啮合，构成齿条—齿扇第二级传动副。显然，转向螺母既是第一级传动副的从动件，也是第二级传动副的主动件。通过转向盘转动转

向螺杆时，转向螺母不能随之转动，而只能沿杆轴向移动，并驱使齿扇轴(摇臂轴)转动。

转向螺杆支撑在两个推力球轴承上，轴承的预紧度可用调整垫片调整。在转向螺杆上松套着转向螺母。为了减少它们之间的摩擦，两者的螺纹并不直接接触，其间装有许多钢球，以实现滚动摩擦。螺杆和螺母的螺纹都加工成截面近似为半圆形的螺旋槽，两者的槽相配合即形成截面近似为圆形的螺旋管状通道。螺母侧面有两对通孔，可从此孔将钢球塞入螺旋通道内。螺母外有两根钢球导管，每根导管的两端分别插入螺母侧面的一对通孔中，导管内也装满钢球。这样，两根导管和螺母内的螺旋通道组合成两条各自独立的封闭的钢球“流道”。当转动转向螺杆时，通过钢球将力传给转向螺母，使螺母沿螺杆轴向移动。同时，由于摩擦力的作用，所有钢球便在螺杆和螺母之间的螺旋通道内滚动。钢球在螺旋通道内绕行两周后，流出螺母而进入导管的一端，再由导管的另一端流回螺母内。故在转向器工作时，两列钢球只在各自的封闭流道内循环流动，而不会脱出。

转向螺母下平面上加工出齿条，并且相对齿扇轴的轴线是倾斜的，与之相啮合的是变齿厚齿扇。只要使齿扇轴相对于齿条做轴向移动，便可调整两者的啮合间隙。调整螺钉旋装在侧盖上。齿扇轴靠近齿扇的端部切有T形槽，螺钉的圆柱形端头嵌入此切槽中，端头与T形槽的间隙通过调整垫圈来调整。旋入螺钉，则齿条与齿扇的啮合间隙减小；旋出螺钉则啮合间隙增大。调整好之后用锁紧螺母锁紧。转向器的第一传动副(向螺杆—转向螺母)因结构所限，不能进行啮合间隙的调整，零件磨损严重时，只能更换零件。

循环球式转向器传动效率高，正效率最高可达90%～95%，故操纵轻便，转向结束后自动回正能力强，使用寿命长。但因其逆效率也很高，故容易将路面冲击传给转向盘而产生“打手”现象，不过，随着道路条件的改善，这个缺点并不明显。因此，循环球式转向器广泛应用于各类各级汽车。

1.2.4 机械式转向操纵机构

1. 机械式转向操纵机构的组成

机械式转向操纵机构一般由转向盘、转向轴、支撑转向轴的转向柱管、万向节及转向传动轴等组成，如图7-5所示。它将驾驶员操纵转向盘的运动传给转向器，主要作用是操纵转向器和转向传动机构，使转向轮偏转。

转向柱管安装在车身上，支承着转向盘。转向柱管中部用橡胶垫和支架固定在驾驶室前围板上，下端插入铸铁支座的孔中。转向柱管支座固定在转向操纵机构支架上。转向轴是连接转向盘和转向器的传动件，并传递它们之间的转矩。转向轴穿过转向柱管，其下端支撑在转向柱管支座中的圆锥滚子轴承(图中未画出)上，上部则通过转向轴衬套支撑在柱管的内壁上，其上端用螺母与转向盘相连接。

转向盘上装有电喇叭按钮及相应部件。转向轴通过万向传动装置与转向器中的转向蜗杆相连。下万向节与转向传动轴用滑动花键相连接。

为了保证驾驶员的安全，同时也为了更加舒适、可靠地操纵转向系统，现代汽车特别是轿车通常在转向操纵机构上增设相应的安全、调节装置。这些装置主要反映在转向轴和转向柱管的结构上。为了叙述方便，将转向轴和转向柱管统称为转向柱。

2. 转向轴和转向柱管的吸能装置

近年来，由于公路的改善和汽车车速的提高，许多国家都制定了严格的安全法规。对于

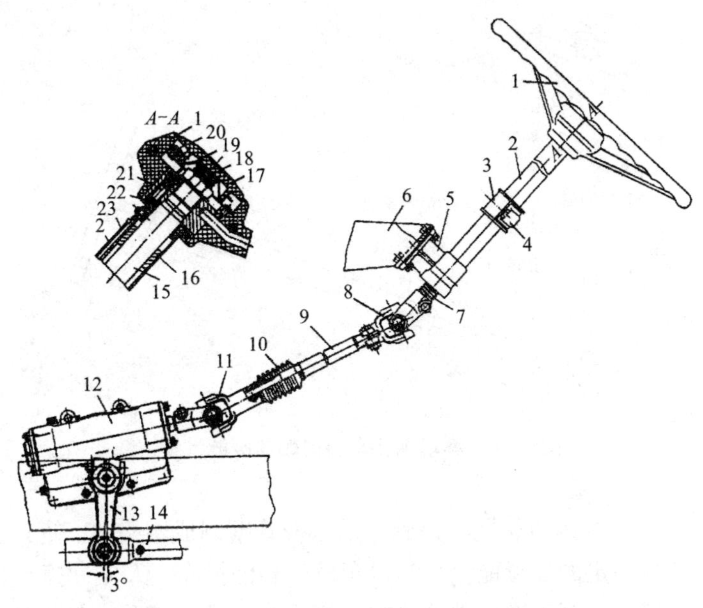

图 7－5　东风 EQ1090E 型汽车转向操纵机构

1—转向盘；2—转向柱管；3—橡胶垫；4—转向柱管支架；5—转向柱管支座；6—转向操纵机构支架；7—转向轴限位弹簧；8—上万向节；9—转向传动轴；10—花键防护套；11—下万向节；12—转向器；13—转向摇臂；14—转向直拉杆；15—转向轴；16—转向轴衬套；17—电喇叭按钮；18—电喇叭按钮搭铁弹簧；19—电喇叭按钮接触罩；20—搭铁接触板组件；21—按钮电刷组件；22—集电环组件；23—导线组件

轿车，除要求装有吸能式转向盘外，还要求转向柱管也必须备有缓和冲击的吸能装置。转向轴和转向柱管的吸能装置有多种形式。其基本结构原理是，当受到巨大冲击时，转向轴产生轴向位移，使支架或某些支承件产生塑性变形，从而吸收冲击能量。

1）安全式转向柱

安全式转向柱是在转向柱上设置能量吸收装置，当汽车紧急制动或发生撞车事故时，吸收冲击能量，减轻或防止冲击对驾驶员的伤害。安全式转向柱有可分离式安全转向操纵机构和缓冲吸能式转向操纵机构。

（1）可分离式安全转向操纵机构

图 7－6 所示为上海桑塔纳轿车采用的可分离式安全转向操纵机构。

转向轴分为上、下两段，中间用柔性联轴器连接。联轴器的上、下凸缘盘靠两个销子与销孔扣合在一起，销子通过衬套与销孔配合。当发生猛烈撞车时，车身、车架产生严重变形，导致转向轴、转向盘等部件后移。与此同时，在惯性作用下驾驶员人体向前冲，致使转向轴上的上、下凸缘盘的销子与销孔脱开，从而缓和了冲击，吸收了冲击能量，有效地减轻了驾驶员受伤的程度。

（2）缓冲吸能式转向操纵机构

这种转向操纵机构的转向轴分为上、下两段，如图 7－7 所示。上转向轴套装在下转向轴的内孔中，两者通过塑料销连接在一起（也有采用细花键连接的），以传递转向力矩。塑料销的传力能力受到严格限制，它既能可靠地传递转向力矩，又能在受到冲击时被剪断，因此，

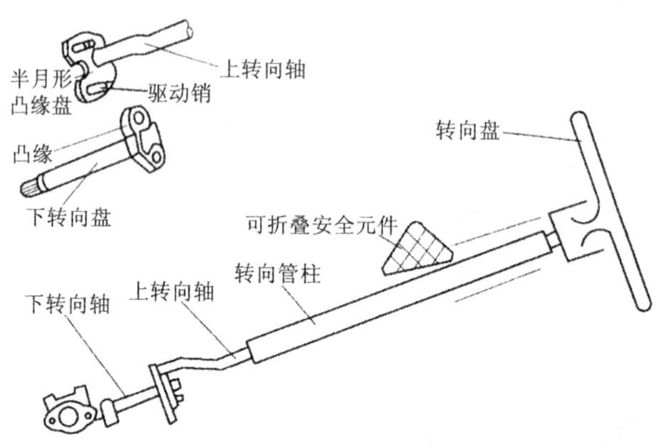

图 7－6　桑塔纳轿车转向轴的吸能装置

它起安全销的作用。转向操纵机构的转向管柱的部分管壁制成网格状，使其在受到压缩时很容易轴向变形，并消耗一定的变形能量。当汽车发生猛烈撞车，人体冲撞到转向盘上的力超过允许值时，网格状转向柱管的网格部分将被压缩而产生塑性变形，吸收冲击能量，以减轻对人体的伤害。

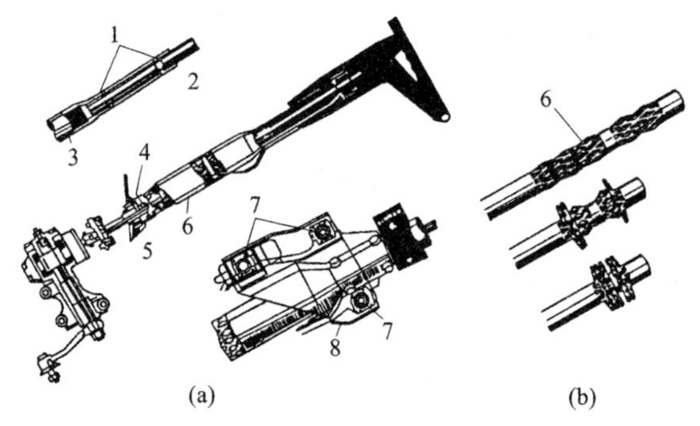

图 7－7　转向柱管吸能装置示意图

1—塑料销；2—上转向轴；3—下转向轴(管)；4—法兰盘；5—下托架；
6—转向管柱；7—塑料安全销；8—上托架

2)可调式转向柱

驾驶员驾驶姿势和身材对转向盘的最佳操纵位置有不同的要求，并且转向盘的最佳操纵位置往往会与驾驶员进、出汽车的方便性发生矛盾。驾驶员可以通过可调节式转向柱在一定范围内调节转向盘的倾斜角度和轴向位置以提高舒适性。

转向轴调节的形式分为倾斜角度调节和轴向位置调节两种，如图 7－8 所示。

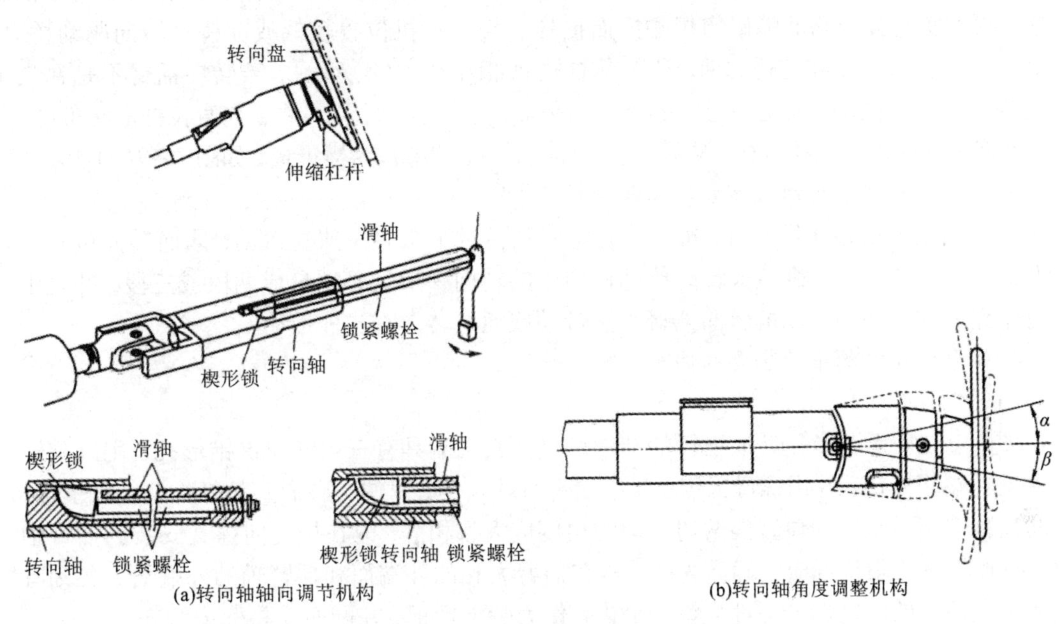

图 7-8　转向轴调节机构

1.2.5　机械式转向传动机构

1. 机械式转向传动机构的功用

机械式转向传动机构的功用是将转向器输出的力和运动传给转向桥两侧的转向节，使两侧转向轮偏转，并使两转向轮偏转角按一定关系变化，以保证汽车转向时车轮与地面的相对滑动尽可能小。

2. 与非独立悬架配用的机械式转向传动机构

与非独立悬架配用的机械式转向传动机构如图 7-9 所示，它一般由转向器、转向摇臂、转向直拉杆、转向节臂、两个梯形臂和转向横拉杆等组成，各杆件之间都采用球形铰链连接，并设有防止松脱、缓冲吸振以及自动消除磨损后的间隙等结构。

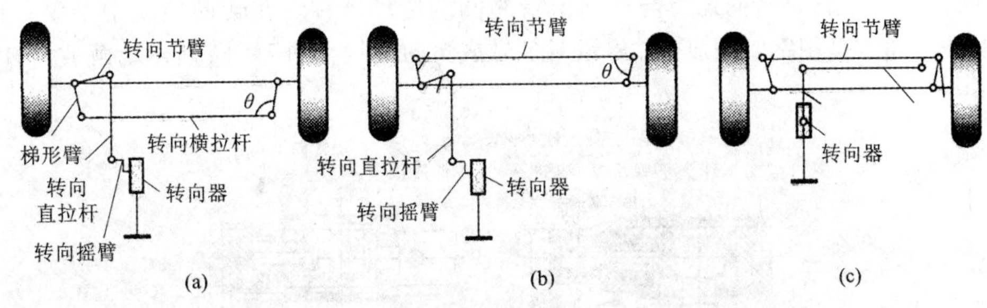

图 7-9　与非独立悬架配用的机械式转向传动机构

当前桥仅为转向桥时，由左、右梯形臂和转向横拉杆组成的转向梯形一般布置在前桥之后，称为后置式，如图7－9(a)所示。这种布置简单方便，且后置的横拉杆有前面的车桥做保护，可避免直接与路面障碍物相碰撞而损坏。当发动机位置较低或前桥为转向驱动桥时，往往将转向梯形布置在前桥之前，称为前置式，如图7－9(b)所示。若转向摇臂不是在汽车纵向平面内前后摆动，而是在与路面平行的平面内左右摆动，则可将转向直拉杆横向布置，并借球头销直接带动转向横拉杆，从而使左、右梯形臂转动，称为横置式，如图7－9(c)所示。

3. 与独立悬架配用的机械式转向传动机构

当转向轮采用独立悬架时，每个转向轮分别相对于车架作独立运动，因而转向桥必须是断开式的。与此相应，机械式转向传动机构中的转向梯形也必须分成两段或三段，并且由在平行于路面的平面中摆动的转向摇臂直接带动或通过转向直拉杆带动。

4. 转向传动机构中的主要构件

1)转向摇臂

图7－10所示为常见转向摇臂的结构形式。其大端具有三角细花键锥形孔，用以与转向摇臂轴外端相连接，并用螺母固定；其小端带有球头销，以便与转向直拉杆作空间铰链连接。转向摇臂安装后从中间位置向两边摆动的角度应大致相等，故在把转向摇臂安装到摇臂轴上时，两者相应的角位置应正确。为此，常在摇臂大孔的外端面和摇臂轴的外端面上各刻有短线或是在两者的花键部分上都少铣一个齿，作为装配标记，装配时应将标记对齐。

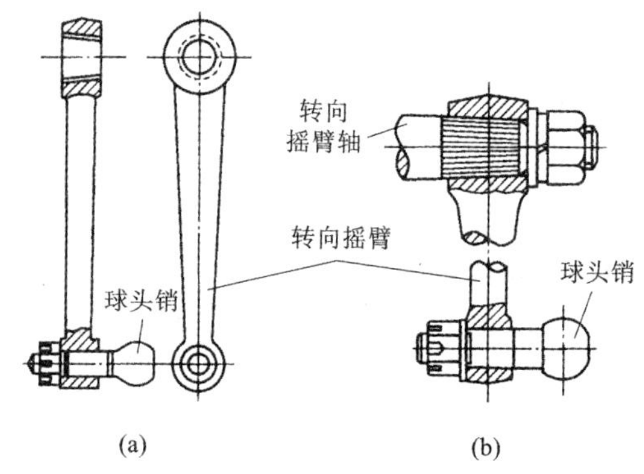

图7－10　转向摇臂

2)转向直(纵)拉杆

转向直(纵)拉杆是转向摇臂与转向节臂之间的传动杆件。在转向传动中不仅受拉并且受压，因此，通常是用钢管制成，并尽量避免做成弯曲形状。图7－11所示为解放CA1091型汽车的转向直拉杆。

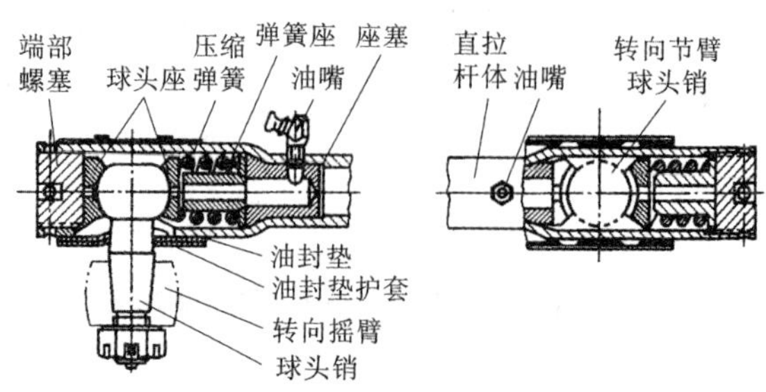

图7－11　解放CA1091型汽车的转向直拉杆

直拉杆体由两端扩大了的钢管制成，在扩大的端部里，装有由球头销、球头座、弹簧座、压缩弹簧和螺塞等组成的球铰链。球头销的锥形部分与转向摇臂连接，并用螺母固定；其球头部分的两侧与两个球头座配合，前球头座靠在端部螺塞上。球头碗外面由螺塞挡住，弹簧压在里面的球头碗上，这样的球形铰点，即使球头或球头碗磨损时也不会出现间隙，并且弹簧可缓和由车轮传到转向器上的冲击。

转动螺塞可以调节弹簧张力，最大张力则由弹簧座加以限制，可防止弹簧调节不当过载，弹簧座又可在弹簧断裂后防止球头销从节点脱出。两端弹簧的压紧方向相同，使纵拉杆在受到拉或推的冲击时，都可起到缓冲作用。

3）转向横拉杆

转向横拉杆是转向梯形机构的底边。图 7 - 12（a）所示为解放 CA1091 型汽车转向横拉杆，由横拉杆体和旋装在两端的横拉杆接头组成。两端的接头结构相同，如图 7 - 12（b）所示。其中，球头销的尾部与梯形臂相连。上、下球头座用聚甲醛制成，有很好的耐磨性。球头座的形状如图 7 - 12（c）所示。横拉杆体用钢管制成，其两端切有螺纹，一端为右旋，一端为左旋，与横拉杆接头旋装连接。接头的螺纹孔壁上开有轴向切口，故具有弹性，旋装到杆体上后可用螺栓夹紧。由于横拉杆体两端是正反螺纹，因此，在旋松夹紧螺栓以后，转动横拉杆体，即可改变转向横拉杆的总长度，从而调整转向轮前束。装配时，两球头座的凹、凸部互相嵌合。弹簧保证两球头座与球头紧密接触，并起缓冲作用，其预紧力由螺塞调整。

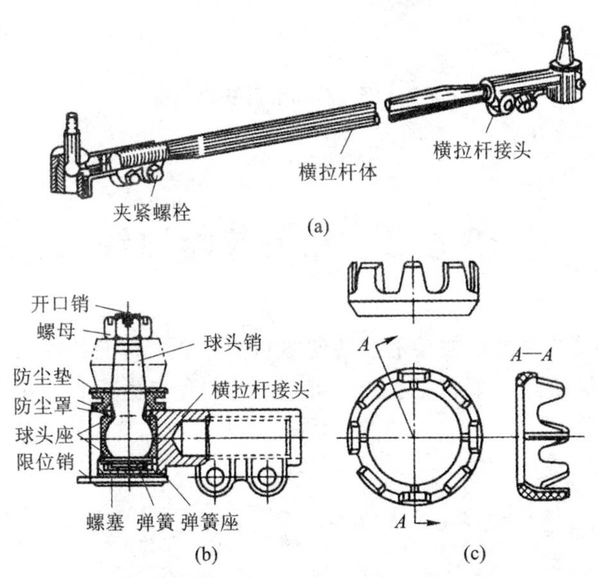

图 7 - 12　解放 CA1091 型汽车转向横拉杆

4. 转向节臂和梯形臂

如图 7 - 13 所示，转向直拉杆通过转向节臂与转向节相连。转向横拉杆两端经左、右梯形臂与转向节相连。转向节臂和梯形臂带锥形柱的一端与转向节锥形孔相配合，用螺母紧固后插入开口销将螺母锁住。转向节臂和梯形臂的另一端带有锥形孔，与相应的拉杆的球头销、锥形柱相配合，同样用螺母紧固后插入开口销将螺母锁住。

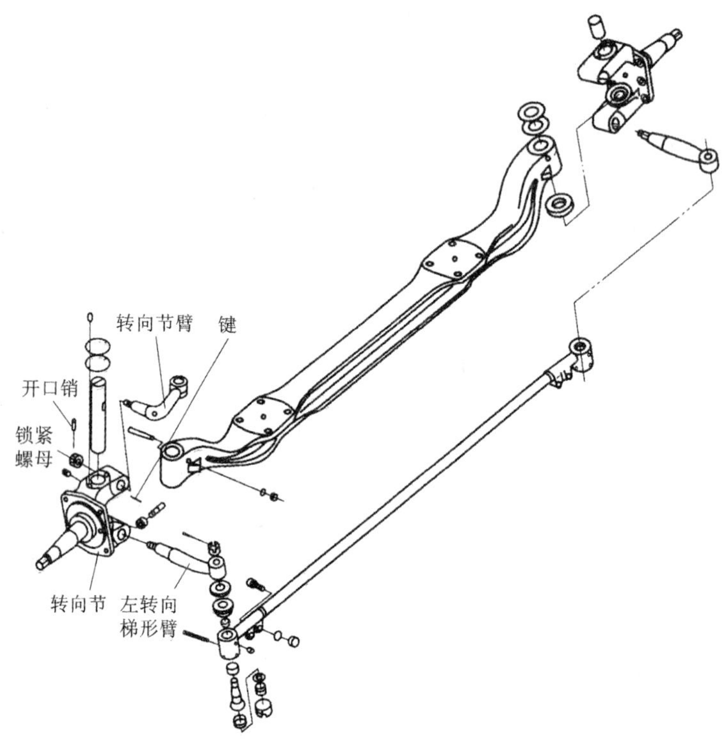

图 7－13 转向节臂和梯形臂

任务二 相关技能训练

机械转向系的常见故障部位主要有：转向盘自由行程、转向传动机构连接处、转向器等。机械转向系的常见故障主要包括：转向沉重，转向盘自由行程过大和转向轮抖动。

2.1 转向沉重

2.1.1 故障现象

汽车行驶中，驾驶员向左、右转动转向盘时，感到沉重费力，无回正感；汽车低速转弯行驶和调头时，转动转向盘感到非常沉重，甚至打不动。

2.1.2 故障主要原因及处理方法

转向沉重的根本原因是转向轮气压不足或定位不准，转向系传动链中出现配合过紧或卡滞情况而引起摩擦阻力增大。具体原因主要有：

①转向轮轮胎气压不足，应按规定充气。

②转向轮本身定位不准或车轴、车架变形造成转向轮定位失准，应校正车轴和车架，并重新调整转向轮定位。

③转向器主动部分轴承调整过紧或从动部分与衬套配合太紧，应予调整。

④转向器主、从动部分的啮合间隙调整过小，应予调整。

⑤转向器缺油或无油，应按规定添加润滑油。

⑥转向器壳体变形，应予校正。

⑦转向管柱转向轴弯曲或套管凹瘪造成互相碰擦，应予修理。

⑧转向纵、横拉杆球头连接处调整过紧或缺油，应予调整或添加润滑脂。

⑨转向节主销与转向节衬套配合过紧或缺油，或转向节止推轴承缺油，应予调整或添加润滑脂等。

2.1.3　故障诊断方法

以桑塔纳乘用车为例，先检查轮胎气压，排除故障由轮胎气压过低引起。接着按图 7－14 所示机械转向系转向沉重常见故障原因的诊断流程找出故障位置。

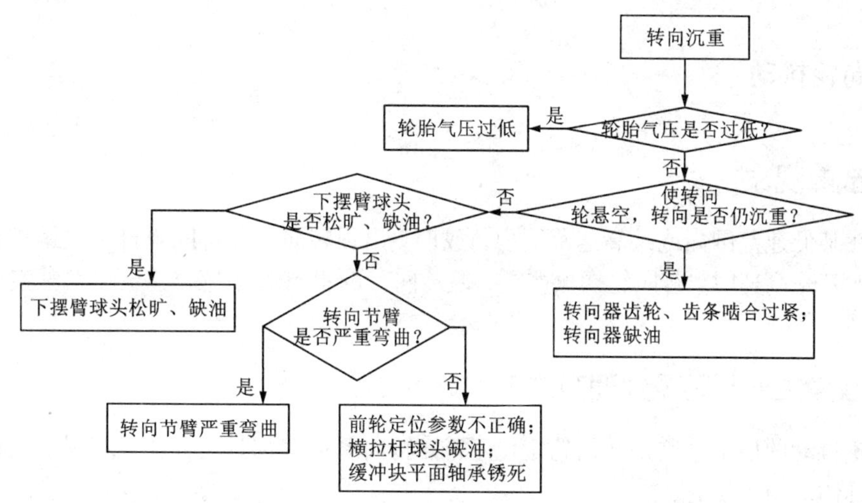

图 7－14　机械转向系转向沉重常见故障原因的诊断流程

2.2　转向盘自由行程过大

转向盘自由行程过大又可称为转向不灵敏。

2.2.1　故障现象

汽车保持直线行驶位置静止不动时，转向盘左右转动的游动角度太大。具体表现为汽车转向时感觉转向盘松旷量很大，需用较大的幅度转动转向盘，方能控制汽车的行驶方向，而在汽车直线行驶时又感到行驶方向不稳定。

2.2.2 故障主要原因及处理方法

转向盘自由行程过大的根本原因是转向系传动链中一处或多处的配合因装配不当、磨损等原因造成松旷。具体原因主要有：

①转向器主、从动啮合部位间隙过大或主、从动部位轴承松旷，应予调整或更换。

②转向盘与转向轴连接部位松旷，应予调整。

③转向垂臂与转向垂臂轴连接松旷，应予调整。

④纵、横拉杆球头连接部位松旷，应予调整或更换。

⑤纵、横拉杆臂与转向节连接松旷，应予调整或更换。

⑥转向节主销与衬套磨损后松旷，应予更换。

⑦车轮轮毂轴承间隙过大，应予更换等。

2.2.3 故障诊断方法

造成转向盘自由行程过大的根本原因是转向系传动链中一处或多处连接的配合间隙过大，诊断时，可从转向盘开始，检查转向系各部件的连接情况，看是否有磨损、松动、调整不当等情况，找出故障部位。

2.3 转向轮抖动

2.3.1 故障现象

汽车在某低速范围内或某高速范围内行驶时，出现转向轮各自围绕自身主销进行角振动的现象。尤其是高速时，转向轮摆振严重，握转向盘的手有麻木感，甚至在驾驶室可看到汽车车头晃动。

2.3.2 故障主要原因及处理方法

转向轮抖动的根本原因是转向轮定位不准，转向系连接部件之间出现松旷，旋转部件动不平衡。具体原因主要有：

①转向轮旋转质量不平衡或转向轮轮毂轴承松旷，应予校正动平衡或更换轴承。

②转向轮使用翻新轮胎，应予更换。

③两转向轮的定位不正确，应予调整或更换部件。

④转向系与悬挂的运动发生干涉，应予更换部件。

⑤转向器主、从动部分啮合间隙或轴承间隙太大，应予调整或更换轴承。

⑥转向器垂臂与其轴配合松旷或纵、横拉杆球头连接松旷，应予调整或更换。

⑦转向器在车架上的连接松动，应予紧固。

⑧转向轮所在车轴的悬挂减振器失效或左、右两边减振器效能不一，应予更换。

⑨转向轮所在车轴的钢板弹簧U形螺栓松动或钢板销与衬套配合松旷，应予紧固或调整。

⑩转向轮所在车轴的左、右两悬挂的高度或刚度不一，应予更换等。

2.3.3 故障诊断方法

以桑塔纳乘用车为例，根据转向轮抖动特征，按照图 7－15 所示机械转向系转向轮抖动常见故障原因的诊断流程找出故障部位。

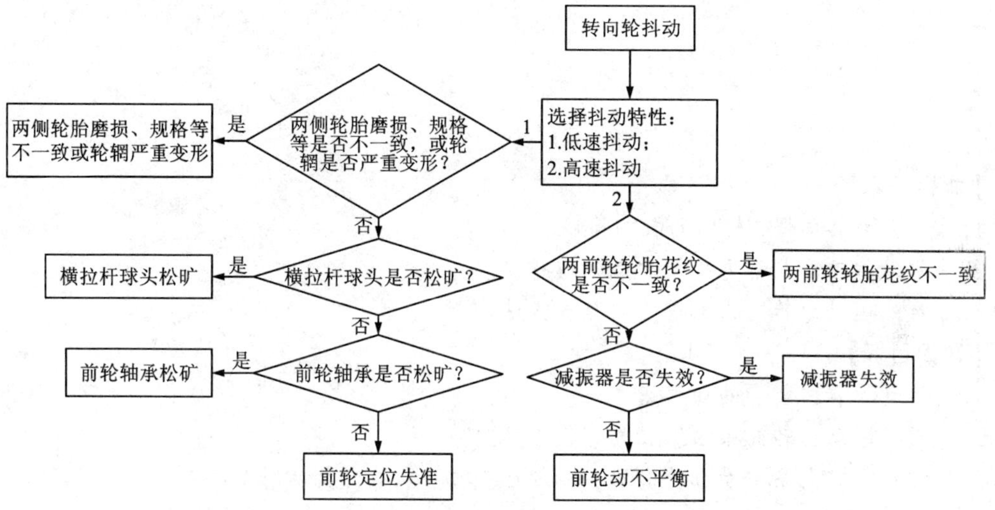

图 7－15 机械转向系转向轮抖动常见故障原因的诊断流程

思考与练习

1. 转向系统的基本组成是什么？
2. 简述安全式转向柱的型式和工作原理。
3. 转向器的基本类型有哪些？各有什么特点？
4. 什么是转向器的传动效率？逆效率的作用是什么？
5. 转向传动机构的作用是什么？

项目八　汽车转向沉重故障检修

【能力目标】

1. 掌握动力转向器、转向油泵的检修。
2. 掌握动力转向系常见故障的诊断与排除。
3. 掌握液压动力转向系维护的内容和方法。

【知识目标】

1. 了解动力转向装置的功用。
2. 掌握液压动力转向系的组成和工作原理。
3. 掌握动力转向系中动力转向器、转向油泵的基本结构及功用。

任务一　更换转向助力泵

【案例导入】

一辆客户驾驶一辆奥迪 A6 2.4(AT)车，行驶里程为 5.4 万 km，该客户反映转向沉重，打方向盘时感觉无法发力。经过检测，发现转向助力泵处出现了泄漏，更换新的转向助力泵后，故障得以解决。请问，什么是液压动力转向系统？如何检修液压动力转向系统？

【主要教学设备】

1. 轿车。
2. 举升机。
3. 常用维修工具若干。

【教学过程】

1. 学生以小组为单位完成本次任务。
2. 每个小组需配有相关车型的维修手册，学生根据手册制定工作计划。
3. 小组讨论所拆卸部件的名称、作用、工作原理。
4. 观察汽车转向故障的情况，试着解释有关汽车转向故障的原因。
5. 按照维修手册的要求恢复教学车辆。
6. 教学过程中注意安全，防止重物掉落砸伤学生。

【理论学习】

1.1　液压动力转向系的基本结构和工作原理

1.1.1　动力转向系的功用和分类

提示： 对于转向系来说，最主要的要求是转向的灵敏性和操纵的轻便性。高的转向灵敏性，要求转向器具有小的传动比；优异的操纵轻便性，则要求转向器具有大的传动比。可见这是一对矛盾，普通的机械转向系很难兼顾汽车的转向灵敏性和操纵的轻便性。为解决这一矛盾，越来越多的车辆采用了以发动机输出的部分动力为能源的动力转向系。

动力转向系是利用一定的动力助力方式，对转向器施加作用力以减少驾驶员转动转向盘的操纵力、减轻驾驶疲劳的转向系统。

动力转向系按动力介质的不同分为气压式、液压式和电动式三类。

气压式动力转向系主要用于采用气压制动系统的货车和客车。对于装载质量过大的货车，因为其气压制动系统的工作压力较低，使得部件结构复杂、尺寸过于庞大、消耗功率多、易产生泄漏，而且转向力也不宜有效控制，所以这种助力系统不容易用于大型货车和小型轿车。电动动力转向系通常需要微机控制，成本较大。液压动力转向系工作灵敏度高、结构紧凑、外廓尺寸较小、工作时无噪声、工作滞后时间短，而且能吸收来自不平路面的冲击。因此，液压式动力转向系在各类汽车上得到了广泛的应用。液压式动力转向系按液流形式可以分为常流式和常压式；按转向控制阀的运动方式又可以分为滑阀式和转阀式。让我们先来认识一下液压式动力转向装置。

1.1.2　液压式动力转向系的组成、原理

1. 液压常流滑阀式动力转向装置

液压常流滑阀式动力转向装置的基本组成如图 8 - 1 所示，主要包括转向储油罐、转向油泵、转向控制阀、转向动力缸等。

汽车直线行驶时，如图 8 - 1(a)所示，滑阀 1 在复位弹簧 3 的作用下保持在中间位置。转向控制阀内各环槽相通，自油泵 15 输送出来的油液进入阀体环槽 A 之后，经环槽 B 和 C 分别流入动力缸 8 的 R 腔和 L 腔，同时又经环槽 D 和 E 进入回油管道流回油罐 14。这时，滑阀与阀体各环槽槽肩之间的间隙大小相等，油路畅通，动力缸 8 因左、右腔油压相等而不起加力作用。

汽车右转向时，驾驶员通过转向盘使转向螺杆 5 向右转动(顺时针)。开始时，转向螺母暂时不动，具有左旋螺纹的螺杆 5 在螺母 9 的推动下向右轴向移动，带动滑阀 1 压缩弹簧 3 向右移动，消除左端间隙 h，如图 8 - 1(b)所示。此时环槽 C 与 E 之间、A 与 B 之间的油路通道被滑阀和阀体相应的槽肩封闭，而环槽 A 与 C 之间的油路通道增大，油泵送来的油液自 A 经 C 流入动力缸的 L 腔，L 腔成为高压油区。R 腔油液经环槽 B、D 及回油管流回储油罐 14，动力缸 8 的活塞右移，使转向摇臂 7 逆时针转动，从而起加力作用。

想一想： 如果油液总是按上面的方向流动，转向轮一直偏转，将会出现什么后果？所以，助力作用必须是随转向盘的转动而进行，随方向盘的停转而减小(维持)，若继续转动，则继续助力。这就是所谓的“随动”作用(转向轮的偏转角随转向盘转角变化而变化)。随动作用

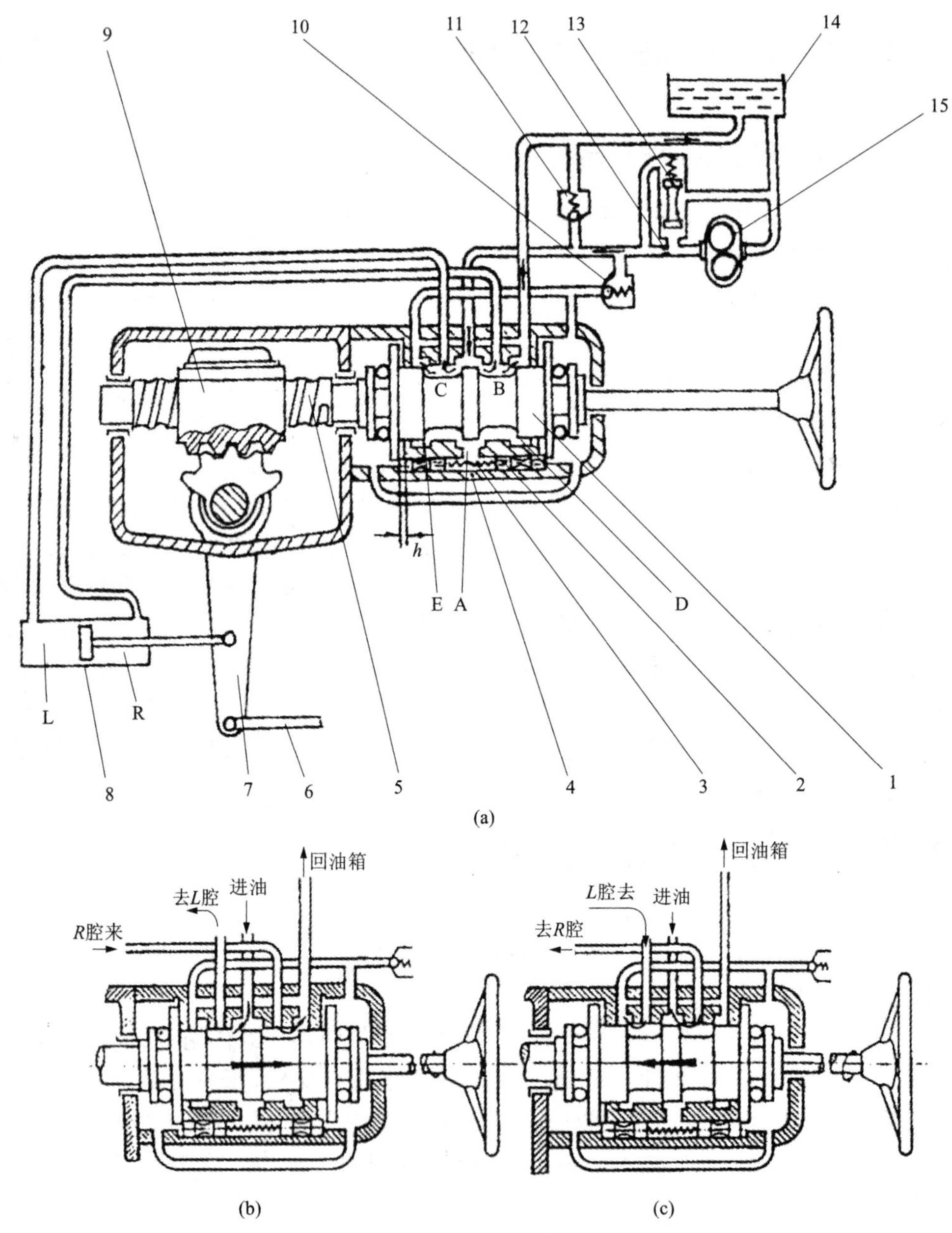

图 8－1　液压常流滑阀式动力转向装置

1—滑阀；2—反作用柱塞；3—滑阀复位弹簧；4—阀体；5—转向螺杆；6—转向直拉杆；7—转向摇臂；8—转向动力缸；9—转向螺母；10—单向阀；11—安全阀；12—节流孔；13—溢流阀；14—转向储油罐；15—转向油泵

是如何实现的？

只要转向盘和转向螺杆 5 继续转动，加力作用就一直存在。当转向盘转过一定角度保持不动时，转向螺杆 5 作用于转向螺母 9 的力消失，但动力缸活塞仍继续右移，转向摇臂 7 继续逆时针方向转动，其上端拨动转向螺母，带动转向螺杆 5 及滑阀一起向左移动，直到滑阀 1 恢复到中间稍偏右的位置。此时 L 腔的油压仍高于 R 腔的油压。此压力差在动力缸活塞上的作用力用来克服转向轮的回正力矩，使转向轮的偏转角维持不动，这就是转向的维持过程。如转向轮进一步偏转，则需继续转动转向盘，重复上述全部过程。

松开转向盘，滑阀在回位弹簧3和反作用柱塞2上的油压的作用下回到中间位置，动力缸停止工作。转向轮在前轮定位产生的回正力矩的作用下自动回正，通过转向螺母9带动转向螺杆5反向转动，使转向盘回到直线行驶位置。如果滑阀不能回到中间位置，汽车将在行驶中跑偏。

在对装的反作用柱塞2的内端，复位弹簧3所在的空间，转向过程中总是与动力缸高压油腔相通。此油压与转向阻力成正比，作用在柱塞2的内端。转向时，要使滑阀移动，驾驶员作用在转向盘上的力，不仅要克服转向器内的摩擦阻力和复位弹簧的张力，还要克服作用在柱塞2上的油液压力。所以，转向阻力增大，油液压力也增大，驾驶员作用于转向盘上的力也必须增大，使驾驶员感觉到转向阻力的变化情况，这种作用就是"路感"。

总结：液压常流滑阀式动力转向系统，结构复杂、体积大，所以大多应用于大型货车、客车和工程机械上。而小型汽车上主要应用的是液压常流转阀式动力转向装置。

2. 液压常流转阀式动力转向装置的工作原理

液压常流转阀式动力转向装置的基本组成如图8－2所示，也是由转向油泵、转向动力缸、转向控制阀等组成。

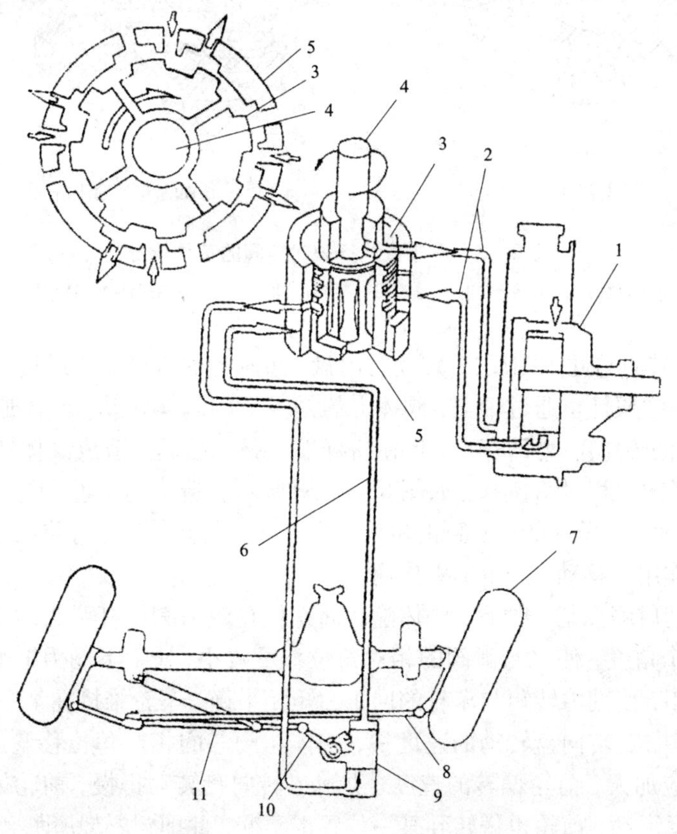

图8－2　液压常流转阀式动力转向装置

1—转向油泵；2—油管；3—阀体；4—阀芯；6—油管；7—车轮；8—转向拉杆；9—转向动力缸；10—转向摇臂；11—转向横拉杆

当汽车直线行驶时，转阀处于中间位置，如图 8 -3(a)所示。工作油液从转向器壳体的进油孔 *B* 流到阀体 13 的中间油环槽中，经过其槽底的通孔进入阀体 13 和阀芯 12 之间，此时阀芯处于中间位置。进入的油液分别通过阀体和阀芯纵槽和槽肩形成的两边相等的间隙，再通过阀芯的纵槽以及阀体的径向孔流向阀体外圆上、下油环槽，通过壳体油道流到动力缸的左转向动力腔 *L* 和右转向动力腔 *R*。流入阀体内腔的油液在通过阀芯纵槽流向阀体上油环槽的同时，通过阀芯槽肩上的径向油孔流到转向螺杆和输入轴之间的空隙中，从回油口经油管回到油罐中去，形成常流式油液循环。此时，上、下腔油压相等且很小，齿条—活塞既没有受到转向螺杆的轴向推力，也没有受到上、下腔因压力差造成的轴向推力。齿条—活塞处于中间位置，动力转向器不工作。

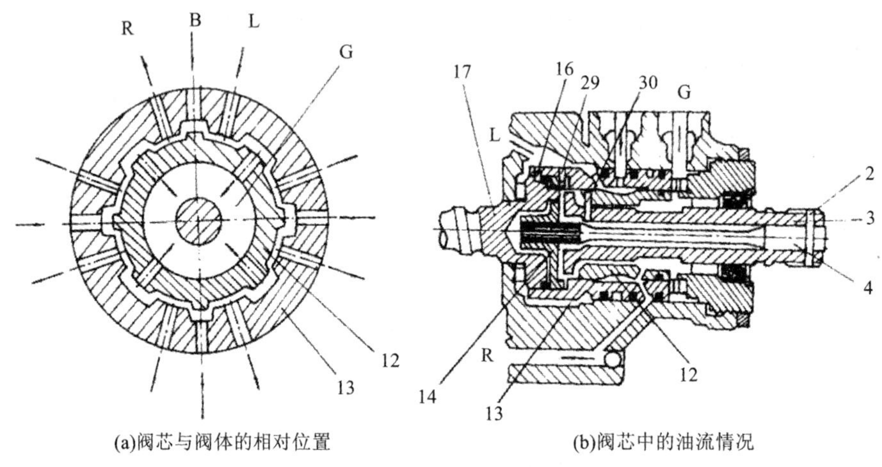

(a)阀芯与阀体的相对位置　　(b)阀芯中的油流情况

图 8 -3　汽车直线行驶时转阀的工作情况

R—接右转向动力缸；L—接左转向动力缸；B—接转向油泵；G—接转向油罐(其余图注同图 8 -6)

左转向时(右转向与此正相反)，转动转向盘，短轴逆时针转动，通过下端轴销带动阀芯同步转动，同时弹性扭杆也通过轴盖、阀体上的销子带动阀体转动，阀体通过缺口和销子带动螺杆旋转，但由于转向阻力的存在，促使扭杆发生弹性扭转，造成阀体转动角度小于阀芯的转动角度，两者产生相对角位移，如图 8 -4(b)所示。造成通下腔的进油缝隙减小(或关闭)，回油缝隙增大，油压降低；上腔正相反，油压升高，上、下动力腔产生油压差，齿条—活塞在油压差的作用下移动，产生助力作用。

当转向盘转动后停在某一位置，阀体随转向螺杆在液力和扭杆弹力的作用下，沿转向盘转动方向旋转一个角度，使之与滑阀的相对角位移量减小，上、下动力缸油压差减小，但仍有一定的助力作用，使助力转矩与车轮的回正力矩相平衡，车轮维持在某一转角位置上。

在转向过程中，若转向盘转动的速度快，阀体与阀芯的相对角位移量也大，上、下动力腔的油压差也相应加大，前轮偏转的速度也加快；转向盘转动得慢，前轮偏转得也慢；转向盘转到某一位置上不动，前轮也偏转到某一位置上不变，此即“快转快助，大转大助，不转不助”原理。

转向后需回正时，驾驶员放松转向盘，阀芯在弹性扭杆作用下回到中间位置，失去了助

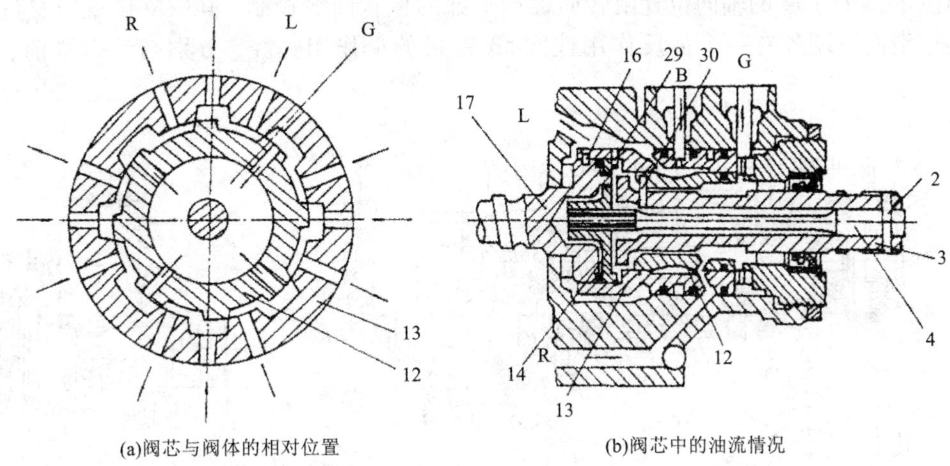

(a)阀芯与阀体的相对位置　　(b)阀芯中的油流情况

图8-4　汽车左转向时转阀的工作情况

R—接右转向动力缸；L—接左转向动力缸；B—接转向油泵；G—接转向油罐(其余图注同图8-6)

力作用，转向轮在回正力矩的作用下自动回位。当驾驶员同时回转转向盘时，转向助力器助力，帮助车轮回正。

当汽车直线行驶偶遇外界阻力使转向轮发生偏转时，阻力矩通过转向传动机构、转向螺杆、螺杆与阀体的锁定销作用在阀体上，使之与阀芯之间产生相对角位移，动力缸上、下腔油压不等，产生与转向轮转向相反的助力作用，转向轮迅速回正，保证了汽车直线行驶的稳定性。

当液压动力转向装置失效后，失去方向控制是非常危险的，所以，一旦液压动力转向装置失效，该动力转向器将变成机械转向器，动力传递路线与机械转向系完全一致。

小结：动力转向系统是由机械转向器、转向控制阀、转向动力缸以及将发动机输出的部分机械能转换为压力能的转向油泵(或空气压缩机)、转向储油罐组成。其主要功能是实现"渐进随动原理"，即快转快助，大转大助，不转不助。动力转向装置可分为液压式和气压式两种，液压式分为滑阀式和转阀式两种。

1.2　液压动力转向系的主要部件

1.2.1　动力转向器

1. 滑阀整体式动力转向器

黄河JN1181C13型汽车滑阀整体式动力转向器如图8-5所示，主要由机械转向器、转向动力缸和转向控制阀组成。

机械转向器为循环球—齿条齿扇式。由转向螺杆26、转向螺母37、动力缸活塞27(齿条)和齿扇轴30组成。齿条与齿扇的啮合间隙用调整螺钉44调节。

转向动力缸由转向动力缸的缸体(转向器壳体28)、动力缸活塞27组成。

转向控制阀位于转向螺母下方，二者轴线互相垂直，阀体 55 借紧定螺钉 36 限制其轴向和轴向位置，滑阀 54 的轴向位置由转向螺母下部的板状凸缘控制，其中立位置由复位弹簧 56 保证，滑阀两端各有一个由反作用柱塞 53 密封的反作用孔腔，分别与动力缸前、后腔连通。

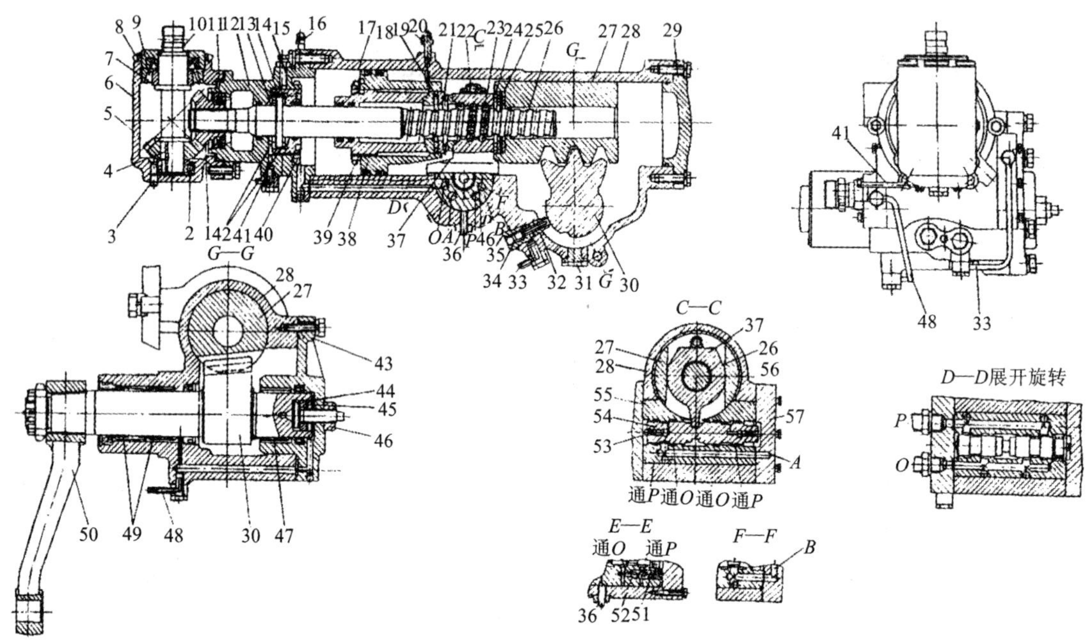

图 8－5　黄河 JN1181C13 型汽车滑阀整体式动力转向器

1—从动圆锥齿轮；2—圆锥滚子轴承；3—齿轮箱放油螺塞；4—平键；5—主动圆锥齿轮；6—齿轮箱壳体；7—圆锥滚子轴承；8—锁紧螺母；9—调整螺塞；10—输入轴；11—向心球轴承；12—转向器前盖；13—锥面垫圈；14—向心滚针轴承；15—调整座；16—动力缸前腔放气阀；17—锁紧螺母；18—球面垫圈；19—蝶形弹簧；20—动力缸后腔放气阀；21—径向推力球轴承；22—钢球导管；23—钢球；24—推力滚子轴承；25—蝶形弹簧；26—转向螺杆；27—转向动力缸活塞；28—转向器壳体（动力缸体）；29—转向器后盖；30—齿扇轴；31—放油螺塞；32—转向限制阀柱塞；33—通动力缸前腔的油管；34—转向限止阀弹簧；35—转向限止阀体；36—紧定螺钉；37—转向螺母；38—调整垫片；39—锁片；40—锁紧螺母；41、48—润滑油管；42—推力滚子轴承；43—转向器后侧盖；44—调整螺钉；45—垫圈；46—固定螺母；47、49—向心滚针轴承；50—转向摇臂；51—单向阀弹簧；52—单向阀；53—反作用柱塞；54—滑阀；55—转向控制阀体；56—滑阀复位弹簧；57—转向器前侧盖；P—转向控制阀进油道；O—转向控制阀回油道；A—控制阀通动力缸前腔油道；B—控制阀通动力缸后腔油道

刚通过转向盘转动螺杆时，由于转向螺杆的轴向位置已被推力轴承 42 限止，动力缸活塞也因受齿扇轴传来的路面阻力而暂时不能运动。螺母两端蝶形弹簧的预紧力又使得转向螺母不可能相对于活塞轴向移动。结果只能使转向螺母随转向螺杆转动一个不大的角度，将滑阀拨到相应的工作位置。于是动力缸的一腔通进油道 P，另一腔通回油道 O。在动力缸活塞上的液压作用力与转向螺母的轴向力共同作用下，带动齿扇轴 30 和转向摇臂 50 转动。

2. 转阀整体式动力转向器

北京切诺基汽车转阀整体式动力转向器结构，如图 8－6 所示。其主要由机械转向器、转向动力缸和旋转式转向控制阀三者组合而成。

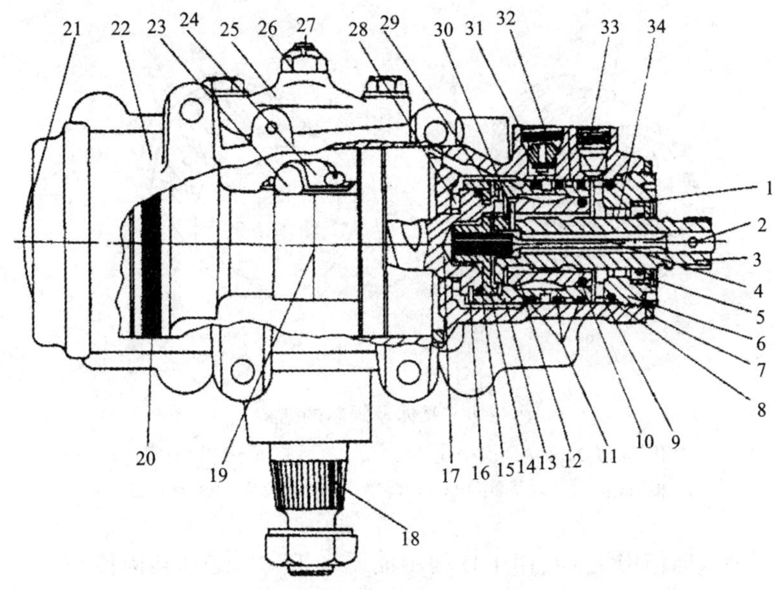

图 8－6　北京切诺基汽车转阀整体式动力转向器

1—卡环；2—锁销；3—短轴；4—扭杆；5—骨架油封；6—调整螺塞；7—锁母；8、10、11、15、20—O 形密封圈；9—推力滚针轴承；12—阀芯；13—阀体；14—下端轴盖；16—锁销；17—转向螺杆；18—转向摇臂轴；19—转向螺母(齿轮－齿条)；21—转向器端盖；22—壳体；23—循环球导管；24—导管压紧板；25—侧盖；26—锁紧螺母；27—调整螺钉；28—推力滚针轴承；29—定位销；30—锁销；31—止回阀；32—进油口；33—出油口；34—滚针轴承

机械转向器为循环球式，有两级传动副，第一级是螺杆螺母(活塞—齿条)传动副，第二级是齿条—齿扇传动副。转向器壳体侧盖上的调整螺钉 27 及锁紧螺母 26，用来调整齿条和齿扇的啮合间隙。

转向控制阀用于控制压力油的流动方向。主要由阀体(阀套)3、阀芯 4、输入轴组件及密封件等组成，如图 8－7 和 8－8 所示。扭杆 1 的一端同阀体 3 连接在转向轴上，另一端通过定位销与阀芯 4 相连。阀体 3 和阀芯 4 上开有相对应的油道，动力缸左腔和右腔分别与阀体上相对两油道相连，阀上还开有回油道。

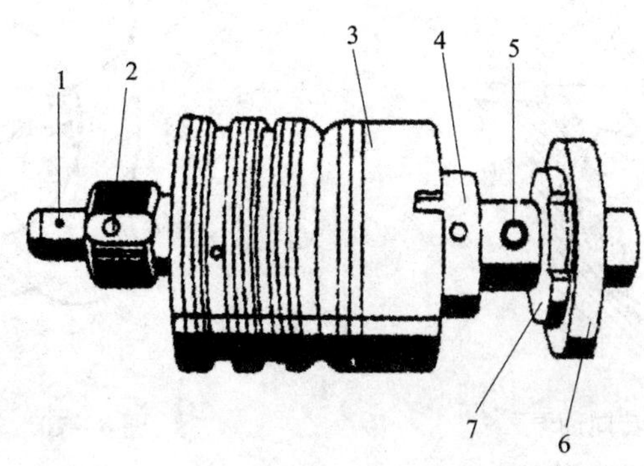

图 8－7　输入轴组件

1—扭杆；2—锁销；3—阀体(阀套)；4—阀芯；5—锁销；6—轴盖；7—短轴

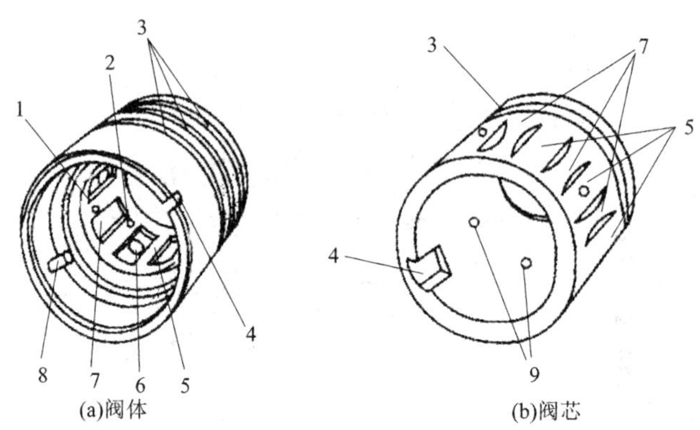

图 8－8 阀体及阀芯的结构

1—小孔（通动力缸前腔）；2—小孔（通动力缸后腔）；3—环槽；4—缺口；5—槽肩；6—孔（通进油口）；7—纵槽；8—锁销；9—孔（通回油孔）

转向动力缸为双向作用型，其作用是利用油压来扩大传送到转向传动机构上的转向力。动力缸缸体即转向器壳体，动力缸活塞即齿条活塞。

1.2.2 转向油泵

1. 作用

转向油泵是动力转向装置的动力源，其功用是将发动机的机械能变为驱动转向动力缸工作的液压能，再由转向动力缸输出的转向力，驱动转向车轮转向。

2. 类型

转向油泵的结构类型有多种，常见的有齿轮式、转子式和叶片式，分别如图 8－9、图 8－10 和图 8－11 所示。下面介绍应用最广泛的叶片式转向油泵。

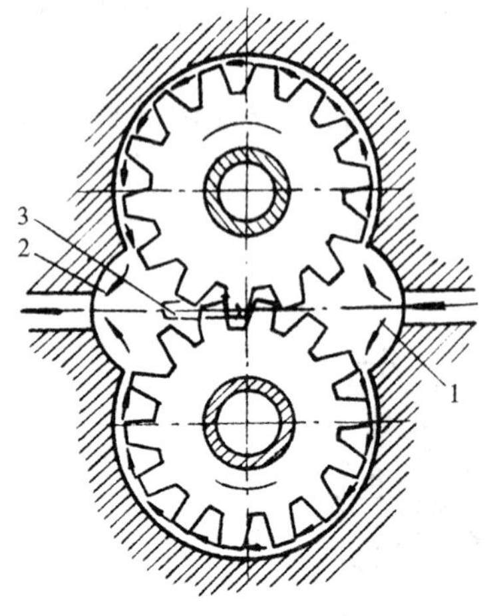

图 8－9 齿轮式转向油泵

1—进油口；2—出油口；3—卸荷槽

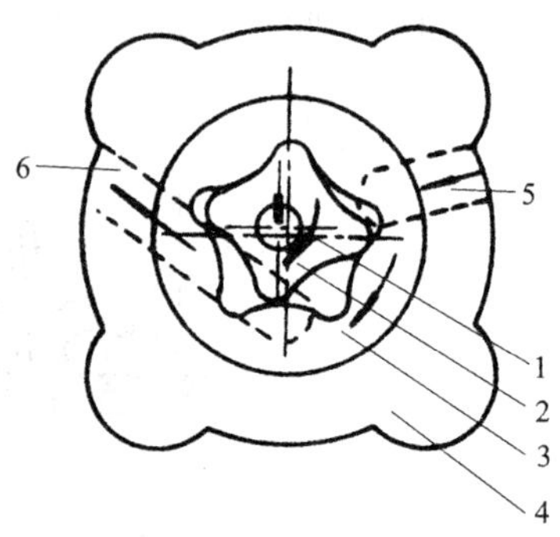

图 8－10 转子式转向油泵

1—主动轴；2—内转子；3—外转子；4—油泵壳体；5—进油口；6—出油口

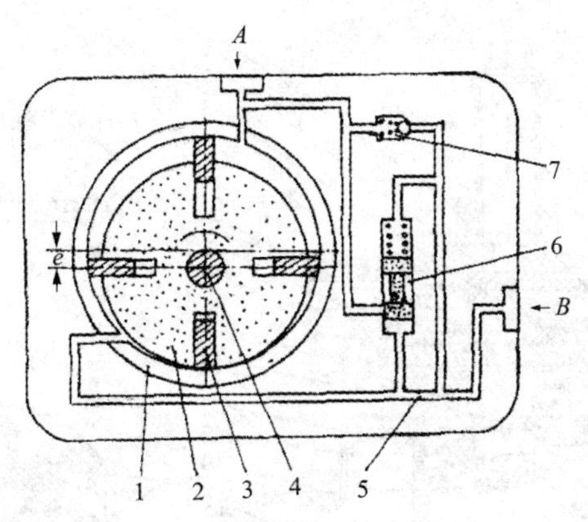

图8-11　叶片式转向油泵

1—定子；2—转子；3—叶片；4—转子轴；5—出油管道；
6—溢流阀；7—安全阀；A—进油孔；B—出油孔

3. 双作用叶片式转向油泵

1）结构（目前最常用的是双作用叶片式转向油泵）：

双作用叶片式转向油泵的结构，如图8-12所示。驱动轴14上压有一个皮带轮并由曲轴上皮带轮通过皮带驱动转向油泵。油泵主要由转子27、定子21、配油盘（19、23）、壳体1、驱动轴14及组和阀（溢流阀2和安全阀3）组成。转子27上均匀地开有十个径向叶片槽，槽内装有可径向滑动的矩形叶片28，叶片顶端可紧贴在定子21的内表面上。在转子和定子的两个侧面上各有一配油盘（19、23），由于转子的宽度稍小于定子的宽度，使两配油盘紧压在定子上。两配油盘和定子一起装在壳体内，不能移动或转动。两配油盘与定子相对的端面上各开有对称布置的腰型槽，分别与进油口和出油口相连。定子内表面曲线近似于椭圆形，使得由转子、定子叶片和左右配油盘之间形成若干个密封的工作室。工作室容积大小随转子旋转实现“由小变大，由大变小，再由小变大，由大变小”一直循环。

2）原理：

双作用叶片式转向油泵的工作原理如图8-13所示。当发动机带动油泵逆时针旋转时，叶片在离心力的作用下紧贴在定子的内表面上，工作容积开始由小变大，从吸油口吸进油液，而后工作容积由大变小，压缩油液，经压油口向外供油。再转180°，又完成一次吸压油过程。

双作用式叶片泵，有两个工作腔，转子每转一周，每个工作腔都各自吸压油一次。溢流阀、安全阀的功用、原理如图8-14所示。

溢流阀用以限定转向油泵的最大输出流量。当输出油量过大时，节流孔处油液的流速很高，但该处的压力很小，此压力经横向油道传到溢流阀右侧，使节流阀左、右两侧的压差增大，在压差的作用下，节流阀压缩弹簧右移，使进油道和出油道相同，部分油液在泵内循环流动，减少了出油量。安全阀用以限定转向油泵输出油液的最高压力，当输出压力过高时，这个压力传到溢流阀右侧，使安全阀左移开启，高压油流回进油腔，降低了输出油压。当这两个阀出现弹簧过软、折断或不密封时，将会导致油泵油压和流量不足而出现故障。

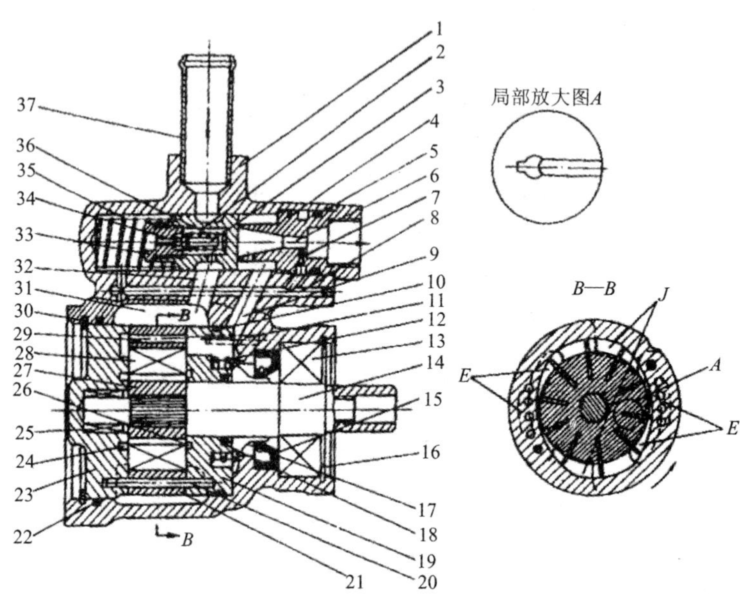

图 8－12 双作用叶片式转向油泵

1—壳体；2—溢流阀；3—安全阀弹簧；4—出油管接头；5、10、18、22—O 型密封圈；6—节流孔；7—感压小孔；8—横向油道；9—出油道；11、20—定位销；12—配油盘压紧弹簧；13—轴承；14—驱动轴；15—骨架油封；16—卡圈；17—隔套；19—右配油盘；21—定子；23—左配油盘；24、26—环形油槽；25—滚针轴承；27—转子；28—叶片；29—定子轴向通孔；30—挡圈；31—进油腔；32—进油槽；33—螺塞；34—钢球；35—溢流阀弹簧；36—安全阀弹簧；37—进油道；J—吸油凹槽；E—压油凹槽

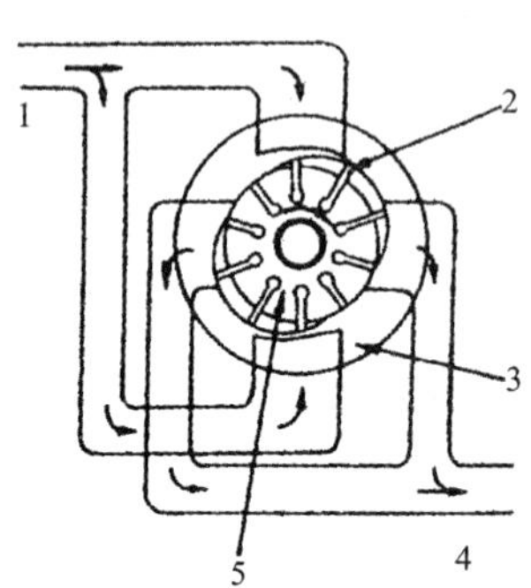

图 8－13 双作用叶片泵工作原理

1—进油口；2—叶片；3—定子；4—排油口；5—转子

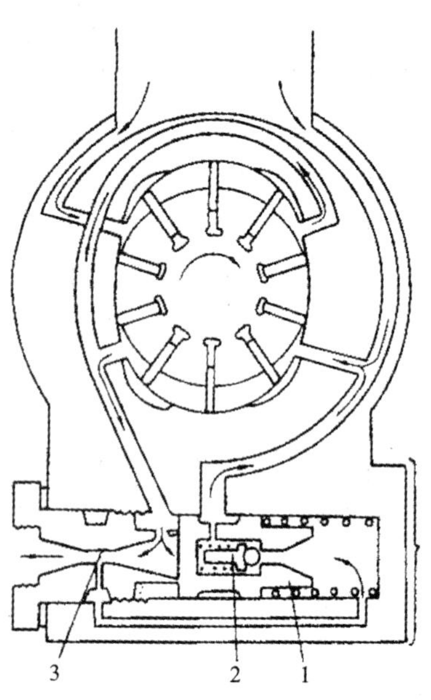

图 8－14 双作用卸荷式叶片泵结构、原理示意图

1—溢流阀活塞(溢流阀)；2—安全阀；3—节流孔

1.3　液压动力转向系的故障诊断

1.3.1　转向沉重

1. 故障现象

装有液压动力转向系统的汽车，在行驶中突然感到转向沉重。

2. 故障原因

一般是液压转向动力系统失效或助力不足造成的，其根本原因在于液压不足，引起转向系统液压不足的主要原因有：

1)转向油罐缺油或油液高度低于规定要求。

2)液压回路中渗入了空气。

3)油泵驱动皮带过松或打滑。

4)各油管接头处密封不良，有泄漏现象。

5)油路堵塞或滤清器污物太多。

6)油泵磨损、内部泄漏严重。

7)油泵安全阀、溢流阀泄漏，弹簧弹力减弱或调整不当。

8)动力缸或转向控制阀密封损坏。

3. 诊断与排除

1)检查转向油泵驱动部分的情况：

(1)用手压下转向油泵的驱动皮带，检查皮带的松紧度，若皮带过松，应调整。

(2)起动发动机，使发动机怠速运转，突然提高发动机的转速，检查转向油泵驱动皮带有无打滑现象，发现问题后应按规定更换性能不良的部件。

2)检查转向油罐内的油液质量和液面高度，若油液变质则应重新更换规定油液。若只是液面低于规定高度，应加油使油面达到规定位置。

3)检查转向油罐内的滤清器：

(1)若发现滤网过脏，说明滤清器堵塞，应清洗。

(2)若发现滤网破裂，说明滤清器损坏，应更换。

4)检查油路中是否渗入空气，如果发现油罐中的油液有气泡，说明油路中有空气渗入，应检查各油管接头和接合面的螺栓是否松动，各密封件是否损坏，有无泄漏现象，油管是否破裂等。对于出现故障的部位应进行修整和更换，并进行排气操作，最后重新加入油液。

5)检查各油管接头等处有无泄漏，油路中是否有堵塞，查明故障后按规定力矩拧紧有关接头或清除污物。

6)对转向油泵进行输出油压检查，如果油泵输出压力不足，说明油泵有故障，此时应分解油泵，检查油泵是否磨损或内部泄漏严重，安全阀、溢流阀是否泄漏或卡滞，弹簧弹力是否减弱或调整不当，各轴承是否烧结或严重磨损等。对于叶片泵还应检查转子上的密封环或油封是否损坏，对于齿轮泵应检查齿轮间隙是否过大等，查明故障予以修理，必要时更换油泵。

1.3.2 异响

1. 故障现象

汽车转向时，转向系统有过大的异响，并影响汽车的转向性能。

2. 故障原因

1）转向油罐中液面太低，油泵在工作时容易渗入空气。

2）液压系统中渗入空气。

3）油罐滤网堵塞或液压回路中有过多的沉积物。

4）油管接头松动或油管破裂。

5）油泵严重磨损或损坏。

6）转向控制阀性能不良。

3. 诊断与排除

1）当转向盘处于极限位置或原地慢慢转动转向盘时，转向器发出“嘶嘶”声，如果这种异响严重则可能为转向控制阀性能不良，应更换转向控制阀。

2）当转向油泵发出“嘶嘶”声或尖叫声时，应进行以下检查：

（1）检查油罐液面高度，液面高度不够时应查明泄漏部位并修理，然后按规定加足油液。

（2）检查转向油泵驱动皮带是否打滑，若打滑应查明原因更换皮带或调整皮带紧度。

（3）查看油液中有无泡沫，若有泡沫，应查找漏气部位并予以修理，然后排除空气。若无漏气，则说明油路有堵塞处或油泵严重磨损及损坏，应予以修复或更换。

1.3.3 左右转向轻重不同

1. 故障现象

汽车行驶时，向左和向右转向操纵力不相等。

2. 故障原因

1）转向控制阀阀芯（或滑阀）偏离中间位置或虽然在中间位置但与阀体槽肩的缝隙大小不一致。

2）控制阀内有污物阻滞，使左、右转动阻力不同。

3）液压系统中动力缸的某一油腔渗入空气。

4）油路漏损。

3. 诊断与排除

这种故障多是油液脏污所致，应按规定更换新油后再进行检查。

1）如果油质良好或更换新油后故障没有消除，应对液压系统进行排气并检查系统有无油液泄漏，液压系统中出现泄漏时，应更换泄漏部位的零部件。

2）如果故障仍不能排除，则可能是由于控制阀定中不良造成的。滑阀式转向控制阀可在动力转向器外部进行排除，通过改变转向控制阀阀体的位置来实现。如果滑阀位置调整后仍不见好转，应拆检滑阀，测量其尺寸，若偏差较大，应更换滑阀；对于转阀式转向控制阀必须通过分解检查来排除故障。

1.3.4　直线行驶转向盘发飘或跑偏

1. 故障现象

汽车直线行驶时，难以保持正前方向而总向一边跑偏。

2. 故障原因

1）油液脏污、转向控制阀回位弹簧折断或变软，使转向控制阀不能及时回位。

2）转向控制阀阀芯（或滑阀）偏离中间位置或虽在中间位置但与阀体槽肩的缝隙大小不一致。

3）流量控制阀卡滞使油泵流量过大或油压管路布置不合理，造成油压系统管路节流损失过大，使动力缸左右腔压力差过大。

3. 诊断与排除

1）首先检查油液是否赃污。对于新车或大修以后的车辆，如果不认真执行磨和期换油规定，易使油液脏污。

2）对于使用较久的车辆，则可能是流量控制阀或转向控制阀回位弹簧失效所致，此时可在不起动发动机的情况下转动转向盘，凭手感判断控制阀是否开启及运动自如，若有怀疑，一般应拆卸检查。

3）最后检查转向油泵流量控制阀是否卡滞和油压管路布置是否合理，发现故障予以修理。

1.3.5　转向时转向盘发抖

1. 故障现象

发动机工作时转向，尤其是在原地转向时，滑阀共振，转向盘抖动。

2. 故障原因

1）油罐液面低。

2）油路中渗入空气。

3）转向油泵驱动皮带打滑。

4）转向油泵输出压力不足。

5）转向油泵流量控制阀卡滞。

3. 诊断与排除

1）首先检查油罐液面是否符合规定，否则按要求加注转向油液。

2）排放油路中渗入的空气。

3）检查转向油泵驱动皮带是否打滑或其他驱动型式的齿轮传动等有无损坏，发现问题后应按规定调整皮带紧度或更换性能不良的部件。

4）对转向油泵输出压力进行检查。压力不足时应分解油泵，检查油泵是否磨损或内部泄漏严重、安全阀及流量控制阀是否泄漏或卡滞、弹簧弹力是否减弱或调整不当、各轴承是否烧结或严重磨损等。对于叶片式转向油泵还应检查转子上的密封环或油封是否损坏。对于齿轮式油泵应检查齿轮间隙是否过大等。查明故障予以修理，必要时更换油泵。如果泵轴油封泄漏也应更换转向油泵。

任务二　动力转向系相关的技能训练

2.1　液压动力转向系统的检修

液压动力转向器分解后应对控制阀组件、支座组件、滚珠轴承、管道组件、转向横拉杆、转向器壳体、压力密封垫和弹簧、齿条组件、防尘套进行检查，如有明显损伤，应更换。下面将对这个系统如何检修进行一一讲解。

2.1.1　检查系统的密封性

转向系统密封性的检查，应在热车时进行，其常见的泄漏点如图 8－15 和图 8－16 所示。其方法是：

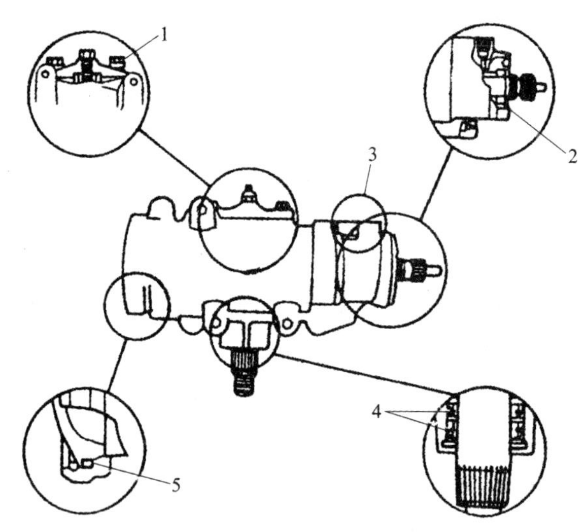

图 8－15　循环球式动力转向器常见泄漏点

1—侧盖泄漏；2—调整螺母油封泄漏；3—压力软管接头螺栓泄漏；4—转向摇臂轴油封泄漏；5—端盖油封泄漏

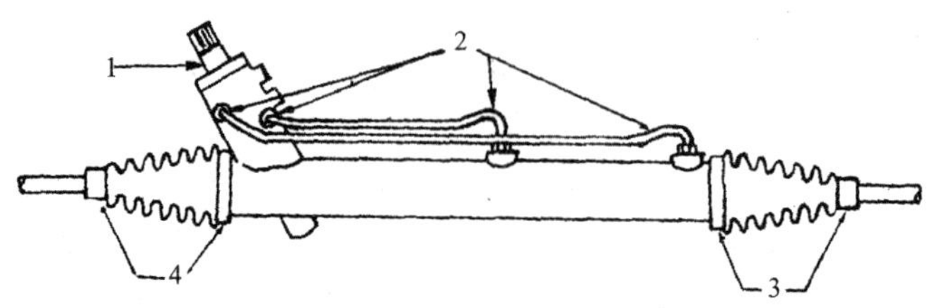

图 8－16　齿轮齿条式动力转向器常见泄漏点

1—小齿轮轴油封；2—油管接头；3、4—防尘套及卡箍

1）将转向盘快速向左、右两侧转至极限位置（注意在极限位置停留不得超过5 s），并保持不动。目测检查转向控制阀、齿条密封（松开波纹管软管夹箍，再将波纹管推至一旁）、叶轮泵、油管接头是否有漏油现象，如有渗漏应更换密封件。

2）如果发现储油罐中缺少ATF油，应检查转向系统的密封性是否完好。

3）当转向器主动齿轮不密封时，必须更换阀体中的密封环和中间盖板上的圆形绳环。

4）如果转向器罩壳中的齿轮齿条密封件不密封，转向动力油液可能流入波纹管套里。此时，应拆开转向机构，更换所有密封环。

5）如油管接头漏油，应查找原因并重新接好。

2.1.2　转向油泵的检修

转向油泵在使用中应定期检查皮带情况。除此之外，动力转向器出现故障时，应检查转向油泵泵油压力。若确认转向油泵的工作性能下降，一般应整体更换。

转向油泵压力的检查步骤如下：

1）将量程为15 MPa的压力表和节流阀串接到转向油泵和转向控制阀之间的管路中，如图8－17所示。

2）起动发动机，如果需要，向转向油罐中补充ATF油。

3）发动机怠速运转，转动转向盘数次。

4）急速关闭节流阀（不超过5～10 s），并读出压力数，额定值：桑塔纳2000为6.8～8.2 MPa；奥迪200为12～13 MPa。若压力足够，说明转向油泵正常。

5）如果没有达到额定值，就应检查压力和流量限制阀是否完好。如不正常就应更换溢流阀、安全阀或转向油泵。

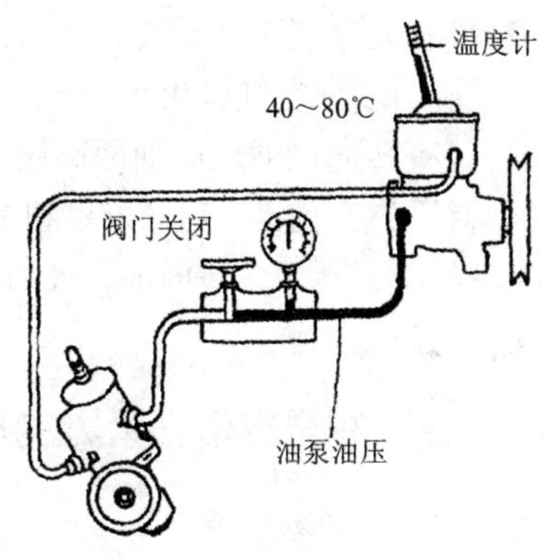

图8－17　转向油泵压力的检查

2.1.3　转向储油罐液面高度的检查及油液的更换

转向储油罐的功用是储存、滤清、冷却动力转向系统工作油液，其表面有不同方式表示的液面高度要求。如果液面高度太低，将使动力转向系渗入空气，造成汽车转向操作不稳，忽轻忽重或有噪声。

1. 转向储油罐液面的检查

1）将车辆停放在平坦的地面上，使前轮处于直行位置。

2）起动发动机，并使其达到正常的工作温度。

3）使发动机怠速运转大约2 min，左、右打几次转向盘，使油温达到40～80℃，关闭发动机。

4）观察储油罐的液面，此时液面应处于“MAX”（上限）与“MIN”（下限）之间，当液面低于“MIN”时，应加至“MAX”，如图8－18所示。

5）对于用油尺检查的汽车，拧下带油尺的封盖，用布将油位标尺擦净，将带油尺的封盖插入储油罐内拧好，然后重新拧出，观察油尺上的标记，应处于“Max”与“Min”之间，必要时将转向油加至“Max”处。

2. 转向油液的更换

1）放油：

（1）支起汽车前部，使两前轮离开地面。

（2）拧下转向储油罐盖，拆下转向油泵回油管，然后将转向油放入容器中。

（3）发动机怠速运转，在放转向油的同时，左右转动转向盘。

2）加油与排气：

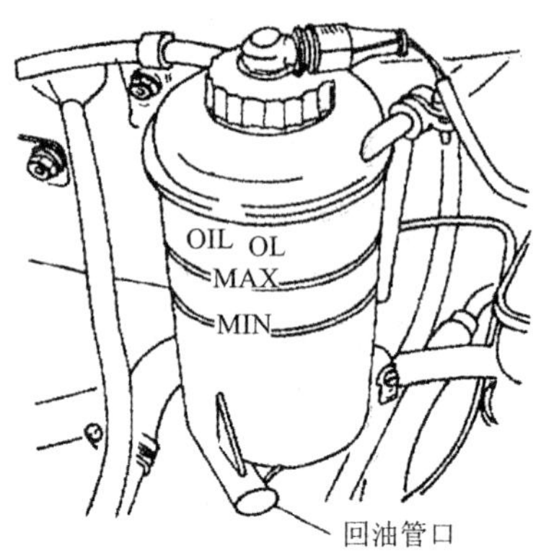

图 8－18　转向储油罐油面的检查

（1）向转向储油罐内加注符合规定的转向油（桑塔纳2000转向油型号为 PENPOSIN CHF 11S（PL－VW521 46），奥迪轿车转向油型号为G002000）。

（2）停止发动机工作，支起汽车前部，并用支架支撑，连续从左到右转动转向盘若干次，将转向系统中多余空气排出。

（3）检查转向储油罐中油面高度，视需要加至“Max”标记处。

（4）降下汽车前部，启动发动机怠速运转，连续转动转向盘，注意油面高度的变化，当油面下降时就应不断加注转向油，直到油面停留在“Max”处，并在转动转向盘后，储油罐中不再出现气泡为止。

2.1.4　转向油泵皮带张紧力的检查与调整

1. 皮带张紧力的检查

方法一：汽车停在干燥路面上，运转发动机使油液上升到正常温度，左右转动转向盘，此时驱动皮带负荷最大，如果皮带打滑，说明皮带张紧度不够或油泵内有机械损伤。这种方法为快速经验法。

方法二：关闭发动机，用手以约 100 N 的力从皮带的中间位置按下，皮带应有约 10 mm 挠度为合适，否则必须调整。

方法三：有条件时可使用如图 8－19 所示的皮带张紧度测量表。将测量表安装在驱动皮带上，然后测量皮带产生标准变形量时所需力的大小。各种尺寸的皮带的张紧度要求见表8－1。

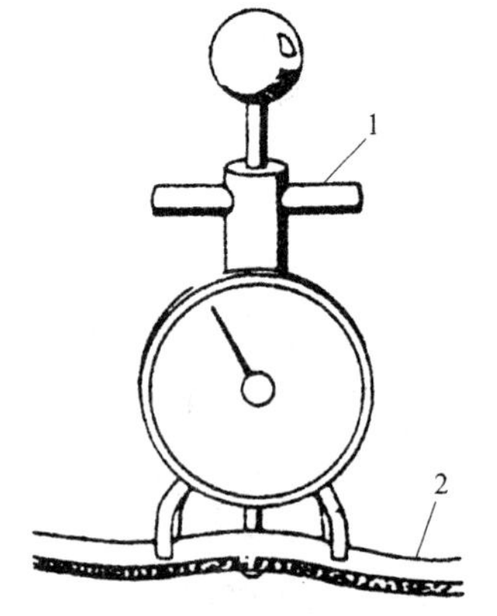

图 8－19　皮带张紧度测量仪

1—测量仪；2—皮带

表8－1　各种尺寸的皮带的张紧度

皮带	皮带宽度(mm)		
	8.0	9.5	12.0
新皮带	最大350 N	最大620 N	最大750 N
旧皮带	最大200 N	最大300 N	最大400 N
带齿皮带	最大250 N		

提示：汽车每行驶15000 km时，应检查皮带的张紧力，必要时更换。

2. 皮带张紧力的调整

以桑塔纳2000型为例进行介绍。

1)松开转向油泵支架上的后固定螺栓，如图8－20所示。

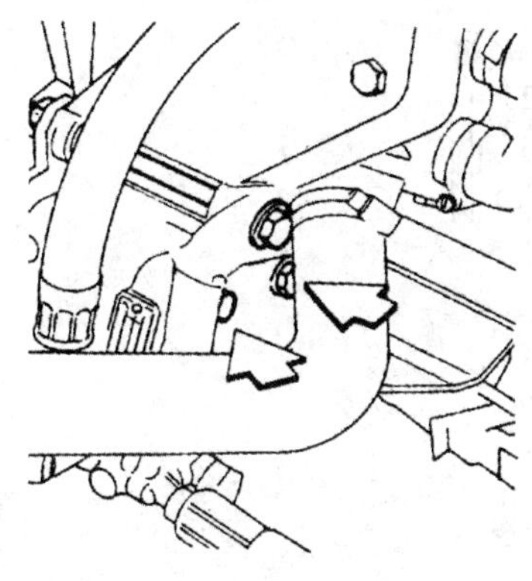

图8－20　松开后固定螺栓

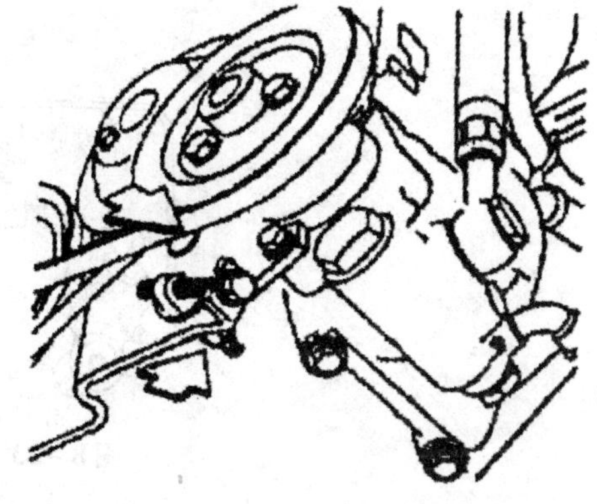

图8－21　松开张紧螺栓的螺母

2)松开张紧螺栓的螺母，如图8－21所示。

3)通过张紧螺栓把皮带绷紧，如图8－22所示。当用手以约100 N的力从皮带的中间位置按下，皮带约有10 mm挠度为合适。

4)拧紧张紧螺栓的螺母。拧紧转向油泵支架上的固定螺栓。

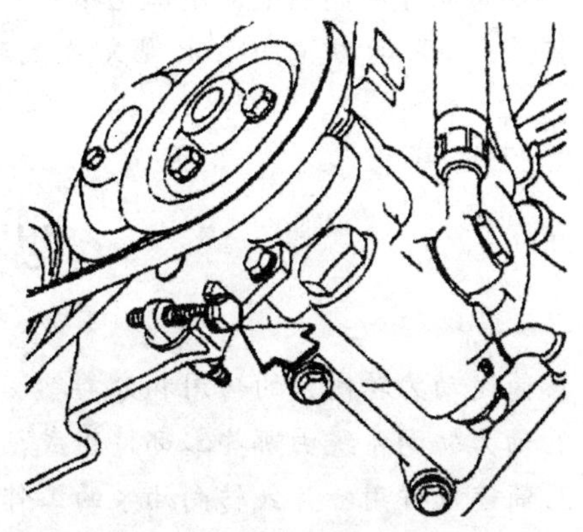

图8－22　张紧皮带

2.1.5　转向盘的检查

1. 检查转向操纵力

1)检查转向操纵力时，将汽车停放在水平干燥的路面上，油液温度达到40～80℃，轮胎气压正常，并使前轮处于直线行驶位置。

2)发动机怠速运转，将一弹簧秤钩在转向盘边缘上，拉动转向盘，检查转向盘左右转动一圈所需拉力变化。一般来说，如果转向操纵力超过44.5N，说明动力转向工作不正常，应检查有无皮带打滑或损坏、转向油泵输出油压或油量是否低于标准、油液中是否渗入空气、油管是否有压瘪或弯曲变形等现象。

2. 转向盘回位检查

检查时，一面行驶一面查看下列各项：

1)缓慢或迅速转动转向盘，检查两种情况下的转向盘操纵力有无明显的差别，并检查转向盘能否回到中间位置。

2)使汽车以约3.5 km/h 的速度行驶，将转向盘顺时针或逆时针转动90°，然后放开手1~2 s，如果转向盘能自动回转70°以上，说明工作正常，否则应查明故障原因并予以排除。

2.1.6 系统压力的检查

1)如图8-23所示，接好压力表和节流阀。

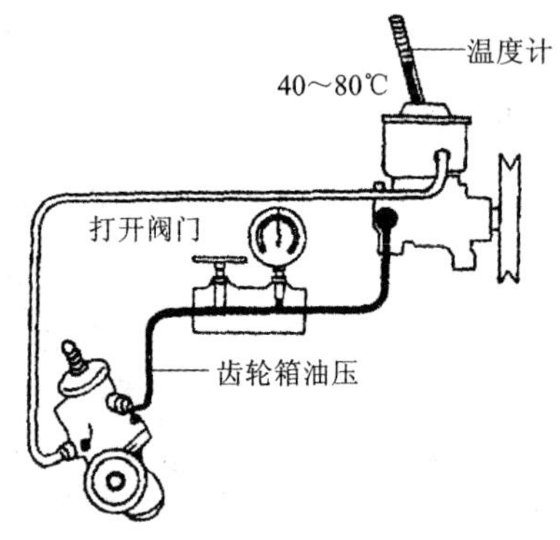

图8-23 系统压力的检查

2)将节流阀打开，启动发动机并以怠速运转，使转向盘向左、右旋转到极限位置，同时读出压力表上的压力，额定值为6.8~8.2 MPa。

3)如果向左或向右的额定值达不到要求，就要修理转向器或更换总成。

提示：如果动力转向系出现失效或转向沉重等故障，应检查转向油泵和系统的工作压力。

思考与练习

1. 简述动力转向系的功用和分类。
2. 动力转向系统由哪些零部件组成？
3. 简述双作用叶片式转向油泵的工作原理。
4. 试分析溢流阀怎么调节油泵的输油量。
5. 如何对汽车转向沉重故障进行诊断与排除？
6. 如何对转向系统的密封性进行检查？
7. 检查转向油泵皮带张紧力有几种方法？试分析。

项目九　汽车制动跑偏故障检修

【能力目标】

1. 能够识别各类型制动系的元件名称。
2. 能正确调整和检修各类型车轮制动器。
3. 能掌握驻车制动器的拆装、各零件的检修方法。

【知识目标】

1. 了解制动系的功用、组成。
2. 掌握制动系统的工作原理。
3. 掌握各类型制动器的结构和工作原理。
4. 掌握驻车制动器的结构、原理。

任务一　检修车轮制动器

【案例导入】

一辆行驶里程约 60000 km 的 2011 年别克凯越轿车因紧急制动时车辆向左跑偏而进厂检修。经过检测，发现右前轮制动器磨损过度，更换新的制动器后故障得以解决。请问，什么是车轮制动器？如何检修汽车制动系统？

【主要教学设备】

1. 轿车。
2. 举升机及制动器拆卸专用工具。
3. 常用维修工具若干。

【教学过程】

1. 学生以小组为单位完成本次任务。
2. 每个小组需配有相关车型的维修手册，学生根据手册制定工作计划。
3. 小组讨论所拆卸部件的名称、作用、工作原理。
4. 观察车轮制动器的磨损情况，试着解释有关制动跑偏故障的原因。
5. 按照维修手册的要求恢复教学车辆。
6. 教学过程中注意安全，防止重物掉落砸伤学生。

【理论学习】

1.1 制动系概述

1.1.1 制动系的功用

汽车制动系的功用是按照需要使汽车减速或在最短离内停车；下坡行驶时保持车速稳定；使停驶的汽车可靠驻停。

当汽车行驶在宽阔平坦、车流和人流又较少的路况下，可以通过高速行驶提高运输生产效率。但汽车行驶过程中也会遇到复杂多变的路面状况，如进入弯道、行经不平道路、两车交会、突遇障碍物等，为了保证行驶安全，就要求汽车在尽可能短的距离内将车速降低，甚至停车。

此外，汽车下长坡时，在重力产生的下滑力作用下，汽车有不断加速到危险程度的趋势，此时应将车速限定在安全值内，并保持相对稳定；对停驶的车辆，特别是在坡道上停驶的汽车，应使之可靠地驻留原地不动。

1.1.2 制动系的基本组成

为完成汽车制动系的作用，现代汽车上一般设有以下几套独立的制动系：

1. 行车制动系

用于使行驶中的车辆减速或停车，制动器安装在全部的车轮上，通常由驾驶员用脚操纵。

2. 驻车制动系

用于使停驶的汽车驻留原地，通常由驾驶员用手操纵。

3. 应急制动、安全制动和辅助制动系

应急制动装置是用独立的管路控制车轮的制动器作为备用系统，其作用是在行车制动装置失效的情况下，保证汽车仍能实现减速或停车。

安全制动装置是当制动气压不足时起制动作用，使车辆无法行驶。

辅助制动装置是为了下长坡时减轻行车制动器的磨损而设，其中利用发动机排气制动应用最广。

汽车上设置有彼此独立的制动系统，它们起作用的时刻不同，但它们的组成却是相似的。它们一般由以下四个部分组成：

1）供能装置：包括供给、调节制动所需能量以及改善传能介质状态的各种部件。如气压制动系中的空气压缩机液压制动系中的制动踏板。

2）控制装置：包括产生制动动作和控制制动效果的各种部件，如制动踏板等。

3）传动装置：将驾驶员或其他动力源的作用力传到制动器，同时控制制动器的工作，从而获得所需的制动力矩。包括将制动能量传输到制动器的各个部件，如制动主缸、制动轮缸等。

4）制动器：产生阻碍车辆运动或运动趋势的力的部件。

较为完善的制动系还包括制动力调节装置、报警装置及压力保护装置等。

1.1.3　制动系的分类

制动系可以从不同的角度分类，上面已经提及，制动系按功能的不同可以分为：行车制动系、驻车制动系以及应急制动、安全制动和辅助制动系。

按照制动能源分类，汽车制动系又可以分为人力制动系、动力制动系和伺服制动系。人力制动系是以驾驶员的肌体为作为唯一制动能源的制动系；动力制动系是完全靠由发动机的动力转化而成的气压或液压形式的势能进行制动的制动系；伺服制动系是兼用人力和发动机动力进行制动的制动系。

1.1.4　制动系的工作原理

想一想：以一定速度行驶的汽车，具有一定的动能。要使它减速或停车，路面必须强制地对汽车车轮产生一个阻止汽车行驶的力—制动力。这个力的方向与汽车行驶的方向相反。制动就是将汽车的动能强制地转化为热能，扩散于大气中。

制动力是如何产生的呢？

图 9－1 所示是制动系行车制动系的基本组成，我们就借这个图简要说明制动力是如何形成的。

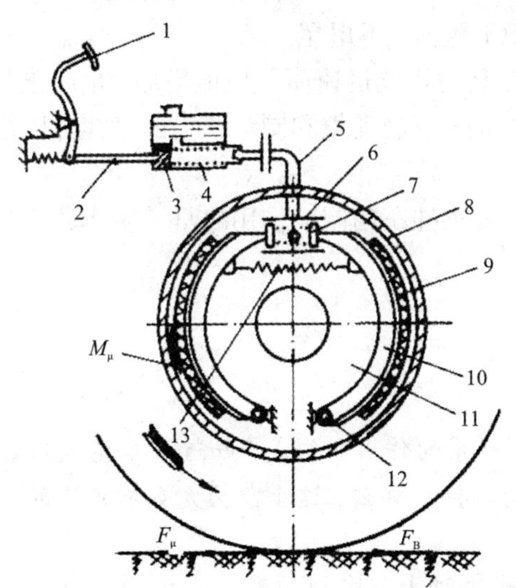

图 9－1　制动系的组成及工作原理

1—制动踏板；2—主缸推杆；3—主缸活塞；4—制动主缸；5—油管；6—制动轮缸；7—轮缸活塞；8—制动鼓；9—摩擦片；10—制动蹄；11—制动底板；12—支承销；13—制动蹄复位弹簧

行车制动系由车轮制动器和液压传动机构两部分组成。

车轮制动器的旋转部分是制动鼓 8，它固定于轮毂上，与车轮一起旋转。固定部分是制动蹄 10 和制动底板 11 等。制动蹄上铆有摩擦片，其下端套在支承销上，上端用复位弹簧拉紧压靠在轮缸 6 内的活塞上。支承销和轮缸都固定在制动底板上，制动底板用螺钉与转向节凸缘（前桥）或桥壳凸缘（后桥）固定在一起。制动蹄靠液压轮缸使其张开。

不制动时，制动鼓的内圆柱面与摩擦片之间保留一定间隙，制动鼓可以随车轮一起旋转。

制动时，驾驶员踩下制动踏板，主缸推杆便推动制动主缸内的活塞7前移，迫使制动液经管路进入轮缸，推动轮缸的活塞向外移动，使制动蹄克服复位弹簧的拉力绕支承销转动而张开，消除制动蹄与制动鼓之间的间隙后压紧在制动鼓上。此时，不旋转的制动蹄摩擦片对旋转的制动鼓就产生一个摩擦矩，其方向与车轮的旋转方向相反。制动鼓将此力矩传到车轮后，由于车轮与路面的附着作用，车轮即对路面作用一个向前的圆周力 F_{μ}，与此相反，路面会给车轮一个向后的反作用力，这个力就是车轮受到的制动力 F_{B}。各车轮制动力的总和就是汽车受到的总的制动力。

放松制动踏板，在复位弹簧的作用下，制动蹄与制动鼓的间隙又得以恢复，从而解除制动。

1.1.5 对制动系的要求

为保证汽车能在安全的条件下发挥出高速行驶的能力，制动系必须满足下列要求：

1）具有良好的制动效能——迅速减速直至停车的能力。

2）操纵轻便——操纵制动系所需的力不应过大。

3）制动稳定性好——制动时，前、后车轮制动力分配合理，左、右车轮上的制动力矩基本相等，使汽车制动过程中不跑偏、不甩尾。

4）制动平顺性好——制动力矩能迅速而平稳地增加，也能迅速而彻底地解除。

5）散热性好——连续制动时，制动鼓和制动蹄上的摩擦片因高温引起的摩擦因数下降要小；水湿后恢复要快。

6）对挂车的制动系，还要求挂车的制动作用略早于主车，挂车自行脱挂时能自动进行应急制动。

1.2 车轮制动器

想一想： 我们了解了制动系的作用和组成，知道了车轮制动器是制动系中用以产生阻碍车辆运动或运动趋势的力的部件。那么，这个阻力是如何产生的呢？下面我们就来了解车轮制动器的结构和工作原理。

旋转元件固装在车轮或半轴上，将制动力矩直接分别作用于两侧车轮上的制动器称为车轮制动器。根据摩擦副中旋转元件的结构形式不同，汽车上所用的车轮制动器可分为鼓式和盘式两种。它们的区别在于前者的摩擦副中旋转元件为制动鼓，其工作表面为圆柱面；后者的旋转元件则为圆盘状的制动盘，以端面为工作表面，如图9－2所示。

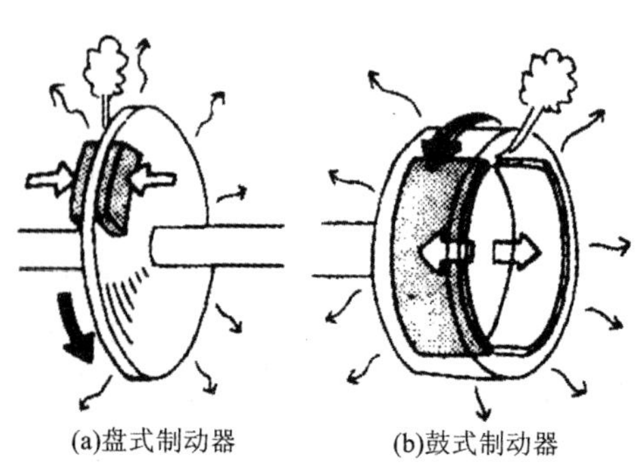

(a)盘式制动器　(b)鼓式制动器

图9－2　制动器的类型

1.2.1　盘式车轮制动器

1. 盘式车轮制动器的基本结构和工作原理

1) 基本结构：

钳盘式制动器的基本结构如图9－3所示，其旋转元件是制动盘，它和车轮固装在一起旋转，以其端面为摩擦工作表面。其固定元件是：制动块、导向支销和轮缸及活塞，它们均被安装于制动盘两侧的钳体上，总称为制动钳。制动钳用螺栓与转向节或桥壳上的凸缘固装，并用调整垫片来调整钳与盘之间的相对位置。

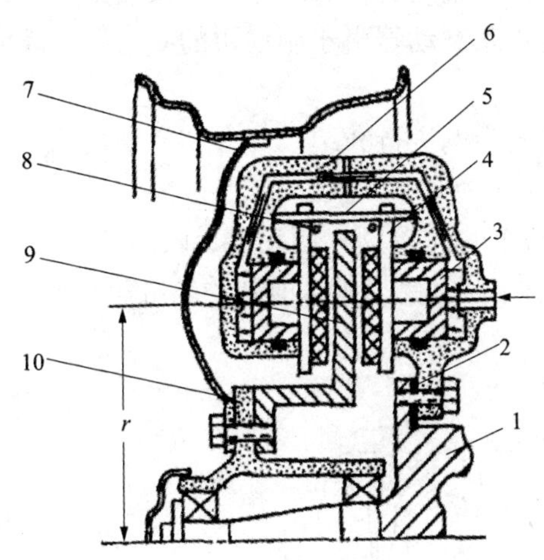

图9－3　钳盘式制动器基本结构

1—转向节或桥壳凸缘；2—调整垫片；3—活塞；4—制动块；5—导向支承销；6—钳体；7—轮辐；8—回位弹簧；9—制动盘；10—轮毂凸缘

2) 工作原理：

如图9－3所示，制动时，油液被压入内、外两轮缸中，经液压作用的活塞朝制动盘方向移动，推动制动块紧压制动盘，产生摩擦力矩而制动。在此过程中，轮缸槽内的矩形橡胶密封圈的刃边在摩擦力的作用下产生微量的弹性变形，如图9－4(a)所示。

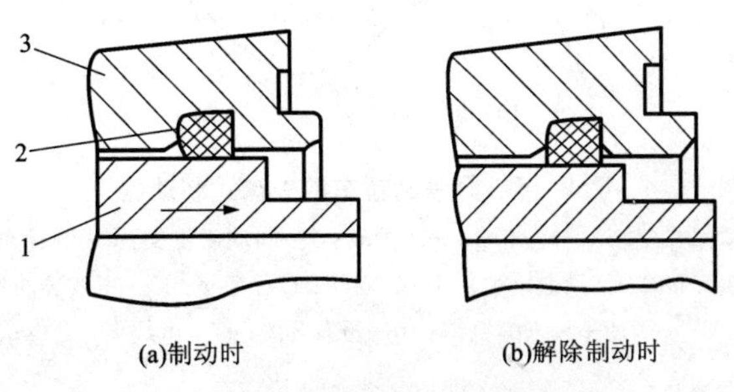

图9－4　活塞密封圈的工作情况

1—活塞；2—矩形橡胶密封圈；3—轮缸

放松制动时，液压系统压力消除，密封圈恢复到其初始位置，活塞和制动块依靠密封圈的弹力和弹簧的弹力回位，如图 9 -4(b)所示。由于矩形密封圈刃边的变形量很微小，在不制动时，摩擦片与盘之间的间隙每边只有 0.1 mm 左右，它足以保证制动的解除。

2. 盘式制动器的类型

盘式制动器根据其固定元件的结构形式可分为钳盘式制动器和全盘式制动器。

钳盘式制动器的固定元件为制动钳，制动钳中的制动块由工作面积不大的摩擦块与其金属背板组成，每个制动器中有 2 ~4 块。钳盘式制动器按制动钳固定在支架上的结构型式可分为定钳盘式和浮钳盘式，如图 9 -3 所示既为定钳盘式制动器。

全盘式制动器的固定元件的金属背板和摩擦片都做成圆盘形，因而其制动盘的全部工作面可同时与摩擦片接触。全盘式制动器由于制动钳的横向尺寸较大，主要应用在重型车上。

3. 典型盘式制动器

以桑塔纳轿车前轮制动器为例进行介绍。

制动器的结构：

图 9 -5 所示为桑塔纳轿车的前轮盘式制动器，该制动器为浮钳盘式制动器。它由制动盘、内外摩擦块、制动钳壳体、制动钳支架、前制动轮缸等组成。

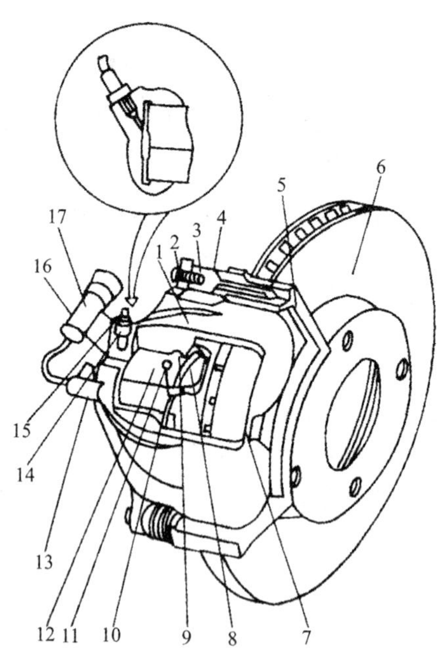

图 9 -5　桑塔纳轿车前轮盘式制动器

1—制动钳体；2—紧固螺栓；3—导向销；4—防护套；5—制动钳支架；6—制动盘；7—固定制动块；8—消声片；9—防尘套；10—活动制动块；11—密封圈；12—活塞；13—电线导向夹；14—放气螺钉；15—放气螺钉帽；16—报警开关；17—电线夹

制动盘固定在轮毂上，夹在内外摩擦衬块中间，与前轮一起转动。制动钳通过螺栓(兼作导向销)与制动钳支架相连(支架固定于转向节凸缘上)，钳体可沿螺栓相对于制动盘作轴向移动。轮缸布置在制动钳的内侧。固定支架上有导轨，通过两根特制弹簧安装内、外制动块，内、外制动块可沿导轨作轴向移动。

制动器的工作情况如图9－6所示。制动时，来自制动主缸的制动液通过油道进入制动轮缸，推动活塞及其制动块向左移动，并压到制动盘上，于是制动盘给活塞一个向右的反作用力 P_2，使得活塞连同制动钳体沿导向销向右移动，直到制动盘左侧的制动块也压到制动盘上。此时，两侧的制动块都压在制动盘上，夹住制动盘使其制动。

4. 盘式制动器的特点

盘式制动器的优点如下：

1）散热能力强，热稳定性好。受热后，制动盘只在径向膨胀，不会影响制动间隙。

2）抗水衰退能力强。受水浸后，在离心力作用下被很快甩干，摩擦衬片上的剩水也由于压力高而容易挤出，一般仅需要1～2次制动即可恢复正常。

3）制动平顺性好。

4）结构简单，维修方便。

5）制动间隙小，便于自动调节。

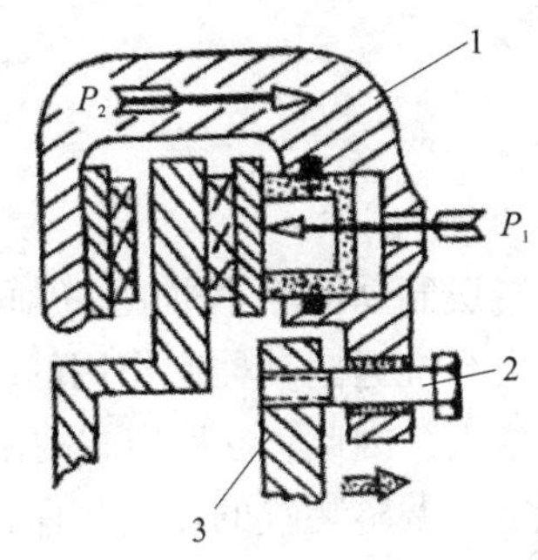

图9－6 浮钳盘式制动器工作原理

1—制动钳体；2—导向销；3—制动盘

盘式制动器的不足之处是：

1）制动时无助势作用，故要求管路液压较高。

2）防污性差，制动衬片磨损较快。

1.2.2 鼓式车轮制动器

1. 鼓式车轮制动器的结构

简单的鼓式车轮制动器由旋转部分、固定部分、促动装置和定位调整装置组成。

1）旋转部分。

旋转部分多为制动鼓。制动鼓通常为浇铸件，对于受力小的制动鼓也可用钢板冲压而成，如图9－7所示。

2）固定部分。

固定部分是制动底板和制动蹄。制动底板固装在车桥的凸缘盘上，通过支承销与制动蹄相连。制动蹄常用钢板冲压后焊接而成或由铸铁或轻合金烧铸，采用T型截面，以增大刚度，摩擦片采用粘接或铆接的方式固定于制动蹄上，如图9－7所示。

3）促动装置。

促动装置的作用是对制动蹄施加力使其向外张开。常用的促动装置有制动凸轮和制动轮缸，如图9－8所示。

4）定位调整装置。

制动蹄在不工作时，其摩擦片与制动鼓之间应有合适的间隙，此间隙一般在0.25～0.5 mm。间隙过

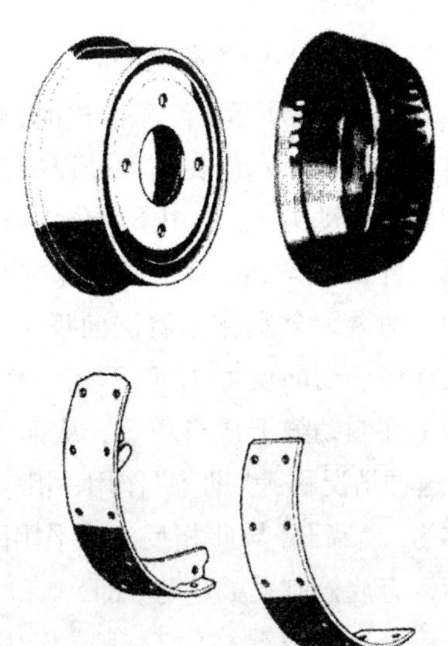
图9－7 制动鼓和制动蹄

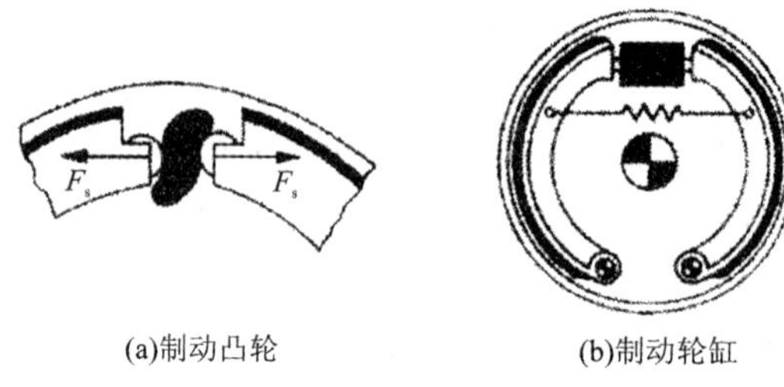

(a)制动凸轮　　(b)制动轮缸

图9-8　制动蹄的促动装置

小易造成制动解除不彻底；但间隙过大又将使制动踏板行程过大，以致使驾驶员操作不便，同时也会推迟制动器起作用的时刻。但是在制动过程中，摩擦片的不断磨损必将导致此间隙逐渐增大。因此，各种型式的制动器均设有检查、调整此间隙的装置。

定位调整装置的作用是保持和调整制动蹄和制动鼓间正确的相对位置。

2. 鼓式制动器的工作原理

1）制动器的工作过程。

汽车行驶中不需要制动时，制动踏板处于自由状态，制动主缸无制动液输出，制动蹄在复位弹簧13的作用下压靠在轮缸活塞上，制动鼓的内圆柱面与摩擦片之间保留一定间隙，制动鼓可以随车轮一起旋转，如图9-1所示。

制动时，驾驶员踩下制动踏板，主缸推杆2便推动制动主缸内的活塞前移，迫使制动液经管路进入制动轮缸，推动轮缸的活塞向外移动，使制动蹄克服复位弹簧的拉力绕支承销转动而张开，消除制动蹄与制动鼓之间的间隙后压紧在制动鼓上。此时，不旋转的制动蹄摩擦片对旋转的制动鼓就产生一个摩擦矩，其方向与车轮的旋转方向相反。

放松制动踏板，在复位弹簧的作用下，制动蹄与制动鼓的间隙又得以恢复，从而解除制动。

2）制动蹄的增势和减势。

如图9-9所示，汽车前进时制动鼓的旋转方向如箭头所示。在制动过程中，两制动蹄在相等的促动力 F_S 作用下，分别绕各自的支承点向外偏转紧压在制动鼓上。同时旋转的制动鼓对两蹄分别作用着法向反力 N_1 和 N_2，以及相应的切向反力 T_1 和 T_2，T_1 作用使得制动蹄1在制动鼓上压得更紧，从而 N_1 变得更大，这种情况称为“助势”作用，相应的制动蹄被称为“领蹄”；与此相反，T_2 作用则使得制动蹄2有放松制动鼓趋势，即 N_2 和 T_2 有减小的趋势。这种情况称为“减势”作用，相应的制动蹄被称为“从蹄”。

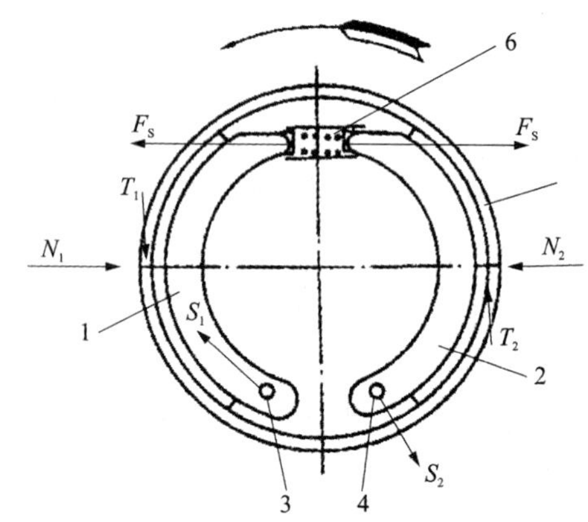

图9-9　领、从蹄式制动器示意图

1—领蹄；2—从蹄；3、4—支承点；5—制动鼓；6—制动轮缸

通过以上的分析，我们会得出这样的结

论：虽然制动蹄1、2所受的促动力相等，但由于 T_1 和 T_2 的作用方向相反，使得两制动蹄所受到的法向反力 N_1 和 N_2 不相等，且 $N_1 > N_2$，相应的 $T_1 > T_2$。所以制动蹄作用到制动鼓上的法向力不相等；两制动蹄对制动鼓所施加的制动力矩也不相等。

制动蹄对制动鼓的作用力不相等，则两蹄法向力之和只能由车轮轮毂轴承的反力来平衡，这样对轮毂轴承造成了附加径向载荷，轴承的寿命缩短。为解决这个问题，出现了各种不同的鼓式制动器

3. 鼓式车轮制动器类型

鼓式车轮制动器按其制动蹄促动装置的形式可分为轮缸式车轮制动器和凸轮式车轮制动器。

根据制动时两制动蹄对制动鼓的径向作用力之间的关系，鼓式制动器可分为简单非平衡式、平衡式和自增力式。

1)非平衡式制动器。

制动鼓受来自两制动蹄的法向力不能互相平衡的制动器称为非平衡式制动器。

非平衡式车轮制动器的工作过程如图9－9所示，其结构特点是：两制动蹄的支承点都位于蹄的下端，而促动装置的作用点在蹄的上端，共用一个轮缸张开，且轮缸活塞直径是相等的。其性能特点是汽车前进或倒车制动时，各有一个“领蹄”和“从蹄”。领、从蹄对制动鼓的法向作用力不相等，而这个不平衡的法向作用力只能由车轮的轮毂轴承来承担。

2)平衡式制动器。

制动鼓受来自两蹄的法向力互相平衡的制动器称为平衡式制动器。

(1)单向平衡式制动器。

单向平衡式制动器的结构如图9－10所示，其结构特点是两制动蹄各用一个单向活塞制动轮缸，且前后制动蹄与其轮缸、调整凸轮零件在制动底板上的布置是中心对称的，两轮缸用油管连接。其性能特点是前进制动时两蹄均为“领蹄”，有较强的增力，倒车制动时两蹄均为“从蹄”，制动力较小。

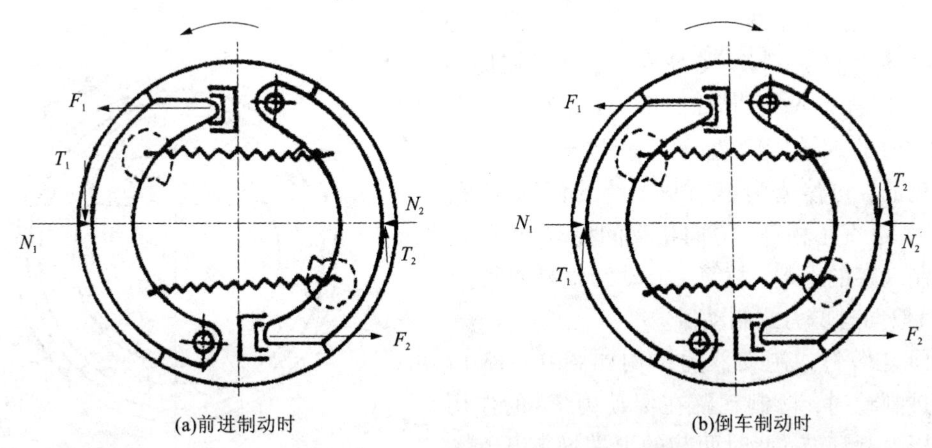

图9－10　单向平衡式车轮制动器的结构

(2)双向平衡式制动器。

双向平衡式制动器的结构如9－11所示，其结构特点是制动蹄、制动轮缸、复位弹簧均为成对地对称布置，两制动蹄的两端采用浮式支承，且支点在周向位置浮动，用复位弹簧拉紧；其性能特点是汽车前进或倒车中制动时，两个制动蹄均为“领蹄”，均有较强的增力，制动效果好，蹄片磨损均匀。

3)自增力式制动器。

(1)单向自增力式制动器。

单向自增力式制动器的结构如图9－12所示。制动蹄1和制动蹄2的下端分别浮支在浮动的顶杆两端，制动器只在上方有一个支承销4。不制动时，两蹄上端均靠各自的复位弹簧拉靠在支承销上。

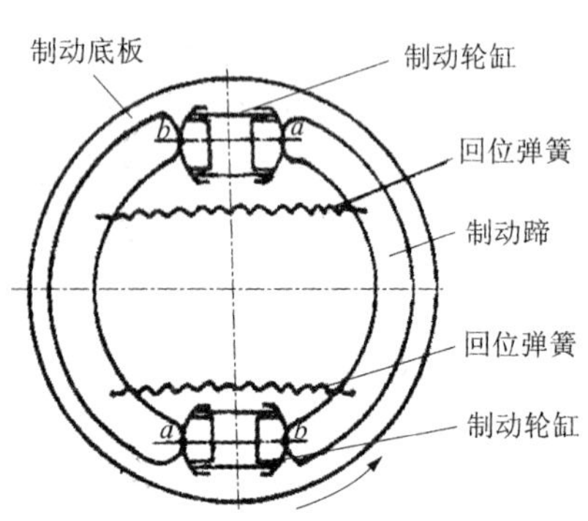

图9－11 双向平衡式车轮制动器的结构

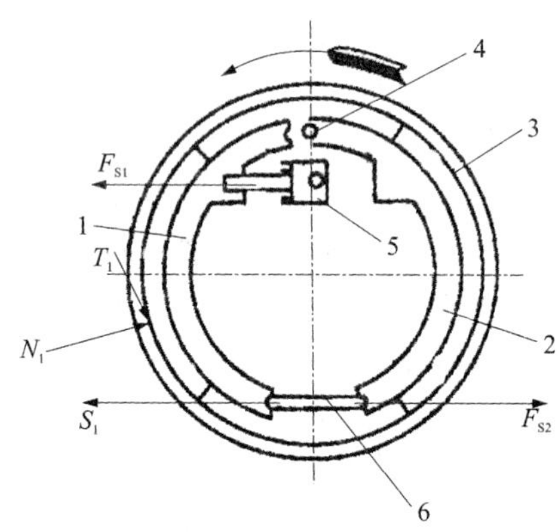

图9－12 单向自增力式制动器的结构

1—第一制动蹄；2—第二制动蹄；3—制动鼓；4—支承销；5—轮缸；6—顶杆

汽车前进制动时，单活塞式轮缸只将促动力F_{S1}加于第一制动蹄，使其上端离开支承销，整个制动蹄绕顶杆左端支承点旋转，并压靠在制动鼓上。显然，第一制动蹄是领蹄，并且在促动力F_{S1}、法向合力N_1、切向(摩擦)合力T_1和沿顶杆轴线方向的S_1作用下处于平衡状态。由于顶杆是浮动的，自然成为第二制动蹄的促动装置，而将与力S_1大小相等、方向相反的促动力F_{S2}施于第二制动蹄的下端，故第二制动蹄也是领蹄。

(2)双向自增力式制动器。

双向自增力式制动器的结构如图9－13所示。前进制动时，两制动蹄在促动力F_S的作用下张开压力制动鼓，此时两蹄的上端均离开支承销，沿图中箭头方向旋转的制动鼓对两蹄产生摩擦力矩，带动两蹄沿旋转方向转过一个不大的角度，直到后蹄又顶靠到支承销上为止。此时，前

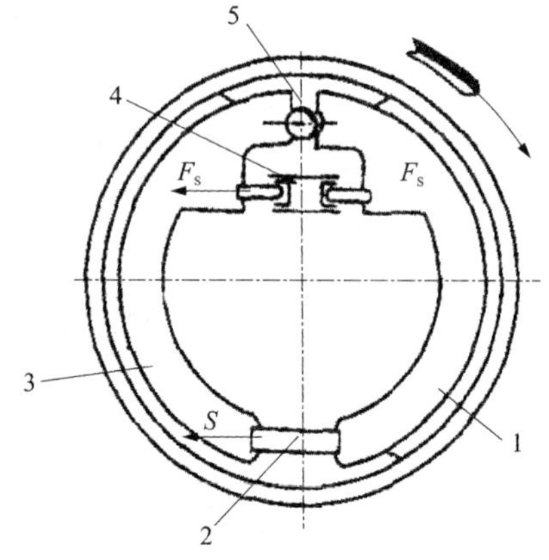

图9－13 双向自增力式制动器的结构

1—前制动蹄；2—顶杆；3—后制动蹄；4—制动轮缸；5—支承销

蹄为“领蹄”，但其支承为浮动的推杆。制动鼓作用在前蹄的摩擦力和法向力的一部分对推杆形成一个推力 S，推杆又将此推力完全传到后蹄的下端。后蹄在推力 S 的作用下也形成“领蹄”，并在轮缸液压促动力 F_S 的共同作用下进一步压紧制动鼓。推力 S 比促动力 F_S 大得多，从而使后蹄产生的制动力矩比前蹄更大。

倒车制动时，作用过程与此相反，与前进制动时具有同等的自增力作用。

总结： 以上介绍的各类型制动器各有利弊。就制动效能而言，在基本结构参数和轮缸工作压力相同的条件下，自增力式制动器居榜首，以下依次为双向平衡式、单向平衡式、非平衡式；但就制动效能的稳定性而言，自增力式车轮制动器对摩擦因数的依赖性最大，因而其制动效能的稳定性最差，非平衡式车轮制动器制动效能的稳定性居中，平衡式车轮制动器的制动效能稳定性最好。

4. 典型车轮制动器

本部分只介绍在轿车中常见的轮缸式车轮制动器。

1）桑塔纳后轮制动器：

桑塔纳后轮制动器为鼓式非平衡式车轮制动器。如图 9－14 所示，制动器的制动毂通过轴承支承在后桥支承短轴上，与车轮一起旋转。拆解车轮制动器时，应先拆下制动毂。它的拆卸方法是先撬下轮毂盖 1，取下开口销 2 和锁环 3，旋下螺母 5，取下止推垫圈 4 和外圆锥滚子轴承内圈 6。用螺丝刀插入制动鼓 7 上的小孔，向上压楔形调节板，使制动蹄外径缩小后，再取下制动鼓。

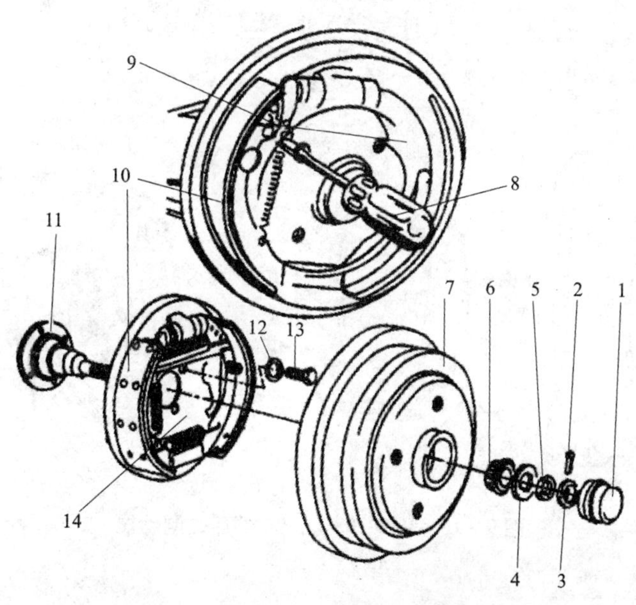

图 9－14　桑塔纳后车轮制动器的拆卸

1—润滑脂盖；2—开口销；3—锁止环；4—止推垫圈；5—螺母；6—外圆锥滚子轴承内圈；7—制动鼓；8—螺丝刀；9—楔形调节板；10—制动蹄；11—短轴；12—碟形垫圈；13—螺栓；14—制动底板总成

取下制动鼓后，我们再来了解制动器的结构。

制动器底板用螺栓固定在后桥轴端支承座上，制动轮缸用螺钉固定在制动底板上方，其型式为双活塞内张型液压轮缸。支架、止挡板用螺钉紧固在底板的下方。下复位簧使制动蹄的下端嵌入固定板的切槽中。复位弹簧使两制动蹄的上端压靠到压力杆上，楔形件在其拉簧作用下，向下拉紧在制动蹄与压力杆之间。定位销、弹簧及弹簧座用以限制制动蹄的轴向移动，并保持蹄面与制动底板的垂直。

制动时，轮缸活塞在制动液压力的作用下向外推动制动蹄，制动力克服复位弹簧的弹力使制动蹄向外张开，压向制动鼓，产生制动力矩使汽车制动。

解除制动时，制动液压力消失，在复位弹簧的作用下制动蹄回位。

2）BJ2020S 汽车的后轮制动器：

(1)结构。

图 9－15 所示为该车型后轮制动器的结构。冲压成形的制动底板用螺栓与驱动桥壳上的凸缘连接。制动蹄下端孔分别与支承销上的偏心轴颈作间隙配合，上端顶靠在轮缸的活塞顶块上。制动鼓用螺栓固定在车轮轮毂的凸缘上，随同车轮旋转。促动装置为用螺钉固定在制动底板上的轮缸。定位调整机构包括安装在制动底板上的调整凸轮、限位杆及支承制动蹄的偏心支承销。转动调整凸轮可使制动蹄内外摆动；转动偏心支承销可使制动蹄上下、内外移动。通过转动调整凸轮和偏心支承销不仅能改变制动器的间隙，还能使摩擦副的实际工作区域发生变化，有利于蹄鼓工作面全面贴合。在偏心支承销的尾端有轴线偏移标记，两标记相对时为制动蹄收拢到最小位置。

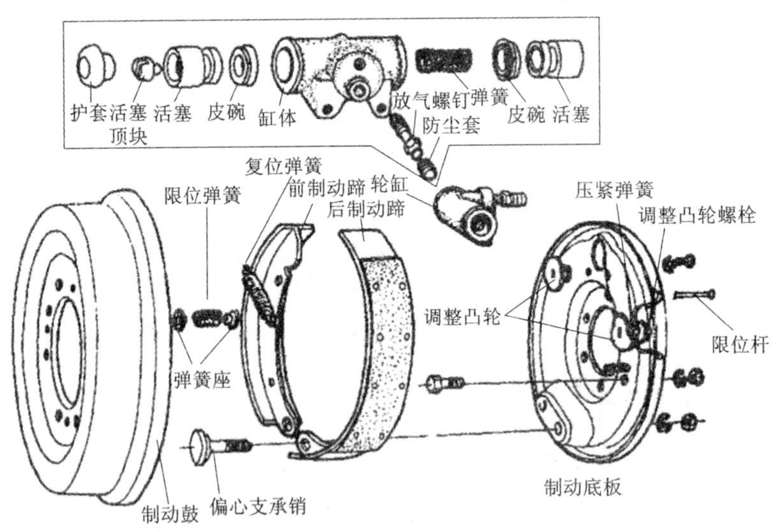

图 9－15　BJ2020S 型汽车的后轮制动器

(2)调整。

该车轮制动器的调整分为局部调整和全面调整。

全面调整的方法：架起车桥，使制动鼓能自由转动，松开蹄片的偏心支承销轴锁紧螺母，转动支承销使轴端标记位相互靠近的位置，转动上端调整凸轮，使蹄片压向制动鼓，从动鼓的检查孔用厚薄规检查每个蹄片两端与制动鼓是否贴紧。如果蹄片轴端发现间隙，则用转动蹄片支承销的方法消除；反向转动调整凸轮，使蹄片上端与鼓脱离接触，产生合适的间隙为止。

局部调整的方法：架起车桥，使制动鼓能自由转动，用规定厚度的厚薄规通过制动鼓上的检查孔，在蹄片上、下端检查间隙；转动上端的调整凸轮，使制动鼓与制动蹄的间隙增大或减小，调整时用规定厚度的厚薄规反复测量，当拉动时感到稍有阻力，即为合适。间隙调好后，有轻微摩擦声时，允许将间隙稍许放大一些。

提示： 局部调整时，不要拧动蹄片支承销轴。一旦蹄片支承销轴的安装位置改变，就必须进行全面调整。

1.3　驻车制动器

想一想： 行车制动器能使行驶的车辆减速或停车，但是停车之后，还要保证车辆可靠驻停；车辆坡道起步时，一支脚能否同时松制动踏板和踩加速踏板？那么，汽车上是哪套装置能起到防止车辆滑溜、坡道起步的作用呢？它与行车制动器又有什么区别和联系呢？

1.3.1　驻车制动器的功用

驻车制动器的功用是：

1)车辆停驶后防止滑溜；

2)使车辆在坡道上能顺利起步；

3)行车制动系失效后临时使用或配合行车制动器进行紧急制动。

1.3.2　驻车制动器的类型

驻车制动器按其安装位置可分为中央制动式和车轮制动式两种。中央制动式通常安装在变速器的后面，其制动力矩作用在传动轴上；车轮制动式通常与车轮制动器共用一个制动器总成，只是传动机构是相互独立的。

驻车制动器按其结构形式可分为鼓式、盘式、带式和弹簧作用式。

1.3.3　典型驻车制动器

1. 东风 EQ1090E 型汽车驻车制动器

1)制动器的结构：

图 9-16 所示为东风 EQ1090E 型汽车驻车制动器的结构，该制动器为中央制动、鼓式、简单非平衡式驻车制动器。

制动鼓通过螺栓与变速器输出轴的凸缘盘紧固在一起，制动底板固定在变速器输出轴轴承盖上，两制动蹄通过偏心支承销支承在制动底板上，其上端装有滚轮，在回位弹簧的作用下滚轮紧靠在凸轮的两侧，凸轮轴支承在制动底板的上部，轴外端与摆臂连接，摆臂的另一端与穿过压紧弹簧的拉杆相连，拉杆再通过摇臂、传动杆与驻车制动杆相连。驻车制动杆上连有棘爪，驻车制动器工作时，棘爪嵌入齿扇上的棘齿内，起锁止作用。解除制动时，需按下驻车制动杆上的按钮使棘爪脱离棘齿才能搬动驻车制动杆。

2)制动器的工作原理：

驻车制动时，将驻车制动杆上端向后拉动，则制动杆的下端向前摆动，传动杆带动摇臂

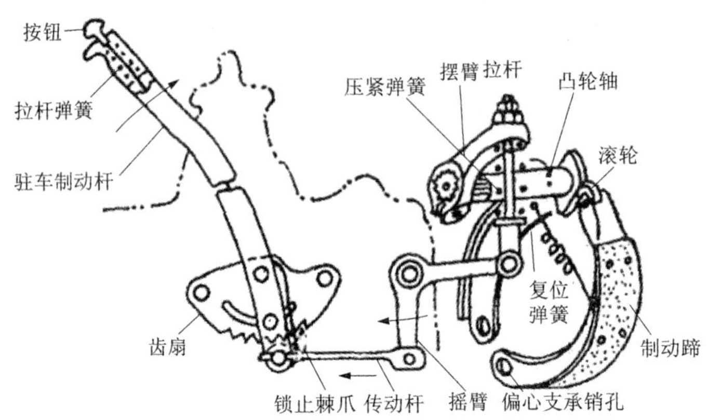

图 9－16 东风 EQ1090E 型汽车驻车制动器

顺时针转动，拉杆则带动摆臂顺时针转动，凸轮轴亦顺时针转动，凸轮则使两制动蹄以支承销为支点向外张开，压靠到制动鼓上，产生制动作用。当制动杆拉到制动位置时，棘爪嵌入齿扇上的棘齿内，起锁止作用。

解除制动时，按下驻车制动杆上的按钮使棘爪脱离棘齿，向前推动制动杆，则传动杆、拉杆、凸轮轴按逆时针方向转动，制动蹄在回位弹簧的作用下回位，制动蹄与制动鼓间恢复制动间隙，制动解除。

3）制动器的调整：

制动器的调整如图 9－17 所示，其调整方法如下：

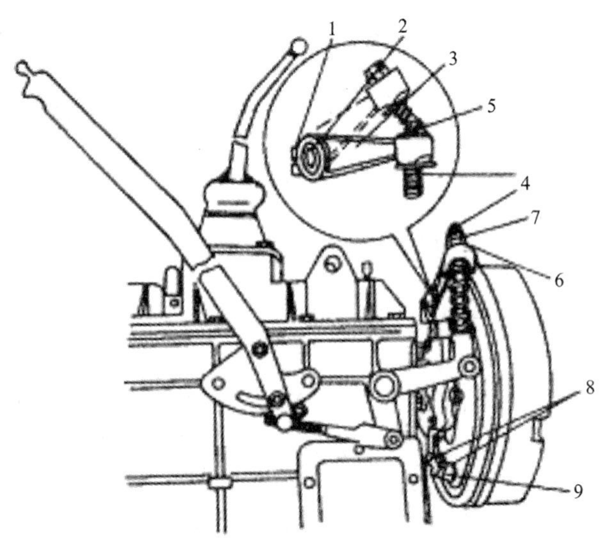

图 9－17 鼓式驻车制动器的调整

1—夹紧螺栓；2—凸轮轴；3—摇臂；4—拉杆；5—调整垫；6—调整螺母；
7—锁紧螺母；8—驻车制动蹄支承销；9—锁紧螺母

(1)拉杆长度调整。

当驻车制动器蹄鼓间隙过大时，可以将拉杆上的锁紧螺母松开，将制动操纵杆放松到最前端，然后，拧动拉杆上的调整螺母，即可实现制动间隙调整。将调整螺母拧紧，蹄鼓间隙减小；反之，则蹄鼓间隙增大。调整完毕后，将锁紧螺母锁紧。

(2)摇臂与凸轮相互位置的调整。

通过拉杆长度的调整，若操纵杆自由行程仍然偏大，则应调整摇臂与凸轮的相互位置。

将驻车制动杆向前放松至极限位置；将摇臂从凸轮轴上取下，反时针方向错开一个或数个齿后，再将摇臂装于凸轮轴上，并将夹紧螺栓紧固；重新调整拉杆上的调整螺母，直到有合适的驻车制动拉杆行程为止。调好后，制动间隙应为0.2～0.4 mm；

驻车制动器调好后，完全放松驻车制动杆时，制动器蹄鼓间隙为0.2～0.4 mm。向后拉驻车制动杆时，应有两"响"的自由行程，从第三"响"时应开始产生制动，第五"响"时汽车应能在规定的坡道上停住。

(3)制动器的全面调整。

先拧松偏心支承轴的锁紧螺母，用板手转动偏心支承轴。当在摆臂末端用力转动摆臂张开凸轮时，两个制动蹄的中部同时与制动鼓接触。然后用板手固定偏心支承销，同时拧紧偏心支承销的锁紧螺母。在拧紧锁紧螺母时，偏心支承销不得转动。

4)制动器性能的检查。

汽车每行驶12000 km左右时，应对驻车制动器的性能进行检查。驻车制动器应满足以下性能：

(1)在空载状态下，驻车制动装置应能保证车辆在坡度为20%(总质量为整备质量的1.2倍以下的车辆为15%)、轮胎与路面间的附着系数≥0.7的坡道上正、反两个方向保持固定不动的时间≥5 min；

(2)拉紧驻车制动器，空车平地用二挡应不能起步；

(3)驻车制动器操纵杆的工作行程不能超过全行程的3/4；

(4)放松驻车制动操纵杆，变速器处于空挡，支起一支驱动轮，制动鼓应能用手转动且无摩擦声。

2. 一汽奥迪100型轿车驻车制动装置

1)制动装置的组成：

该制动装置由驻车制动器和操纵机构组成。图9－18所示为带驻车制动器的车轮制动器。驻车制动杠杆上端通过平头销与后制动蹄相连，中上部卡入驻车制动推杆右端的切槽中作为支点，下端与拉绳相连。前后制动蹄的腹板卡在驻车制动推杆两端的切槽中，并分别用一根复位弹簧与推杆相连。操纵机构包括传动机构和锁止机构，传动机构由驻车制动操纵杆、调整拉杆及制动拉绳等组成。锁止机构由按钮、弹簧及限位块、棘爪压杆、棘爪和扇形齿等组成。

2)制动装置的工作原理：

驻车制动时，驾驶员拉起驻车制动操纵杆后，操纵力便通过调整拉杆、拉绳抟到车轮制动器内的驻车制动杠杆下端，使之绕上端支点顺时针转动，制动杠杆转动过程中，其中间支点推动驻车制动推杆左移，使前制动蹄压向制动鼓。前制动蹄压向制动鼓后，推杆停止运动，驻车制动杠杆的中间支点变成其继续转动的新支点。于是驻车制动杠杆的上端右移使后

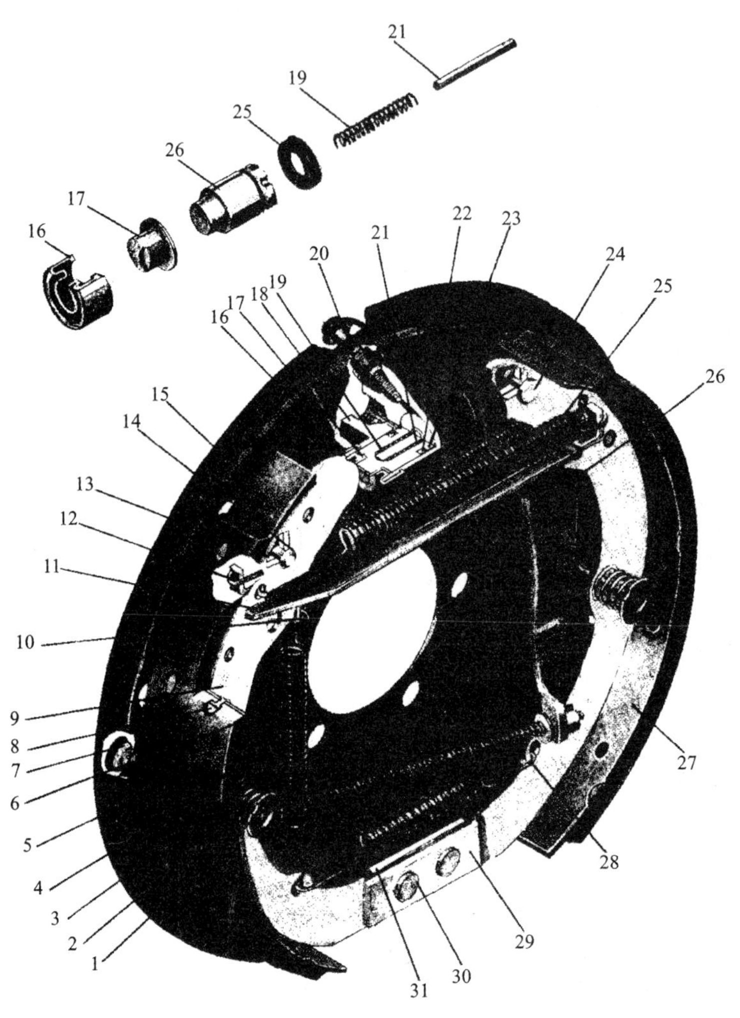

图 9－18 一汽奥迪 100 型轿车后轮制动器

1—限位弹簧座；2—限位弹簧；3—限位销钉；4—制动底板；5—摩擦片；6—调节齿板拉簧；7—密封堵塞；8—铆钉；9—制动蹄腹板；10—调节齿板；11—驻车制动推杆；12—驻车制动推杆内弹簧；13—调节支承板；14—铆钉；15—前制动蹄；16—密封罩；17—支承座；18—轮缸壳体；19—活塞回位弹簧；20—放气螺钉；21—支承杆；22—皮圈；23—活塞；24—平头销；25—驻车制动器推杆外弹簧；26—驻车制动杠杆；27—后制动蹄；28—制动蹄回位弹簧；29—限位板；30—平头销；31—支承板

制动蹄压靠到制动鼓上，施以驻车制动。此时，驻车制动操纵杆上的棘爪与扇形齿啮合，驻车制动操纵杆处于锁止状态。

解除制动时，须先将驻车制动操纵杆向后搬动少许，再压下驻车制动操纵杆端头的按钮，通过棘爪压杆使棘爪与齿板脱开，然后将驻车制动操纵杆推到释放位置后松开按钮。与此同时，制动蹄在复位弹簧作用下回位。

3）制动装置的检修：

传动机构中的拉绳通常是涂有塑料材料的钢丝索。拉紧或松开驻车制动时，拉绳既不能松弛也不能受阻滞。因此，拉绳不得有磨损或腐蚀及纽结或卡住现象。

锁止机构中的棘爪和扇形齿不得有磨损和断齿。

制动器的检修见行车制动器中的鼓式车轮制动器。

4）制动装置的调整：

后轮制动器的蹄鼓间隙为自由调整式，调整驻车制动装置只需调整拉绳的长度即可。调整时，先松开驻车制动操纵杆，用力踩制动踏板一次，然后将驻车制动操纵杆拉紧2个齿，转动拉杆上的调整螺母，直至到用手不能转动后轮为止。放松驻车制动拉杆后，两后轮应能自由转动。

任务二　制动器相关的技能训练

2.1　盘式制动器的检修

2.1.1　制动盘厚度的检查

制动盘使用磨损会使其厚度减小，厚度过小会引起制动踏板振动、制动噪声及颤动。

检查制动盘厚度时，可用游标卡尺或千分尺直接测量，如图9-19所示。桑塔纳轿车前制动盘标准厚度为10 mm，使用极限为8 mm，超过极限尺寸时应予更换。

提示：制动盘厚度的测量位置应在制动衬片与制动盘接触面的中心部位。

2.1.2　制动盘端面圆跳动的检查

制动盘端面圆跳动过大会使制动踏板抖动或使制动衬片磨损不均匀。

检查制动盘端面圆跳动可用百分表进行，如图9-20所示。轴向跳动量应不大于0.06 mm，不符合要求可进行机加工修复(加工后的厚度不得小于8 mm)或更换。

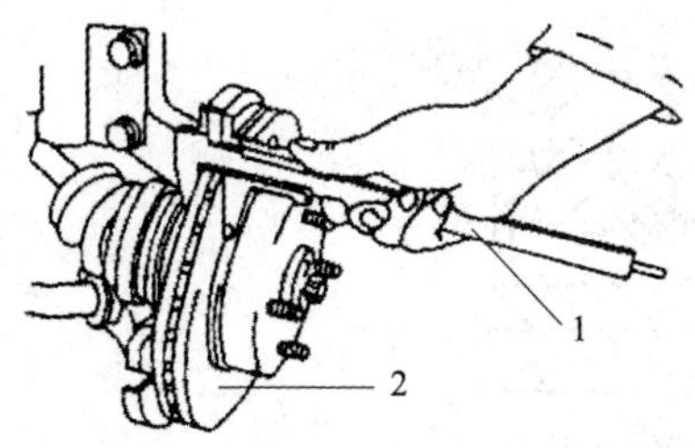

图9-19　制动盘厚度的检查

1—游标卡尺；2—制动盘

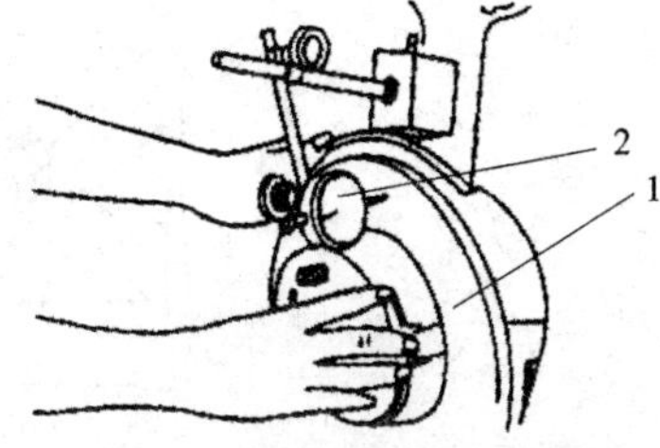

图9-20　制动盘端面圆跳动的检查

1—制动盘；2—百分表

2.1.3　制动块厚度的检查

制动块厚度的检查如图9-21所示。若制动块已拆下，可直接用游标卡尺测量。制动块摩擦片的厚度为14 mm（不包括底板），使用极限为7 mm。若车轮未拆下，对外侧的摩擦片，可通过轮辐上的检视孔，用手电筒目测检查。内侧摩擦片，利用反光镜进行目测。

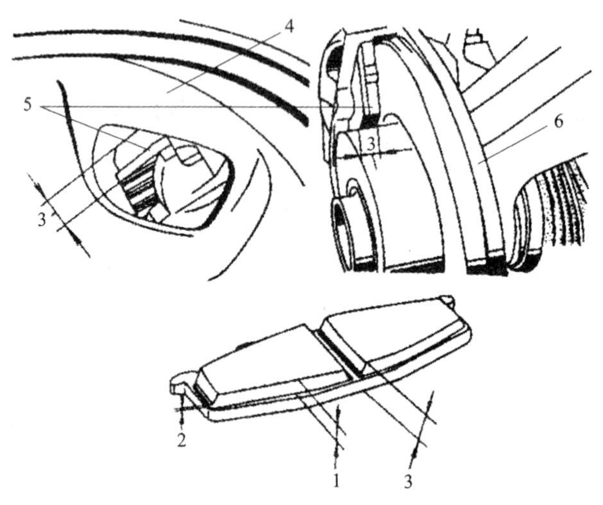

图 9－21　制动块厚度的检查

1—制动块摩擦片厚度；2—制动块摩擦片磨损极限厚度；3—制动快的总厚度；
4—轮辐；5—外制动块；6—制动盘

2.1.4　制动器间隙的调整

制动过程中，制动块与制动盘间存在着相对的运动，两者均有不同程度的磨损，制动盘、制动块磨损后，制动器的间隙会增大，制动时活塞的行程增加，制动器开始起作用的时间滞后，制动效果下降。因此，制动器的间隙应随时调整。

桑塔纳轿车的前轮制动器制动间隙为自动调整，工作过程如图 9－22 所示。

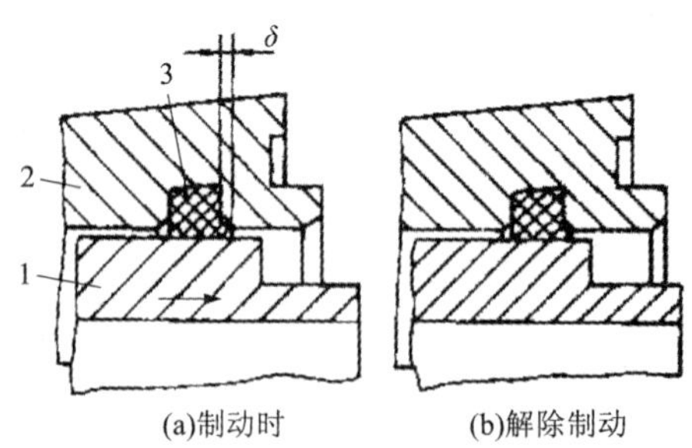

图 9－22　桑塔纳轿车前轮盘式制动器制动间隙的自动调整

1—活塞；2—制动钳；3—密封圈

矩形密封圈 3 嵌在制动轮缸的矩形槽内，密封圈内圆与活塞外圆配合较紧，制动时活塞 1 被压向制动盘，密封圈发生了弹性变形；解除制动时，密封圈要恢复原状，于是将活塞拉回原位。当制动盘与制动块磨损后，制动器的制动间隙增大，若间隙大于活塞的设置行程 δ 时，活塞在制动液压力的作用下，克服密封圈的摩擦阻力而继续前移，直到实现完全制动为止。

解除制动时，由于密封圈弹性变形量的限制，密封圈将活塞拉回的距离小于活塞前移的距离，活塞与密封圈之间这一不可恢复的相对位移便补偿了过量的间隙。

2.2　鼓式制动器的检修

2.2.1　鼓式制动器的分解

若要进一步分解，可按以下步骤进行，如图9－23所示。

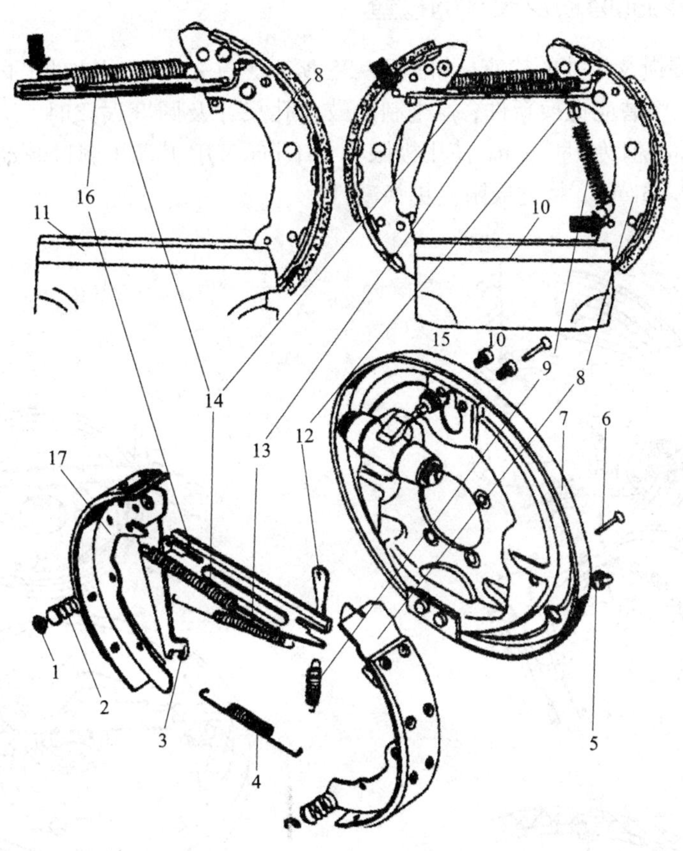

图9－23　桑塔纳后车轮制动器的分解

1—弹簧座；2—弹簧；3—驻车制动拉杆；4—下复位弹簧；5—检查孔盖；6—销钉；7—制动底板；8—前制动蹄；9—楔形调整板拉簧；10—螺栓；11—虎钳；12—楔形调整板；13—上复位弹簧；14—定位弹簧；15—后制动分泵；16—推杆；17—后制动器

先从驻车制动器拉杆上摘下驻车制动器钢索，再用钳子压下弹簧座，并转动90°，取下定位销钉、弹簧座和弹簧。从制动底板上取下制动片总成，并将其夹紧在虎钳上。依次拆下复位弹簧、楔形调整板的拉簧，从前制动蹄上摘下定位弹簧，取下推杆和楔形调整板。最后旋下螺栓，从制动底板上取下制动分泵。

使用车轮制动器时，制动蹄与制动鼓间存在着磨损，磨损引起制动蹄上摩擦片厚度减小，制动鼓内径增大，使得蹄、鼓间的间隙增大，制动器的起作用时刻推迟，制动效能下降。因此，汽车行驶一定里程或出现制动不良的故障时，应对车轮制动器进行必要的调整和检修。

2.2.2 制动蹄衬片厚度的检查

制动蹄衬片厚度的检查，如图 9－24 所示，用游标卡尺测量制动蹄片的厚度，标准值为 5 mm，使用极限为 2.5 mm，其铆钉与摩擦片的表面深度不得小于 1 mm，以免铆钉头刮伤制动鼓内表面。在未拆下车轮时，后制动蹄摩擦片的厚度可从制动底板 6 的观察孔 4 中检查。

2.2.3 制动鼓内孔磨损及尺寸的检查

制动鼓内孔磨损及尺寸的检查，如图 9－25 所示，首先检查制动鼓 1 内孔有无烧损、刮痕和凹陷，若不能修磨应更换新件；检查制动鼓内孔尺寸及圆度误差时，用游标卡尺 2 检查内孔尺寸，孔径标准值为 180 mm，使用极限为 181 mm。用工具 3 测量制动鼓内孔的圆度误差，使用极限为 0.03 mm，超过极限应更换新件。

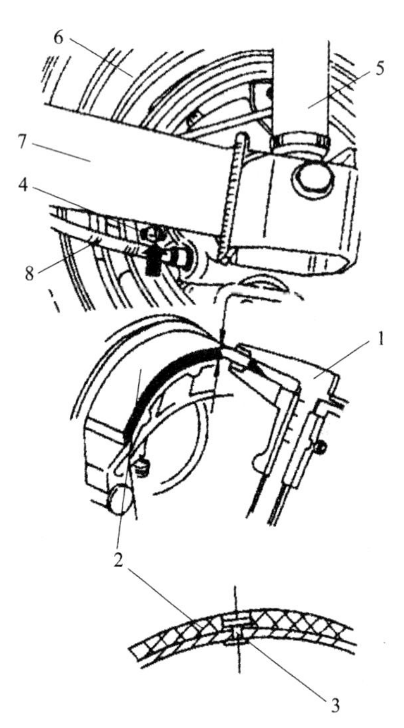

图 9－24 后制动蹄衬片厚度的检查

1—卡尺；2—摩擦片；3—铆钉；4—观察孔；5—后减振器；6—制动底板；7—后桥体；8—驻车制动器

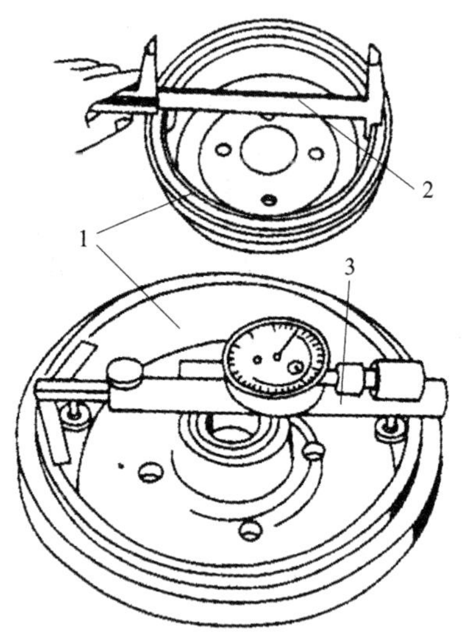

图 9－25 后制动鼓内孔磨损及尺寸的检查

1—后制动鼓；2—游标卡尺；3—测量不圆度工具

2.2.4 后制动蹄衬片与后制动鼓接触面积的检查

后制动蹄衬片与后制动鼓接触面积的检查，如图 9－26 所示，将后制动鼓衬片 1 表面打磨干净后，靠在后制动鼓 2 上，检查二者的接触面积，应不小于60%，否则应继续打磨衬片 1

的表面。

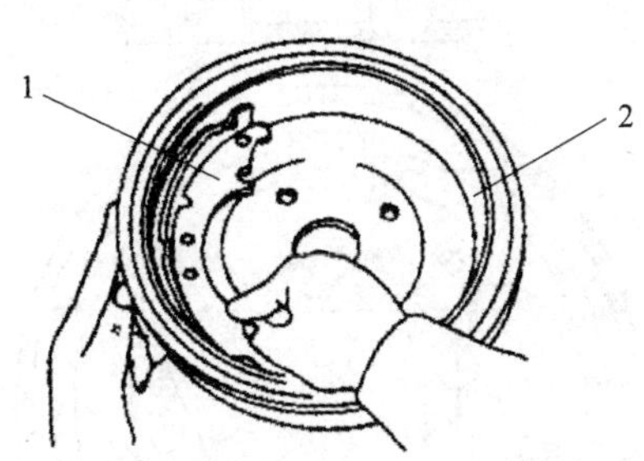

图 9－26　后制动蹄衬片与后制动鼓接触面积的检查

1—后制动蹄片；2—制动鼓

2.2.5　后制动器定位弹簧及复位弹簧的检查

后制动器定位弹簧及复位弹簧的检查，如图 9－27 所示，若后制动器定位弹簧、上复位弹簧、下复位弹簧和楔形调整板拉簧的自由长度增长率达 5%，则应更换新弹簧。

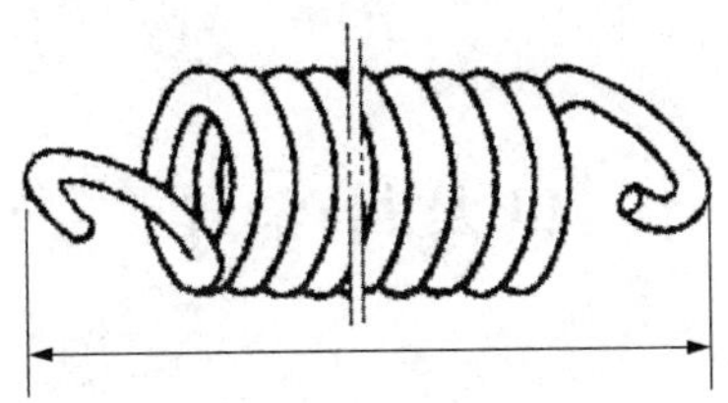

图 9－27　后制动器定位弹簧的检查

2.2.6　制动器的调整

车轮制动器装配完毕后，为保证制动蹄衬片与制动鼓之间具有合适的的间隙，应对其进行必要的调整，调整的方法有人工调整法和自动调整法。

桑塔纳轿车后轮制动器的间隙调整装置为在推力板上装楔杆的自调装置，其结构和工作情况如下：

如图 9－28 所示，楔杆的水平拉簧使楔杆与推力板间产生摩擦，防止楔杆下移，垂直拉簧随时力图拉动楔杆下移。当蹄鼓间隙正常时，楔杆静止于相对应位置；当蹄鼓间隙大于规定值时，蹄片张开的行程被加大，垂直拉簧的力 F_2 增大，$F_2 > F_1$，楔杆下移，楔杆的下移使得水平拉簧的力也被加大，摩擦力 F_1 相应加大，则楔杆在新的位置静止。

放松制动后，制动蹄在回位弹簧的作用下收拢。由于推力板已变长，只能被顶靠在新的位置，从而保持规定的制动间隙值。

此类自调装置属于一次性调准的结构，前进或倒车制动均能自调。

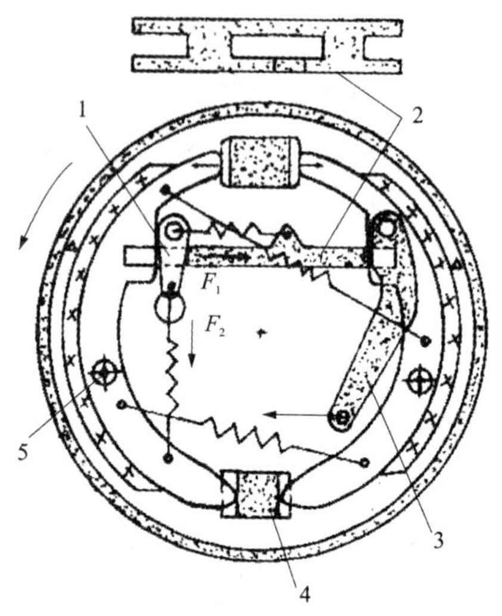

图 9-28　在推力板上装楔杆的自调装置

1—楔杆；2—推力板；3—驻车制动杠杆；4—浮式支承座；
5—定位件；F_1—水平拉簧的摩擦力；F_2—楔形杆的垂直拉簧力

思考与练习

1. 简述制动系的基本组成。
2. 简述盘式车轮制动器的基本结构和工作原理。
3. 简述鼓式车轮制动器的基本结构和工作原理。
4. 驻车制动器有什么功用？有几种类型？
5. 盘式制动器的检修包括几个方面？试简述。
6. 如何对制动蹄衬片厚度进行检查？

项目十　汽车行驶制动力不足故障检修

【能力目标】

1. 能够掌握制动传动装置的拆装、各零件的检修方法。
2. 掌握常规制动器的维护检查项目。
3. 掌握液压制动系制动不灵、制动拖滞故障的诊断与排除。

【知识目标】

1. 掌握制动传动装置的功用、分类、结构组成及工作原理。
2. 掌握制动传动装置的检修方法。
3. 掌握常规制动系的维护检查的内容、方法。

任务一　液压制动系统制动力不足故障检修

【案例导入】

一辆使用不到一年的丰田花冠轿车，行驶里程为7000 km，被送到维修车间。客户向维修顾问反映他的车近期在行驶中制动力不足，踩一次制动踏板不能减速，有时连续踩几次制动踏板，效果也不好。经过故障确认，制动轮缸皮碗出现了泄漏，更换新的皮碗后，故障得以解决。请问，制动轮缸在制动系统当中起到什么作用？如何检修汽车行驶制动力不足的故障？

【主要教学设备】

1. 轿车。
2. 举升机和制动液加注专用工具。
3. 常用维修工具若干。

【教学过程】

1. 学生以小组为单位完成本次任务。
2. 每个小组需配有相关车型的维修手册，学生根据手册制定工作计划。
3. 小组讨论所拆卸部件的名称、作用、工作原理。
4. 观察行车制动故障情况，试着解释有关行驶制动力不足故障的原因。
5. 按照维修手册的要求恢复教学车辆。
6. 教学过程中注意安全，防止重物掉落砸伤学生。

【理论学习】

1.1 制动传动装置的功用和分类

1. 功用

制动传动装置的功用是将驾驶员或其他动动力源的作用传到制动器，同时控制制动器的工作，从而获得所需要的制动力矩。

2. 分类

制动传动装置按传力介质的不同可分为液压式、气压式和气－液综合式；按制动管路的套数可分为单管路和双管路制动传动装置。按照交通法规的要求，现代汽车的行车制动系须采用双管路制动传动装置，因而单管路制动传动装置已被淘汰。

1.1.1 液压式制动传动装置

液压式制动传动装置是利用制动液将制动踏板力转换为制动液压力，通过管路传至车轮制动器，再将制动液压力转变为制动蹄张开的机械推力。

1. 液压式制动传动装置的基本组成

如图 10－1 所示，液压式制动传动装置由制动踏板、主缸推杆、制动主缸、储液罐、制动轮缸、油管、制动灯开关、指示灯、比例阀等组成。

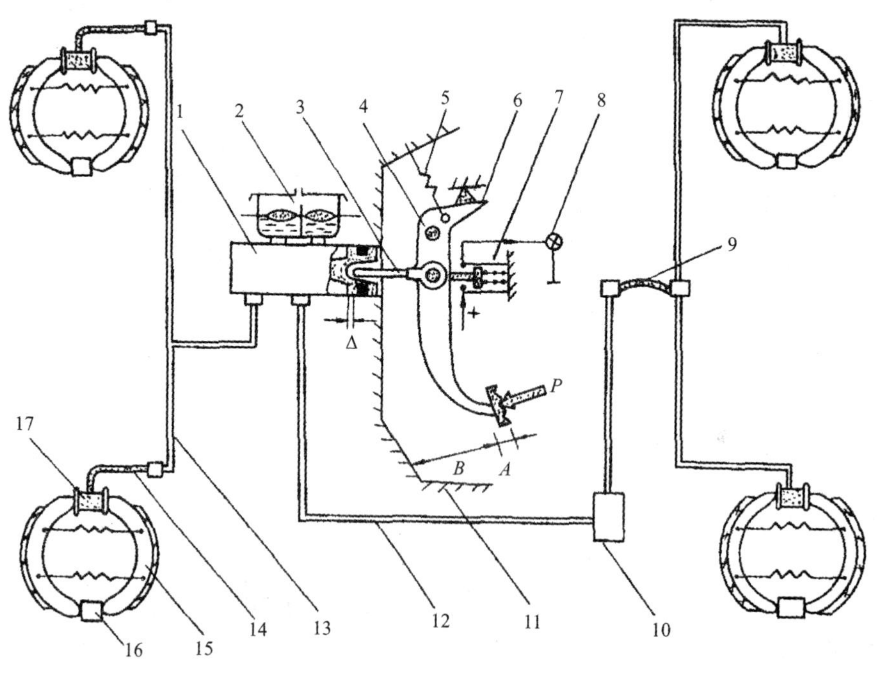

图 10－1 液压式制动传动装置的组成

1—制动主缸；2—储液罐；3—主缸推杆；4—支承销；5—复位弹簧；6—制动踏板；7—制动灯开关；8—指示灯；9—软管；10—比例阀；11—地板；12—后桥油管；13—前桥油管；14—软管；15—制动蹄；16—支承座；17—制动轮缸；Δ—自由间隙；*A*—自由行程；*B*—有效行程

2. 液压式制动传动装置的工作原理

如图 10 – 2 所示，液压制动传动装置以帕斯卡定律为基础，并且在传力过程中对驾驶员的踏板力进行了放大，使传递到制动轮缸及制动蹄上的制动力大于踏板力。

提示： 帕斯卡定律即在封闭的系统中，液体朝各个方向传递的压力相等。

如果以 10 kg 脚踏力踩制动踏板，踏板与支点力臂相当于主缸活塞与支点力臂的 3 倍，则作用到制动主缸活塞上的力为 30 kg。如果主缸活塞的截面积为 2 cm^2，而轮缸活塞的截面积为 4 cm^2，那么，推动车轮制动蹄的力可达 60 kg。

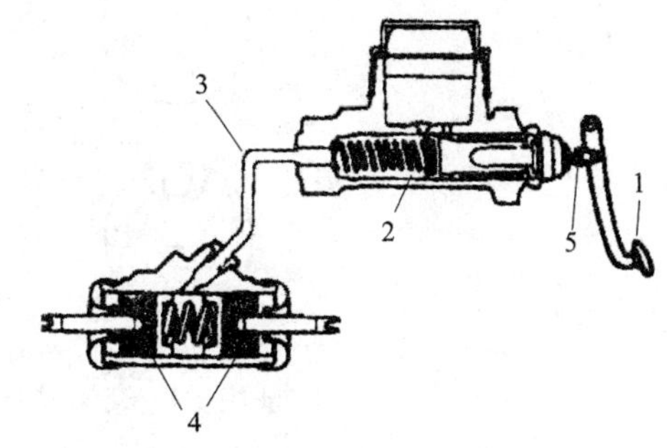

图 10 – 2　踏板力的放大

1—制动踏板；2—主缸活塞；3—制动管路及制动液；4—轮缸活塞；5—制动蹄推杆

3. 液压式制动传动装置的类型

双管路液压制动传动装置是利用彼此独立的双腔制动主缸，通过两套独立管路，分别控制两桥或三桥的车轮制动器。其特点是若其中一套管路发生故障而失效时，另一套管路仍能继续起制动作用，从而提高了汽车制动的可靠性和行车的安全性。

双管路的布置方案在各型汽车上各有不同，常见的有前后独立式和交叉式两种形式。

1) 前后独立式。

如图 10 – 3 所示，前后独立式双管路液压制动传动装置由双腔制动主缸通过两套独立的管路分别控制前桥和后桥的车轮制动器。这种布置方式结构简单，如果其中一套管路损坏漏油，另一套仍能起作用，但会破坏前、后桥制动力分配的比例，主要用于发动机前置、后轮驱动的汽车，如南京依维柯等。

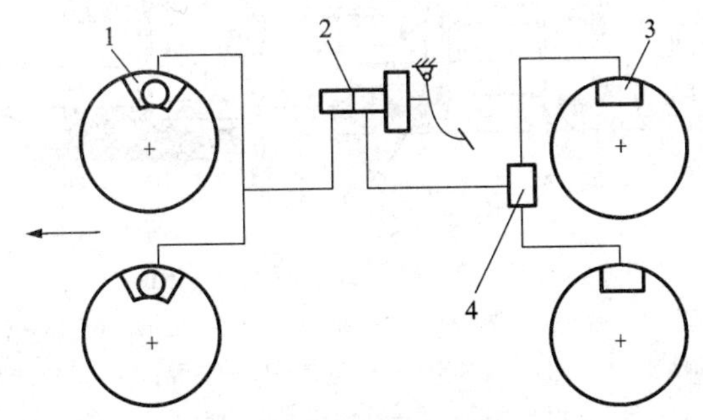

图 10 – 3　前后独立式的双管路液压制动传动装置

1—盘式制动器；2—双腔制动主缸；3—鼓式制动器；4—制动力调节器

2) 交叉式（也称为对角线式）。

如图 10 – 4 所示，交叉式双管路液压制动传动装置由双腔制动主缸通过两套独立的管路分别控制前、后桥对角线方向的两个车轮制动器。这种布置方式在任一管路失效时，仍能保持一半的制动力，且前、后桥制动力分配比例保持不变，有利于提高制动方向的稳定性。主要用于发动机前置、前轮驱动的轿车。

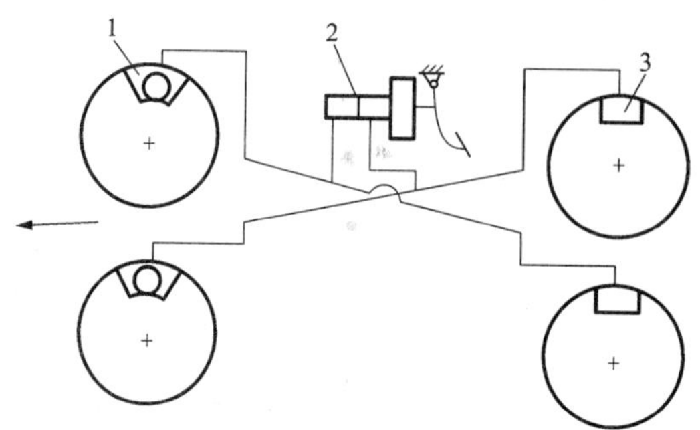

图 10－4　交叉式的双管路液压制动传动装置

1—盘式制动器；2—双腔制动主缸；3—鼓式制动器

4. *液压式制动传动装置主要部件*

1)制动主缸。

制动主缸又称为制动总泵，它处于制动踏板与管路之间，其功用是将制动踏板输入的机械力转换成液压力。

(1)结构。

如图 10－5 和 10－6 所示，串联式双腔制动主缸主要由储液罐，制动主缸外壳，前活塞，后活塞及前、后活塞弹簧，推杆，皮碗等组成。

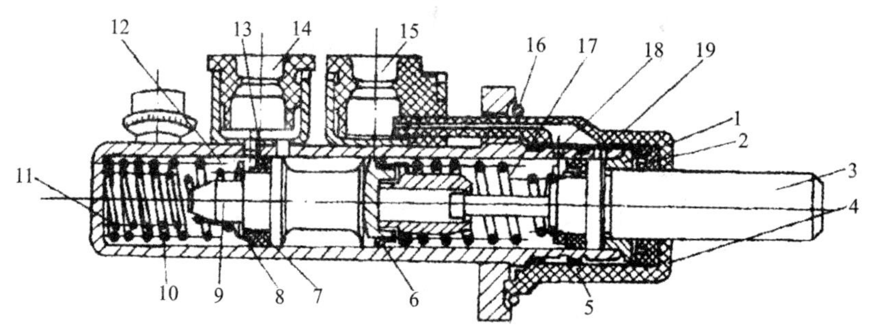

图 10－5　串联式双腔制动主缸

1—隔套；2—密封圈；3—后活塞(带推杆)；4—防尘罩；5—防动圈；6、13—密封圈；7—垫圈；8—皮碗护圈；9—前活塞；10—前活塞弹簧；11—缸体；12—前腔；14、15—进油孔；16—定位圈；17—后腔；18—补偿孔；19—回油孔

主缸的壳体内装有前活塞、后活塞及回位弹簧，前、后活塞分别用皮碗密封，前活塞用限位螺钉保证其位置正确。储油罐分别与主缸的前、后腔相通，前出油口、后出油口分别与轮缸相通，前活塞靠后活塞的液力推动，而后活塞直接由推杆推动。

(2)工作原理。

不制动时，两活塞前部皮碗均遮盖不住其旁通孔，制动液由储液罐进入主缸。

正常状态下制动时，操纵制动踏板，经推杆推动后活塞左移，在其皮碗遮盖住旁通孔之

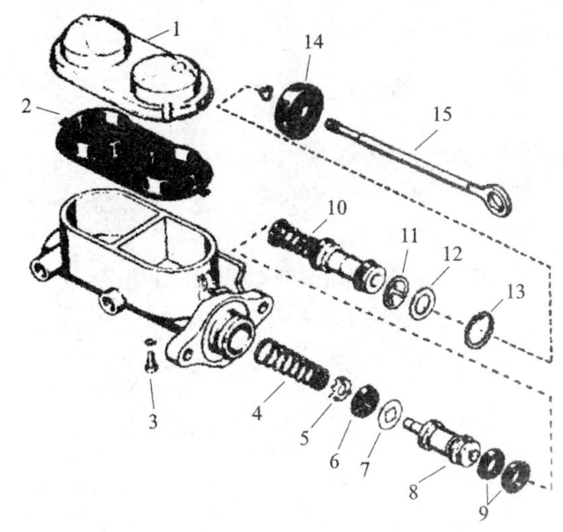

图 10－6　串联式双腔制动主缸的分解图

1—储液罐盖；2—膜片；3—限位螺钉；4—弹簧；5—皮碗护圈；6—前皮碗；7—垫圈；8—前活塞；9—后皮碗；10—后活塞；11—推杆座；12—垫圈；13—锁圈；14—防尘套；15—推杆

后，后腔制动液压力升高，制动液一方面经出油阀流入制动管路，一方面推动前活塞左移。在后腔液压和弹簧弹力的作用下，前活塞向左移动，前腔制动液压力也随之升高，制动液推开出油阀流入管路。于是两制动管路在等压下对汽车制动。

解除制动时，抬起制动踏板，活塞在弹簧作用下复位，高压制动液自制动管路流回制动主缸。如活塞复位过快，工作腔容积迅速增大，而制动管路中的制动液由于管路阻力的影响，来不及充分流回工作腔，使工作腔内油压快速下降，便形成一定的真空度，于是储液罐中的油液便经补偿孔和活塞上的轴向小孔推开垫片及皮碗进入工作腔。当活塞完全复位时，旁通孔开放，制动管路中流回工作腔的多余油液经补偿孔流回储液罐。

若与前腔连接的制动管路损坏漏油，则在踩下制动踏板时只有后腔中能建立液压，前腔中无压力。此时，在压力差的作用下，前活塞迅速移到其前端顶到主缸缸体上。此后，后工作腔中液压方能升高到制动所需的值。

若与后腔连接的制动管路损坏漏油，则在踩下制动踏板时，起先只是后活塞前移，而不能推动前活塞，因而后腔制动液压不能建立。但在后活塞直接顶触前活塞时，前活塞便前移，使前腔建立必要的制动液压而制动。

2)制动轮缸。

制动轮缸的作用是将制动主缸传来的液压力转变为使制动蹄张开的机械推力。

(1)制动轮缸的结构。

如图 10－7 所示，制动轮缸主要由缸体、活塞、皮碗、弹簧和放气螺钉组成。

制动轮缸的缸体通常用螺钉固装在制动底板上，位于两制动蹄之间。内装铝合金活塞，密封皮碗的刃口方向朝内，并由弹簧压靠在活塞上与其同步运动。活塞外端压有顶块并与蹄的上端相抵紧。在缸体的另一端装有防护罩，可防止尘土及泥土的侵入。缸体上方装有放气螺塞，以便放出液压系统中的空气。

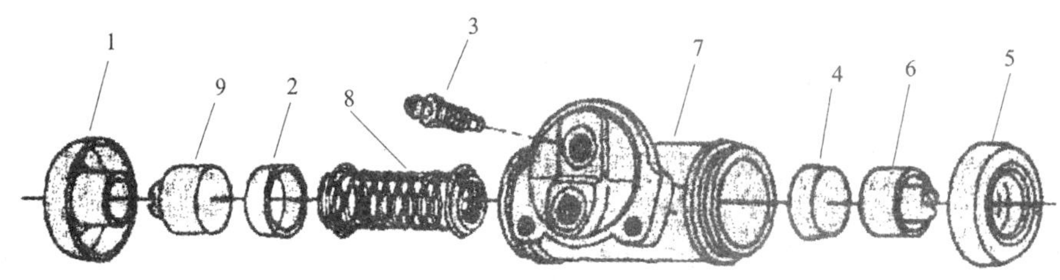

图 10－7　双活塞制动轮缸的分解图

1、5—防尘罩；2、4—皮碗；3—放气螺钉；6、9—活塞；7—轮缸体；8—回位弹簧总成

2）制动轮缸的类型。

常见的制动轮缸类型有：双活塞式、单活塞式、阶梯式等，如图 10－8 所示。

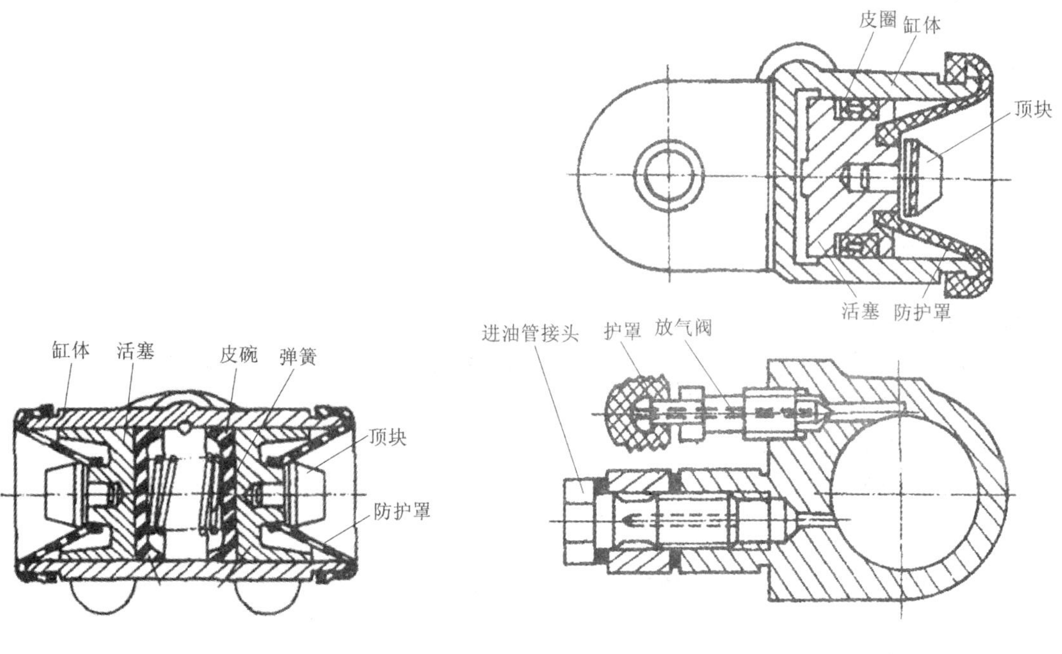

（a）双活塞式制动轮缸　（b）单活塞式制动轮缸

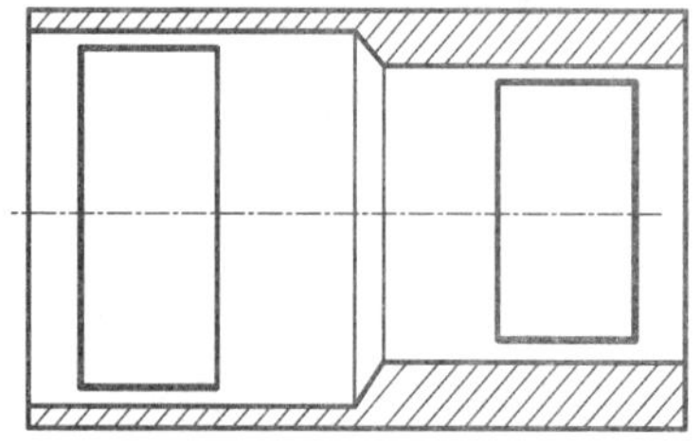

（c）阶梯式制动轮缸

图 10－8　常见的制动轮缸

单活塞制动轮缸多用于单向助势平衡式车轮制动器，目前趋于被淘汰；阶梯式轮缸用于简单非平衡式车轮制动器，它的大端推动后制动蹄，小端推动前制动蹄，其目的是为了前、后蹄摩擦片均匀地磨损。

(3)制动轮缸的工作情况。

如图10－9所示，制动轮缸受到液压作用后，顶出活塞，使制动蹄扩张。松开制动踏板，液压力消失，靠制动蹄回位弹簧的力，使活塞回位。

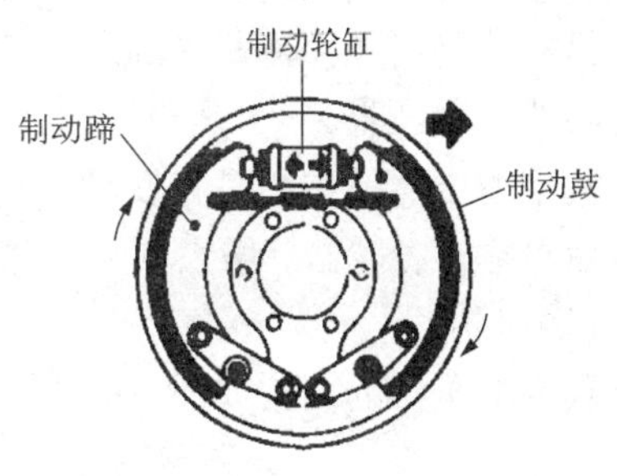

图10－9　制动轮缸工作情况

1.1.2　真空液压制动传动装置

汽车高速化后，采用人力液压制动的汽车，要求制动液压升高(可达10~20 MPa)方能产生与车速相适应的制动力矩，靠人力制动是难以实现的。特别是盘式制动系统，因制动器无助势作用，更必须加大制动液压。

在普通的液压制动系统中，加装真空加力装置，可以减轻驾驶员施加于制动踏板上的力，增加车轮的制动力，达到操纵轻便、制动可靠的目的。

真空加力装置可分为增压式和助力式两种。增压式是通过增压器将制动主缸的液压进一步增加，增压器装在主缸之后；助力式是通过助力器来帮助制动踏板对制动主缸产生推力，助力器装在踏板与主缸之间。

1. 真空增压式液压制动传动装置

1)真空增压式液压制动传动装置的组成和原理

图10－10所示为跃进NJ1061A型汽车的真空增压式液压制动传动装置。它在液压制动传动装置中加装了一套真空增压系统，包括由发动机进气歧管、真空单向阀、真空罐组成的供能装置，作为控制装置的控制阀，以及作为传动装置的真空伺服室、辅助缸和安全缸。

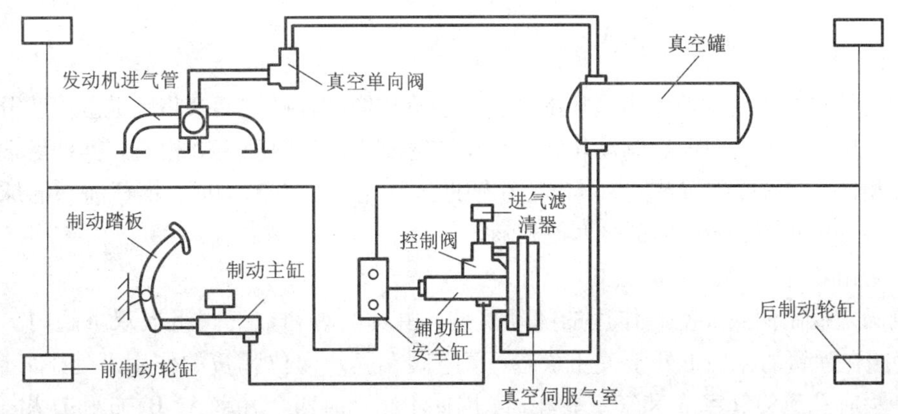

图10－10　跃进NJ1061A型汽车的真空增压式液压制动传动装置

发动机工作时，在进气歧管真空度作用下，真空罐中的空气经真空单向阀被吸入发动机，因而罐中也产生并积累一定的真空度，作为制动加力的力源。

踩下制动踏板时，制动主缸输出的制动液先进入辅助缸，由此一方面传入前、后轮制动轮缸作为促动力，另一方面又作为控制压力输入控制阀，启动控制阀使真空伺服室产生的推力与来自制动主缸的液压力一起作用在辅助缸活塞上，从而使辅助缸输送到各制动轮缸的压力远高于制动主缸的压力。

安全缸的作用是当前、后轮制动管路之一损坏漏油时，该管路上的安全缸即自动封堵，保证另一管路仍能保持其中的压力。

2)真空增压器。

真空增压器的作用是将发动机产生的真空度转变为机械推力，使从制动主缸输出的液力增压后再输入各轮缸，增大制动力。

(1)结构。

真空增压器的结构如图 10－11 所示，它由辅助缸、控制阀和伺服气室等组成。

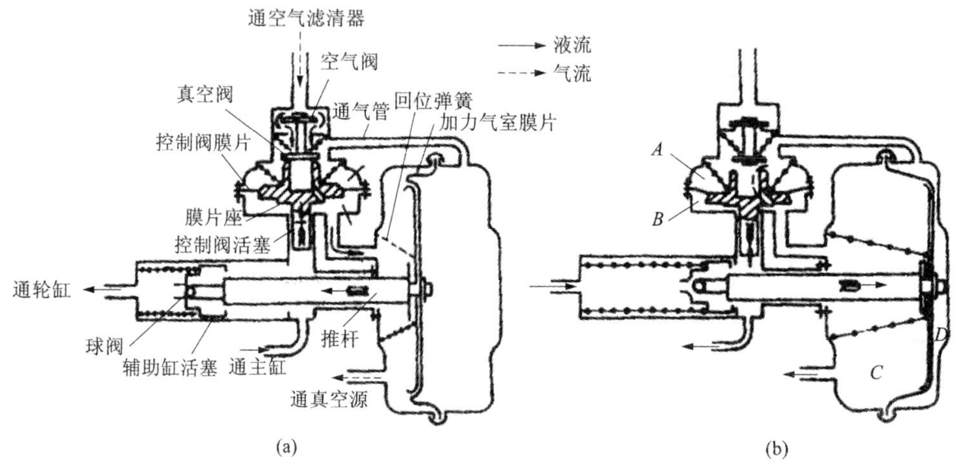

图 10－11 真空增压器的结构、原理

[1]辅助缸

辅助缸是将低压制动液变为高压的装置。装有皮圈的辅助缸活塞将辅助缸内腔分隔为两部分，左腔经出油管通向前后制动轮缸，右腔经进油接头与制动主缸相通。推杆后端与伺服气室膜片相连，前端嵌装着球阀，其球座在辅助缸活塞上。不制动时，推杆前部的球阀与阀座之间保持一定距离，保证辅助缸两腔相通。

[2]控制阀

控制阀是控制伺服气室起作用的随动机构，由真空阀和空气阀组成双重阀门。不制动时，空气阀在弹簧的作用下处于关闭状态；真空阀在膜片回位弹簧的作用下处于开启状态。膜片座中央有孔道使气室 A 和气室 B 相通，因此不制动时四个气室 A、B、C 和 D 相通，且具有相等的真空度。

[3]伺服气室

伺服气室是将进气歧管产生的真空度与大气压力的压力差，转变为机械推力的总成。膜片将伺服气室分成前、后两腔，前腔 C 经前壳体端面上的真空管接头通向真空源，后腔 D 与控制阀上腔 A 相通，并通过真空阀与前腔 C、下腔 B 相通。

(2)工作原理。

真空增压器的工作原理如图 10－12 所示。

[1]未制动时，空气阀关闭，真空阀开启。控制阀四个气室相通，且具有相等的真空度，推杆在回位弹簧的作用下处于最右端位置，推杆前部的球阀与阀座之间保持一定距离，辅助缸两腔相通。

[2]制动时，踩下制动踏板，制动主缸的制动油液输入到辅助缸体中，一部分油液经活塞中间的小孔进入各制动轮缸，轮缸液压即等于主缸液压。与此同时，液压还作用在控制阀活塞上，当油压力升到一定值时，活塞连同膜片上移，首先关闭真空阀，同时关闭 C、D 腔通道，膜片座继续上移将空气阀打开，于是空气经空气阀进入 A 腔并到 D 腔。此时，气室 B、C 的真空度仍保持不变，这样 D、C 两腔产生压力差，推动膜片使推杆左移，球阀关闭辅助缸活塞中孔，制动主缸与辅助缸左腔隔绝。此时在辅助缸活塞上作用着两个力：主缸液压作用力和伺服气室输出的推杆力。因此，辅助缸左腔及各轮缸的压力高于主缸压力。

[3]维持制动时，制动踏板踩到某一位置不动，制动主缸不再向辅助缸输送制动油液，作用在辅助缸活塞和控制阀活塞上的力为一定值。但随着进入空气室空气量的增加，A 和 B 气室的压力差加大，对控制阀膜片产生向下的作用力，因而使膜片座及活塞向下移动，空气阀、真空阀开度逐渐减小，直至落座关闭，此时处于"双阀关闭"状态。油压对控制活塞向上的压力与气室 A、B 压力差造成的向下压力相平衡。气室 D、C 压力差作用在膜片上的总推力与控制油压作用在辅助缸活塞右端的总推力之和，与高压油液作用在辅助缸左端的总阻力抗相平衡，辅助缸活塞即保持相对稳定状态，维持了一定的制动强度。这一稳定值的大小取决于控制活塞下面的液压(主缸油压)，即取决于踏板力和踏板行程。

[4]放松制动踏板时，放松制动踏板后，控制油压下降，控制活塞连同膜片座下移，空气阀仍处于关闭状态，而真空阀开启。于是 D、A 两气室的空气经 B、C 两气室被吸出，从而 A、B、C、D 各气室均具有一定的真空度。推杆、膜片及辅助缸活塞在弹簧的作用下各自回位，轮缸油液从辅助缸活塞的小孔流回，从而解除制动。

(3)检验

真空增压器的检验可分为简单试验和仪表试验。简单试验包括制动踏板高度试验、控制阀检验及膜片行程的检验。仪表试验包括气密性试验、油密性试验和单向阀气密性试验。

[1]简单试验

①制动踏板高度试验

启动发动机，并使其怠速运转。此时，踩下制动踏板，并测出踏板距地板高度。然后，将发动机熄火，连续几次踩制动踏板，使真空度降为零，此时再踩下制动踏板，并测出踏板距地板的距离。正常情况下，后一次测得的距离应小于前一次，若两次距离相等，说明真空增压器不起作用。

②控制阀检验

启动发动机不踩下制动踏板，将一团棉丝置于增压器空气滤清器入口处。此时，棉丝不被吸入；若棉丝被吸入，说明空气阀漏气。踏下制动踏板，棉丝应被吸入；若棉丝不被吸入，或者吸力过小，说明空气阀开度过小，或者助力器膜片破损。

③伺服气室膜片行程检查

发动机不工作而且不踩下制动踏板时，取下伺服气室加油孔橡胶盖，从该孔测出膜片位置。测完后再塞紧橡胶盖。

将发动机启运转，并踩下制动踏板。取下伺服气室加油孔橡胶盖，再次测出膜片位置，两次测出的位置差，即为膜片行程。若膜片行程过小说明增压器工作不良；若膜片行程过大，说明制动系统存在泄漏或者制动间隙过大。

[2]仪表试验

①不工作情况下真空增压器的气密性试验。

如图 10－12 所示，将真空表和开关串联于真空罐与伺服气室真空接孔之间。在真空增压器不工作的情况下，打开开关，使真空表达到 66.66 kPa 的真空度，然后关闭开关。在 15 s 之内，真空表读数应不低于 63.23 kPa。若真空度下降过快，则可能存在膜片破裂和空气阀关闭不严的故障。

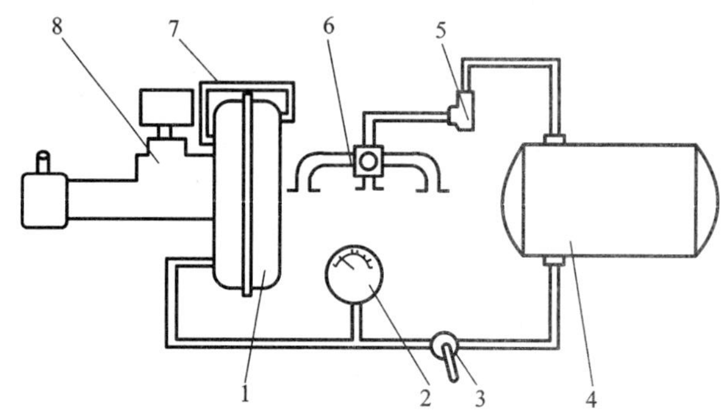

图 10－12　不工作情况下真空增压器气密性试验

1—真空加力气室；2—真空表；3—开关；4—真空储气筒；5—单向阀；6—发动机进气管；7—通气管；8—辅助缸

②油密性试验。

如图 10－13 所示，在辅助缸出口处接压力表和开关。首先将开关关闭，使制动主缸至辅助出口之间充满压力油，并将气体从放气螺钉处放净。然后，打开开关，从 *A* 处充入压力为 11.8 kPa 的制动液，关闭开关。10 s 内压力表数值不得低于 10.8 kPa，否则，辅助缸存在泄漏问题。

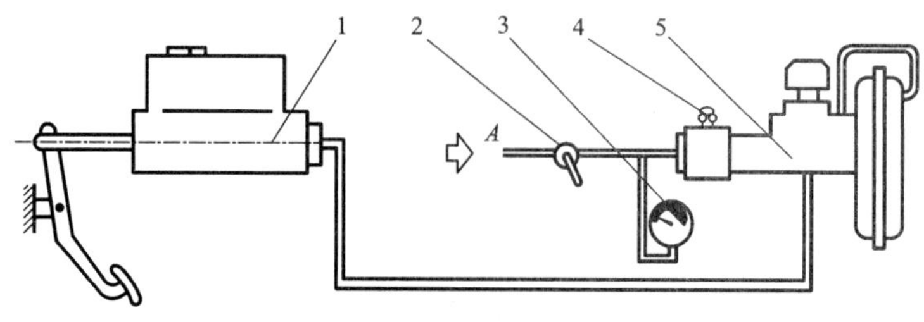

图 10－13　真空增压器油密性试验

1—制动主缸；2—开关；3—压力表；4—放气螺钉；5—真空增压器

③单向阀气密性试验。

如图 10－14 所示，在发动机进气歧管与单向阀之间装一开关，在单向阀的另一端安装一个带真空表的容器。先打开开关，启动发动机，使密封容器上真空表的真空达 67 kPa。然后，关闭开关，真空表指针下降至 64 kPa 的时间不得少于 15 s。

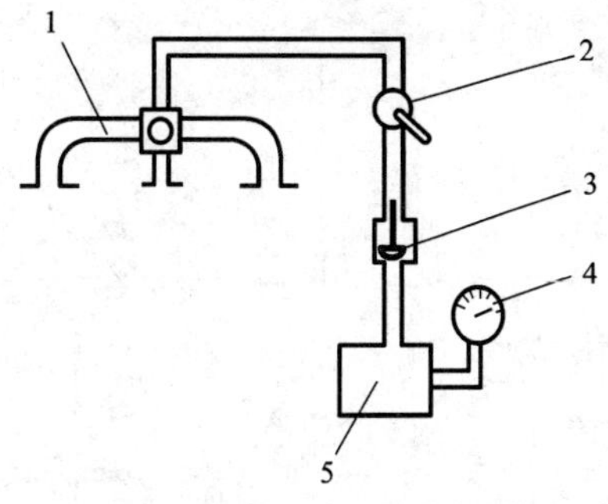

图 10－14　单向阀气密性试验

1—发动机进气管；2—开关；3—单向阀；4—真空表；5—密封容器

④伺服气室的气密性试验。

如图 10－15 所示，将伺服气室与控制阀之间的通气管拆下，并把控制阀一侧的管口堵住。打开开关，使真空表指针达 35 kPa，然后再将开关关闭。此时，真空泵压力下降到 27 kPa 时的时间应不小于 1 min，否则，说明膜片密封不严。

真空增压器工作性能将直接影响制动系的制动效能，行驶中使用行车制动器时，如果感到制动踏板较以前硬，且制动效能不良，则应检查真空增压器的工作性能。

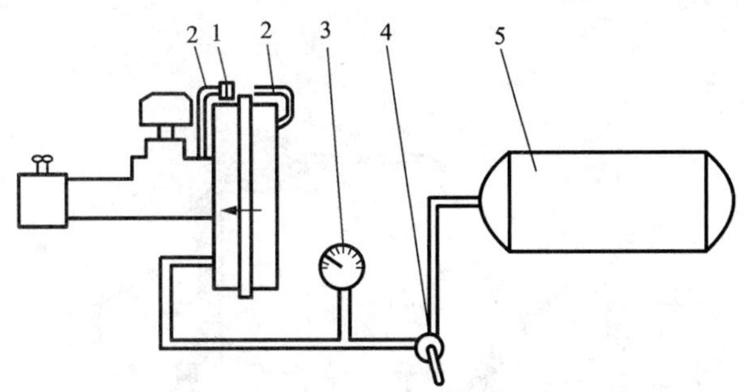

图 10－15　伺服气室膜片的气密性试验

1—制动阀；2—通气管；3—真空表；4—开关；5—真空储气筒

2. 真空助力式液压制动传动装置

1）真空助力式液压制动传动装置的组成。

图 10－16 所示为奥迪 100 型轿车双管路真空助力式液压制动传动装置。串联双腔制动主缸的前腔通向左前轮制动器的轮缸 12，并经感载比例阀 9 通向右后轮制动器的轮缸 13。主缸的后腔通向右前轮制动器的轮缸 12，并经感载比例阀 9 通向左后轮制动器轮缸 11。真空伺服气室 3 和控制阀 2 组成一个整体部件，称为真空助力器。制动主缸直接装在真空伺服气室的前端，真空单向阀 7 装在伺服气室上。真空伺服气室工作时产生的推力，也同踏板力一样直接作用在制动主缸 4 的活塞推杆上。

2）真空助力器的结构。

图 10－17 所示为桑塔纳轿车所用的单膜片真空助力器。真空助力器和制动主缸用 4 个螺钉固定在车身前围上，借推杆与制动踏板连接。伺服气室由前、后壳体组成，其间夹装有膜片和座，它的前腔经单向阀通进气歧管或真空罐；后腔膜片座毂筒中装有控制阀，空气阀 2 与推杆 6 固接，橡胶阀门 8 与在膜片座上加工出来的阀座组成真空阀。

3）真空助力器的工作原理。

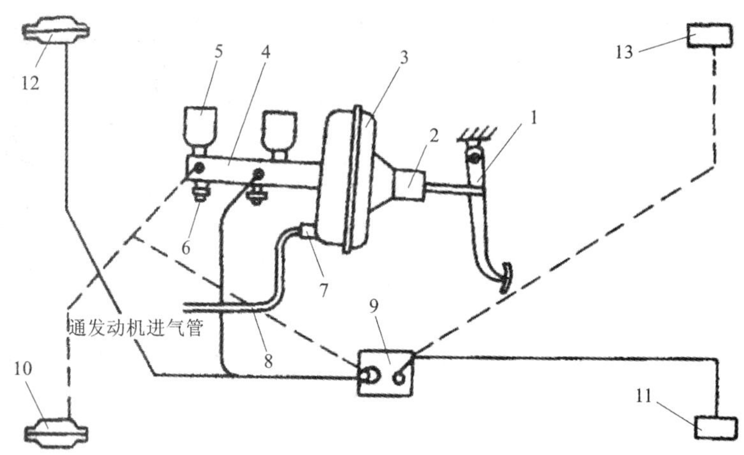

图 10－16 奥迪 100 型轿车真空助力式液压制动传动装置

1—制动踏板机构；2—控制阀；3—加力气室；4—制动主缸；5—储液罐；6—制动信号灯液压开关；7—真空单向阀；8—真空供能管路；9—感载比例阀；10—左前轮缸；11—左后轮缸；12—右前轮缸；13—右后轮缸

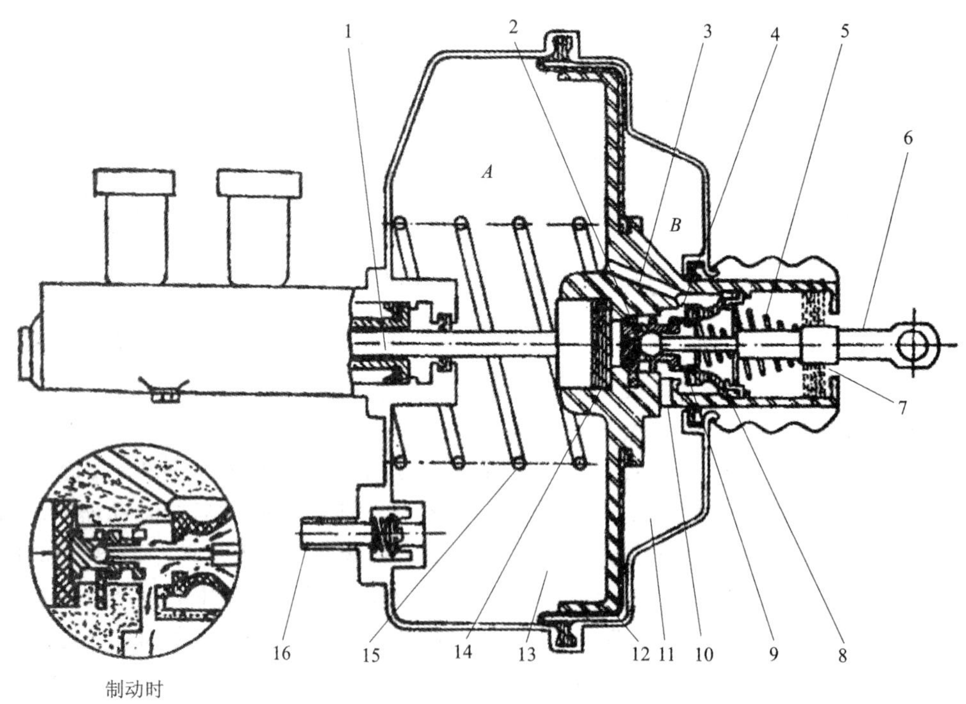

图 10－17 真空助力器结构

1—推杆；2—空气阀；3—真空通道；4—真空阀座；5—回位弹簧；6—制动踏板推杆；7—空气滤芯；8—橡胶阀门；9—空气阀座；10—通气道；11—加力气室后腔；12—膜片座；13—加力气室前腔；14—橡胶反作用盘；15—膜片回位弹簧；16—真空口和单向阀

(1)不制动时，未踩下制动踏板，控制阀处于非工作状态。回位弹簧5将推杆6连同空气阀2推至右极限位置，空气阀2紧压阀座9而关闭，橡胶阀门8被压缩离开阀座4而开启。真空通道3开启，伺服气室A、B两腔相通，并与大气隔绝。发动机运转后，真空单向阀被吸开，A、B两腔内均具有一定的真空度。

总结：不制动时，真空阀开，空气阀关。

(2)制动时，推杆6连同空气阀2向左移动，消除了与橡胶反作用盘14的间隙后，压缩橡胶反作用中心部分产生压凹变形，并推动推杆1向左移动，使制动主缸油压上升。与此同时，推杆6通过弹簧先将真空阀8压向阀座4而关闭，使A腔与B腔隔绝。进而空气阀2与阀座9分离而开启，外界空气经空气滤清器7、空气阀的开口和气道10进入B腔。随着空气的进入，在加力气室膜片的两侧出现压力差而产生推力，此推力通过膜片座12、橡胶反作用盘14推动推杆1左移。此时，推杆1上的作用力为踏板力和伺服气室推力之和，但伺服气室推力较踏板力大得多，从而使制动主缸输出的液压成数倍的增高。

总结：制动时，真空阀关，空气阀开。

(3)维持制动时，踏板踩下停止在某一位置，推杆6和空气阀2推压橡胶反作盘14的推力不再增加，膜片两边压力差使橡胶反作用盘中心部分的凹下变形恢复平，空气阀重新落座而关闭，出现"双阀关闭"的平衡状态。

总结：维持制动时，真空阀关，空气阀关。

(4)放松制动时，回位弹簧5使推杆6和空气阀2后移，真空阀8离开阀座4，伺服气室A、B相通，成为真空状态。膜片和膜片座在回位弹簧15的作用下回位，主缸即解除制动。

总结：放松制动时，真空阀开，空气阀关。

真空助力器失效时，推杆6将通过空气阀2直接推动膜片座和推杆1移动，使主缸产生制动液压，但踏板力要大得多。

1.1.3　制动力分配调节装置

汽车制动时，作用在车轮上的制动力随着踏板力的增加而增加，但最大制动力受到轮胎与路面附着力的限制，制动力不能超过附着力，否则，车轮将被"抱死"。无论前轮先抱死还是后轮先抱死都会严重影响汽车行驶的安全性，并加剧轮胎的磨损。

汽车既能得到尽可能大的制动力，又能保持行驶方向的稳定性，就必须使汽车前后轮同时达到抱死的边缘。其条件是前、后轮制动力之比等于前、后轮对路面垂直载荷之比。

但是，汽车装载量的不同和汽车制动时加速度的不同，引起了载荷的转移。汽车前、后轮的实际垂直载荷比是变化的。因此，要满足最佳制动状态的条件，汽车前、后轮制动力的比例也应是变化的。为使前、后轮获得理想的制动力，现代汽车上采用了各种制动力调节装置，用以调节前、后车轮制动管路的工作压力，常用的调节装置有限压阀、比例阀和感载比例阀等。

1. 限压阀

限压阀串联在制动主缸与后轮制动器的管路之间，其功用是当前、后制动管路压力P_1和P_2由零同步增长到一定值后，自动将P_2限定在该值不变。

1)结构。

图10－18所示为限压阀的结构。阀体上有三个孔口，A口与制动主缸连通；B口通两后

轮轮缸。阀体内有滑阀 3 和有一定预紧力的弹簧 2。滑阀被弹簧顶靠在阀体内左端。

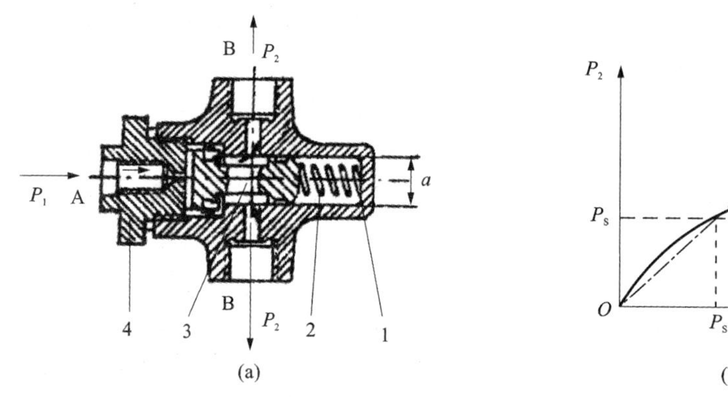

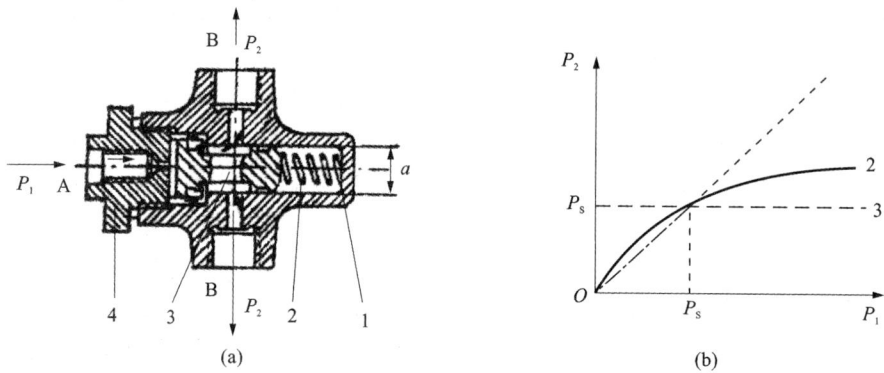

图 10－18 液压式限压阀及特性曲线

1—阀体；2—弹簧；3—滑阀；4—接头

A—通制动主缸；*B*—通制动轮缸

2）原理。

当轻踩制动踏板时，制动主缸产生一定的液压力 P_1，滑阀左端面推力为 $P_1 \times a$（a 为滑阀左端面有效面积），滑阀右端承受弹簧力 F。此时，由于 $F > P_1 \times a$，滑阀不动，因而 $P_1 = P_2$，限压阀不起限压作用。

当踏板压力增大时，P_1 与 P_2 同步增长到一定值 P_S（限压点）后，活塞左方压力便超过右方弹簧的预紧力，即 $P_S \times a > F$，于是滑阀向右移动，关闭 A 腔与 B 腔的通路。此后，P_1 再增大时，P_2 也不再增大。

限压点 P_S 决定于限压阀的结构，与汽车的轴载质量无关。通常情况下，P_S 值低于理想值，不会出现后轮先抱死的情况。

2. 比例阀

比例阀也串联在制动主缸与后轮制动器的管路之间，其功用是当前、后制动管路压力 P_1 和 P_2 由零同步增长到一定值 P_S 后，即自动对 P_2 增长加以限制，使 P_2 的增量小于 P_1 的增量。

图 10－19 所示为比例阀的结构原理，比例阀通常采用两端承压面积不等的异径活塞。不工作时，异径活塞 2 在弹簧 3 的作用下处于上极限位置。此时阀门 1 保持开启，因而在输入控制压力 P_1 与输出压力 P_2 从零同步增长的初始阶段，$P_1 = P_2$。但是压力 P_1 的作用面积小于压力 P_2 的作用面积，故活塞上方液压作用力大于活塞下方的液压作用力。在 P_1、P_2 同步增长的过程中，活塞上、下两端液压作用力之差超过弹簧 3 的预紧力时，活塞便开始下移。当 P_1 和 P_2 增长一定值 P_S 时，活塞内腔中阀座与阀门接触，进油腔与出油腔被隔绝，即比例阀的平衡状态。

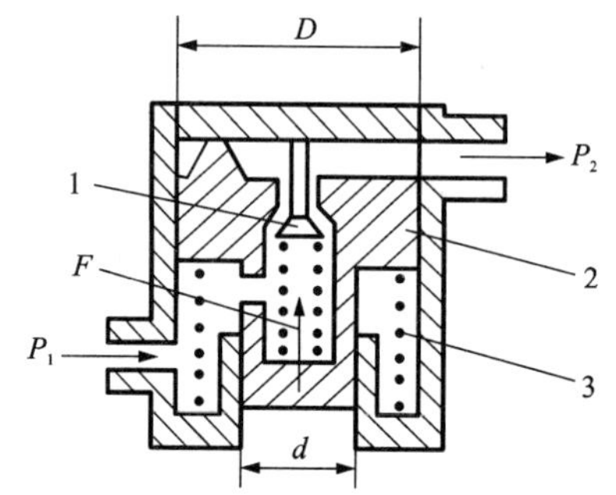

图 10－19 比例阀的结构原理

1—阀门；2—活塞；3—弹簧

若进一步提高 P_1，则活塞上升，阀门再度开启，油液继续流入出油腔，使 P_2 也升高，但由于活塞的下端面积小于其上端面积，因此 P_2 尚未增加到新的 P_1 值，活塞又下降到平衡位置。

3. 感载比例阀

有些车辆在实际载重量不同时，其总重力和重心位置变化较大。因此，满载和空载时的前、后轮制动力分配差距也较大，所以应采用随汽车实际装载质量变化而改变的感载比例阀。

图 10－20 所示为液压式感载比例阀。阀体 3 安装在车身上，其中活塞 4 为两端承压面积不等的差径结构，其右部空腔内有阀门 2。

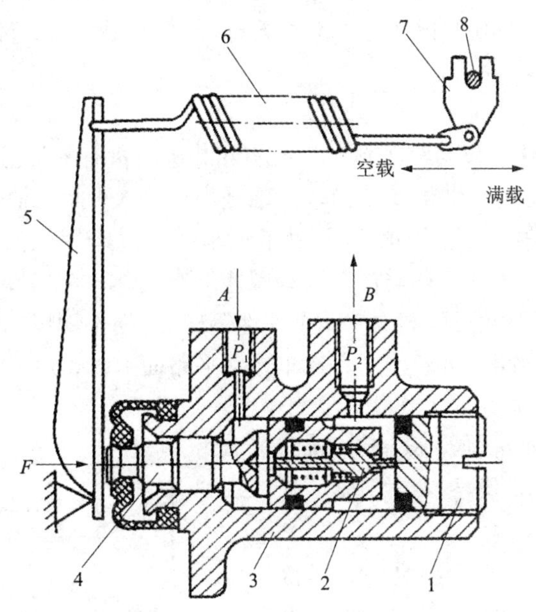

图 10－20　液压式感载比例阀及其感载控制机构

1—螺塞；2—阀门；3—阀体；4—活塞；5—杠杆；6—感载拉力弹簧；7—摇臂；8—后悬架横向稳定杆

不制动时，活塞在拉力弹簧 6 通过杠杆 5 施加的推力 F 作用下处于右极限位置。阀门 2 因其杆部顶触螺塞 1 而开启，使左、右阀腔连通。

轻微制动时，来自制动主缸的液压 P_1 由进油口 A 进入，并通过阀门 2 从出油口 B 输出至后轮缸，出油口 B 处液压 $P_2=P_1$。此时，活塞右端面的推力为 $P_2\times b$（b 为活塞右端面圆形有效面积）小于左端的推力 $P_1\times a$（a 为活塞左端面圆形有效面积，$a<b$）与推力 F 之和。在此状态下，活塞不动，阀门 2 仍处于开启状态，$P_2=P_1$。

重踩制动踏板时，制动管路的液压 P_2 和 P_1 将同步增长，当增长至活塞左、右两端面液压之差大于推力 F 时，活塞即左移一定距离。阀门 2 落座，将左、右两腔隔绝。此时的液压为限压点的液压 P_S，活塞处于平衡状态。若进一步提高 P_1，则活塞将右移，阀门 2 再度开启，油液继续流入出油腔使 P_2 也升高。但由于 $a<b$，P_2 尚未升高到等于 P_1 时，阀门 2 又落座，将油道切断，活塞又处于平衡状态。这样，自动调节过程将随踏板力的变化反复不断地进行。

在 P_1超过 P_S后，P_2虽随 P_1按比例的增长，但总是小于 P_1。

从上述过程得知，活塞处于平衡状态时，其两端的压力差和弹簧的推力 F 总维持着下述关系：$P_2 \times b = F + P_1 \times a$。

由此式得知，P_2与弹簧推力 F 成正比关系，限压点液压 P_S的大小也取决于弹簧推力 F 的大小。F 增大时，P_S就愈大；反之则小。只要使弹簧的预紧力能随实际轴载质量变化，便能实现感载调节。

当汽车的轴载变化时，车身和车桥间的距离发生变化，利用此变化来改变弹簧的预紧力，即能实现感载调节。拉力弹簧6 右端经吊耳与摇臂 7 相连，而摇臂则夹紧在汽车后悬架的横向稳定杆 8 的中部。当汽车的轴载质量增加时，后桥向车身移近，后悬架的横向稳定杆便带动摇臂7 逆时针转过一个角度，将弹簧6 进一步拉伸，作用于活塞4 上的推力 F 便增加；反之，轴载质量减小，弹簧 6 的拉伸量和推力 F 即减小。因而，调节作用点 P_S随轴载质量而变化。

4. 惯性阀

汽车轴载质量的变化不仅与汽车总质量或实际装载质量有关，还与汽车制动时的加速度大小有关。当汽车制动加速度增加时，前轴的轴载质量增大，而后轴的轴载质量减小。

惯性阀的作用是使限压点液压值 P_S取决于汽车制动时作用在汽车重心上的惯性力，即 P_S不仅与汽车的实际质量有关，还与汽车制动减速度有关。

如图 10 -21 所示，惯性限压阀内有一个惯性钢球 2，惯性钢球的支承面相对于水平面的仰角 θ 必须大于零，惯性阀方可起作用。汽车在水平路面上时，θ 应为 10° ~13°。

通常惯性钢球在其本身重力作用下处于下极限位置，并将阀门 4 推到与阀盖 5 接触，使得阀门 4 与阀座 3 之间保持一定间隙。此时进油口 A 与出油口 B 相通。

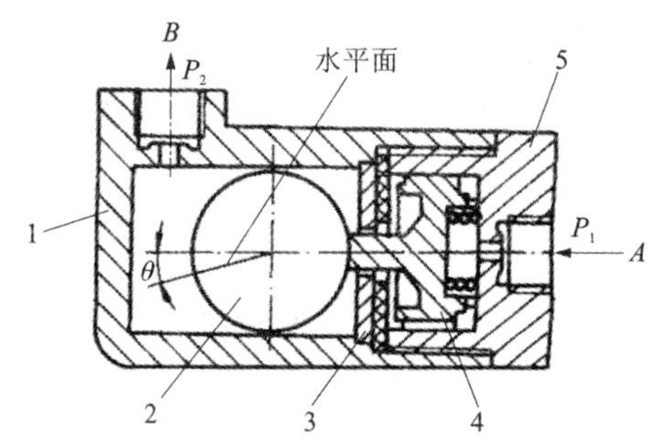

图 10 -21 惯性限压阀

1—阀体；2—惯性球；3—阀座；4—阀门；5—阀盖

当汽车在水平路面上施行制动时，来自主缸方面的压力由进油口 A 输入惯性阀，再从油口 B 进入后制动管路，输出压力 P_2即等于输入压力 P_1。当路面对车轮的制动力使汽车产生加速度时，作为汽车零件的惯性钢球也具有相同的加速度。在控制压力 P_1较低，加速度较小时，惯性钢球向前的惯性力沿支承面的分力不足以平衡钢球的重力沿支承面的分力，阀门仍保持开启状态，输出压力 P_2仍等于输入压力 P_1。当 P_1上升到一定值 P_S时，制动加速度增大到足以实现上述二力平衡时，阀门弹簧便通过阀门将钢球推向前方，使阀门得以压靠阀座，切断液流通路。此后 P_1继续升高，前轮制动力即汽车汽车总制动力继续增大，钢球的惯性力使钢球滚到前上极限位置不动。阀门对阀座的压紧力也因 P_1的升高而加大，但 P_2就保持 P_S值不变。

当汽车在上坡路上施行制动时，由于支承面仰角 θ 增大，惯性钢球重力沿支承面的分力也增大，使得惯性阀开始起作用所需的控制压力值 P_S也升高，即所限定的输出压力 P_2值更高。这正与汽车上坡时后轮附着力加大相适应。相反，当汽车在下坡路上施行制动时，后轮附着力减小，惯性阀所限定的 P_S也正好相应地降低。

1.2　常规制动系的维护检查项目

常规制动器的维护检查包括主要驻车制动系和行车制动系两方面的维护项目。

1.2.1　驻车制动系

1. 驻车制动手柄行程

1）检查

用手拉动驻车制动手柄，检查驻车制动手柄的行程是否在规定的槽数内（拉动手柄时可以听到"咔嗒"声，一般为3～5声）。如果不符合标准，应调整驻车制动手柄的行程。

2）调整

驻车制动手柄行程的调整如图10－22所示，先松开锁紧螺母，然后根据需要转动调整螺母，行程合适后再紧固锁紧螺母。

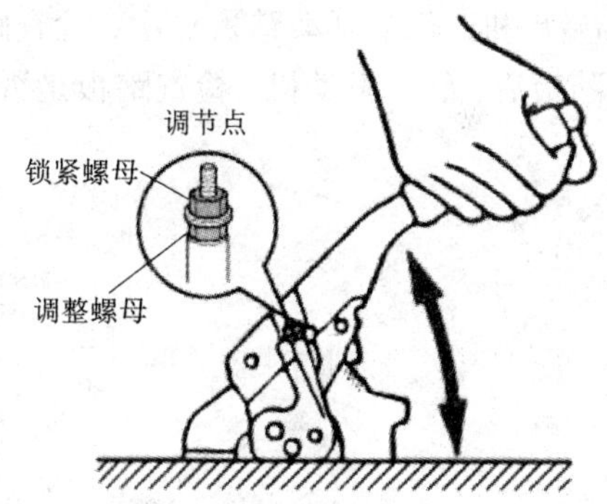

图10－22　驻车制动手柄行程的调整

当驻车制动手柄行程的调整不能达到标准的要求，则应先调整后轮制动蹄片或驻车制动蹄片的间隙，再调整驻车制动手柄行程。

2. 驻车制动指示灯的工作情况

在点火开关位于ON时，检查并确保拉动驻车制动手柄，在听到第一个"咔嗒"声前，驻车指示灯就已经点亮。

1.2.2　行车制动系

1. 制动踏板

1）制动踏板状况

通过踩下制动踏板检查：

（1）踏板反应的灵敏度；

（2）踏板是否能完全踩下；

（3）是否有异响；

（4）是否过度松动。

2）制动踏板高度

（1）检查

用直尺测量从地面到制动踏板上表面的距离。如果超出规定应调整踏板高度。

提示： 测量时应去除地板垫或地毯的厚度。

（2）调整

先拆下制动灯导线，松开制动灯开关锁紧螺母，视调整要求将制动灯开关旋进或旋出，直到调整合适。然后紧固制动灯锁紧螺母。最后检查制动灯开关与踏板的接触情况，确保工作正常。制动踏板高度调整后应再次检查踏板自由行程。

3）制动踏板自由行程

(1)检查

发动机熄火，踩下制动踏板几次，以消除真空助力器的真空，然后用手指轻轻按压制动踏板，感觉有阻力时测量此位置与制动踏板高度之差即为制动踏板的自由行程。如果踏板自由行程不符合要求，应进行调整。

(2)调整

松开推杆上的锁紧螺母，转动踏板推杆直到踏板自由行程正确，然后紧固锁紧螺母，如图 10－23 所示。

图 10－23　制动踏板自由行程的调整

2. 真空助力器

1)真空助力器工作情况检查

如图 10－24 所示，启动发动机，怠速运转 1 ~ 2 min后停机；踩下制动踏板数次，检查踏板是否升高；踩下踏板后，启动发动机，检查踏板是否下沉。

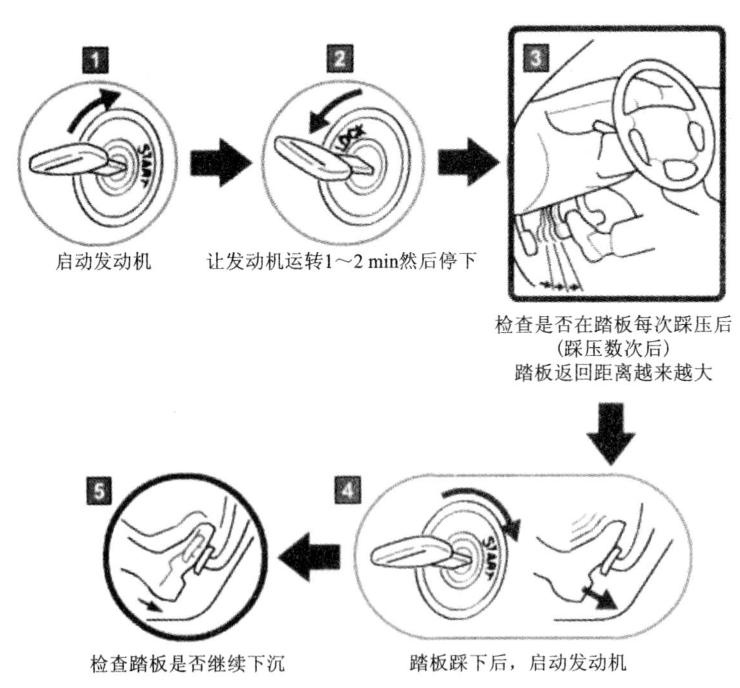

图 10－24　真空助力器工作情况检查

否则，说明真空助力器工作不良，应检查真空管路或更换真空助力器。

2)真空助力器的真空检查

如图 10－25 所示，启动发动机，制动踏板踩下并保持 30 s 后停止发动机，检查踏板高度是否不变。若有变化，则说明真空助力器有真空泄漏。

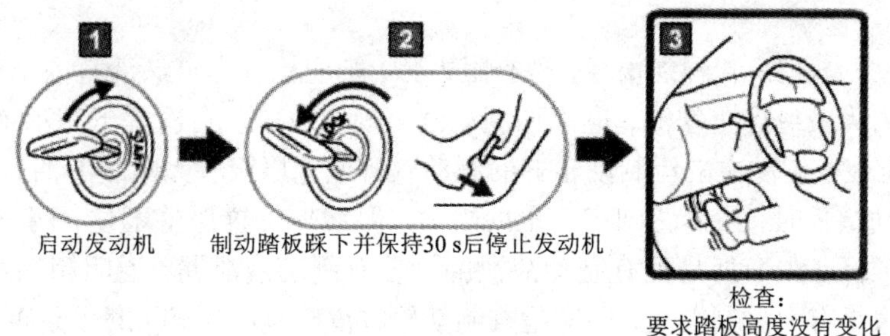

图10－25　真空助力器的真空检查

3. 制动管路

1)制动液渗漏

升起车辆，检查制动管路是否有制动液渗漏的部位，应重点检查管接头部位。

2)制动管路损坏

(1)升起车辆，检查制动管路是否有凹痕或其他损坏。

(2)检查制动软管是否有扭曲、磨损、开裂、隆起等损坏。

3)制动管路安装

将转向盘左右转到极限位置，检查制动管路和制动软管是否会与车轮或车身接触。

4. 盘式制动器和鼓式制动器

盘式及鼓式制动器的检查见前面所述的盘式车轮制动器和鼓式车轮制动器的检修部分。

5. 液压制动系统的排、放气

液压制动系统的排、放气见前面所述的液压传动装置的放气部分。

1.3　常规制动系的故障诊断

常见的制动系故障包括制动不灵、制动跑偏、制动拖滞等，本课题仅介绍液压制动系的故障诊断。

1.3.1　制动失效

1. 故障现象

踩下制动踏板，车辆不减速，即使连续几脚制动也无明显减速作用。

2. 故障原因

1)制动踏板至制动主缸的连接松脱；

2)制动储液室无液或严重缺液；

3)制动管路断裂漏油；

4)制动主缸皮碗破裂。

3. 诊断与排除

首先踩动制动踏板，根据踩制动踏板时的感觉，相应地检查有关部位。

1)若制动踏板与制动主缸无连接感，说明制动踏板至制动主缸的连接松脱，应检查修复。

2)踩下制动踏板时，若感到很轻，稍有阻力感，则应检查主缸储液室内制动液是否充足。若主缸储液室内无液或严重缺液，应添加制动液至规定位置。再次踩下制动踏板时，若仍没有阻力感，则应检查制动主缸至制动轮缸的制动软管或金属管有无断裂漏油。

3)踩下制动踏板时，虽然感到有一定的阻力，但踏板位置保持不住，明显下沉，则应检查制动主缸的推杆防尘套处是否有制动液泄漏。若有制动液泄漏，说明制动主缸皮碗破裂；若车轮制动鼓边缘有大量制动液，则应检查制动轮缸皮碗是否压翻、磨损是否严重。

1.3.2 制动不灵

1. 故障现象

1)汽车制动时，踩一次制动踏板不能减速或停车，连续踩几次制动踏板，效果也不好。

2)汽车紧急制动时，制动距离太长。

2. 故障原因

1)制动踏板自由行程太大；

2)制动主缸储液室内存油不足或无油；

3)制动液变质(变稀或变稠)或管路内壁积垢太厚；

4)制动管路内进入空气或制动液气化产生了气阻；

5)制动主缸、轮缸、管路或管接头漏油；

6)制动主缸、轮缸的活塞及缸筒磨损过度；

7)制动主缸、轮缸的皮碗老化或磨损引起密封不良；

8)制动主缸的进油孔、储液室的通气孔堵塞；

9)制动主缸的出油阀、回油阀不密封，活塞复位弹簧预紧力太小，活塞前端贯通小孔堵塞；

10)制动器的制动鼓与制动蹄片间隙不当，制动鼓与制动蹄片接触面积太小，制动蹄片质量不佳或沾有油污使制动蹄片铆钉松动，制动鼓产生沟槽磨损或失圆，制动时变形；

11)真空增压器或助力器的各真空管路接头松动、脱落，管路有破裂处，膜片破裂或者密封圈密封不良，单向阀、控制阀密封不良，辅助缸活塞、皮碗磨损过甚，单向球阀不密封。

3. 诊断与排除

踩动制动踏板做制动试验，根据踩制动踏板时的感觉，检查相应的部位。

1)一脚踩下制动踏板，踏板到底且无反力；连续几次踩制动踏板都能踩到底，且感觉阻力很小。应检查储液室中制动液液面高度是否符合要求，若液面低于下线或“MIN”线以下，说明制动液液面太低；检查制动踏板连动机构有无松脱。

2)连续几脚踩制动踏板时，踏板高度仍过低，并且在第一脚制动后，感到总泵活塞未回位，踩下制动踏板即有制动主缸与活塞碰击响声，则应检查主缸的活塞回位弹簧是否过软；主缸的皮碗是否破裂。

3)连续踩几次制动踏板时，踏板高度低而软，则应检查制动主缸的进油孔或储液室的通气孔是否堵塞。

4)一脚踩下制动踏板时，踏板高度过低；连续几脚踩下制动踏板时，踏板高度稍有增高，并有弹性感。则应检查系统内是否存有气体。

5)一脚踩下制动踏板时，踏板高度较低；连续几脚踩下制动踏板时，踏板高度随之增高且制动效能好转，则应检查制动踏板的自由行程及制动器的间隙。

6)维持制动踏板高度时，若缓慢或迅速下降，则应检查制动管路是否破裂、管接头是否密封不良；主缸、轮缸皮碗或皮圈密封是否良好。

提示：可踩下制动踏板，观察制动管路、制动主缸的推杆防尘套处、轮缸防尘套周围是否有制动液渗漏。

7)安装真空增压器或助力器的车辆，踩下制动踏板时，若踏板高度适当但太硬，且制动不灵，则应检查增压器或助力器的工作情况；检查制动系油管是否有老化、凹瘪、制动液黏度太大等现象。

8)踩制动踏板时，若踏板有向上反弹、顶脚的感觉，且制动力不足，则应检查增压器的辅助缸活塞磨损是否过度；辅助缸活塞、皮碗是否密封不良；辅助缸单向球阀是否密封不良。

9)路试车辆时，观察各车轮的制动情况。若个别车轮制动不良，则应检查该车轮的制动软管是否老化；摩擦片与制动鼓间的间隙是否不当；摩擦片是否有硬化、油污、钉外露现象；制动鼓内臂是否磨损成沟槽；摩擦片与制动鼓的接触面积是否过小。

1.3.3　制动跑偏

1. 故障现象

1)汽车行驶制动时，行驶方向发生偏斜；

2)紧急制动时，方向急转或车辆甩尾。

2. 故障原因

1)左、右车轮轮胎气压，花纹或磨损程度不一致；

2)左、右车轮轮毂轴承松紧不一，个别轴承破损；

3)左、右车轮的制动蹄摩擦衬片材料不一或新旧程度不一；

4)左、右车轮制动蹄摩擦片与制动鼓的接触面积、位置不一样或制动间隙不等；

5)左、右车轮轮缸的技术状况不一，造成起作用时间或张力大小不相等；

6)左、右车轮制动鼓的厚度、直径、工作中的变形程度和工作面的粗糙度不一；

7)单边制动管路凹瘪、阻塞或漏油，单边制动管路或轮缸内有气阻；

8)单边制动蹄与支承销配合过紧或锈蚀；

9)一侧悬架弹簧折断或弹力过低；

10)一侧减振器漏油或失效；

11)前轮定位失准；

12)转向传动机构松旷；

13)车架、车桥在水平平面内弯曲，车架两边的轴距不等；

14)感载比例阀故障。

总结：制动跑偏的根本原因是左、右车轮的制动力不等。一些不属于制动系的零件，其技术状况不良时，既影响到车辆正常行驶时的跑偏，也影响到了制动时的跑偏。

3. 诊断与排除

1)若车辆正常行驶时亦有跑偏现象，则首先做以下外观检查：检查左、右车轮轮胎气压、花纹和磨损程度是否一致；检查各减振器是否漏油或失效；检查悬架弹簧是否折断或弹力是否一致。

2）支起车轮，用手转动和轴向推拉车轮轮胎。若一侧车轮有松旷或过紧感觉，应重新调整轴承的预紧度；若转动车轮有发卡或异响，应检查该轮轮毂轴承是否破损或毁坏。

3）对汽车进行路试。制动后，若汽车向一侧跑偏，则为另一侧的车轮制动不良。

首先对该车轮制动器进行放气，若无制动液喷出，说明该轮制动管路堵塞，应予以更换。若放出的制动液中有空气，说明该轮制动管路中混入空气，应予以排放。

观察该轮制动器间隙，若制动器间隙过大，说明制动蹄摩擦片磨损严重或制动自调装置失效，应更换。

上述检查正常，应拆检该轮制动器。检查制动盘或制动鼓是否磨损过甚或有沟槽，若磨损过甚，应更换；若有严重沟槽，应车削或镗削。检查制动蹄摩擦片（摩擦衬块）是否有油污或水湿及磨损过甚，若摩擦片（衬片）有油污或水湿，应查明原因并清理；若摩擦片磨损过甚，应更换。检查制动轮缸或制动钳活塞，若有漏油或发卡现象，应更换。

4）若制动时，出现忽左忽右跑偏现象，则应检查前轮定位是否符合要求，若前轮定位不正确，应调整；检查转向传动机构是否松旷，若松旷，应紧固、调整或更换。

5）若在制动时，车辆出现甩尾现象，应检查感载比例阀是否有故障。

1.3.4 制动拖滞

1. 故障现象

抬起制动踏板后，全部或个别车轮的制动作用不能立即完全解除，以致影响了车辆重新起步、加速行驶或滑行。

2. 故障原因

1）制动踏板无自由行程，制动踏板拉杆系统不能回位；

2）制动总泵回位弹簧折断或失效；

3）制动总泵回油孔被污物堵塞，密封圈发胀或发黏与泵体卡死；

4）通往分泵的油管凹瘪或堵塞；

5）制动盘摆差过大；

6）前制动器密封圈损坏，造成活塞不能正常复位；

7）前、后制动器分泵密封圈发胀或发黏与泵体卡死；

8）鼓式制动器制动蹄回位弹簧折断或过软；

9）鼓式制动器制动蹄摩擦片破裂或铆钉松动；

10）鼓式制动器制动鼓严重失圆。

3. 诊断与排除

1）将汽车支起，在未踩制动踏板的情况下，用手转动车轮。若某一车轮转不动，说明该轮制动器拖滞；若全部车轮转不动，说明全部车轮制动器拖滞。

2）若为个别车轮制动器拖滞，首先旋松该轮制动轮缸的放气螺钉，若制动液急速喷出，随即车轮能旋转自如，说明该轮制动管路堵塞，轮缸未能回油，应更换，若车轮仍转不动，则拆下车轮，解体检查制动器。

3）若全部车轮制动器拖滞，则首先检查制动踏板自由行程是否符合要求，若自由行程过小，应调整。然后检查制动踏板的回位情况，用力将制动踏板踩到底并迅速抬起，若踏板回位缓慢，说明制动踏板回位弹簧失效或踏板轴发卡，应更换或修复。再检查制动主缸的工作情况，打开制动液储液室盖，由一人连续踩制动踏板，另一人观察制动主缸的回油情况，若不回油，说明制动主缸回油孔堵塞，应清洗、疏通，若回油缓慢，说明制动液过脏或变质，应更换。

1.3.5 驻车制动不良

1. 故障现象

1）拉紧驻车制动器，汽车很容易起步；

2）在坡道上停车时，拉紧驻车制动器，汽车不能停止而发生溜车现象。

2. 故障原因

1）驻车操纵杆的自由行程过大；

2）驻车操纵杆系或绳索断裂、松脱、发卡等；

3）驻车制动器间隙过大；

4）驻车制动器摩擦片磨损过甚或有油污；

5）驻车制动鼓磨损过甚、失圆或有沟槽；

6）驻车制动蹄运动发卡；

7）驻车制动蹄摩擦片与制动鼓的接触面积太小。

3. 诊断与排除

1）将汽车停放在平坦的地面上，拉紧驻车制动器操纵杆，挂入低速挡起步，若汽车很容易起步且发动机不熄火，说明驻车制动不良。

2）从驻车制动器操纵杆放松位置往上拉，直至拉不动为止。检查操纵杆的行程，若行程过大，说明操纵杆的自由行程过大，应调整。检查拉动操纵杆的阻力，若感觉没有阻力或阻力很小，说明操纵杆或绳索断裂或松脱，应更换或修复；若感觉很沉，说明操纵杆或绳索及制动器发卡，应拆检修复。

3）从检视孔检查中央驻车制动器（东风 EQ1092、解放 CA1092 汽车）或后轮制动器（奥迪、桑塔纳等轿车）的间隙是否符合要求，若制动器间隙过大，应调整。

4）经上述检查均正常，应拆检驻车制动器。检查制动蹄摩擦片是否磨损过甚或有无油污；检查制动鼓是否磨损过甚、失圆或有沟槽；检查制动蹄运动是否发卡，若有发卡现象，应修复或润滑；检查制动蹄摩擦片与制动鼓的接触面积是否符合要求，若接触面积过小，应更换或修整。

任务二　制动传动装置相关的技能训练

2.1　制动主缸的检修

1)检查储液罐是否破损，出现破损应更换。

2)如图 10－26 所示，检查泵体 2 内孔和活塞 4 表面，其表面不得有划伤和腐蚀，用内径表 1 检查泵体内孔的直径 B，用千分尺 3 检查活塞的外径 C，并计算出内孔与活塞之间的间隙值，其标准值为 0.0～0.106 mm，使用极限为 0.15 mm，超过极限应更换。

3)检查制动主缸皮碗、密封圈是否老化、损坏与磨损，若有则应更换之。

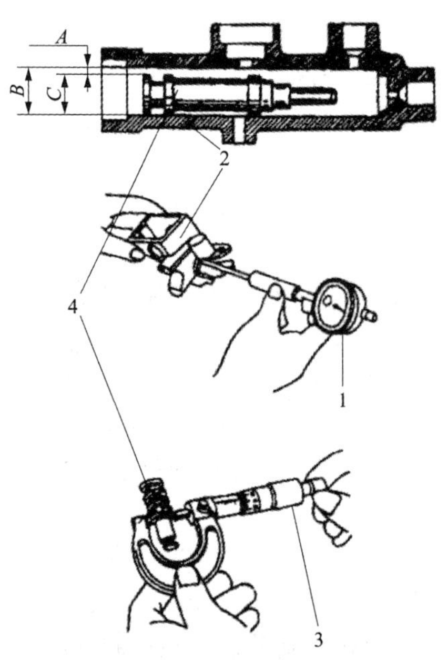

图 10－26　制动主缸与活塞的检查

1—内径表；2—制动主缸泵体；3—千分尺；4—主缸活塞

A—泵体与活塞的间隙；B—泵体内孔的直径；C—活塞的外径

2.2　制动轮缸的检修

制动轮缸分解后，用清洗液清洗轮缸零件。清洗后，检查制动轮缸 1 内孔与活塞 2 外圆表面的烧蚀、刮伤和磨损情况。如果轮缸内孔有轻微刮伤或腐蚀，可用细砂布磨光。磨光后的缸内孔应用清洗液清洗，用无润滑油的压缩空气吹干。然后测出轮缸内孔孔径 B，活塞外圆直径 C，并计算出内孔与活塞的间隙值，标准值为 0.04～0.106 mm，使用极限为0.15 mm，如图 10－27 所示。

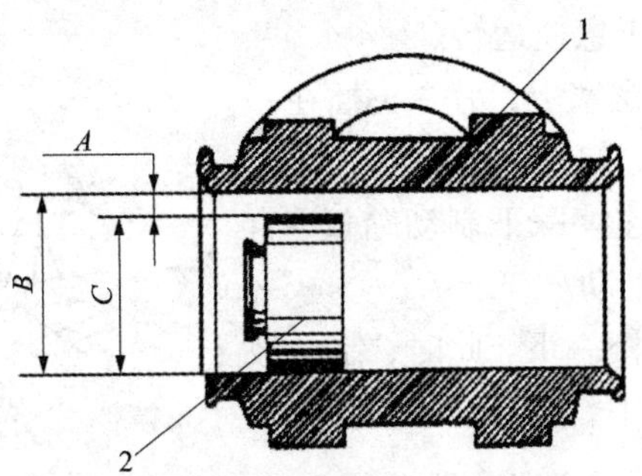

图 10－27　制动轮缸缸体与活塞的检查

1—制动轮缸缸体；2—制动轮缸活塞

A—缸体与活塞的间隙；*B*—缸体内孔的直径；*C*—活塞的外径

2.3　液压传动装置的放气

液压制动系统中渗入空气，制动时系统中的空气被压缩，造成踏板行程增加，踏板发软，影响制动效果。在维修过程中，由于拆检液压制动系统、接头松动或制动液不足等原因，造成空气进入管路时，应及时将系统中的空气排出。

以桑塔纳轿车制动系统的排气为例。该车制动系统的排气应使用 VW/238/1 型制动系统加油—放气装置，如图 10－28 所示。

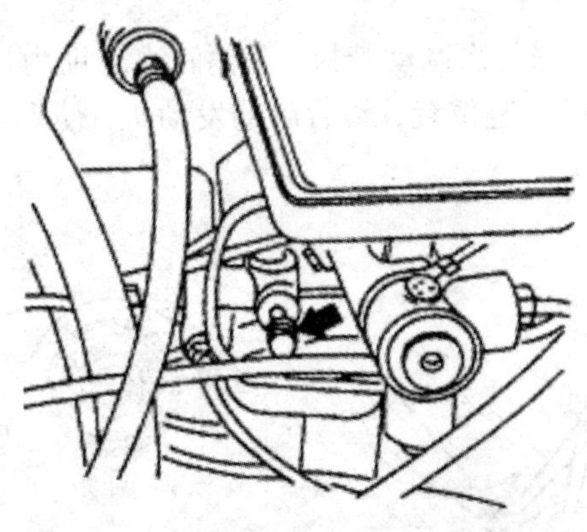

图 10－28　用专用设备对制动系统排气

排气的方法和步骤为：

1）接通 VW/238/1 型制动系统加油—放气装置。

2）按规定顺序打开放气螺钉。

3）排出制动钳和制动分泵中的气体。

4）用专用排液瓶盛放排出的制动液。

注意：*排气的顺序为右后轮、左后轮、右前轮、左前轮。*

若没有专用的加油—放气装置，可用以下通用方法进行排气：

1）启动发动机，使其处于怠速运转。

2）将软管一头接在放气螺塞上，另一头插在一个盛有部分制动液的容器中，如图 10－29 所示。

3）一人坐于驾驶室内，连续踩下制动踏板，直到踩不下去为止，并且保持不动。

4）另一人将放气螺塞拧松一下，此时，制动液连同空气一起从胶管喷入瓶中，然后，尽快将放气螺塞拧紧。

5）在排出制动液的同时，踏板高度会逐渐降低，在未拧紧放气螺塞之前，切不可将踏板抬起，以免空气再次侵入。

6）每个轮缸应反复放气几次，直至将空气完全放出（制动液中无气泡）为止，按照右后轮—左后轮—右前轮—左前轮的顺序逐个放气完毕。

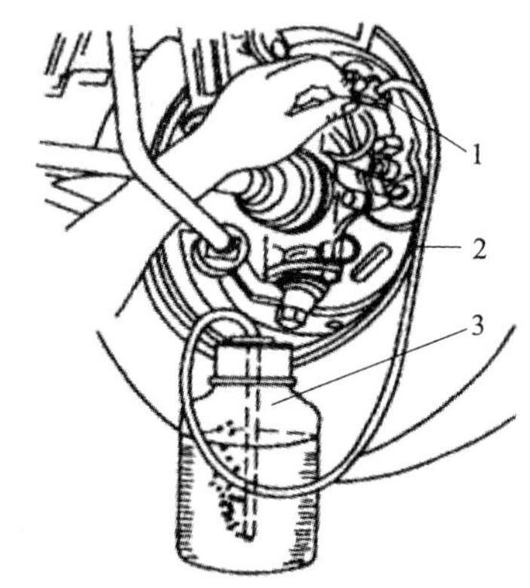

图 10－29　液压制动系统排气的通用方法

7）在放气过程中，应及时向储液罐内添加制动液，保持液面的规定高度。

注意：*在装有制动压力调节器的汽车放气过程中，应不断地按动汽车后部，要时刻观察制动液储液室内的制动液液面，随时添加制动液直至制动系统中的空气放净为止。*

2.4　真空助力器的试验

1. 就车检查真空助力器

将发动机熄火，首先用力踩几次制动踏板，以消除真空助力器中残余的真空度。用适当的力踩住制动踏板，并保持在一定位置，然后启动发动机，使真空系统重新建立起真空，并观察踏板，如图 10－30 所示。

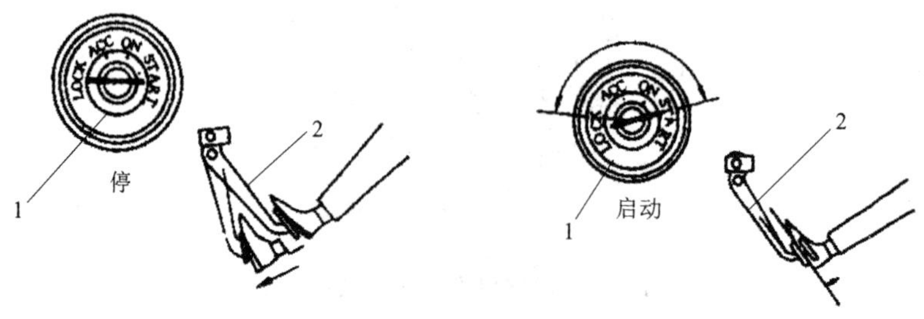

图 10－30　就车检查真空助力器

1—点火开关；2—制动踏板

若踏板位置有所下降，说明真空助力器正常；若踏板位置保持不动，则说明助力器或真空单向阀损坏。

2. 真空助力器就车真空试验

1)将T形管、真空表、软管及卡紧装置等按图10－31所示连接好。

2)启动发动机，怠速运转1 min。

3)卡紧与进气歧管相连的真空管上的卡紧装置，切断助力器单向阀与进气歧管之间的通路。

4)将发动机熄火，观察真空表的变化。如果在规定时间内真空度下降过多(BJ2020S规定在15 s内真空度下降不大于3386.35 Pa)，说明助力器膜片或真空阀损坏。

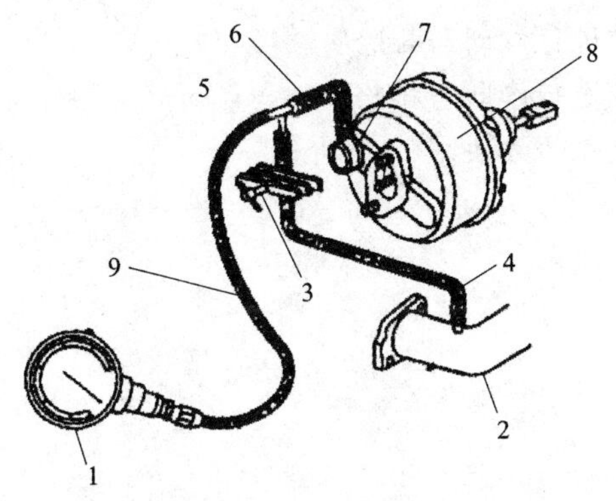

图10－31 真空助力器的就车真空试验

1—真空表；2—进气歧管；3—卡紧工具；4—软管；5—三通接头；
6—软管；7—单向阀；8—真空助力器；9—软管

3. 真空助力单向阀试验

如图10－32所示，拆下与单向阀相连的真空管，将手动真空泵软管与单向阀真空源接口相连。

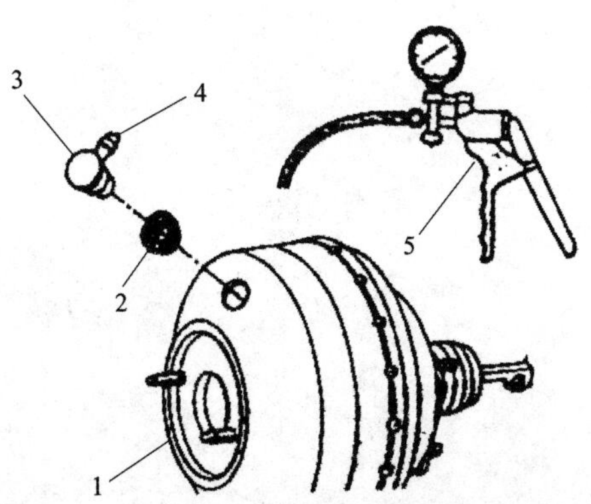

图10－32 真空助力器的单向阀试验

1—真空表；2—单向阀密封圈；3—真空助力器单向阀；4—单向阀真空源接口；5—手动真空泵

扳动手动真空泵手柄给单向阀加上50.80～67.70 kPa的真空度，在正常情况下，真空度应保持稳定。如果真空泵指示表上显示出真空度下降，则表明单向阀损坏。

思考与练习

1. 简述制动传动装置的功用和分类。
2. 液压式制动传动装置有几种类型？各有什么特点？
3. 简述真空增压式液压制动传动装置的组成和工作原理。
4. 简述制动力分配调节装置的作用并分析各种结构形式的特点。
5. 如何对制动跑偏故障进行诊断与排除？
6. 如何对制动拖滞故障进行诊断与排除？
7. 简述液压传动装置放气的方法。

参考文献

[1] 余志生.汽车理论.北京：机械工业出版社，2009.
[2] 陈家瑞.汽车构造.北京：人民交通出版社，2003.
[3] 张建俊.汽车检测技术.北京：高等教育出版社，2003.
[4] 陈红.汽车机械基础.北京：机械工业出版社，2009.
[5] 张洪图.汽车构造.北京：人民交通出版社，2006.
[6] 白红村.汽车底盘构造与维修.北京：北京大学出版社，2011.
[7] 周林福.汽车底盘构造与维修.北京：人民交通出版社，2011.
[8] 徐石安.汽车构造-底盘工程.北京：清华大学出版社，2011.
[9] 蔡兴旺，付晓光.汽车构造与原理(下册 底盘、车身).北京：机械工业出版社，2010.
[10] 丛树林，张斌.汽车底盘构造与维修(新编版).北京：人民交通出版社，2011.
[11] 谭本忠.汽车底盘构造与维修.济南：山东科学技术出版社，2010.
[12] 秦会斌.汽车检测与维修技术.北京：机械工业出版社，2016.
[13] 马才伏.汽车底盘构造.北京：北京大学出版社，2009.
[14] 赵学明，丛俊.夏利汽车维修手册.天津一汽汽车销售有限公司.

图书在版编目（CIP）数据

汽车底盘构造与维修／成起强主编. --长沙：中南大学出版社，2017.7

ISBN 978－7－5487－2878－8

Ⅰ.①汽… Ⅱ.①成… Ⅲ.①汽车－底盘－结构 ②汽车－底盘－车辆修理 Ⅳ.①U472.41

中国版本图书馆 CIP 数据核字(2017)第 175845 号

汽车底盘构造与维修

成起强　主编

□责任编辑　刘　辉
□责任印制　易红卫
□出版发行　中南大学出版社
社址：长沙市麓山南路　邮编：410083
发行科电话：0731－88876770　传真：0731－88710482
□印　　装　长沙雅鑫印务有限公司

□开　　本　787×1092　1/16　□印张 14.75　□字数 370 千字
□版　　次　2017 年 7 月第 1 版　□2017 年 7 月第 1 次印刷
□书　　号　ISBN 978－7－5487－2878－8
□定　　价　35.00 元